AF454575

# LES TITRES

## DU

# DROIT CIVIL,

## ET DU DROIT

# CANONIQUE.

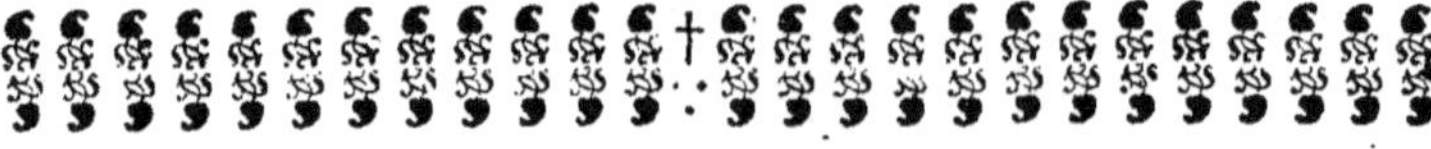

# AU LECTEUR.

E Libraire donne avis, qu'il mettra inceffament fous la Preffe, un Livre intitulé *le Parfait Procureur*, qui contient la nouvelle maniere de proceder dans toutes les Cours & Jurisdictions du Royaume, tant en matieres Civiles, que Criminelles & Beneficiale : Aydes, Tailles, Gabelles, Fermes & Finances, avec les refolutions des Queftions les plus frequantes de Droit & de Pratique

Ce Livre fera divifé en deux Volumes in quarto ; Il enfeigne par une Methode aifée les regles qu'il faut obferver pour faire une bonne Procedure ; le foin que l'on a pris de le rendre parfait, & l'Aprobation qu'il a eu en Manufcrit, des Sçavans en cette matiere, font efperer qu'il fera favorablement reçû du Public.

On voit affés de Livres de Droit & de Pratique : mais il ny en a aucun qui enfeigne la maniere de fe conduire dans la pourfuite d'une Caufe, d'une Inftance & d'un Procez, perfonne n'ayant encore entrepris jufques ici, de donner les regles de la Procedure.

Il faut être Jurifconfulte & Praticien, pour écrire du Droit & de la Pratique, ces deux qualités concourrent rarement dans un même fujet : le Jurifconfulte neglige ordinairement ce qu'il croit n'être que du miniftere du Procureur, & le Procureur qui veut s'aquiter de fon devoir, ne peut pas donner affés de tems à l'étude du Droit, pour devenir capable d'en expliquer les Principes.

L'Auteur de cet Ouvrage, qui a étudié avec foin le Droit Civil & Canonique, s'étant fcrupuleufement attaché depuis plufieurs années à l'examen de la Procedure, a jugé qu'il pourroit beaucoup aïder, non-feulement ceux qui commence à s'exercer en cette matiere, mais même ceux qui y font déja avancez, en leur donnant les éclairciffemens neceffaire fur toutes les difficultés qui l'ont embarrafté, & qu'il n'a furmontées qu'aprés un extrême travail.

Ainfi l'Avocat qui fort des Ecôles pourra, aidé de cet Ouvrage, apprendre les Elemens du Droit François, la maniere de dreffer des Ecritures, fur les Modeles qui luy font propofez, & ce rendre habile dans l'art de proceder ; Le Clerc qui eft chez le Procureur faura bien-tôt par les mêmes principes, ce qu'on ne peut apprendre que par un long ufage & un penible travail.

Enfin un chacun dans fes propres affaires, ainfi que dans celles des autres, verra la route qu'il faut tenir pour paffer par deffus toutes les difficultées & tous les incidens qui font paroître la Juftice inacceffible.

# LES TITRES
## DU DROIT CIVIL,
### ET DU
## DROIT CANONIQUE,
### RAPORTEZ
SOUS LES NOMS FRANCOIS DES MATIERES,
suivant l'ordre Alphabétique.

### *AVEC*

*Une briéve explication des Titres dont la seule lecture
ne donne pas une connoissance suffisante.*

par le S<sup>r</sup> Brossette avocat

*A* LYON,
Chez ANTOINE BOUDET, Libraire
ruë Merciere.

M. DCCV.

*AVEC PRIVILEGE DU ROY.*

# PRÉFACE.

E S matieres du Droit Civil font répanduës avec
fi peu d'ordre dans les Livres de l'Empereur Jufti-
nien, que l'étude de cette Science, qui eft d'un
ufage fi commun, & dont les principes font fi
naturels, a néanmoins toûjours été tres - difficile.
C'eft pourquoi l'Auteur des Loix Civiles, * a obfervé que l'u-
fage des Livres du Droit Romain n'a pas été auffi avantageux
qu'il auroit pû l'être, fi le prodigieux amas de Loix & de Décifions que ces Livres contiennent, avoit été difpofé fuivant
leur ordre naturel.

* Mr. Jean
Domat, an-
cien Avocat
du Roi, au.
Préfidial de
Clermont en
Auvergne.

Cette raifon avoit engagé ce judicieux Auteur à raffembler
en un corps, toutes les matieres du Droit Civil, felon le rang
& la liaifon qu'elles doivent avoir entre elles. Il a divifé châque
matiere en fes parties ; il a rangé en chaque partie, le détail
des Principes, des Règles, & dés Définitions : Enfin il a allié
avec tant d'art & de métode, le Droit naturel, & le Droit
pofitif, qu'on peut dire qu'il a laiffé un Siftême parfait du
Droit Civil.

On a fçû que, dans le deffein où étoit ce grand Jurifconfulte, de réduire le Droit à fes principes, il avoit fait, pour fon
ufage, une efpece de Dictionnaire des Titres du Droit ; afin
d'avoir fous fes yeux toutes les fources où il devoit puifer le

ã. iiij

détail des matieres : & par ce moien il avoit beaucoup facilité
son travail , dont l'objet étoit d'ailleurs d'une étenduë surpre-
nante. Telle est la nature de l'ordre qui produit la briéveté &
la clarté par le simple effet de l'arrangement.

L'Ouvrage qu'on donne presentement au Public , est une
espece de Table des Titres du Droit Civil & Canonique , dans
laquelle on a rapporté , sous les noms François des matieres ,
tous les Titres des Ouvrages ou Traitez qui composent le
corps du Droit Civil : comme le Digeste , le Code , les Institutes , les Novelles & les Edits de Justinien.

On y a encore inséré les Edits ou Constitutions des autres
Empereurs , les Novelles de Leon , le Traité des Fiefs , & le
Code Théodosien.

On y a ajouté les Titres des Loix des douze Tables ; ceux
des Sentences du Jurisconsulte Paulus , des Institutes de Caius , des Fragmens d'Ulpien : & généralement de tous les Traitez , qui sont les sources du Droit Civil.

A l'égard du Droit Canonique , cette Table comprend les
Institutes de Lancelot , le Decret de Gratien , les Decretales , le
Sexte , les Clémentines , & les autres Livres du Droit Canon.

Comme la compilation du Decret de Gratien , n'est pas dif-
posée sous des Titres particuliers & précis , on a crû qu'il seroit
utile de désigner dans ce Livre tous les Canons du Decret , sous
les noms François des matieres.

On a observé la même exactitude à l'égard des Institutes &
des Novelles de Justinen , de l'Empereur Leon , & des autres ;
en raportant sous chaque Titre de cet Ouvrage , les Paragraphes
des Institutes , & les chapitres differens de chaque Novelle.

Toutes les Loix des Titres *De verborum significatione* , & *De
Regulis Juris* , sont pareillement citées sous les noms des matieres ausquelles ces Loix ont du raport.

Et comme la plûpart des Titres du Droit , traitent de matieres diverſes, ou qui peuvent être conſiderées ſous des vûes differentes, on a mis chaque Titre du Droit ſous tous les noms des matieres qui en peuvent dépendre, quoique ces matieres ne ſoient pas exprimées par le Titre même. Ainſi il n'y a point de Titre dans tous les Livres ou Traitez du Droit Civil & Canonique, quelque ſimple que ſoit ce Titre, qui ne ſoit inſeré dans ce Recueil en plus d'un endroit : & il y a pluſieurs Titres qui y ſont raportez ſous ſept ou huit noms differens.

Enfin le plus grand nombre des Titres de l'un & de l'autre Droit, ſont fort obſcurs, & ne peuvent pas ſe faire entendre par la ſeule lecture qu'on en fait : c'eſt pourquoi on a eu ſoin de joindre une briéve explication à tous les Titres qui ont paru avoir beſoin d'être éclaircis ; & ces explications ne ſont pas ce qu'il y a de moins utile dans ce Livre.

On avoüe néanmoins qu'on n'auroit rempli qu'imparfaitement le deſſein d'expliquer tous les Titres qui ont de l'obſcurité, ſi l'on avoit borné ces explications aux ſeuls endroits où ces Titres ſont citez dans cet Ouvrage ; mais on a porté ces éclairciſſemens juſques dans les lieux mêmes d'où les Titres ſont tirez. Pour cet effet, on a imprimé à la fin de l'Ouvrage, une Table Alphabétique des Titres du Droit, tant Civil que Canonique. Cette Table n'eſt en rien differente des Tables ordinaires du Droit, ſi ce n'eſt qu'à la fin de chaque Titre on a mis les noms François auſquels ſe raporte la matiere dont il s'agit dans le Titre : de ſorte qu'en cherchant quelque Titre que ce ſoit, on trouve en même-temps ſon explication, ou du moins on voit l'indication des endroits de ce Recueil où le Titre qu'on cherche, eſt raporté & expliqué.

Voilà le deſſein & la diſpoſition de cet Ouvrage, dont l'utilité conſiſte en deux Points principaux.

Le premier eſt la connoiſſance claire & facile qu'on peut avoir de tous les Titres du Droit. On aprendra, par les éclairciſfemens qui fuivent ces Titres, l'application qu'il en faut faire, la force de leurs termes, leurs fens, leurs ufages, & les matieres qui en dépendent.

Le fecond avantage de ce Recueil eft, que l'on y trouve, fous les noms généraux des matieres, tous les Titres qui peuvent convenir à ces mêmes matieres, quelque raport qu'ils y puiffent avoir: fans qu'on foit obligé de faire de longues & penibles recherches dans les volumes du Droit, pour trouver les décifions dont on a befoin.

Ceux qui examineront ce Livre, ou qui s'en ferviront pour la facilité de leurs études, y trouveront une variété & une abondance qu'il ne femble pas d'abord que de fimples Titres de Droit puiffent produire; mais fi l'on confidere l'étenduë & la diverfité des matieres qui y font comprifes dans les volumes du Droit Romain, on reconoîtra que tres-peu de queftions on échapé à la pénétration des Anciens Iurifconfultes, & à la décifion des Loix. Tout eft decidé à qui fauroit faire un bon ufage des Loix Civiles: & fi l'on en avoit une connoiffance familiere, on fe pafferoit aifément des vaines recherches de la plûpart des Docteurs, qui, bien loin d'avoir éclairci la Jurisprudence, n'ont fait que l'embrouiller & l'obfcurcir. A quelque fcience que l'on s'aplique, on ne fauroit trop s'attacher à l'étude des Textes: & fi les Loix ne font en effet que l'Equité reduite en préceptes & en exemples, il eft certain que plus on s'éloigne du Texte de la Loi, plus on s'écarte des principes.

C. B.

CATALO

# CATALOGUE

## DES LIVRES DU DROIT CIVIL,
### ET CANONIQUE,
Dont les Titres font raportez dans cet Ouvrage :
Avec l'hiftoire abrégée de leurs Auteurs.

## DROIT CIVIL,
*Avant l'Empereur Juftinien.*

### I.

LES Loix des douze Tables. *Ces Loix, dont il ne refte que des Fragmens, furent aportées de la Grece à Rome, & écrites fur dix Tables d'Ivoire ou d'Airin ; aufquelles on en ajouta deux autres : environ l'an 310. aprés la fondation de Rome, & 449. ans avant la Naiffance de* JESUS-CHRIST. *Ces Loix ont été recueillies de divers Auteurs, & difposées fuivant l'ordre du Digefte & du Code, par* Denis Godefroi.

### I I.

Les Inftitutes de Caius. *Ce Jurifconfulte, a laiffé deux Livres d'Inftitutes, dont il ne nous refte que l'Abregé, que* Cujas, Præfat. ad Cod. Theod. *croit avoir été fait par* Anian, Confeiller d'Alaric.

ẽ

*Caius Caffius Longinus* fut Conful fous l'Empire de Tibere, & Gouverneur de Syrie fous l'Empereur Claude. Il mourut fort âgé fous Vefpafien.

Un autre *Caius* a vécu fous l'Empereur *Antonin Caracalla*, vers
l'année 217. de J E S U S - C H R I S T ; à moins que ce Jurisconfulte
ne foit le même qui vivoit fous Tibere. *Juftinien* fait mention de *Caius*
dans la Préface des Inftitutes, §. 6. mais on ne fait pas certainement lequel de ces *Caius* ou *Gaius*, eft l'Auteur des deux Livres d'Inftitutes.

### I I I.

Les Regles d'*Ulpien*. *Domitius Ulpianus* fut Tuteur & Confeiller
d'Etat de l'Empereur *Alexandre Sévere*, & Prefet du Prétoire,
l'an 230. de J E S U S - C H R I S T.

### I V.

Les Sentences de *Paulus*. *Julius Paulus* étoit de Pavie, & vivoit
fous le même Empereur *Alexandre Sévere*. Il fut Préteur, Conful, &
Prefet du Prétoire. Ses Sentences font divisées en cinq Livres, &
chaque Livre eft divisé en Titres, & en Paragraphes.

### V.

Le Code Théodofien, redigé par ordre de l'Empereur *Théodofe*,
l'an 438. de J E S U S - C H R I S T. Il contient feize Livres, divifez
en Titres, & les Titres en Loix.

# DROIT CIVIL,
## *De l'Empereur Justinien.*

### VI.

LE Digeste, ou les Pandectes, *dont la compilation fut commencée aprés la premiere Edition du Code Justinien, & fut achevée l'an 533 de* JESUS-CHRIST, *par les soins du fameux Tribonien, aidé par les plus habiles Jurisconsultes de son tems. Le Digeste est divisé en cinquante Livres, subdivisez en Titres, les Titres en Loix, & les Loix en Paragraphes.*

### VII.

Les Instituts, *qui furent composées la même année, par Théophile & Dorothée, Jurisconsultes, sous la direction de Tribonien. Les Institutes comprennent quatre Livres, qui sont divisez en Titres, & en Paragraphes.*

### VIII.

Le Code Justinien. *L'Empereur se servit des Codes Grégorien, Hermogénien, & Théodosien, pour composer son Code, dans lequel il insera plusieurs de ses propres Loix ou Constitutions. Le Code Justinien fut premierement publié cinq années avant le Digeste & les Instituｔes, l'an 528. Mais l'Empereur fit corriger & augmenter son Code, l'an 534. & le fit publier pour la seconde fois, tel que nous l'avons aujourd'hui. Le Code est divisé en douze Livres, en Titres, en Loix, & en Paragraphes.*

### IX.

Les Novelles. *Aprés la seconde Edition du Code, l'Empereur Justinien fit plusieurs Ordonnances, tant en Grec qu'en Latin: qui ont été recueillies en un corps, au nombre de cent soixante-huit. Elles ont été*

appellées Novelles , ou Autentiques. Le Livre des Novelles est divisé
en neuf Collations , dont chacune est divisée en Titres , qui composent
ensemble les C L XV I I I. Novelles.

## X.

Les Edits de Iustinien. Aprés la mort de cet Empereur on a recueilli
treize Constitutions qu'il avoit faites , & qui n'avoient pas été jointes
au corps des Nouvelles. Ces Edits sont divisez en Chapitre.

# DROIT CIVIL,
## Aprés Justinien.

LES Novelles de Justin. Ces Constitions , au nombre de cinq ,
sont de l'Empereur Justin II. surnommé Curopalate , successeur de
Iustinien.

## XII.

Les Noveles de Tibere. Cet Empereur, deuxiéme du nom, fut successeur de Justin I I. Il a laißé pareillement cinq Constitutions.

## XIII.

Trente Constitutions des Empereurs Justinien I. Justin I I. & Tibere I I.
recueillies par Iulien , Professeur.

## XIV.

Les Novelles de Leon. L'Empereur Leon , surnommé le Philosophe ,
aiant publié les Livres des Basiliques , qui changent plusieurs choses du
Droit de Iustinien ; fit recueillir ses propres Constitutions , qu'il publia
pareillement. Il y en a cent-treize , mais elles n'ont pas force de Leix ,
non plus que les Basiliques. Siecle I X.

## X V.

Les Conſtitutions des Empereurs *Ces Conſtitutions ont été faites par divers Empereur depuis Héraclius, juſqu'a Michel Paleologue : c'eſt à dire, depuis le V I I. Siécle, juſqu'au X I I I. Elles ſont diviſées en Chapitres.*

## X V I.

Le Traité des Fiefs. *Ce Traité contient cinq Livres, dont le premier eſt de Gérard le Noir ; le ſecond & le troiſiéme, d'Obert de Orto, Juriconſulte de Milan ; le quatriéme eſt de divers Auteurs anciens Anonimes : & le cinquiéme comprend les Conſtitutions des Empereurs, concernant la matiere des Fiefs.*

*Ces Livres contiennent le Droit & les Uſages obſervez par les Peuples de Lombardie, à l'égard des Fiefs : & ce même Droit eſt ſuivi par les autres Peuples, dans les cas où il n'eſt pas contraire à leurs Coûtumes particulieres.*

## X V I I.

Les Conſtitutions de l'Empereur Frideric I I. *Diviſées en douze Chapitres. X I I I. Siécle.*

## X V I I I.

Les Conſtitutions de l'Empereur Henri V I I. *Elles ne contiennent que deux Titres. X I V. Siécle.*

## X I X.

Le Livre de la Paix de Conſtance. *Ce Traité fut fait l'an 1183. entre l'Empereur Frideric I. ſurnommé Barberouſſe, Henri V I. ſon Fils, & Empereur apres lui ; & quelques Seigneurs d'Allemagne, d'une part, Et les Villes de Lombardie, d'autre part. X I I. Siécle.*

# DROIT CANONIQUE.

## I.

LE Decret de Gratien. *Le Decret est un recueil des anciens Canons des Conciles, des Constitutions des Papes, & des décisions des Peres de l'Egise. Cette compilation a été faite par Gratien, savant Moine de saint Felix à Bologne, de l'Ordre de saint Benoît, qui fleurissoit l'an 1120. sous l'Empire d'Henri IV. En 1151. le Pape Eugene III. approuva le Decret, qui est divisé en trois parties principales.*

*La premiere contient cent & une Distinctions, subdivisées en Canons.*

*La seconde comprend trente six Causes, dont chacune est divisée en plusieurs Questions, & en Canons.*

*La troisiéme partie traite de la Consécration, & renferme cinq Questions, divisées en plusieurs Canons.*

## II.

Les Decretales de Gregoire IX. *Les Decretales ont été recueillies par Raimond de Pennafort, Chapelain & Penitencier du Pape Gregoire IX. l'année 1230. Elles sont composées des Constitutions, & des Decretales ou Rescrits émanez des précédens Pontifes, & de Grégoire lui même. Les Decretales sont aussi nommées Extravagantes par quelques-uns, aussi-bien que les Collections qui ont été faite dans la suite ; parce que les Decretales étoient éparses en plusieurs Livres, avant qu'elles fussent recueillies en un Corps. Les Decretales sont divisées en cinq Livres, en Titres, & en Chapitres.*

## III.

Le Sexte. *L'an 1298. le Pape Boniface VIII. fit faire une nouvelle Collection, qui est le VI. Livre des Decretales, par Guillaume de Mandagot, Archevêque d'Ambrun ; Beranger Fredoli, Evêque de Be-*

ziers ; *& Richard de Sienne, Vice-Chancelier de l'Eglise Romaine, &*
*depuis Cardinaux.  Ce siziéme Livre est composé de  nouvelles Decreta-*
*les faites durant environ* 60. *ans  , tant par Gregoire I X. apres la Col-*
*lection qu'il avoit publiée , que par les Papes suivans , & par Bonifa-*
*ce lui-même , qui insera  encore les Decretales de deux Conciles Gene-*
*raux de Lion , tenus en* 1245. *& 1274.*

*Boniface V I I I. fut élû Pape le* 24. *Decembre* 1294. *& mourut*
*le* 12. *Octobre* 1303.

<h3 style="text-align:center">I V.</h3>

Les Clementines. *Le Pape Clement V. avoit fait une compilation ;*
*tant des Decrets du Concile General de Vienne , où il avoit presidé , que*
*de ses Epîtres ou Constitutions.  Mais  la  Mort  lui  aiant  empêché  de*
*publier cette Collection , elle ne parut que sous Iean X X I I. son Succes-*
*seur, qui l'adressa aux Universitez , sous  le  nom  de  Clementines ,*
*l'an* 1317.

Clement V. François de Nation, *fut élû Pape à Perouse le cinquié-*
*me Juin* 1305. *& reçut la Bulle de son élection à Lion , où il manda*
*les Cardinaux , & fut Couroné dans l'Eglise de S. Just , le* 14. *de No-*
*vembre.  Il transfera le S. Siege à Avignon , & mourut le* 20. *d'Avril,*
*de l'an* 1314.

<h3 style="text-align:center">V.</h3>

Les Extravagantes de Iean XXII. *Ce Pape a laissé vingt Consti-*
*tutions , qui ont été recueillies sous le nom d'Extravagantes. Jean XXII.*
*succeda à Clement V. auquel il se nomma successeur à Lion le* 8. *de Sep-*
*tembre* 1316. *dans le Convent des Jacobins.   Il mourut le* 4. *Decem-*
*bre* 1334. *à Avignon, où il avoit tenu le Siége Pontifical.*

<h3 style="text-align:center">V I.</h3>

Les Extravagantes communes, *sont diverses Constitutions de Papes,*
*principalement de Jean X X I I. lesquelles n'ont pas esté comprises dans*

*les autres Collections, & dont le recueil a esté fait en 1483. Elles sont disposées comme les precedentes Collections, suivant l'ordre des Decretales.*

## V I I.

*Les instituts de Lancelot. Jean Paul Lancelot, Docteur de Perouse, a fait des Institutions du Droit Canonique, corrigées par ordre du Pape Pie V. afin qu'elles fussent pour le Droit Canon, ce que les Instituts de Justinien sont pour le Droit Civil. Neanmoins les Instituts de Lancelot n'ont pas esté Canonisées, quoi qu'on lui eût fait esperer qu'elles le seroient. Il les publia l'an 1563. aprés y avoir travaillé plus de vingt ans. Lancelot mourut à Perouse en 1591. âgé de 80. ans.*

---

# APPROBATION.

*De Monsieur Aubert, Ancien Echevin de Lion, Procureur du Roi à la Police, & Avocat au Présidial de la même Ville.*

J'Ay lû par l'ordre de Monseigneur le Chancelier, un Manuscrit, intitulé : *les Titres du Droit Civil & Canonique, raportez sous les noms François des matieres, suivant l'ordre Alphabétique, &c.* Et il m'a paru que cet Ouvrage est une espece de guide dans la confusion des Titres du Droit Civil & du Droit Canonique, par le moyen duquel on peut trouver facilement les Décisions qui ont du raport aux sujets que l'on doit traiter, ou décider ; & dont, par consequent, l'impression sera avantageuse au Public. FAIT à Lion le quatorziéme Avril mil sept cens quatre. *Signé,* AUBERT.

### PRIVILEGE DU ROY.

LOUIS PAR LA GRACE DE DIEU, ROY DE FRANCE ET DE NAVARRE : A nos amez & feaux Conseillers les Gens tenans nos Cours de Parlement, Maîtres des Requêtes ordinaires de nôtre Hôtel, Grand Conseillers, Prevôt de Paris, Baïllifs, Senéchaux, leurs Lieutenans Civils & autres nos Justiciers qu'il appartiendra ; SALUT, ANTOINE BOUDET, Libraire à Lion, Nous ayant fait exposer qu'il desiroit procurer au Public l'impression d'un Livre, intitulé

intitulé, *les Titres du Droit Civil & Canonique, rapportés sous les noms François des matieres suivant l'ordre Alphabetique, avec une brieve explication des Titres, dont la seule lecture ne donne pas une connoissance suffisante :* Par le Sr. B R O S S E T T E *Avocat* , s'il Nous plaisoit lui accorder nos Lettres de Privilege sur ce necessaires. N o u s avons permis, & permettons par ces Presentes, audit B o u d e t, de faire imprimer ledit Livre, en telle forme, marge, Caractere, & autant de fois que bon lui semblera, & de le faire vendre par tout nôtre Royaume, pendant le tems de dix années consecutives, à compter du jour de la datte desdites Presentes. Faisons défenses à tous Imprimeurs, Libraires & autres persones, de quelque qualité & condition qu'elles soient, d'imprimer, faire imprimer, contrefaire, vendre, ni debiter ledit Livre, sous quelque prétexte que ce puisse être, même d'impression étrangere, sans le consentement par écrit dudit Exposant, ou de ses ayans cause, à peine de confiscation des Exemplaires contrefaits, de quinze cens livres d'amande contre chacun des Contrevenans, dont un tiers à Nous, un tiers à l'Hôtel-Dieu de Paris, l'autre tiers audit Exposant, & de tous dépens domages & interest. A la charge, que ces Presentes seron enregistrées tout au long sur le Livre & Registre de la Communauté des Imprimeurs & Libraires de Paris, & ce dans trois mois de la datte d'icelles; Que l'impression dud. Livre sera faite dans nôtre Royaume & non ailleurs, & ce sur de bon Papier & beaux Caracteres : conformement au Reglement de la Librairie Et qu'avant que de l'exposer en vente, il en sera mis deux Exemplaires dans nôtre Bibliotheque publique, un dans celle de nôtre Tres-cher & Feal Chevalier, Chancelier de France, le sieur Phelippeaux, Comte de Pontchartrain, Commandeur de nos Ordres. Le tout à peine de nullité des Presentes, du contenu desquelles : V o u s M a n d o n s e t E n j o i g n o n s , de faire joüir l'Exposant ou ses Ayans cause, pleinement & paisiblement, sans soûfrir qu'il leur soit fait aucun trouble ou empêchemens. V o u l o n s que la Copie desdites Pre. sentes qui sera imprimée, au commencement ou à la fin dudit Livre, soit tenuë pour deüement signifiée, & qu'aux Copies collationnées par l'un de nos amez & feaux Conseiller & Secretaire, foi soit ajoûtée comme à l'Original. Commandons au premier nôtre Huissier ou Sergent, de faire pour l'execution d'icelles tous Actes requis & necessaires, sans autre Permission ; Et nonobstant Clameur de Haro, Chartre Normande & Lettre à ce contraires ; C a r t e l e s t n ô t r e P l a i s i r, Donne' à Versailles le quatriéme jour de May, l'an de Grace mil sept cens quatre ; Et de nôtre regne le soixante-uniéme. *Par le Roi en son Conseil :* L E C O M T E.

*Regiftré sur le Livre de la Communauté des Libraires & Imprimeurs de Paris, N° 179. page 241. conformement aux Reglemens, & notamment à l'Arreft du Conseil du 13. Aouft dernier. A Paris ce 15. May 1704.* P. E M E R Y. *Syndic.*

## *NOTES DES CITATIONS*
### *faites dans cet Ouvrage.*

| | |
|---|---|
| Caj. | Caîj Inftitutiones. |
| C. | Codex Juftinianeus. |
| C. Th. | Codex Theodofianus. |
| C. Frid. | Conftitutiones Friderici. |
| C. I. | Conftitutiones Imperatoriæ. |
| C. J. J. | Conftitutiones Juftiniani, Juftini, & Tiberij. |
| Cl. | Clementinæ, Clementis V. |
| D. | Digefta, vel Pandectæ. |
| Dec. Gr. | Decretum Gratiani. |
| Ed. Juft. | Edicta Juftiniani. |
| Extr. | Extravagantes : *i. e.* Decretales Gregorij I X. |
| Extr. Co. | Extravagantes Communes. |
| Extr. H. | Extravagantes Henrici VII. |
| Extr. Jo. | Extravagantes Joannis XXII. |
| F. | Feudorum Libri. |
| ff. | Pandectæ, vel Digefta. |
| J. *vel* Inft. | Inftitutiones Juftiniani. |
| I. L. | Inftitutiones Lanceloti. |
| J. N. | Juftini Novellæ. |
| L. | Lex. |
| L. 12 tabb. | Lex duodecimtabularum |
| L. N. | Leonis Novellæ. |
| N. | Novellæ Juftiniani. |
| N. J. | Novellæ Juftini. |
| N. L. | Novellæ Leonis. |
| N. T. | Novellæ Tiberii. |
| P. *vel* Pap. | Papinianus. |
| Paul. | Pauli fententiæ. |
| Pax Conft. | Liber de pace Conftantiæ |
| S. | Sextus Decretalium. |
| V. | Vide. *Voiez.* |
| Ulp. | Ulpianus. |

TITRE

# LES TITRES
## DU
# DROIT CIVIL,
## ET CANONIQUE:

Raportez fous les noms François des matieres, fuivant l'ordre Alphabétique.

## A
### ABANDONNER.

**B**ANDONNER. Chofe abandonnée. *Res pro derelicto habita.*

*De rebus pro derelicto halitis. Inft.* 2. 1. § 47. Les chofes abandonnées apartiennent à celui qui s'en empare le premier.

*Pro derelicto. D.* 41. 7. La chofe abandonnée peut être prefcrite par le Poffeffeur.

### AB-INTESTAT.

Ab - inteftat. *Ab inteftato. Inteftatus.*
Définition de ce mot. *L.* 64. *D. de Verb. fign.*

A

*Nemo teſtatus & inteſtatus decedit. L. 7. D. de Reg. Jur.*
*Voyez* : Teſtament.

## ABOLITION.

Abolition. *Abolitio. Indulgentia criminis.*

*De abolitionibus. C. 9. 42... C.th. 9. 37. Abolitio,* dans ces Titres, ne ſignifie pas l'Abolition du crime ; mais l'Abolition de l'acuſation : ce qui ſe faiſoit quand l'accuſateur demandoit au Juge la faculté de ſe deſiſter de ſon accuſation. *Voyez* Deſiſtement.

*De generali Abolitione. C. 9. 43... Paul. 5. Sent. 14. §. 18.*

*De Indulgentiis Criminum. C.th. 9. 38.*

*Ad Senatuſconſultum Turpillianum, & de Abolitionibus Criminum.* D. 48. 16... C. 9. 45. Pour l'explication du Sénatuſconſulte Turpillien, *Voyez* Deſiſtement. Calomnie.

*De ſententiam paſſis, & Reſtitutis. D. 48. 23.... C. 9. 51. ult. ....* C. th. 9. 43. Ceci regarde particulierement le Rappel de Ban; & le Rappel *de Galeres,* ſelon nôtre uſage : *Remeatus ... V.* Bannir.

## ABSENT.

Abſent. Abſence.

Sens de ce mot. *l. 173. l. 199. D. de verb. ſign.*

*Eum qui appellaverit, in Provincia defendi. D. 49. 11.* Abſent, pour ſoûtenir ſon appel, n'eſt pas diſpenſé de ſe défendre dans ſes autres procez.

*Si Tutor, vel Curator, Reip. causâ aberit. C. 5. 64.* Excuſe légitime pour une Tutelle.

*Abſentia Reipub. causâ. l. 140. l. ult. D. de reg. Jur.*

Criminel abſent. *Voyez* Contumace.

## ACCEPTATION.

Acceptation d'hoirie. *Voyez* Succeſſion.

## ACCEPTILATION.

Acceptilation. *Acceptilatio ; quaſi, acceptum ferre :* Reconnoître d'avoir reçû.

*De Acceptilatione. D. 46. 4..... C. 8. 44.... Inſt. 3. 30. §. 1. 2.* *Voyez* Paiement. Quitance.

# ACCOUCHER.

Accoucher. Accouchement. *Parere. Partus.*
Définition , & explication. *l.* 132. §. 1. *l.* 137. *D. de verb. sign.*
Accouchement monstrueux. *l.* 135. *D. de verb. sign . . . Lex* 12 *tab. l.* 2.
*De muliere quæ parit undecimo mense post mariti mortem. Nov.* 39.
*c.* 2. . . . *Lex* 12 *tabb. t.* 2.

## ACCROISSEMENT.

Droit d'Accroissement. *Jus adcrescendi.*
*De Usufructu adcrescendo. D.* 7. 2.
*Quando non petentium partes petentibus adcrescunt. C.* 6. 10. Dans
les successions , les portions de ceux qui ne demandent pas ,
accroissent à ceux qui demandent l'hérédité.
*De heredibus instituendis. J.* 2. 14. . . . *D.* 28. 5. *Voyez* Héritier.
*De adquirenda vel omittenda hereditate. D.* 29. 2. *Voyez* Succession.
*De Legatis & Fidei-commissis. Inst. Dig. Cod. Voyez* Legs.
Les trois précédens Titres parlent du droit d'Accroissement.
*Si liberalitatis Imperialis socius , sine herede decesserit. C.* 10. 14.
*C. th.* 10. 14. Si l'un des Condonataires du Prince , meurt sans
héritiers , sa part accroit à l'autre Donataire. *Voyez* Don.
Accroissement par alluvion. *Voyez* Alluvion.

## ACCUSATION.

Accusation. Accusateur. Accuser. Accusé.
Accusation. *Voyez* Plainte. Partie civile. Calomnie. Desistement.
Accusateur. *Voyez* Partie civile.
Accusé. *Reus.*
*Si Reus , vel Accusator mortuus fuerit. C.* 9. 5. Le crime est éteint
par la mort de l'Accusé : Exceptions.
*De custodia & exhibitione Reorum. D.* 48. 3. . . . *C.* 9. 4. . . . *C. th.* 9. 3.
*De exhibendis , vel transmittendis Reis. C.* 9. 3. *C. th.* 9. 2.
*De Reis postulatis. C.* 10. 58. Les Accusés sont incapables d'être
appelés aux dignités.
*De Reis destitutis. Paul.* 1. 6. Accusation abandonnée.
*Ut nemo invitus , agere , vel Accusare cogatur. C.* 3. 7.
*Ne , præter crimen Majestatis , servus Dominum , vel patronum li-*

*bertus , seu familiaris accuset. C. th. 9. 6.*
*Voyez* Criminel.

## ACHETER.

Acheter. Achat. *Voyez* Vendre. Vente.
Acheteur de bonne foi: Définition. *l.* 109. *D. de verb. sign.*
Acheteur d'Action. *Voyez* Action.

## ACQUERIR.

Acquerir. Acquereur.
*De acquirendo rerum dominio. D.* 41. 1.... *Ulp.* 19. Divers moiens
     d'acquerir la propriété des choses.
*De rerum divisione , & acquirendo ipsarum dominio. J.* 2. 1.
*De acquirenda , vel omittenda possessione. D.* 41. 2.
*Per quas personas nobis acquiritur. J.* 2. 9. ... *C.* 4. 27.... *l.* 18. *D. de*
     *reg. jur.*
*Per quas personas nobis obligatio acquiritur. J.* 3. 29.
Acquereur de bonne foi , ce que c'est. *l.* 109. *D. de verb. sign.*

## ACTE.

Acte. *Instrumentum. Litteræ.*
Lecture des Actes. *l.* 56. *D. de verb. sign.*
*De edendo. D.* 2. 13... *C.* 2. 1... Ce Titre se doit entendre , *de edi-*
     *tione Instrumentorum ab actore faciendâ ;* & de la demande li-
     bellée en Justice : *de editionè actionis , vel libelli. V.* Demande.
Les trois Titres suivans se doivent entendre de la représentation
     des Actes que le Défendeur veut cacher , ou suprimer.
*Ad exhibendum. D.* 10. 4.... *C.* 3. 42.
*De tabulis exhibendis. D.* 43. 5.... *C.* 8. 7..... Représentation du
     Testament à ceux qui y ont quelque interêt.
*Testamenta quemadmodum aperiantur , inspiciantur , & describan-*
     *tur. D.* 29. 3.
Foi des Actes.
*De fide Instrumentorum. Dec. Gr.* 3. q. 9. c. 15. §. *de his. vers. si de-*
     *bitum..... Extr.* 2. 22.
*De fide Testium & Instrumentorum. C. Th.* 11. 39.
*De Instrumentorum cautelâ & fide. N.* 73. De l'autorité , & de
     la forme des Actes.

*Ut praeponatur nomen Imperatoris , & ut Latinis Litteris apertiùs tempora inscribantur. N. 47.....* Forme & date des Actes.
*De fide Instrumentorum , & amissione eorum. D. 22. 4.*
*De fide Instrumentorum , & de amissione eorum ; & de Apochis , & Antapochis faciendis ; & de his quae sine scriptura fieri possunt. C. 4. 21.....Apocha ,* quitance : *Antapocha ,* contre-billet , ou contre-promesse.
*De Tabellionibus , & ut Protocola dimittant in chartis. N. 44....* Voyez Notaire.

**Acte simulé.**

*Plus valere quod agitur , quàm quod simulatè concipitur. C. 4. 22....* Voyez contre-lettre.
*Ut nemo ad suum patrocinium suscipiat Rusticanos. C. 11. 53.* contre les Actes simulez en fraude de la Taille.

Acte vicieux ne se rectifie point par le tems. *l. 29. ff. de Reg. Jur.*
Interprétation des Actes. *l. 34. ff. de Reg. Jur......* V. Douteux : clause douteuse.
*De actibus legitimis. l. 77. ff. de Reg. Jur.*
*Enuntiativa non probant ; seu , ut non aliter credatur Instrumento , de altero Instrumento facienti mentionem , quàm si idipsum proferatur. N. 119. c. 3.*
Acte de main-privée. *N. 73. c. 1. 2. 4.*
*Si quis prolatam manum suam negaverit. N. 18. c. 8. 9.....* contre ceux qui desavoüent leur écriture.
*Nemini noceat in captivitate Gentium amissio Instrumentorum. Const. I. I. 3. & 4.*
*Ut Instrumenta irrita revocentur. Const. I. I. 7.*
Acte faux. *Voyez* Faux.

## ACTION.

Action. *Actio.* V. Exception.
*De Actionibus. I. 4. 6.*
*Quid sit Actio. l. 178. §. 2. D. de verb. sign.*
*De effectu actionis. l. 15. D. de Reg. Juris.*
*De obligationibus & Actionibus. D. 44. 7.....C. 4. 10.*
Le mot d'Action ne comprend pas l'Exception. *l. 8. D. de verb. sign.*

Mais il comprend celui de Pourſuite. *l. 34. eod.*

Ces Titres concernent les Actions en général.

Il y a pluſieurs autres Titres dans le Corps du Droit , qui traitent des Actions particulieres ; mais on n'a pas inſeré ici tous ces Titres , afin d'éviter des répetitions inutiles ; & l'on s'eſt contenté de mettre chacun de ces Titres ſous les noms des matieres auſquelles ils apartiennent. Par exemple : pour les Actions que l'on a contre les Peres pour leurs Enfans ; contre les Maîtres, pour leurs Domeſtiques , leurs Commis ou leurs Eſclaves: on trouvera le nom & les Titres de ces Actions , ſous les mots, Pere , Maître , Domeſtique , &c.

Les Actions héréditaires , ſous les mots , heritier , ſucceſſion.

Les Actions pour la Dot : *Voyez* Dot.

Les Actions Tutelaires : *V.* Tutelle.

Action criminelle : *V.* Crime. Plainte.

Et ainſi de toutes les autres.

Voici pourtant quelques Titres des Actions , qu'il eſt néceſſaire de récueillir en cet endroit.

Action hipotécaire :

*De pigneratitia Actione , vel contra.* D. 13. 7. . . . . . . C. 4. 24. . . . . ꝲ. 3. 15. §. 4. *fin. Quib. mod. re &c.*

*Ut res apud alium conſtituta non poſſint vindicari, priùs quàm perſonalis Actio exerceatur.* N. 4. c. 2. Le Créancier doit diſcuter ſon débiteur , par action perſonnelle , avant que d'éxercer l'action hipotécaire contre les tiers détenteurs.

*V.* Hipoteque.

*De iis , per quos agere poſſumus.* ꝲ. 4. 10. . . . . Par quî , & ſous le nom de quî , on peut intenter ſon Action. *V.* Agir en Juſtice. Procureur. Plaider.

*De perpetuis & temporalibus Actionibus ; & quæ ad hæredes & in heredes tranſeunt.* ꝲ. 4. 12. . . . . . C. 4. 11. *V.* Héritier. . . . . . Par l'ancien droit , les Actions qui deſcendoient de la Loi , ou du Droit Civil , étoient perpetuelles ; mais toutes les Actions ont été reſtraintes. *Vide Inſt. hoc tit. in princ.*

*De noxalibus Actionibus.* I. 4. 8. . . . . . *V.* Dommage.

*De inſtitoria & exercitoria Actione.* C. 4. 25. . . . . D. 14. 1. *& 3.* . . . . . Action que l'on a contre le Maître pour le fait de ſes Commis , ou de ſes Prépoſez. *V.* Commis.

*De tributoriâ Actione. D. 14. 4.* ... *V.* Maître.

*Ubi in rem Actio exerceri debeat. C. 3. 19.* .... *N. 4. c. 2.* ..... De l'action réelle & hipotécaire.

*De publiciana in rem Actione. D. 6. 2.* .... *V.* Revendication.

*De popularibus Actionibus. D. 47. 23.* ..... Des Actions publiques ou populaires, qu'il est permis à chacun d'intenter pour un délit ou crime qui intéresse le Public. *V.* Communauté. Public.

*Quando civilis Actio criminali præjudicet ; & an utraque ab eodem exerceri possit. C. 9. 31.* .... Du concours de l'action civile & de la criminelle.

*Victum civiliter, agere criminaliter posse. C. Th. 9. 20.*

*De ordine judiciorum. C. 3. 8.* .... De l'ordre des Actions.

*De ordine cognitionum. C. 7. 19.*

*De concursu Actionum. l. 43.* .... *l. 130.* ... *D. de Reg. Jur.*

*Voyez* Crime.

*Ut intra certum tempus criminalis quæstio terminetur. C. 9. 44.* .... *C. Th. 9. 16.*

Action criminelle doit être poursuivie dans un an, selon l'ancien Droit ; & dans deux années, par le Droit nouveau. *V.* Crime.

*De Actionibus certo tempore finiendis. C. Th. 4. 14.* ..... *N. Valent. 8.* Les Actions personelles se prescrivent par 30. ans. *Voyez* Prescription.

*De tempore Actionum quæ sacris locis competunt. N. 111.* ... *Ed. Just. 5.* *V.* Prescription.

*De Prætorio pignore : & ut in Actionibus debitorum, missio Prætorij pignoris procedat. C. 8. 22.* ..... Droit que le Préteur donoit à un Créancier, d'éxercer les Actions de son débiteur : ce qui étoit une espece de mise en possession, ou de subrogation, appelée pour cela, *Prætorium pignus. V.* Hipoteque. Subrogation.

*De præscriptis verbis, & in factum Actionibus. D. 19. 5.* .... *C. 4. 64.* ... l'Action nommée, *præscriptis verbis,* se donoit pour les dommages & interests qui naissoient de l'inéxécution d'un contrat sans nom : *datur ex conventione, ut præscripta est.* L'Action *in factum,* se donoit pour toutes sortes de conventions sans nom, & autres causes : *ex facti & rei gestæ narratione ; unde dicebatur, In factum.*

*Quarum rerum actio non datur. D. 44. 5.* ..... Ce titre propose des

cas où l'on n'a pas d'action légitime : *Primò*, contre le ferment.
*Secundò*, pour une chofe promife contre la faveur de la liberté.
*Tertiò*, à caufe du Jeu. *V.* Exception.

*De formulis , & impetrationibus Actionum, fublatis. C. 2. 58 .....*
Autrefois , chaque Action avoit fa Formule particuliere qu'il
faloit obferver éxactement , fans quoi l'on perdoit fon procez.
Ce Titre abroge ces Formules miftérieufes , captieufes, & em-
barraffantes.

*De omiffa Actionis impetratione. C. th. 2. 3. ...* De même que le
Titre précedent.

*Ut nemo invitus agere , vel accufare cogatur. C. 3. 7. ....* On ne peut
être contraint d'intenter une Action civile , ni criminelle.

*De variis & extraordinariis cognitionibus ; & fi Judex litem fuam
feciffe dicatur. D. 50. 13. ....* Des Actions extraordinaires.

Conteftation & Jugement empêchent la prefcription de l'action.
*l. 139. D. de Reg. Jur.*

L'Action vaut moins que la chofe. *l. 204. D. reg. jur.*

⌠Acheteur d'Action.
⎪
⎪*Ne liceat potentioribus patrocinium præftare litigantibus , vel ac-
⎪    tiones in fe transferre. C. 2. 14. .....* Contre ceux qui prêtent
⎪    leur nom , & qui achetent les Actions , ou qui prennent le
⎪    fait & caufe , ou qui interviennent fans interêt. De même ,
⎱    il n'eft pas permis de vendre ou ceder fon droit à une perfo-
⎰    ne puiffante , pour rendre plus difficile la demande qu'un
⎪    tiers nous veut faire de la chofe cedée.
⎪
⎪*De alienatione , judicij mutandi causâ, factâ. D. 4. 7. .... C. 2. 55 ...
⎪    Dec. Gr. 11. q. 1. c. fin. quia res ..... Extr. 1. 42 ... V.* ce Titre
⎪    ci-apres , au mot , Refcifion.
⎪
⎣*De hereditate , vel Actione vendita. D. 18. 4. .... C. 4. 39.*
⎱*V.* Intervention. Tranfport. Commitimus.

Ceffion & Tranfport d'Action. *V.* Ceffion.

Action annale. *Quando de peculio Actio annalis eft. D. 15. 2. V.* Prefcription.

*V.* Exception. Agir en Juftice.

<h2 style="text-align:center">A D I T I O N.</h2>

Adition d'hérédité. *V. Poffeffion de biens. Succeffion.*

<h1 style="text-align:right">ADJOURNEMENT.</h1>

# ADJOURNEMENT.

Adjournement. *V.* Ajournement.

## ADJUDICATION.

Adjudication. Adjuger. *Addictio. Addicere.*
*De in diem Addictione. D.* 18. 2. Ce titre parle de la vente faite à
condition que si dans un certain tems le vendeur trouve à
vendre plus avantageusement , la premiere vente sera
nulle. *V.* Vente.
*De addictione. J.* 4. 17. *§. ult.*
Adjudication par Decret. *V.* Decret.

## ADMINISTRATEUR.

Administrateur. Administration.
*De Administratione rerum ad civitates pertinentium. D.* 50. 8 . . .
Les Administrateurs du bien public , sont regardez comme
des Tuteurs. *V.* Deniers publics.
*De Administratione Rerum publicarum. C.* 11. 31.
*De Jure Reipublicæ. C.* 11. 30. La République ( ou le Public )est
regardée comme mineure.
*De Administratoribus. N.* 95. De ceux qui ont eu l'administra-
tion , ou le gouvernement d'une Province , & de ce qu'ils
doivent faire aprés leur administration. *V. tit.* 49. *lib.* 1. *Cod.*
*V.* Gouverneur.
*Jusjurandum quod præstatur ab ijs qui administrationes accipiunt.*
*N.* 8. *t.* 3.
*Ut Orphanotrophi sint Tutoribus similes. N.* 131. *c. ult.* Des Admi-
nistrateurs d'un Hôpital. *V.* Hôpital.
*Ut œconomi , & similes , apud proprium Episcopum conveniantur.*
*N.* 123. *c.* 23.

## ADOPTION.

Adoption. *Adoptio. Adrogatio , quæ est Adoptio ejus qui sui*
*juris est.*
*De Adoptionibus. J.* 1. 11 . . . . *C.* 8. 4. 8 . . . . . *Caj.* 1. 4 . . . . *Ulp.* 8.
*De Adoptionibus & Emancipationibus , & aliis modis quibus potes-*

*tas folvitur. D. 1. 7.*
*Ut Eunuchi adoptare poffint. L. N. 26.*
*Ut pariter omnibus adoptare liceat. L. N. 27.*
*Ne filij naturales cum Adoptivis matrimonium contrahant. L. N. 24.*
*De Legitimatione per Adoptionem. N. 74. c. 3.*
*de Acquifitione per adrogationem. J. 3. 11.*

## ADULTERE.

Adultere.

*De Adulterijs. J. 4. tit. ult. §. 4 . . . . . Paul. 2. fent. 27. . . . Lex 12*
     *tabb. t. 2. c. 3. & 4 . . . . Majoriani N. t. 9 . . . . . Papin. 27.*
*De Adulterijs , & ftupro. Dec. Gr. 36. q. 1. c. 2. & feq. §. cum*
     *ergo . . . . Extr. 5. 16 . . . . . Inft. Lanc. 4. 8.*
*Ad legem Juliam, de Adulteriis coercendis. D. 48. 5 . . . . . C. Th. 9. 7.*
     *hæc lex lata eft ab Augufto , filio adoptivo Julii Cæfaris ; unde*
     *nomen legis.*
*Ad legem Juliam de Adulteriis , & ftupro. C. 9. 9 . . . . Stuprum , eft*
     *defloratio Virginis , & commixtio cum vidua honefta. L. 101. D.*
     *de verb. fign. V.* ftupre.
*De Adulteris manifeftò deprchenfis. L. N. 32 . . . .* La peine étoit
     d'avoir le né coupé.
*De Adulteris à Præfecto non punitis. Conft. J. 1. Leon. Arm.*
*Adulterii Pœna. N. 134. c. 10. 11. & 12 . . . . N. 117. c. 8.*
*Si quis fufpicatus fuerit de aliquo , velle cum pudori uxoris fuæ illu-*
     *dere. N. 117. c. 15.*
*Quomodo Maritus uxorem adulterii accufare debeat. N. 117. c. 8,*
     *vers. fi de Adulterio.*
*De Muliere raptum paffâ. N. 143 . . . . . V.* Rapt.
*De Muliere, quæ , vivo Marito , alios de matrimonio compellat. L.*
     *N. 30.* C'étoit une efpece d'adultere , & une caufe de repu-
     diation.

## AFFINITE'.

Affinité. *V.* Parenté.

## AFFRANCHI.

Affranchi. Affranchiffement. *Libertinus , Libertus. Manu-*
     *miffio.*

*Libertus , & Libertinus , differunt , non re , sed verbo tantùm : nam Libertinus significat statum hominis manumissi ; Libertus verò , relationem ad Patronum.*

Comme la servitude & l'esclavage ne sont pas usitez en France , les loix Romaines à l'égard des Esclaves, des Affranchis , & des Affranchissemens , ne sont d'aucun usage parmi nous. Ainsi , pour ne pas grossir inutilemement ce Recueil , je me contenterai de marquer ici , que le Livre XL. du Digeste est emploié tout entier à traitter des Affranchissemens , des Affranchis, & de la liberté. Le VII. Livre du Code , depuis le Titre 1. jusqu'au 25. en traite pareillement.

Je n'ai mis ici , que les Titres qui concernent la même matiere , & qui sont répandus ailleurs , dans le Corps du Droit Civil.

*De Manumissionibus. Dig. toto lib.* 40.... *Cod. Lib.* 7. *à tit.* 1. *usq. ad tit.* 25. *incluf....Paul* 4. *Sent.* 12.... *Lex* 12 *tabb. t.* 3.

Ce qu'on entend par Affranchi. *L.* 243. *D. de verb. sign.*

*De Libertinis. J.* 1. 5... *V. tit.* 4. *de Ingenuis. & titt.* 6. *&* 7.

*De Libertis. Ulp.* 2.... *Vide tit.* 3. *de statu liberis. &* 4. *de Latinis.*

*De libertatibus servorum. Caj.* 1. 1. *&* 2.

*De Manumissionibus in Eclesia. C.* 1. 13..... *C. th.* 4. 7.

*An servus , pro suo facto , post manumissionem teneatur. C.* 4. 14.... *L.* 146. *D. de reg. jur....* Si les Affranchis demeurent obligez pour les engagemens contractez pendant la servitude.

*De operis libertorum. D.* 38. 1..... *C.* 6. 3.... *Paul.* 2. *sent. ult...* *V.* Corvée.

*De bonis libertorum , & de jure Patronatûs. D.* 38. 2.... *C.* 6. 4... *Paul* 3. *sent.* 3.... *Ulp.* 30..... *V.* Patron.

*De successione libertorum. J.* 3. 7.... *Ulp.* 28.

*De libertis , & successionibus eorum. Valent. Nov. tit.* 6.

*De bonorum possessione contra tabulas liberti , quæ patronis , vel liberis eorum defertur. C.* 6. 13..... *V.* Patron.

*De his qui non à Domino manumissi sunt. C. th.* 4. 10.... *C.* 7. 9.

*De libertis universitatum. D.* 38. 3..... Que les Communautés peuvent demander la succession de leurs Affranchis.

{*De assignandis libertis. D.* 38. 4. {La succession des Affranchis
{*De assignatione libertorum. J.* 3. 9. {appartient à celui qui leur a

été assigné pour Patron. *Assignare libertum , est designare , cujus ex liberis libertum esse voluit. L.* 107. *D. de verb. sign.*

*Si quid in fraudem Patroni factum sit.* D. 37. 5 . . . . C. 6. 5 . . . . *V.* Patron.

*De libertis , & eorum liberis.* C. 6. 7 . . . . C. th. 4. 11 . . . de l'ingratitude des Affranchis.

*De libertinis.* C. 10. 56 . . . . Les Afranchis ne font pas exemts des charges Publiques. *V.* Exemt. Charge.

*Ad legem Viselliam.* C. 9. 21 . . . . Cette Loi defendoit aux Afranchis de s'arroger les droits & les honeurs des Ingenus.

*De jure aureorum annulorum , & de natalibus restituendis.* C. 9. 8 . . . . D. 40. 10. *&* 11. Comment les Affranchis peuvent acquerir tous les droits & privileges des Ingenus.

*Ut liberti de cætero , aureo non indigeant annulo ; & ut pristinis restituantur natalibus &c. N.* 78.

*Si servus extero se emi mandaverit.* C. 4. 36 . . . . Afranchissement fait en fraude du veritable Maitre. *V.* Vassal.

*De servis fugitivis , & libertis , mancipiisque civitatum Artificibus , &c.* C. 6. 1. *V.* Ouvrier.

*De nudo ex jure Quiritium tollendo.* C. 7. 25 . . . Par la constitution contenuë dans ce Titre , l'Empereur Justinien leve la difference qu'il y avoit entre les Affranchis. *Hæc verba , de nudo , significant , Jus nudum , & inane.*

*De reverentia , & obsequio Patronis à liberto præstandis. N.* 78. *c.* 2.

*Ne , præter crimen Majestatis , patronum libertus accuset.* C. th. 9. 6. *V.* Patron. Liberté.

## A G E.

Age, pour les charges. *V.* Dignité.
Age , pour les ordres Ecléfiastiques. *V.* Ecléfiastique.
Age , pour se marier. *V.* Mariage.
*V.* Puberté. Impubere. Majeur. Mineur.

## A G E N T.

Agent. *Agens in rebus.*

*De Agentibus in rebus.* **C. 12. 20.... C. th. 6. 27.... Agentes in**
**rebus, funt qui militant in rebus, i.e. in actu Reip.** Qui font
en état & fervice. Agens de la Republique : c'étoient des
Officiers du Prince qui éxécutoient fes ordres.
*De præpofitis Agentium in rebus.* **C. 12. 21.... C. th. 6. 27.**
*De principibus Agentium in rebus.* **C. 12. 22... C. th. 6. 28.**

## AGIR.

Agir en Juftice. *Agere*, pour l'action civile : *Accufare*, pour
l'action criminelle. *V.* Action.

## AGRICULTURE.

Agriculture.
*De Agricolis, & cenfitis, & colonis.* **C. 11. 47.... Agricolarum**
*duæ funt fpecies : cenfiti, & coloni..... Cenfiti funt cenfibus quafi*
*adfcripti, qui capitis cenfum præftant ; & ij quidem fervi funt:*
nos dicimus, mortaillables. *Coloni verò, qui liberi funt ; & voca-*
*mus gallicè,* Fermiers : Cultivateurs.
*De Agricolis & Mancipijs Dominicis, vel fifcalibus Reipublicæ.*
**C. 11. 67.**
*De Agricolarum fecuritatibus.* **Conft. Frid. 1. c. 11...,** Défenfe de
les inquiéter, arrêter, ou faifir.
*V.* Cultivateur. Main-morte.

## AIDES.

Aides. *V.* Impôt. Tailles.

## AJOURNEMENT.

Ajournement. Ajourner. *Citatio. In jus vocare.*
*De in jus vocando.* **D. 2. 4.... C. 2. 2.... J. 4. 16.... J. L. 3. 5...**
**N. 96. c. 1... L. 12 tab. t. 7. & feqq.**
*Si quis in Jus vocatus non ierit ; five quis eum vocaverit, quem ex*
*Edicto non debuerit.* **D. 2. 5.**
*In Jus vocati ut eant, aut fatis vel cautum dent.* **D. 2. 6. V.**
Caution.

B iij

*De eo qui ad primam denuntiationem, judicio se non sistit. L. N.* 108...
   *V.* Defaut.
*Ne quis eum, qui in jus vocatus est, vi eximat. D.* 2. 7.... contre
   les persones qui recouroient ou enlevoient ceux qui étoient
   assignez & conduits par force en Justice, quand ils refusoient
   de donner caution de se présenter.
*Qui satisdare cogantur, vel jurato promittant &c. D.* 2. 8.... *V.*
   Caution juratoire.
*Si ex noxali causa agatur, quemadmodum caveatur. D.* 2. 9. *V.*
   Caution.
*De eo per quem factum erit quominùs quis judicio sistat. D.* 2. 10.
*Si quis Cautionibus in judicio sistendi causa factis, non obtemperaverit. D.* 2. 11... *V.* Caution. Défaut.
*Ne Decurio, aut Cohortalis perducatur in Jus, sistatúrve judicio citrà jussionem Principis, qua insinuetur præfectis. N.* 151....
   Defense d'ajourner les Décurions, ou chefs de compagnie,
   hors de leur Province, sans lettres du Prince.
*De exhibendis & introducendis Reis. N.* 53. *c.* 1.... de ceux qui
   sont ajournez hors de leur Province.
*V. Nov.* 123. *c.* 6. *Ne Episcopi, legationis tempore, conveniantur.*
*Nov.* 69...96... *& illas Cujacium.*
Ajournement à cri-public, ou à son de trompe. *V.* Contumace.
   cri-public.
*De citatione absentium. C. J.* 12. *manuel. comn.*
*V.* Defaut.

## ALIENATION.

Aliénation. Aliéner.
Définition de ce mot. *L.* 28. *D. de verb. sign.*
Différence entre Aliénation & vente. *L.* 67. *D. de verb. sign.*
Aliénation des biens d'Eglise. *V.* Eglise.
Aliénation des biens de Mineur. *V.* Mineur.
*Quibus alienare licet, vel non. J.* 2. 8.
*De rebus alienis non alienandis, & de prohibita rerum alienatione,
   vel hipothecâ. C.* 4. 51.
*De communium rerum alienatione. C.* 4. 52.... *V.* Commun.
*Rem alienam gerentibus non interdici rerum suarum alienationem.
   C.* 4. 53.... *V.* Tuteur.

*De Alienatione paterni Feudi. F. 2. 73.*

*V.* Vente.

De *Alienatione*, *judicii mutandi causâ*, *factâ. D. 4. 7. . . . . C. 2. 55.*
Dec. *Gr.* 11. *q.* 1. *c. fin. . . . . Extr.* 1. 42. . . . . Qu'il n'est pas permis de vendre, ou ceder son droit à une personne puissante,
ou privilegiée, pour rendre plus difficile la demande qu'un
Tiers nous veut faire de la chose cedée : de même, il n'est
pas permis à une personne puissante de prêter son nom, ni
de prendre l'action d'autrui.

*Ne liceat potentioribus*, *patrocinium litigantibus præstare*, *vel*
*Actiones in se transferre. C.* 2. 14.

*V.* Action, Acheteur d'action. Committimus Intervention.
Transport.

## A L I M E N S.

Alimens. *Alimenta. Cibaria. Victus.*

Le mot d'Alimens comprend tout ce qui est necessaire à l'entretien. *L.* 43. 44. *& 45. L.* 234. *§. 2. D. de verb. sign.*

*De agnoscendis. & alendis liberis*, *vel Parentibus*, *vel Patronis*,
*vel libertis. D.* 25. 3.

*Divortio facto*, *apud quem liberi morari*, *vel educari debeant. C.* 5.
24. . . . *N.* 117. *c.* 7 . . . *N.* 98. *c.* 2.

*De alendis liberis*, *ac Parentibus. C.* 5. 25.

*Ubi pupillus educari*, *vel morari debeat*, *& de alimentis ei præstan-*
*dis. D.* 27. 2. . . . *C.* 5. 49. *& 50. . . J.* 26. *§.* 9. *& 10. . . . V.*
Pupille.

*De Alimentis*, *vel cibarijs legatis. D.* 34. 1. . . . . Ce Titre parle de
l'entretien, qui comprend ce qu'on appele *Victum & Ves-*
*titum.*

*Ut filij ex damnato coïtu nati nec alimenta à parentibus consequan-*
*tur. N.* 89. *c.* 15.

*De alimentis quæ inopes parentes de publico petere debent. C. th.*
11. 27. Les enfans des pauvres étoient nourris aux dépens du
public.

*Ut qui usum donationis propter nuptias lucratur*, *divortio facto*,
*liberos alat. N.* 98. *c.* 2. Les revenus de l'augment sont emploiez
à l'entretien de la commune famille.

*Ut liberi legitimi patrem,quamvis inceſtuoſum,alant.N. 12. c. 3. §. 1.*
*V.* Enfans. Proviſion.

## A L L U V I O N.

Alluvion, Atterriſſement. *Alluvio : à verbo , Alluere.*
*De Alluvionibus , & Paludibus , & Paſcuis ad alium ſtatum translatis, C. 7. 41…. J. 2. 1. de rer. divis. §. 20. & ſeqq.*

## A M B A S S A D E U R.

Ambaſſadeur. *Legatus.*
Les Titres ſuivans concernent les Députez des Villes , & leurs
    priviléges : ce qui peut convenir aux Ambaſſadeurs.
*De Legationibus.D. 50. 7…. C. 10. 63.*
*De Apparitoribus conſulis , & Legati. C. 12. 56.*
*De Legatis & Decretis Legationum. C. th. 12. 12.*
*V.* Deputé.

## A M B I T I O N.

Ambition. *Ambitus.*
Quelques Docteurs & Interpretes ſe ſervent du mot d'Ambition,
    pour exprimer celui d'*Ambitus* , qui ſignifie Brigue ; c'eſt à di-
    re , le Crime de ceux qui achetoient les ſuffrages du peuple ,
    pour être nommez aux dignitez de la République.
*V.* Brigue. Dignité.

## A M E N D E.

Amende. *Multa , vel Mulcta.*
Définition & explication de ce mot. *L.* 131. *D. de verb. ſign.*
Amende honorable, & pecuniaire. *L.* 104. *D. de reg. Jur.*
*De modo multarum quæ à Judicibus infliguntur. C.* 1. 54…. Modé-
    ration & application des Amendes.
*Pœnis fiſcalibus creditores præferri. C.* 10. 7…. Quand les créan-
    ciers ſont préférez aux Amendes & confiſcations.

## A M N I S T I E.

Amniſtie. *V.* Abolition.

ANNE'E.

## A N N E' E.

Année. *Annus.*
Terme ou tems d'une Année. *L.* 132. & 134. *D. de verb. sign.*
La meilleure partie de l'Année, ce que c'est. *L.* 156. *D. de verb.
sign.*

## A P O S T A T.

Apoſtat. *Apoſtata.*
*De Apoſtatis. C.* 1. 7.... *C. th.* 16. 7... *J. L.* 4. 4... *Dec. G. diſt.* 50.
*c. fin.*... 2. *q.* 7. *c.* 23... 6. *q.* 1... 11. *q.* 3. *c.* 94... 16 *q.* 1. *c.* 36....
20. *q.* 3. *c.* 1. & 2... 26. *q.* 7. *c.* 16.... *De conſecr. diſt.* 4. *à c.* 107.
*ad c.* 119.....*Extr.* 5. 9.
*V.* Hérétique.

## A P P A R I T E U R.

Appariteur. *Apparitor. V.* Huiſſier.

## A P P E L.

Appel. Appellation. Appeler......*Appellatio. Appellare. Pro-
vocare.*
Il eſt traité des Appellations dans les treize premiers Titres du
Livre 49. au Digeſte.
Dans le Code, depuis le Titre 61. juſqu'au 71. du Livre 7.
*De Appellationibus. N.* 23.. 49.. .75....93....82. *c.* 4. & 6...119. *c.*
4... 126. *Dec. Gr.* 2. *q.* 6... *Extr.* 2. 28... *Sext.* 2. 15.... *Cl.* 2.
12..... *J. L.* 3. 17.
*De Appellationibus & Relationibus. D.* 49. 1.... *C.* 7. 61. & 62...
*Relatio, eſt Conſultatio Judicis ad Principem :* Rapport, Ren-
voi. *Differunt Appellatio, & Relatio,* 1°. *quòd Appellatio, non
niſi poſt ſententiam ; Relatio, ante, & poſt ſententiam fit.* 2°.
*Condemnati Appellant, Judices Referunt ; id eſt, de ſententia la-
ta, ejúſque æquitate, Referunt ad ſuperiorem, eumque conſulunt.
Hoc genus Relationum ſublatum eſt Novellâ* 125.
*De Relationibus. C.* 7. 61... *C. th.* 11. 29..... *N.* 82. *c.* 14.... *N.*
125. *quæ abrogat Relationes. V.* l'art. précedent. *V.* Rapport.

C

*De Appellationibus, & Confultationibus. C. 7. 62... N. 23. c. 2.. Con-*
*fultatio eft confilium five fententia quam Princeps ex Appellatio-*
*ne, cum confilio conlocutus, dixit. Cujac.* Dicimus nos, Arrêt
du Conseil Privé. *V.* Arrêt.

Peines de l'Appel.
*De Appellationibus, & pœnis earum, & confultationibus. C. Th.*
*11. 30.*
*De Cautionibus, & pœnis appellationum. Paul 5. fent. 32.*

*Ut cùm de Appellatione cognofcitur, fecundum eas leges debeat ap-*
*pellari, quæ tempore latæ fententiæ obtinebant, &c. N. 115.*

Juge d'Appel.
*Quis, à quo Appelletur. D. 49. 3...* On appeloit de la Sentence,
à celui qui avoit nommé le Juge, excepté que celui-ci ne fût
que délegué.

Juge fans Appel.
*A quibus appellare non licet. D. 49. 2.*
*A Sententia Principis non appellatur. N. 113. c. 1.*

Temps de l'Appel.
*Quando appellandum fit, & intra quæ tempora. D. 49. 4... N. 23..*
*Paul. 5. fent. 31.*
*De temporibus & reparationibus appellationem, feu confultationum.*
*C. 7. 63... C. th. 1. 31. 32. 33.*

Appel non recevable.
*De Appellationibus recipiendis, vel non. D. 49. 5.... N. 8. 12.*
*& 13.*
*Quorum Appellationes non recipiuntur. C. 7. 65... C. th. 11. 36.*

Relief d'Appel.
*De libellis dimifforijs, qui Apoftoli dicuntur. D. 49. 6... Paul. 5. Sent.*
*33...* Des lettres d'Appel. Ces lettres étoient donées par le
Juge d'appel, à l'appelant. *Dimifforiæ vocabantur, à dimittendo.*
*Apoftoli, ab* Αποςολὴ, *Miffio; unde* Απόςολ☉, *Miffus, Legatus:*
*ab* Αποςέλλω, *dimitto. L. 106. de verb. fign.* En France, les lettres d'appel, qu'on appelle Reliefs d'appel, fe prennent à
la Chancellerie, ou font donées par le Juge auquel on appelle.

Appel ſuſpenſif.

*Nihil innovari appellatione interpoſitâ. D. 49. 7....Juſtin. Ed. 8. c. 1... N. 134. c. 3. in fine...* L'appel ſuſpend l'execution du Jugement.

*Poſt provocationem quid obſervandum ſit. Paul. 5. 35....* Ce Titre parle du Sequeſtre des fruits pendant l'appel.

*Si de momentanea poſſeſſione fuerit appellatum. C. 7. 69... C. th. 11. 37....* Appel d'une ſentence au poſſeſſoire, n'empêche pas l'execution : paſſé outre, nonobſtant l'appel.

Sentences nulles.

*Quæ ſententiæ ſine appellatione reſcindatur. D. 49. 8....* Des Sentences qui ſont nulles. Ce titre & le ſuivant ne ſont pas en 'uſage, parce que les voies de nullité n'ont pas lieu en France. Il faut toûjours que le Juge ſuperieur prononce ſur la nullité.

*Quando provocare non eſt neceſſe. C. 7. 64.*

Griefs.

*De reddendis cauſis appellationum. Paul. 5. ſent. 34....* Des Griefs & moiens d'appel.

*An per alium cauſæ appellationum reddi poſſunt. D. 49. 9.*

*Si Tutor, vel Curator, vel Magiſtratus creatus appellaverit. D. 49. 10......* Appel de Tutelle, ou autre charge. *V.* Tutelle.

*Eum qui appellaverit, in provinciâ defendi. D. 49. 11....* L'Appelant qui eſt abſent pour aller ſoutenir ſon appel, n'eſt pas diſpenſé de ſe defendre dans d'autres procez qu'il peut avoir dans ſa Province.

*Si, pendante appellatione, mors intervenerit. D. 49. 13.... C. 7. 66..... C. th. 11. 35....* de la mort de l'Appelant.

*De his, qui, propter metum Judicis, non appellaverunt. C. 7. 67... C. th. 11. 34. V.* Crainte.

*Si unus ex pluribus appellaverit. C. 7. 68.... N. 119. c. 4.... V.* Conſors.

Appel non recevable.

*Ne liceat in una eademque cauſa, tertiò provocare; &c. C. 7. 70... N. 82. c. 5.* Deux ſentences conformes excluent l'appel.

*De poſſeſſione, ab eo qui bis provocaverit, transferendâ. C. th. 11.*

38.... De même que l'article précedent.

*De adminiſtrantibus officia in ſacris appellationibus. N.* 20...Des
Huiſſiers pour les appellations au Conſeil du Prince. Huiſſiers
à la Chaine.

## A P R E N T I,

Aprenti. *Tiro.*
*De Tyronibus. C.* 12.44..... *C. th.* 7. 13.....Ce Titre ne s'entend
pas ſeulement des Aprentis des Arts & Métiers , mais de
tous ceux qui s'engagent à quelque profeſſion , qui s'engagent
pour la Guerre , &c.
*V.* Ouvrier. Soldat.

## A Q U E D U C.

Aqueduc. *Aquæ-duſtus.*
*De Aquæ-duſtu. C.* 11. 42. ... *C. th.* 15. 2....Des Aqueducs , Canaux , & foſſez publics.
*De ſervitutib. & Aquâ. C.* 3. 34.... *Paul.* 1. 25.... Du droit d'A-
queduc particulier , ou priſe d'eau. *V.* Eau.

## A R B I T R E.

Arbitre. Arbitrage .... *Arbiter , Arbitrium.*
*De Arbitris. Dec. Gr.* 2. q 6. c. 33. *& 34. §. quod de Arbitris...* c.
36. *§. arbitrarij....* 3. q. 7. c. 1. *& 2. §. tria ſunt....... Extr.* 1.
43.... *S.* 1. 22........ *Inſt. L.* 3. 4.
*Ut Arbitri per compromiſſum , non per ſacramentum aſſumantur. N.*
82. c. 11.
*De receptis Arbitris. C.* 2. 56.... *L.* 12. *tabb. t.* 6. .., *Receptum eſt Com-
promiſſum pecuniâ certâ : & Recepti ſunt Compromiſſarij.*
*De receptis , qui Arbitrium receperunt, ut ſententiam dicant. D.* 4. 8.
Arbitrage de Gens ſages , ce que c'eſt. *L.* 68. *D. de verb. ſign...*
*L.* 22. *D. de reg. Jur.*

## A R B R E.

Arbres fruitiers , & autres.
*De Arboribus cædendis. D.* 43. 27..... *L.* 12 *tabb. t.* 22. c. 3. *& 4.*

Contre les Arbres qui nuifent aux maifons voifines, dans la ville, & aux fonds voifins, à la campagne, *Nota L. 1. §. ult. hoc tit.*

Diftance, ou inveftifon des Arbres, eft reglée par la Loi dern. *Dig. finium reg.*  .

*De Glande legendâ D. 43. 28... L. 12 tabb. tit. 22. l. 5..... Glans, hîc ponitur pro omni genere fructuum.* Permiffion au Maitre d'un Arbre, dont les fruits tombent dans le champ voifin, de les y amaffer.

*Arborum furtìm cæfarum. D. 47. 7. L. 12 tabb. tit. 24. c. 8... Paul. 5. 17. §. 5.*

*De Cupreffis ex Luco Daphnenfi, vel Perfeis, per Ægyptum excidendis. vel vendendis. C. 11. 77. ult.....* Défenfe de couper les Arbres defignez dans ce Titre.

*Voyez* Bois. Eaux & Forêts.

## A R C H E V E S Q U E.

Archevêque. *V.* Evêque.

## A R C H I - D I A C R E.

Archi-Diacre. *V.* Ecléfiaftique.

## A R C H I - P R E T R E.

Archi-Prêtre. *V.* Ecléfiaftique.

## A R G E N T.

Argent.

Ce qu'on entend quelquefois par Argent. *l. 5. D. de verb. fign... l. 88. 97. 159. 178. 222. eod.*

*De Auro, Argento, mundo, ornamentis, unguentis, vefte vel veftimentis, & ftatuis legatis. D. 34. 2.*

Argent jetté au Peuple : *Miffilia.*

*De confulibus, & non fpargendis ab his pecuniis. C. 12. 3... N. 105... L. N. 94. V.* Conful.

*Voyez* Deniers.

## A R M E S.

Armes. Armurier.... *Arma, Tela. Fabricenfis.*

Ce qu'on entend par ce mot, *Arma. L. 41. D. de verb. fign.*

*De Fabricenfibus. C. 11. 9.... C. th. 10. 22....* Des Armuriers, ou ceux qui fabriquoient des Armes dans les magazins publics.

*De Armis N. 85....* Défenfe de fabriquer des armes, & de les porter.

*Ut Armorum ufus, infcio Principe, interdictus fit. C. 11. 46... C. Th. 15. 15.... N. 17. c. 17.*

Armes & Panonceaux *V.* Armoiries. Panonceaux.

## A R M O I R I E S.

Armoiries. *Tituli. figna Infignia.*

Armes & panonceaux du Roi .: *figna Regia, vela Regia.*

*Ut nemo privatus titulos prædijs fuis, vel alienis imponat, vel vela Regia fufpendat. C. 2. 16....* Defenfe d'appofer les Armes & panonceaux du Roi, à un héritage. *V.* Sauvegarde. Brandon.

*De his qui potentiorum nomine titulos prædijs adfigunt. C. 2. 15. & 17.... N. 17. c. 15. N. 164....* Contre ceux qui fe fervent du nom ou des Armoiries d'une perfone puiffante, pour mettre leurs heritages à couvert. *V.* Sauvegarde.

## A R M U R I E R.

Armurier. *Fabricenfis. V.* Armes.

## A R P E N T E U R.

Arpenteur. *Menfor.*

*Si Menfor falfum modum dixerit. D. 11. 6.... Menfor, id eft, Agrimenfor.* Contre les Arpenteurs qui, par dol, ou par ignorance, ne mefurent pas au jufte. Mais ce Titre peut s'étendre à tous les Experts qui prévariquent dans leurs rapports. *V.* Expert.

## A R R Ê T.

Arrêt. *Decretum Curiæ, vel Principis. Placitum. Senatusconfultum. &c.*

*De Appellationibus, & Confultationibus. C. 7. 62.... N. 23. c. 2... Confultatio, eft confilium feu fententia quam Princeps ex Appellatione, cum confilio conlocutus, dicit. Cujas. Dicimus nos Gallicè:* Arrêt du privé confeil. La Novelle citée, ch. 2. décharge de la péremtion les Procés apointés au Confeil du Prince : c'eft

sur cela que nôtre usage est fondé. *V.* Peremtion.
*Ut à sententia Principis non appelletur.* N. 113. c. 1.
*V.* Jugement. Sentence.

## ARSENAL.

Arsenal, ou Magasin d'Armes. *V.* Armes.

## ART.

Arts & Metiers. *V.* Corps des Metiers. Ouvrier.

## ARTISAN.

Artisan. *V.* Ouvrier.

## ASILE.

Asile. *Asilum.*
*De his qui ad Eclesiam confugiunt , vel ibi exclamant , & ne quis ab*
  *Eclesia extrahatur. C. 1. 12.... C. Th. 9. 45.*
*Dec. Gr. dist. 87. c. eos..... causa 17. q. 4. c. 9. & seqq.... c. 20 ,*
  *nullus, & seqq.*
*De immunitate Ecclesiarum , cæmeterij , & rerum ad eas pertinen-*
  *tium. Extr. 3. 49.... S. 3. 23.... Cl. 3. 17.... Ex. Co. 3. 13.*
*De his qui ad Statuas confugiunt. C. 1. 25.... C. Th. 9. 44.*
*Ut termini sanctorum homicidis , & similibus non prosint. N. 17. c. 7.*

## ASSASSIN.

Assassin. Assassinat.
*Ad Legem Corneliam , de Sicarijs. C. 9. 16... D. 48. 8. . Cod Greg...*
  *C. Th. 9. 14. Paul. 5. Sent. 21...J. 4. tit. ult. §. 5... Lex 12 tabb.*
  *tit. 27. c. 6.*
*V.* Homicide. Meurtre.

## ASSEMBLE'E.

Assemblée. Assemblée illicite. Gens Assemblez.
*V.* Communauté. Troupe.

## A S S E S S E U R.

Affeffeur. *Adfeffor. Advocatus.*
*De officio adfefforum. D. 1. 22.*
*De adfefforibus , & Domefticis , & Cancellarijs Judicum. C. 1. 51...*
    *C. th. 1. 11....Cancellarij :* Secretaires des Juges.
*De Comitibus , qui illuftribus Agentibus adfiderunt. C. th. 6. 15.*
*V. L. 2. D. Quod quifque juris. Lib. 2. t. 2.*
*V.* Juge.

## A S S I G N A T I O N.

Affignation , Affigner. *V.* Ajournement.

## A S S O C I E'.

Affocié. *Socius.*
*Socius Socij mei. L. 47. §. 1. D. de reg. jur.*
*V.* Societé. Confort.

## A T H L E T E.

Athlete. *Athleta.*
*De Athletis. C.* 10. 53. .... Ils étoient éxemts des charges publi-
    ques , quand ils avoient été couronnés trois fois.

## A T T E R R I S S E M E N T.

Atterriffement. *V.* Alluvion.

## A T T R O U P E'.

Attroupé. Gens Attroupés.
*V.* Troupe. Communauté.

## A U B A I N.

Aubain. Aubaine. *Albinus , quafi alibi natus. Bona caduca.*
*De peregrinis , & Advenis hofpitantibus. Conft. Frid. c.* 10.

A V E U.

## AVEU.

Aveu. *V.* Avouër.

## AVEUGLE.

**Aveugle.** *Cæcus.*
*De bonorum possessione , furioso , Infanti , muto , surdo , Cæco , compe-*
*petente. D. 37. 3.* Les Aveugles , & autres , peuvent être ad-
mis à l'hérédité.
Les Aveugles peuvent tester. *V.* Testament.
*De pœna ejus , qui aliquem , deditâ operâ , excœcavit. L. N. 92.*

## AUGMENT.

**Augment.** *Donatio ante nuptias. Donatio propter nuptias. Sponsa-*
*litia largitas.*
*De Donationibus ante nuptias, vel propter nuptias , & sponsalitijs. C.*
*5. 3....J. 2. 7. de donat. §. 3.... C. th. 3. 5.*
*De pactis conventis tam super dote, quàm super donatione ante nuptias,*
*& paraphernis. C. 5. 14.*
*Ut sponsalitia largitas specialis sit contractus ; & ex parte uxoris non*
*requirit insinuationem. N. 119. c. 1.....Ex parte Mariti requirit.*
*N. 127. c. 2.*
*Sponsalitia largitas quomodo ad mulierem pertineat. N. 98. c. 1.*
*Ut mulieres non secundò nubentes, dominæ sint partis sponsalitiæ lar-*
*gitatis , quantùm pars facit unius filij. N. 127. c. 3....* La Veuve
qui ne se marie pas, a sa portion virile dans l'Augment.
*Ut patres qui nuptias non iterant, unius liberorum portionem capiant.*
*L. N. 85....* Le même, pour les Peres qui ne se remarient pas.
*De non eligendo secundò nubentes mulieres : & alienatione & lucro*
*antenuptialis donationis , &c. N. 2.....* Les Veuves qui se remarient, ne peuvent pas donner leur Augment à l'un de leurs Enfans , au préjudice des autres , mais il se partage également entre eux. *V.* La *Nov.* 22. *c.* 23. & suivans , & la *Nov.* 68.
*Ut exactione instante dotis , &c. soluto matrimonio exigi antenuptia-*
*lem donationem. N. 91. c. 2....* La Veuve peut demander son Augment , quoique son Mari n'ait pas voulu recevoir la Dot.

D

*Vt immobilia antenuptialis Donationis neque hipoteca dentur, neque omnino alienentur à viro, nec consentiente uxore ,* &c. N. 61. V. Dot.

*De æqualitate Dotis, & propter-nuptias Donationis; & Augmento Dotis , & ante nuptias Donationis ,* &c. N. 97.... L. N. 20. ... Egalité de la Dot & de l'augment : qu ils soient proportionnés. V. Dot.

*Vt proprietas Dotis & propter-nuptias Donationis servetur filijs.* N. 98.... De la Dot, de l'Augment, & autres gains nuptiaux.

*Quando Donatio propter-nuptias insinuationi subjaceat.* N. 127. c. 2.

*Vt ne maritus , quemadmodum uxor , illâ præmoriente , præter donationem propter nuptias , quicquam capiat.* L. N. 20.

*Vt mulier , soluto matrimonio , dotem suam , propterque nuptias donationem* &c. *in commentarium conscribat.* L. N. 110.

*De administratione Donationis propter-nuptias , si mulier ad secundas nuptias transierit.* N. 2. c. 4.... N. 22. c. 40.... La Veuve qui se remarie , peut jouir de son Augment, s'il consiste en immeubles : & si c'est en argent , ou en meubles , en donant caution : ou elle peut demander l'interêt aux héritiers.

*Mulier abstinens à secundis nuptijs , lucra nuptialia olim poterat inter vivos , & testamento alienare.* N. 22. c. 20. §. 1.... *Non abstinens , nudum usum consequabatur ; proprietas ita liberorum erat, ut nequidem in unum liberorum conferre posset.* N. 2. c. 1. & 4.... N. 98. c. 1..... *In extraneum conferre poterat , sed in casu omnium liberorum præmortuorum.* N. 2. c. 2.

*Hodie constitutum est , ut mulier secundis nuptijs abstinens , præter usum ante-nuptialis donationis , tantùm habeat proprietatis, quantùm unus filiorum.* N. 127. c. 3.... Nous appellons cette portion, la Virile. V. Virile.

*De Dote scripta , & non numerata , vel præstita.* N. 2. c. 5.

*Si per maritum steterit , quominus Dos ei solveretur.* N. 91. c. 2. Cet Article & le précédent reglent la repetition de l'Augment, quand le mari n'a pas reçû la Dot. V. Dot.

V. Dot. Veuve. Secondes nopces. Virile.

## AUGURE.

Augure. *Augur. Auguratio , Augurium.*

*De Auguribus , & Aruspicibus. Lex* 12. *tabb.*

*De Auspicijs. Lex 12 tabb.*

## AVOCAT.

Avocat. *Advocatus. Causidicus. Pa ronus.*

*De postulando. D. 3. 1 . . . . C. 2. 6 . . . C. Th. 2. 10. . . .* Ce titre concerne le ministere des Avocats, pour la plaidoirie.

*De postulando. Dec. Gr. 3. q. 7. c. 2 . . . 14. q. 5. c. 10. . . . 15. q. 2. . . . 33. q. 3. de pænit. dist. 1. c. 7. & 8 . . . . . . . Extr. 1. 37.*

*De Advocatis diversorum Judiciorum. C. 2. 7.*

*De Advocatis diversorum Judicum. C. 2. 8.*

*De Advocatis fisci. C. 2. 9 . . . C. Th. 10. 15. . . .* Avocats du fisc, ou Avocats Generaux.

*De errore Advocatorum, & libellos seu preces concipientium. C. 2. 10. . . . C. th. 2. 11. . . .* Ce titre parle des erreurs de fait & de Droit, que les Avocats peuvent faire en plaidant, ou en ecrivant : *concipientes libellos seu preces* ; Requètes & Ecritures.

*Ut quæ desunt Advocatis partium , Judex suppleat. C. 2. 11.*

*Quibus muneribus excusentur hi , qui post impletam militiam , vel Advocationem , &c. & de privilegijs eorum , &c. C. 10. 55.* Exemtions & privileges des Avocats anciens. *Voyez* Exemt. Charge.

*De varijs & extraordinarijs cognitionibus. D. 50. 13. . . .* Dans ce Titre, il est parlé des salaires de plusieurs persones , & sur tout de l'Honoraire des Avocats.

*De lucris Advocatotum, & concussionibus officiorum, seu Apparitorum. C. 12. 62. C. Th. 8. 10. . . .* Honoraire des Avocats.

*De prævaricatione Patroni adversus clientem. L. 12. tabb. t. 26. c. 2. V.* Prévarication.

## AVORTEMENT.

Avortement. Avorter. *Abortus. Abortum facere.*

*Ut quæ mulier , mariti odio , abortat , repudiari ab illo possit. L. N. 31 . . . . N. 22. c. 16. §. 1.* Contre les femmes qui se font blesser.

*De Abortu. L. 8. D. de sicarijs . . . . L. 39. Dig. de pænis.*

### AVOUER.

Avouër. Aveu. *Confiteri. Confeſſio.*
*De Confeſſis.* **D.** 42. 2.... **C.** 7. 59... *Paul.* 5. *ſent.* 5. **S.** 2. 3. 4. 5....
*Confeſſus pro judicato habetur.*
*Dec. Gr.* 2. *q.* 1. *c.* 1. 2. 3. 4. *&* 5....15. *q.* 3. 6. *& 8...Extr.* 2. 18...
  *S.* 2. 9.

### AYDES.

Aydes. *V.* Impôt.

# B.

### B A I N.

Bain. Bains publics.. *Thermæ. Balneæ. Balneum. Lavacrum.*
*De Mancipibus Thermarum urbis, & ſubvectione lignorum.* **C.** *th.* 14.
5.....Des Baigneurs, ou ceux qui étoient deſtinez au ſervi-
ce des Bains publics.

### B A N L I E U E.

Banlieuë. *Territorium.*
Définition de ce mot. **L.** 239. **S.** 8. **D.** *de verb. ſign.*

### B A N N I R.

Bannir. Banniſſement. *Relegare.*
*De Interdictis, & Relegatis, & Deportatis.* **D.** 48. 22.
*De ſententiam paſſis, & Reſtitutis.* **D.** 48. 23.... **C.** 9. 51.... **C.** *th.*
9. 43... De ceux qui aiant été bannis, ſont rappellés : Rappel
de Ban, *Remeatus. V.* Abolition.
*De his, qui in exilium dati, vel ab ordine moti ſunt.* **C.** 10. 59...
Les Bannis à tems rentrent dans l'exercice de leurs fonctions.

### B A N Q U I E R.

Banquier. *Argentarius.*
*De Argentariorum contractibus.* **N.** 136.. *Ed. Juſt.* 7. *& 9...* Ces
conſtitutions contiennent pluſieurs privileges pour les Ban-

quiers : leurs cautions, leurs sûretez, leurs hipotęques, l'In. terêt, &c.

## B A T A R D.

**Bâtard.** *Nothus.*

*De naturalibus liberis, & matribus eorum ; & ex quibus caufis jufti efficiantur. C. 5. 27.... C. th. 4. 6... V.* Légitimation.

*Quibus modis naturales filij efficiantur legitimi, & fui. N. 74.*

*Qui filij fint legitimi. Extr. 4. 17.*

*Quibus modis, naturales efficiantur fui, & de eorum, ex teftamento, five ab inteftato, fucceffione N. 89. V.* Legitimation. Succeffion.

*De naturalibus liberis ante dotalia inftrumenta natis. N. 12. c. 4...* N. 19... Legitimation des Bâtards, & comment ils fuccedent.

*Ne filij naturales cum adoptivis matrimonium contrahant. L. N. 24.*

*De Muliere quæ parit undecimo menfe poft mortem viri. N. 39. c. 2.*

*De inceftis & nefarijs nuptijs. N. 12.... N. 74. c. 6.... & alibi.* Des Enfans nez d'un mariage inceftueux, & des autres bâtards. *V.* Mariage.

*De fucceffione omnium naturalium liberorum. N. 89. c. 12....N.18.c.5.*

*Ut filij ex damnato coïtu nati, nec alimenta à parentibus confequantur. N. 89. c. 15.... N. 74. c. 6.*

*De filijs presbyterorum, & alijs illegitimè natis. Sext. 1. 11....* Extr. 1.17.

*V.* Concubine. Légitimation.

## B A T I M E N T.

**Bâtiment. Bâtir.** *Ædificium. Ædificare.*

*De operis novi nuntiatione. D. 39. 1....N. 63.... Extr. 5. 32....* Défenfe de bâtir : oppofition formée à une nouvelle conftruction.

*De Tigno juncto. D. 47. 3.... Lex 12 tabb. t. 14. l. 7....* Action de vol, contre celui qui a pris des materiaux fervans à bâtir. *Tignum, hîc, pro omni materia ex qua ædificium conftat : L. 62. D. de verb. fign.*

*De operibus publicis. D. 50. 10.... C. 8. 12.... C. th. 15. 1.*

*De iis qui in locis arabilibus, aut vineis ædificaturi funt, L. N. 71...* Diftance des Bâtimens.

*De Campo Martio urbis Romæ. C. th.* 14. 14. ... Defense de batir dans le Champ de Mars.

*V.* Conftruction. Edifice. Maifon. Ouvrage. Servitude.

## B E A U-P E R E.

Beau-pere. Belle-mere. *Socer. Socrus.*
Ce qu'on entend par ces mots : *Socer, Socrus. L.* 146. *D. de verb. fign.*

## B E N E F I C E.

Bénéfice Eclefiaftique... *Præbenda. Beneficium.*
*De Præbendis , & alijs Beneficijs. J. L.* 1. 26...
*De præbendis , & dignitatibus. D. Gr. dift.* 7. *c.* 2.... 16. *q.* 7. *c.* 11... 21. *q.* 1 *& * 2... *Extr.* 3. 5... *S.* 3. 4.... *Cl.* 3. 2... *Extr. Jo.* 3... *Extr. Com.* 3. 2.
*De Collationibus. J. L.* 1. 27.
*De Inftitutionibus , & Jure patronatus. J. L.* 1. 28...
*De Jure patronatûs. D. Gr.* 3. *q.* 3. *c.* 4. *S. fpatium.* ℣. *offeratur*... 16. *q.* 5. *c.* 1. *& q.* 6. *c.* 26. *& feqq*... *Extr.* 3. 38... *S.* 3. 19... *Cl.* 3. 12. *Inftitutio ,* fignifie proprement, les Provifions , ou le Titre de la Collation.
*De clericis non refidentibus. J. L.* 1. 29.... *Dec. Gr.* 7. *q.* 1.... *Extr.* 3. 4.... *S.* 3. 3.
*Ut fundatoribus Eclefiarum facere in eis Clericos non liceat , fed tantùm præfentare. N.* 57. *c.* 2. *N.* 123. *c.* 18.
*De Electione , Poftulatione , confirmatione , & confecratione. J. L.* 1. 6. *& feqq*... De la nomination , &c. à un Bénéfice, particulierement d'un Prélat.
*De tranflatione. J. L.* 1. 18. *Extr.* 1. 7. De la permutation.
*De Renuntiatione. J. L.* 1. 19... Renonciation, ou Démiffion.
*De Depofitione , feu Degradatione. J. L.* 1. 20.... *N.* 42... La Depofition fe dit de la Dignité, ou du Bénéfice; & la dégradation fe dit de l'Ordre Ecléfiaftique.
*V.* Ecléfiaftique. Evêque.

## BENEFICE-D'AGE.

Bénéfice d'âge. Emancipation.... *Venia ætatis.*
*De his qui veniam ætatis impetraverunt. C. 2. 45... C. Th. 2. 17.*
*Quo tempore , & à quibus rerum suarum administratio Adultis con-*
*cedi debeat. L. N. 28.*

## BE'TAIL.

Bétail. Bestiaux... *Pecus.*
*De Abigeis , vel Abactoribus. D. 48. 14.... C. 9. 37.... Paul. 5. sent.*
*15....* Voleurs de bétail, *qui abigunt pecora. V.* Voleur.
*Quibus Equorum usus concessus est , aut denegatus. C. th. 9. 30....*
Defense à certaines personnes d'avoir des chevaux, à cause du
vol frequent de Bétail.
*Si Quadrupes pauperiem fecisse dicatur. J. 4. 9.... D. 9. 1.* Bétail
qui cause du dommage. *V.* Dommage.

## BIENS.

Biens. *Bona. Res.*
Ce qu'on entend par Biens, en général. *L. 21. L. 39. §. 1. L. 49.*
*L. 83... 88... 91... 97... 208... 222... D. de verb. sign. V.*
chose.
*De Bonis quæ liberis in potestate patris constitutis , ex matrimonio ,*
*vel aliàs acquiruntur , & eorum administratione. C. 6 61.... C.*
*Th. 8. ult....* Des Biens adventifs au fils-de-famille.
Biens d'Eglise. *V.* Eglise.
⌠ Biens des criminels condamnez.
⎮ *De Bonis damnatorum. D. 48. 20... N. 17. c. 12.... N. 134. c.*
⎮ *ult. in fine.*
⎨ *De Bonis Proscriptorum , seu Damnatorum. C. 9. 49.... P. 5. sent. 11.*
⎮ *De Bonis eorum qui ante sententiam , vel mortem sibi consciverunt ,*
⎮ *vel accusatorem corruperunt. D. 48. 21.... C. 9. 50.*
⌡ *V.* Confiscation.
Biens Maternels. *Bona materna , & Matrimonium ; ut Bona pater-*
*na dicuntur Patrimonium.*
*De Bonis maternis , & materni generis. C. 6. 59.... C. Th. 8. 18.....*

Des biens échus au Fils de famille , de fa Mere , ou du côté maternel. Le Pere a l'ufufruit de ces biens, fans qu'il le perde en fe remariant. Biens de l'Eftoc , & ligne maternelle. *Bona materna , id eft* , l'Eftoc ; *materni generis* , de la ligne maternelle.

Bien public. *V.* Public.

Biens vacans par desherence. *V.* Desherence.

## BISSEXTE.

Biffexte. Biffextile. *Dies Biβextilis, Intercalaris.*

Définition de ce mot. *L.* 98. *D. de verb. fign....* Cette Loi parle du jour , & du mois intercalaire.

## B.L E'.

Blé. *Triticum. Frumentum.*

*De Tritico , vino , vel oleo legato. D.* 33. 6.

*De lege Julia de Annona. D.* 48. 12.... *J.* 4. *tit. ult.§. fin.* Des abus commis en la police des Vivres : comme amas de Blé , &c.

Du Blé coupé, qui n'eft pas en gerbes : *Stipula illecta. L.* 30. *§.* 1. *D. de verb. fig.*

*De conditis in publicis horreis. C.* 10. 26.... *C. Th.* 11. 14... Police , Vifite , & Adminiftration des grains publics.

*De officio Præfecti annona. C.* 1. 42.

*Ut nemini liceat in emptione fpecierum fe excufare : & de munere Sitocomiæ. C.* 10. 27.... Que perfone n'eft éxemt de faire les provifions néceffaires de Blé , ni de vendre ce qu'il en a de trop. *Sitocomiæ :* Cujas croit qu'il faut lire , *Sitoniæ* , ou , *Sitonici* , qui fignifie l'achat des Blés.

*De publica comparatione. C. th.* 11. 15.

*De Canone frumentario. V.* Provifions.

*De frumento Urbis Conftantinopolitana. V.* Provifions.

*De frumento Alexandrino. C.* 11. 27.... *C. th.* 14. 26.... *Ed. Juft.* 13 *c.* 4. *& feqq.*

*De frumento Carthaginienfi. C. th.* 14. 25.

*De Patronis horreorum portuenfium. C. th.* 14. 23. Des Commis aux Greniers publics, qui étoient fur les Ports.

*Voyez* Provifions. Vivres.

BOIS,

## BOIS.

Bois. *Silva.*
Bois Taillis : *Silva cædua. L. 30. D. de verb. sign.*
*Pascua silva. L. eâd. in fine. V.* Pâturage.
*De fundis & saltibus rei Dominicæ. C. 11. 66. ....* Des Bois du Prin-
ce. *V.* Eaux & Forêts. Domaine.
*De Cupressis ex Luco Daphnensi , vel Perseis per Ægyptum excidendis,
vel vendendis. C. 11. 77. ult.* Défense de couper les Arbres &
Bois designez en ce Titre.
*V.* Eaux & Forêts.

## BONNE-FOI.

Bonne-Foi. *Bona Fides.*
Faveur de la Bonne-foi. *L. 136. D. reg. Jur.*

## BORDEL.

Bordel. *V.* Maquereau.

## BORNES.

Bornes. *V.* Limites.

## BOULANGER.

Boulanger. *Pistor.*
*De Pistoribus. C. 11. 15. .... C. Th. 14. 3. .... V.* Corps des Métiers.

## BOURGEOIS.

Bourgeois, & Habitans des Villes.
*Ad Municipalem , & de Incolis. D. 50. 1. .... Municipalem , supple ,
Legem.* Des Bourgeois & Habitans ; & des charges Municipa-
les. *V.* Municipal.
*De Municipibus , & originariis. C. 10. 38.*
*De Incolis , & ubi quis domicilium habere videtur. C. 10. 39. .... V.* Do-
micile.
*Si Curialis , relictâ civitate , rus habitare maluerit. C. 10. 37. .... *

E

*C. th.* 12. 18. Peine contre les Decurions qui alloient demeurer à la Campagne. Cette peine peut s'étendre aux Bourgeois
qui demeurent hors de leur Ville : on les impose à la Taille.

*De his qui conditionem propriam reliquerunt.* C. *th.* 12. 19. . . . Des
Bourgeois & Habitans qui abandonent les Villes.

*De Capitatione civium Cenfibus eximenda.* C. 11. 48. . . Les Bourgeois
& Habitans des Villes font éxemts de la Taille. *Cenfus,* le Rôle.
*V.* Municipal. Domicile. Taille.

## BRANDON.

Brandon. *Titulus. Signum. Velum.*

On appele au Palais , Brandons , des morceaux de paille que l'on
attache aux Portes des héritages faifis , avec les Armes du Seigneur , appelées Panonceaux. On met auffi des Brandons dans
les Champs dont les fruits font faifis ; & ces Brandons font des
bâtons garnis de paille. *V.* Loifeau , du déguerpiff. *L.* 3. *c.* 1.

*Ut nemo privatus Titulos prædiis fuis , vel alienis imponat , vel vela
Regia fufpendat.* C. 2. 16. . . . *N.* 17. *c.* 15. . . . *N.* 164. . . . *V.* Ar-
moirie. Sauve-garde.

*Ut nemini liceat , fine Judicis authoritate , figna imponere rebus quas
alius tenet.* C. 2. 17. . . . Des Brandons , & autres marques que
l'on mettoit aux héritages hipotequez ou faifis.

## BREVET.

Brevet du Roi. *V.* Lettres Roiaux.

## BRIGUE.

Brigue. Briguer. . . . . *Ambitus. Ambire.*

*De Lege Julia Ambitûs.* D. 48. 14. . . . C. 9. 26. . . . C. *th.* 9. 26. . . . J.
4. *ult.* §. *ult.* Contre ceux qui briguoient & achetoient les fuf-
frages du Peuple , pour les dignitez de la République. *V.* Ambition.

## BRIS.

Bris. Brifer. Bris de Prifon, ou de Maifon : Brifer , enfoncer les
Portes pour voler. Fracture.

*De Effractoribus , & Expilatoribus.* D. 47. 18.

## B R U.

**Bru.** Belle-Fille. *Nurus.*
Ce qu'on entend par ce mot. *L.* 50. *D. de verb. sign.*

# C.

## CABARETIER.

Cabaretier. *Caupo. Vini susceptor.*
*Nautæ , Caupones , stabularij , ut recepta restituant. D.* 4. 9.... Les
   Cabaretiers, Hôteliers, Gens qui logent, & autres semblables,
   doivent répondre du vol , & du domage fait chez eux par leurs
   gens. *Inst.* 4. 5. §. 3. *de oblig. quæ ex quasi del. V.* Dépôt , Dépositaire.
*Furti , adversus Nautas , caupones , stabularios. D.* 47. 5... *V.* Vol.
*De suariis, & susceptoribus Vini. C.* 11. 16.... *C. th.* 14. 4...*V.* Corps
   de métiers.

## CACHETTE.

En Cachette. *Clam. V.* Clandestin.
En public. *Palam. V.* Public.

## CADAVRE.

Cadavre.
*De Cadaveribus punitorum. D.* 48. 24.... De la sepulture des Criminels & Supliciez.

## CADUC.

Caduc. Caduque.
Les successions & les legs devenoient Caducs en certains cas, &
   tomboient au fisc; par la Loi *Papia Popæa* , établie sous Augu-
   ste , & abolie par Justinien, au Code , *De Caducis tollendis.*
*De Caducis. Ulp.* 17. & 18.
*De Caducis tollendis. C.* 6. 51.

E ij

*De Regula Catoniana. D. 34. 7. . . . Legs Caduc. Regula Catoniana*
    *sic definit : Quòd si testamenti facti tempore decessisset Testator,*
    *inutile foret , id legatum, quandocumque decesserit , non valere.*
    *L. 1. hoc tit. V. in hanc Regulam , Hottoman. 2. obs. 3 . . . . V.* Legs.

## CALOMNIE.

### Calomnie. Calomniateur.

*Calumniatores dicuntur , qui dolo malo aliquem lite vexant , aut eis*
    *falsa crimina intentant.* c'est pourquoi les plaideurs étoient au-
    trefois obligez de se purger de la calomnie , par serment.

*De Calumniatoribus. D. 3. 6. . . C. 9. 46. . . . C. Th. 9. 39. . . Paul. 1. 5.*
    *D. G. 2. q. 3. . . . 5. q. 6. . . . . . Extr. 5. 2.*

Serment de Calomnie.

*De Jurejurando propter calumniam dando. C. 2. 59. . . . J. 4. 16. §. 1.*
*De juramento calumniæ. Extr. 2. 7. . . S. 2. 4. . . J. L. 3. 12.*
*De his qui ingrediuntur &c. & ut conjungantur jurijurando calum-*
    *niæ. N. 49. c. 3.*
*Ut in contestatione litis , & magistratuum initio juretur. L. N. 97.*
*Ut qui jus-jurandum defert , prior de calumnia juret. L. N. 99.*
*Ut actor , ante litis contestationem , porrecto libello Judici fidem*
    *suam probet. L. N. 107.*
*Ut litigantes jurent in exordio litis. N. 124. c. 1.*
*V.* Serment.

*Ad Senatus-consultum Turpillianum ; & de abolitionibus criminum.*
    *C. 9. 45. . . . D. 48. 16. . . . . .* Le Senatus-consulte Turpillien pu-
    nissoit les Accusateurs , qui aiant intenté calomnieusement
    une action criminelle , étoient obligés de s'en départir.

*V.* Dénonciateur.

## CANAL.

### Canal. *Canalis. Rivus.*

*De Rivis. D. 43. 21. . . . .* Ce Titre s'entend des Canaux que l'on fait
    pour détourner l'eau d'une Riviere.

*V.* Aqueduc , Eau. Riviere.

## CAPITATION.

### Capitation.

La Capitation eſt une impoſition perſonelle, qui ſe fait par têtes, ou par perſonnes.

*De cenſibus. D. 50. 15.* .... Le Cens étoit un état ou catalogue des Habitans d'une ville , & de leurs Biens, pour faire une impoſition des Tributs. Ces Tributs étoient ou réels ou perſonels. Les réels étoient comme nos Tailles; les perſonels étoient une Capitation.

*De cenſu, ſive adſcriptione.* **C.** *Th.* 13. 10.

*De cenſibus & cenſitoribus , & Peræquatoribus , & Inſpectoribus.* **C.** 11. 57... **C.** *Th.* 13. 11.

*De Annonis , & Tributis.* **C.** 10. 16. *& ſeqq.* .... *V.* Taille.

*De cenſibus , exactionibus , &c. In jure canonico. V.* Taille.

*De capitatione civium cenſibus eximenda. V.* Taille.

*De capitatione Infantium.* **C.** *I.* 2. *Leon. Icon.*

*V.* Cens. Taille.

## CAPTIF.

Captif. Captivité. *V.* Retour.

*De Captivis , & de Poſtliminio, & Redemptis ab hoſtibus.* **D.** 49. 15... **C.** 8. 51... Des Captifs, & des Priſoniers de guerre. *Poſtliminium.* Retour.

*De captivitate & poſtliminio. I.* 1. 12. §. 5 .... *Conſt. Juſtinian.* 2. *c.* 3. 4. *& 6.*

*De redimendis Captivis.* **C.** *I.* 3.

*Ne Captivorum uxoribus , alijs nubere liceat. L. N.* 33.

*Ut captivi filius heres ſit. L. N.* 36.

*Ut captivi , Teſtamenti factionem habeant. L. N.* 40.

## CARROSSE.

Càrroſſe... *Vehiculum. Carruca.*

*De Honoratorum Vehiculis.* **C.** 11. 19. .... **C.** *Th.* 14. 12.

## CAS-FORTUIT.

Cas-fortuit.

*De caſu. L.* 23. **D.** *de reg. jur.*

## CAUSE.

Cause des Actes. Actes non causez.

Les Promesses & obligations doivent avoir une cause legitime ;
ce qu'on apelle, ètre causées ; sans quoi elles sont nulles.

*De condictione sine Causa. D. 12. 7....* Repetition de la chose
promise ou donée sans cause.

*De condictione ex Lege, & sine causâ, vel injustâ causâ. C. 4. 9...
D. 13. 2.*

*De condictione causa data, causa non secuta. D. 12. 4...* Répetition
de la chose donée, quand la cause ou condition n'a pas été
éxécutée.

*De condictione ob causam datorum. C. 4. 6.*

*De condictione ob turpem vel injustam causam. D. 12. 5....* De ce
qui a été promis pour une cause illicite ou injuste.

*De condictione ob turpem causam. C. 4. 7. & 9.*
*V.* Repétition.

*De falsa causâ adjectâ legato vel fideïcommisso. C. 6. 44....* Elle
n'annulle pas le Legs. *V.* Legs.

*De conditionibus, & demonstrationibus, & causis, & modis eorum
quæ in Testamento scribuntur. D. 35. 1.*

## CAUSES-COMMISSES.

Causes commises. *V. Commitimus.*

## CAUTION.

Caution, signifie. *Primò*, Celui qui s'oblige pour un autre,
*Secundò*, Son engagement même, ou le Cautionement.
*V.* Debiteur. Obligation. Répondant.

*Fide-jubere :* Ce mot a une signification passive, & signifie, être
Caution : *Fidem suam obligare ; seu, fide suâ esse jubere, quod
alius debet. Spondere, unde sponsor, & sponsio.*

*Satisdare.* Ce mot a une signification active, & signifie, doner
Caution : *Cavere, unde, Cautio.*

Caution, se dit en Droit, de plusieurs autres manieres. *V.* Godefroi, sur le Titre, *De fide-jussoribus,* au Digeste. Et la Loi 61.
*D. de verb. sign.*

*De fide-juſſoribus. J. 3. 21 .... Caj. 2. 9. §. 2. & 3 .... P. 1. ſent. 19.
D. Gr. 23. q. 5. c. 19 ..... De conſecr. diſt. 4. c. 129. quæris .....
Extr. 3. 22.*

*De fidejuſſore & ſponſore. P. 1. 28 ..... N. 4.
V. L. 25. D. de reg. jur.*

Nul ne peut obliger pour caution que ſoi-même. *L. 73. §. 4. D. de
reg. jur.*

*De fidejuſſoribus & Mandatoribus. D. 46. 1 .... C. 8. 41 .... N. 4 ..*
Fidejuſſor, Caution : *&* Mandator, Répondant. *Mandator eſt,
qui alteri mandat, ut credat vel fidejubeat.* V. Répondant.

Le Créancier doit diſcuter le principal débiteur, avant la Caution. *N. 4. c. 1.*

Caution Judiciaire.

*De ſatis dationibus. J. 4. 11 ....* Ce Titre ne parle que des Cautions que l'on donnoit en jugement, ou en plaidant : *v. g. ſatis-
datio judicatum ſolvi, &c.*

*Judicatum ſolvi. D. 46. 7 ....* Caution de païer le Jugé, ou les dépens, & le reſte.

*De ſatisdando. C. 2. 57 .... P. 1. 19.*

*De Litigioſis, & de decima parte Litis ab Actore Cautelâ præ-
ſtanda. N. 112.* Des choſes litigieuſes (*V.* Litige, ) & de la
Caution que le Demandeur devoit donner au Defendeur, de
lui païer la dixiéme partie de ſa demande, par forme de dépens, s'il perdoit ſon procez : comme encore de demeurer
en jugement juſqu'a la fin du procez.

*In jus vocati ut eant, aut ſatis vel cautum dent. D. 2. 6. V.* Ajournement.

*Qui ſatisdare cogantur, vel juratò promittant, vel ſuæ promiſſioni
committantur. D. 2. 8 .....* Ce Titre parle de la Caution juratoire.

*Si ex noxali cauſa agatur, quemadmodum caveatur. D. 2. 9.*

*Si quis, cautionibus in judicio ſiſtendi cauſa factis, non obtempe-
raverit. D. 2. 11. V.* Ajournement.

Caution de la Dot.

*Ne fidejuſſores, vel Mandatores Dotium dentur. C. 5. 20 .....* Le
Mari, ni le Beaupere ne doivent pas donner Caution, ni Répondant, pour la Dot de la femme.

*De fidejuſſoribus Dotium. C. Th. 3. 15.*

40

Caution des **Tuteurs**.

*De fidejufforibus Tutorum vel Curatorum. C. 5. 57. ... D. 27. 7.*
*De fatisdatione Tutorum vel Curatorum. J. 1. 24.*
*Rem Pupilli vel Adolefcentis falvam fore. D. 46. 6. ....* Caution,
que le Tuteur légitime , ou nommé *Sine inquifitione* , étoit
obligé de doner devant le Preteur.

*De periculo eorum qui pro Magiftratibus intervenerunt. C. 11. 34. ...*
Cautions des Officiers municipaux qui ont l'adminiftration.

*De fidejufforibus Minorum. C. 2. 24.*

*Ufus fructuarius quemadmodum caveat. D. 7. 9.*

Caution pour les Legs.

*Si cui plus quàm per Legem falcidiam licuerit , legatum effe dice-*
*tur. D. 35. 3. ....* Caution que les Legataires doivent doner à
l'héritier.

*Ut Legatorum , feu fidei-commifforum fervandorum causâ , cavea-*
*teur. D. 36. 3. ....* Caution que l'héritier doit doner aux Légataires.

*Ut in poffeffionem , Legatorum vel fidei-commifforum fervandorum*
*causâ , mittatur ; & quando fatisdari debeat. C. 6. 53. ... D. 36.*
4. ... Quand l'héritier ne done pas Caution , le Légataire eft
mis en poffeffion de la chofe leguée.

*Scenicas , & fi fidejuffores praeftent , & jusjurandum dent , fine periculo*
*lo difcedere. N. 51. ....* L'engagement pour chofe illicites & contre les bones mœurs , eft nul ; quoi qu'on fe foit obligé fous
caution , & par ferment. Cette novelle 51. parle feulement des
Comédienes qui s'étoient ainfi engagées.

*De pecunia conftitutâ. D. 13. 5. ... C. 4. 18. ... J. 4. 6. de Action. §.*
9. ... *N. 115. c. 6. ....* Ces Titres parlent d'une efpece de cautionement , quand un debiteur répond & promet de paier pour
foi-même , ou pour un autre. *Conftituere pecuniam , eft confti-*
*tuere , vel promittere , fe foluturum pecuniam jam à fe , vel ab*
*alio debitam , fine ftipulatione. V.* Promeffe. Répondant.

## CELIBAT.

Celibat.
*Qui clerici , vel voventes , matrimonium contrahere poffunt. Extr.*
4. 6.

*Quòd*

*Quòd ante ineundum Sacerdotium, matrimonium contrahi debeat.*
  *L. N.* 3.
*De pœna Sacerdotis, Diaconi, aut Hypodiaconi, si post assumptum*
  *ordinem, mulieri in matrimonium jungatur. L. N.* 79.
Celibat des Ecléfiaftiques. *V.* Ecléfiaftique.
*De Epifcopis & Clericis, &c. Et de nuptiis Clericorum vetitis, feu*
  *permiffis. C.* 1. 3.
*De cohabitatione Clericorum & Mulierum. D. Gr. dift.* 32. *c.* 5. ...
  *dift.* 33. *c. fin.* ... *dift.* 34. ... 18. *q.* 2. *c.* 19. §. *pro hujufmodi,*
  *ufque ad* §. *item funt. c.* 25. ... *Extr.* 3. 2.
*De infirmandis pœnis cœlibatùs, & orbitatis. C.* 8. 58. ... **C.** *Th.* 8.
  16. ... Abrogation des peines établies contre le Célibat, &c.
*De Cœlibe, Orbo, & folitario Patre. Ulp.* 14.

## C E N S.

Cens. Cens & Servis. *Cenfus.*
Le Cens, *Cenfus*, étoit un Etat, ou Terrier, contenant la defcri-
  ption des fonds & héritages de chaque particulier, pour faire
  une jufte impofition des Tributs. Delà font venus nos Cens &
  Servis, & les Tailles.
*V.* Taille. Impôt. Capitation. Droits Seigneuriaux. Emphitéofe.
  Vaffal.
*De Cenfibus. D.* 50. 15. ... *Nota L.* 4. *hoc t.* qui prefcrit la maniere
  de défigner & de confiner les héritages. *V.* Confins.
*De Cenfu, five Adfcriptione. C. Th.* 13. 10.
*De Cenfibus, & cenfitoribus, & perœquatoribus, & Infpectoribus. C.*
  11. 57. ... *C. Th.* 13. 11. ... *Cenfitores,* étoient ceux qui impo-
  foient le Tribut : *Perœquatores, & Infpectores,* étoient ceux qui
  avoient l'infpection, qui égalifoient, & qui arrêtoient les
  Rôles.
*De Cenfibus, exactionibus, &c. In jure Canonico. V.* Taille.
*Sine Cenfu, vel reliquis, fundum comparari non poffe. C.* 4. 47. .....
  *C. Th.* 11. 3. Les Cens & Servis, & autres charges réelles fui-
  vent le fonds.

## C E N S E U R.

Cenfeur. ... *Cenfor.*

F

Definition , & étimologie de ce mot. *L.* 111. *D. de verb. sign.*
*De Censoribus. L.* 12 *Tabb.* . . . . . Dignité & fonction des Censeurs.

## CENSURE.

Censure. *Censura Eclesiastica.*
*De Eclesiasticis Censuris. J. L.* 4. 12.
*De sententia Excommunicationis. D. Gr.* 9. *q.* 1 . . . 11. *q.* 3 . . . *Extr.*
   5. 39 . . . . *Extr. Co.* 5. 10 . . . *J. L.* 4. 13.
*De sententia excommunicationis , suspensionis , & Interdicti. Sext.* 5.
   11 . . . . *Cl.* 5. 10 . . . *Extr. Jo.* 13.
*Ne quis ante causæ exitum excommunicetur. N.* 123. *c.* 11.
*De Eclesiastico Interdicto. J. L.* 4. 14.
*De suspensione. J. L.* 4. 15.
*De Clerico excommunicato , Deposito , vel interdicto , ministrante. D.*
   *Gr. dist.* 50. *c.* 10. 11. *q.* 3. *c.* 9. *&* 109 . . . . *Extr.* 5. 27.

## CESSION.

Cession. Cession de Biens. Cession de Droits.
*De Cessione Bonorum. D.* 42. 3.
*Qui bonis cedere possunt. C.* 7. 71 . . . . *C. Th.* 4. 20.
*Ne quis cogatur bonis cedere. N.* 135.
Cession de Droits.
*De alienatione , judicij mutandi causâ , factâ. D.* 4. 7 . . . *C.* 2. 55 . . .
   *D. Gr.* 11. *q.* 1. *c. fin.* . . . *Extr.* 1. 42 . . . . Contre ceux qui ven-
   dent ou cedent leur droit à une persone puissante ou privilé-
   giée.
*Ne liceat Potentioribus , patrocinium litigantibus præstare , vel ac-*
   *tiones in se transferre. C.* 2. 14.
*De actionibus ad Potentes translatis. C. Th.* 2. 13.
*De his qui potentiorum nomina in lite prætendunt. C. Th.* 2. 14.
Ordonance d'Août 1669. Tit. 4. des Commitimus. Art. 21. 22. 23
   & Bornier. *V.* Transport. Committimus.
*De Litigiosis. D.* 44. 6 . . . . *C.* 8. 37 . . . *N.* 112 . . . . Cession de droits
   litigieux. *V.* Litige.

## CHAMP.

Champ. *Ager. V.* Agriculture. Cultivateur. Fonds.

Definition de ce mot. *L. 27. D. de verb. sign.*

**C**hamp , ou Terre qui se repose une année : *Novale* , ou *Novalis. L. 30. §. 2. & 3. D. de verb. sign. . . . V.* Novale.

## CHANCELIER.

**C**hancelier.

**L**a dignité de Chancelier en France , répond à celle de *Quæstor* , sous les Empereurs Romains ; Quoi que *Quæstor* eût bien d'autres significations. *V.* Questeur.

## CHAPELLE.

**C**hapelle particuliere. *Oratorium.*
*Ut in privatis domibus sacra misteria non fiant. N. 58.*
*Contrarium in Leon. N. 4. & 15.*

## CHARGE.

**C**harge , signifie en general toutes sortes de fonctions publiques. Elles sont ou honorables , qu'on appele Dignitez , *Honores :* ou elles sont Onéreuses , & on les appele proprement Charges, *Munera. V. L. 18. L. 214. L. 239. §. 3. D. de verb. sign... V.* Dignité. Exemtion. Imposition. Tribut.

On ne distingue pas ici les Dignitez d'avec les Charges , parce que plusieurs Titres du Droit, traitent indistinctement des unes & des autres : mais les Titres qui ne parlent que des Dignitez, sont recueillis sous le mot Dignité.

Charges Municipale. *V.* Municipal.
*De Muneribus & Honoribus. D. 50. 4.*
*De Muneribus & Honoribus non continnandis inter Patrem & Filium, & de intervallis. C.* 10. 40. Contre l'heredité des Charges.
*De Muneribus Patrimoniorum. C.* 10. 41. . . . Des Charges qui obligent à une dépense : Elles sont opposées aux Charges personnelles , qui ne demandent que des soins personels.
*Quemadmodum Civilia Munera indicuntur. C.* 10. 42... *C. Th.* 12. 5.
*De his qui sponte publica Munera subeunt. C.* 10. 43.
*De his qui à Principe vacationem acceperunt. C.* 10. 44. . . . *V.* Exemtion.

## CHARPENTIER.

Charpentier.
*V.* Corps des Métiers. Artisan. Ouvrier.

## CHEMIN.

Chemin. *Via. Actus. Iter.*
Ce qu'on entend par ce mot, *Via. L.* 157. §. 1. *D. de verb. fign.*

⌈Chemin public.

| *De locis, & itineribus publicis. D.* 43. 7..... | |
| *Ne quid in loco publico, vel itinere fiat. D.* 43. 8. | Ces Titres s'enten- |
| *De via publica, & itinere publico reficiendo. D.* 43. | dent feulement des |
| 11.... *Lex* 12 *Tabb. t.* 11. *c.* 5. | Chemins de la Cã- |
| *De Itinere muniendo. C. Th.* 15. 3... Perfone n'eft | pagne. |
| éxemt de contribuër aux réparations des | |
| Chemins..... | |

*De via publica, & fi quid in ea factum effe dicatur.* **D.** 43. 10....
    Ce Titre parle feulement des Ruës de la Ville.
*De Littorum & Itinerum cuftodia. C.* 12. 45.... *C. Th.* 7. 16....
    Garde des Chemins & Paffages, pour empêcher la fortie
    de certaines Marchandifes.
⌊*De viarum latitudine. Lex* 12 *Tabb. t.* 11.

⌈Chemin particulier.
⌊*De Itinere, actúque privato. D.* 43. 19... Interdit, pour être main-
    tenu en la poffeffion d'un chemin ou paffage particulier.

## CHASSE.

Chaffe. Chaffer. Chaffeur. *Venatio. Venari. Venator.*
*De Venatione ferarum. C.* 11. 44... *C. Th.* 15. 11... *J.* 2. 1. §. 12. *& 13.*
*De Clerico Venatore. Dec. Gr. Dift.* 34. *c.* 1. *Dift.* 86. *c.* 8. *cum quinque*
    *canon. feqq.... Extr.* 5. 24.

## CHATIMENT.

Châtiment. Châtier.
*De emendatione fervorum. C.* 9. 14... *C. Th.* 9. 12... Le châtiment
    des Efclaves doit être raifonable.

*De emendatione propinquorum.* **C.** *9.* 15.... **C.** *Th.* *9.* 13.... La correction des Enfans doit être moderée.

## CHATRE'.

Châtré. Châtrer.... *Eunuchus, Spado, Castratus.* **V.** Eunuque.
*Spado quid sit.* **L.** 128. *D. de verb. sign.*
*De Eunuchis.* **C.** 4. 42.... Défense de châtrer les Hommes.
*De his qui Eunuchos faciunt.* **N.** 142.
*Qua pœna Castratores affici debeant.* **L. N.** 60.... **P.** 5. 23. §. 7.

## CHAUSSE'E.

Chauffée : Levée de terre, ou Rempart, pour rétenir l'eau :
     *Agger, Moles, Choma.*
*De Nili Aggeribus non rumpendis.* **C.** 9. 38.... Ceux qui rompoient les Remparts du Nil, étoient brulez.

## CHAUX.

Chaux. *Calx.*
**V.** Four à Chaux.

## CHEVAL.

Cheval. *Equus.*
*Quibus Equorum usus concessus est, aut denegatus.* **C.** *Th.* *9.* 30.....
     Defenses à certaines persones d'avoir des Chevaux, à cause des vols fréquens ausquels ces Chevaux servoient.
*De Equis Curulibus.* **C.** *Th.* 15. 10.... Des Chevaux qui servoient aux Jeux & spectacles publics.
*De pœna Raptoris Equi.* **C.** *J.* 5. *Theoph....* Jnjustice d'un Capitaine qui avoit pris par force un beau Cheval à un de ses Soldats, pour le doner à l'Empereur.
*De Grege Dominico.* **C.** 11. 75. Peine contre ceux qui prennent les Chevaux du Prince.
*Des Stratoribus.* **C.** 12. 25.... **C.** *Th.* 6. 31.... Des Ecuiers, qui enseignent à monter à Cheval : Officiers de l'Ecurie du Prince.
*De oblatione Equorum.* **C.** *Th.* 7. 23.... Ceux qui étoient admis à de certaines dignitez, devoient offrir à l'Empereur un nombre de Chevaux.

*De Equorum Conlatione. C. Th.* 11. 17. … *Conlatio ,* fignifie , prefta-
tion. De ceux qui étoient obligez de fournir un certain nombre de Chevaux à l'Empereur pour la Guerre , ou pour les
befoins de l'Etat.   On donoit les Chevaux en efpece , ou l'on
en paioit la valeur.
*Qui à præbitione Tironum & Equorum excufentur. C. Th.* 11. 18. *V.*
Soldat.

## CHEVALIER.

Chevalier. *Eques.*
*De Equefti dignitate. C.* 12. 31. … *C. Th.* 6. 36.

## CHOIX.

Choix.
*V.* Option.

## CHOSE.

Chofe. *Res.*
Ce que l'on entend par le mot general de Chofe. L. 5. 6. 23. &
72. *D. de verb. fign.*
Les Chofes font le fecond objet du Droit : *Perfonæ, Res, & Actiones.*
*De Rerum divifione , & acquirendo ipfarum Dominio. J.* 2. 1.
*De Rerum divifione & qualitate. D.* 1. 8.
*De Rebus corporalibus & incorporalibus. J.* 2. 2.
*De acquirendo Rerum Dominio. D.* 41. 1.
Chofe abandonnée. *V.* Abandoner.
Chofe commune. *V.* Commun.
Chofe jugée. *V.* Juger.
Chofe litigieufe. *V.* Litige.
Chofe publique. *V.* Public.

## CHRE'TIEN.

Chrétien. Chriftianifme.
*Voyez* Religion.

## CITOIEN.

Citoien. *V.* Bourgeois. Municipal.

## CLANDESTIN.

Clandeſtin. *V.* En public, *verbo*, Public.

*Quod vi, aut Clam. D. 43. 24. . . . .* Sorte d'Interdit pour la démolition d'un Ouvrage fait par force, ou clandeſtinement ſur le fonds d'autrui.

*Clam facere, quid ſit. L. 3. §. 7. & 8. hoc tit. . . . . L. 73. §. 2. D. de reg. jur.*

## CLAUSE.

Clauſe. *Clauſula.*

Clauſe douteuſe. *V.* Douteux.

*De Rebus dubiis. D. 34. 5.*

Comment on doit entendre une Clauſe douteuſe. *L. 28. §. 1. L. 29. D. de verb. ſign. . . . L. 34. D. de reg. jur.*

*De verborum & rerum ſignificatione. C. 6. 38.* Des Clauſes douteuſes, dans les Teſtamens.

Clauſe inutile.

*De his quæ pro non ſcriptis habentur. D. 34. 8. . . L. 73. §. 3. . . L. 135. L. 188. D. de reg. jur.*

Clauſe expreſſe. *L. 195. D. de reg. jur.*

Clauſes des Teſtamens.

*De conditionibus & demonſtrationibus, & cauſis, & modis eorum quæ in Teſtamento ſcribuntur. D. 35. 1. . . . . . C. 6. tit. 44. 45. & 46.*

## CLERGE'.

Clergé. *V.* Ecléſiaſtique. Egliſe.

## CLOAQUE.

Cloaque. *V.* Egout.

## COADJUTEUR.

Coadjuteur. *V.* Evêque.

CODICILE

## CODICILE.

Codicile. *Codicilli.*
*De Codicillis.* J. 2. 25... *C.* 6. 36.... *C. Th.* 4. 4.
*De Jure Codicillorum.* D. 29. 7.
*V.* Teſtament.

## COHERITIER.

Cohéritier. *Coharres. Conjuncti.*
Explicatiõ de ce mot, *Conjuncti,*cohéritiers. *L.*142.*D. de verb. ſign.*
*Si unus ex pluribus heredibus creditoris vel debitoris, partem ſuam*
*debiti ſolverit, vel acceperit. C.* 8. 32.....De la ſolidité, & de
la diviſion entre cohéritiers, & coobligez. *V.* Coobligez. Diviſion. Solidité.
Partage entre cohéritiers. *V.* Partage.

## COLLEGE.

Collége. *V.* Communauté.

## COLLEGUE.

Collegua. *Collega.*
Définition de ce mot. *L.* 173. *D. de verb. ſign:*
*Sumptus injuncti muneris ad omnes collegas pertinere. C.* 11. 27.

## COLLUSION.

Colluſion. Intelligence frauduleuſe.
*De Colluſione detegenda.* D. 40. 16.... *C.* 7. 20.... De l'intelligence entre le Maitre & ſon Eſclave, pour faire déclarer celui-ci Ingénu.
*De Colluſione detegenda. Extr.* 5. 22... De la confidence en matiere de Bénéfice.
*De pænâ Judicis qui male judicavit, vel ejus qui Judicem, vel*
*adverſarium corrumpere curavit. C.* 7. 49..... De la colluſion
entre les parties. *V.* Corrompre.
*V.* Fraude.

## C O M E D I E N.

Comedien , Comedienne.

*De ſpectaculis , & ſcenicis , & Lenonibus. C. 11. 40. ... C. Th. 15. 7.*

*Scenicas , non ſolùm ſi fidejuſſores præſtent , ſed etiamſi jus-jurandum dent , ſine periculo diſcedere. N. 51.* ... Les Comédiens , quoique engagez ſous caution , & même par ſerment , peuvent ſe retirer.

*Ne liceat Laïcis , & Scenicis , uti Monachi Schemate. N. 123. c. 44.*

## C O M M A N D E M E N T.

Commandement. *V.* Ordre.

## C O M M E R C E.

Commerce. *V.* Commis. Commerce Maritime , *Verbo* , Mer. Marchand. ·

## C O M M I S.

Commis. Facteur. Emploié. Prépoſé. *Inſtitor. Exercitor.*

Ces deux derniers mots , ſignifient particulierement les Commis pour le fait du Negoce qui ſe faiſoit par Terre & par Mer : ce qu'il faut ainſi expliquer pour l'intelligence des Titres ſuivans.

### Parallele des deux Commerces de Mer & de Terre.

| | |
|---|---|
| *Dominus Navis.* Le proprietaire d'un Vaiſſeau Marchand. | *Dominus Domûs, vel Tabernæ.* Le propriétaire d'une Boutique. |
| *Exercitor.* Celui qui préſide à la Navigation , ſoit le locataire du Vaiſſeau, ou un autre prépoſé. | *Conductor.* Le Locataire ou le Marchand qui éxerce lui-même ſon négoce. |
| *Magiſter Navis.* Maitre-Pilote. | *Inſtitor.* Principal Facteur , qui a la direction du négoce. |
| *Nautæ.* Matelots. | *Operæ & Famuli.* Aprentis , & Garçons de Boutique. |
| *Vectores.* Marchands & Voiageurs. | *Emptores.* Marchands & Acheteurs. |

*De Inſtitoribus. Paul. 2. 8.*

*De Inſtitoria , & exercitoria actione. C. 4. 25 ... D. 14. 1. & 3 ....
Inſt. 4. 7. §. 2.* De l'action que l'on a contre un Maitre pour le fait de ſon Commis.

*Quod juſſu. D. 15. 4 ... C. 4. 26 ... J. 4. 7. §. 1 ... C. Th. 2. 31 ...*
De ce qu'un Commis fait par l'ordre de ſon Maitre. *V.* Ordre.

*De Numerariis , Actuariis , & Chartulariis , & Adjutoribus , ſcrinariis , & Exceptoribus ſedis excelſæ , cæterorum Judicum tàm militarium quàm civilium. C. 12. 50 .... C. Th. 8. 1 ...* Ce Titre peut s'apliquer aux Commis & Emploiez pour la perception & recepte des droits : Receveurs , Contrôleurs , Inſpecteurs , &c.

*De Executoribus , & Exactoribus. C. 12. 61 ... C. Th. 8. 8.*
*V.* Maitre.

## COMMISSAIRE.

Commiſſaire du Roi. *V.* Juge commis.

## COMMISSOIRE.

Commiſſoire. Loi commiſſoire.

## COMMITTIMUS.

Committimus. *V.* Cauſes commiſes... *Fori præſcriptio. Privilegium fori.*

*De Alienatione , judicij mutandi cauſa , factâ. D. 4. 7 .... C. 2. 55.
Dec. Gr. 11. q. 1. c. fin .... Extr. 1. 42 ...* Committimus ne peut ſervir à ceux qui ont droit par Tranſport.

*Ne liceat potentioribus , patrocinium litigantibus præſtare , vel actiones in ſe transferre. C. 2. 14.*

*Ubi quis de Curiali , vel cohortali , aliáve conditione , conveniatur. C. 3. 23. ... V.* Officier. Huiſſier.

*Ubi ſenatores , vel Clariſſimi , civiliter vel criminaliter conveniantur. C. 3. 24. ... V.* Magiſtrat.

*In quibus cauſis Militantes fori præſcriptione uti non poſſunt. C. 3. 25.*

*De fori præſcriptione tollendâ. N. 69. c. 4. V.* Compétence.

## COMMUN.

Commun. Choſe commune.

*De Re , & Hereditate Communi.* J. 3. 28. §. 3. & 4.

*De Communium Rerum alienatione.* C. 4. 52... *V.* Vente. Cohéritier.
    Partage.

*Si Communis res pignori data sit.* C. 8. 21... *V.* Hipoteque.

*De Communi servo manumisso.* C. 7. 7.

*De venditione rerum fiscalium , cum privatis communium.* C. 10. 4...
    chose qui est commune avec le fisc.

## COMMUNAUTE'.

Communauté. *Universitas ,* Collegium. Corpus. *Municipium.* Ci-
    *vitas.*

*Tres faciunt Collegium.* L. 85. D. *de verb. sign.*

De ce qui est fait par la plus grande partie. *L.*160.§. 1. *D.de reg.* J.

*Quod cujusque Universitatis nomine, vel contra eam agatur. D.*3.4...
    Des Actions pour & contre les Communautez.

*De Jure Reipublicæ.* C. 11. 29...Des biens & droits des Cõmunautez.

*De vendendis rebus Civitatis.* C. 11. 31.

*De libertis Universitatum.* D. 38. 3. Les Communautez peuvent
    succeder à leurs Affranchis.

*De Collegiis illicitis. Lex* 12 *tabb. tit.* 26. c. 3.

*De Collegiis & Corporibus.* D. 47. 22.... Des Communautez & As-
    semblées illicites.

*De Popularibus Actionibus.* D. 47. 23.... Des Actions publiques ou
    populaires , qu'il est permis à chacun d'intenter , pour un cri-
    me ou délit qui interesse la Communauté ou le Public.

*De debitoribus Civitatum.* C. 11. 32.... Les débiteurs des Villes &
    Communautés , doivent avoir paié, pour posseder des char-
    ges Municipales.

*De solutionibus & liberationibus debitorum Civitatum.* C. 11. 39....
    Les quittances passées aux débiteurs de la Communauté , doi-
    vent être signées par les Administrateurs.

*De Privilegiis Corporatorum Urbis Romæ.* C. 11. 14..... *Corporati ,*
    sont les Corps des métiers. *V.* Corps des Métiers.

*Ne quis liber invitus actum Reipub. gerere cogatur.* C. 11. 36....Les
    hommes libres n'étoient pas obligés de faire les affaires de la
    Ville & Communauté sous leurs noms ; mais ils les faisoient
    sous le nom des Esclaves.

*Sumptus injuncti Muneris ad omnes Collegas pertinere. C. 11. 37.*

*De Diversis prædiis urbanis & rusticis Templorum & Civitatum , & omni reditu civili. C. 11. 69.*

*De locatione prædiorum civilium vel fiscalium , sive Templorum , sive Rei privatæ, vel Dominicæ. C. 11. 70.... C. Th. 10. 3.*

*De Collatione fundorum fiscalium ..... vel Civitatum , vel Templorum. C 11. 73.*

## COMPAGNIE.

Compagnie. *V.* Communauté.

## COMPARAISON.

Comparaison d'Ecritures. *V.* Preuve par écrit. Acte.

## COMPENSATION.

Compensation. *Compensatio.*

*De Compensationibus. D. 16. 2..... C. 4. 31....J. 4. 6. S. 39.....*
*Paul. 2. 5. S. 3.*

## COMPETENCE.

Compétence. *Forum Competens. Jurisdictio.*
*V.* Juge. Jugement. Jurisdiction. Committimus.

*De Jurisdictione. D. 2. 1.*

*De Judiciis , & ubi quisque agere , vel conveniri debeat. D. 5. 1....*
   *C. 3. 1.*

*De Jurisdictione omnium Judicum , & de foro competenti. C. 3. 13.*

*Ut omnes obediant Judicibus provinciarum , in criminalibus & in pecuniariis ; & ibi negotia examinentur , nullo excepto per privilegium. N. 69.*

*De Jurisdictione , & ubi quis conveneri debeat. C. Th. 2. 1.*

*De foro Competenti. D. Gr. dist. 96... 3. q. 6....6. q. 3... 11. q. 1...*
   *21. q. 5....Extr. 2. 2...., S. 2. 2....Cl. 2. 2.*

*De foro competenti Episcoporum , & Clericorum , & Monachorum. C. I. Heraclii 3.... V. Ecléfiastique.*

*De foro Clericorum , & de Judice prohibito causam ad se transmissam disceptare. C. I. Alex. Comn. 11... V. Ecléfiastique.*

*De fori privilegio Eclefiasticis personis competente. Frid. const. tit. 1. vel 17. S. 4.... V. Ecléfiastique.*      G iij

*De foro Judæorum. C.J. Man. Comn. 14.... V.* Juif.
*Qui pro sua Jurisdictione Judices dare, daríve possunt. C. 3. 4.*
*Si à non competente Judice judicatum esse dicatur. C. 7. 48.*
*Ubi de criminibus agi oporteat. C. 3. 15.... V.* Crime.
*Ubi de possessione agi oporteat. C. 3. 16... V.* Trouble. Possessoire.
*Ubi fideicommissum peti oporteat. C. 3. 17.... V.* Fidéicommis. Legs.
*Ubi conveniatur, qui certo loco dare promisit. C. 3. 18. V.* Débiteur.
    Paiement.
*De eo quod certo loco dari oportet. —— D. 13. 4.*
*Ubi in rem actio exerceri debeat. C. 3. 19.... V.* Action. Revendi-
    quer.
*Ubi de hereditate agitur, vel ubi heredes scripti in possessionem mitti*
    *postulare debeant. C. 3. 20.... V.* Succession. Héritier.
*Ubi de Ratiociniis, &c. C. 3. 21 .. V.* Compte. Reddition de compte.
*Ubi causa status, &c. C. 3. 22.... V.* Etat des persones.
*Ubi quis de Curiali, vel cohortali, aliáve conditione, conveniatur.*
    *C. 3. 23 ... V.* Huissier.
*Ubi senatores, vel Clarissimi, civiliter vel criminaliter convenian-*
    *tur. C. 3. 25.... V.* Magistrat. Sénateur.
*In quibus causis militantes, fori præscriptione uti possunt. C. 3. 25...*
    *V.* Soldat.
*Ubi causæ fiscales, vel divinæ Domûs, hominúmque ejus, agantur.*
    *C. 3. 26.... V.* Fisc. Confiscation.
*De Judicibus, & foris quibusdam; & de Pauperibus lites habentibus.*
    *Const. I. Basilij. 1. V.* Juge. Jugement. Jurisdiction. Committimus.

## COMPLAINTE.

Complainte en cas de trouble. *Querela rerum Novarum. Pos-*
*sessionis retinendæ interdictum.*
*De Publiciana in rem Actione. D. 6. 2... J. 4. 6. §. 4... J. 4. 17. §. 2.*
    Cette action est une espece de Revendication, la Complainte
    dont se sert le possesseur de bonne-foi, pour recouvrer la cho-
    se qu'il possedoit. *V.* Possesseur. Revendication.
*Unde vi. C. 8. 4... C. Th. 4. 22.... Interdit de Réintegrande.*
*Si per vim, vel alio modo, absenti possessio perturbata sit. C. 8. 5.*
*V.* Possessoire.

## COMPROMIS.

Compromis. *V.* Arbitre.

## COMPTE.

Compte. Reddition de compte. *Edere Rationes.*
Reddition de compte. *L.* 89. §. 2. *D. de verb. sign.*
*De Edendo. D.* 2. 13. ... *C.* 2. 1. Communiquer & produire les Livres de Compte, & les Regiftres. *V.* Production de Pieces. Acte.
*Ubi de Ratiociniis tam publicis quàm privatis, agi oportet.* **C.** 3. 21.
⎰ Compte de Tutelle.
⎪ *De Tutela, & rationibus diftrahendis, & utili, curationis causá, actione. D.* 27. 3. ... De la reddition de compte, & de la fouftraction des effets pupillaires.
⎪ *Ut matres, etiam tutela rationibus obnoxia fint.* **N.** 155. ... *V.* Merc Tutrice.
⎱ *V.* Action Tutelaire, fous le mot, Tutelle.

## CONCILE.

Concile. *V.* Conftitution.

## CONCITOIEN.

Concitoien. *V.* Bourgeois. Municipal.

## CONCUBINE.

Concubine. ... *Concubina. Pellex, aliquandò.*
Definition de ce mot, *Pellex,* Concubine. *L.* 144. *D. de verb. sign.*
*De Concubinis. D.* 25. 7. ... *C.* 5. 26. ... *P.* 2. 20.
*De Concubinis, & Naturalibus liberis, quomodo hi ab inteftato fuccedant.* **N.** 18. *c.* 5. ... **N.** 89. *c.* 12. §. 5.
*De Naturalibus Liberis, & Matribus eorum, &c.* **C.** 5. 27.
*Ut Concubinam habere non liceat. L.* **N.** 91.
*Quomodo Concubinæ fervilis conditionis, Legitimæ uxores fiant.* **N.** 18. *c.* 11. *V.* Batard.

## CONCUSSION.

Concuſſion. *Concuſſio.*
*De Concuſſione.* D. 47. 13.
*De Lege Julia Repetundarum.* D. 48. 11....J. 4. ult. §. 11....
    *Dicta Lex Julia , à Julio Cæſare. Repetundarum , i. e. Pecuniarum*
    *repetendarum ; adversùs eos qui, in adminiſtratione Magiſtratús,*
    *vel offiſii publici, pecunias acceperunt, unde accipere non debuerũt.*
*Ad Legem Juliam Repetundarum.* C. 9. 27... C. Th. 9. 27. Paul. 5. 26.
*De Lucris Advocatorum , & Concuſſionibus Officiorum , ſeu Apparito-*
    *rum.* C. 12. 62.
*De Concuſſionibus Advocatorum , ſive Apparitorum.* C. Th. 8. 10.
*Publicæ Lætitiæ vel Conſulum Nuntiatores , vel Inſinuatores conſtitu-*
    *tionum , & aliarum ſacrarum vel Judicialium Litterarum , ex de-*
    *ſcriptione, vel ab invitis , ne quid accipiant immodicum.* C. 12. 64.
    *ult....* C. Th. 8. 11.... Contre les Exactions des Meſſagers, &
    Porteurs des Ordres, Ordonances & Nouvelles publiques.
Contre les Concuſſionaires, & Exacteurs. *Vide L. 2. C. ubi quis de*
    *Curiali , &c....Et Nov. 124. c. 2. & 3.*
*V.* Exaction. Péculat.

## CONDAMNER.

Condamner. Condamné. Condamnation.
*V.* Crime. Criminel. Peine.

## CONDICTION.

Condiction. *Condictio. V.* Repetition.

## CONDITION.

Condition. *Conditio.*
*De Conditionibus Inſtitutionum.* D. 28. 7.
*De Inſtitutionibus & Subſtitutionibus, & Reſtitutionibus ſub conditio-*
    *ne factis.* C. 6. 25... Ce Titre & le precédent traitent des Con-
    ditions appoſées aux inſtitutions d'Héritiers, & aux ſubſti-
    tutions.
*De Conditionibus , & Demonſtrationibus , & cauſis , & modis eorum*
    *quæ in teſtamento ſcribuntur.* D. 35. 1.... Ce Titre & les trois
                           ſuivans

fuivans traitent des Conditions appofées aux Legs faits dans les Teftamens.

*De Conditionibus infertis tam legatis, quàm fideicommiſſis, & liber-tatibus. C. 6. 46.*

*De his quæ pœna causâ relinquuntur. D. 34. 6....J. 2. 20. § pœnæ....* C. 6. 41.... Legs fait fous une condition onéreufe à l'Héritier.

*De his quæ pro non fcriptis habentur. D.34. 8...* Legs donné fous une condition, ou claufe inutile.

*De eo qui impedit Conditionis eventum. L. 161. D. de reg. jur.*

*Conditionem nuptiarum vel Liberorum non extare, fi quis Monafte-rium ingrediatur. N. 123. c. 37.*

*De Conditione indictæ viduitatis. N. 22. c. 43. & 44.*

## CONETABLE.

Conêtable.

La dignité de Conêtable, en France, répondoit à celle de *Magi-fter Militum*, fous les Empereurs Romains. *V.* Le Prefident Fauchet, des dignitez de France. *L. 2. c. 7.* Cette dignité fut fuprimée en France, l'an 1627.

*De officio Magiftri Militum. C. 1. 29... C. 12. 3. & 4... C. Th. 6. 6. & 7.*

*De officio militarium Judicum. C. 1. 45....* En France, le Conêtable étoit le chef du Confeil de Guerre, & jugeoit avec les Maré-chaux de France, les differens des Gentils-hommes, des Offi-ciers de Guerre, le point d'honeur, &c.

## CONFESSER.

Confeffer, Confeſſion : pour, Avoüer, Aveu. *V.* Avoüer.

## CONFIDENCE.

Confidence, en matiere de Béréfice. Confidentiaire. *De Collufione detegenda. Extr. 5. 22.... V.* Collufion.

## CONFINS.

Confins. Confiner. *Limites. Confinia.*

Nôtre ufage de Confiner & défigner les héritages, eft tres-ancien. Le Juris-confulte Ulpien prefcrit la forme de les defigner par

leur nom , leur contenuë , leur situation & leurs Confins. *L. 4,
D. de Censibus.*
*V.* Limites. Cens.

## CONFISCATION.

Confiscation. Confisquer.. *Pæna Commissi. Fisco addicere.*
Il est traité du Fisc , & des Confiscations , au commencement du
Livre X. du Code.
*De Jure Fisci. D.* 49. 14.... *C.* 10. 1.... *C. Th.* 10. 1.
*De Jure Fisci , & populi. Paul.* 5. 11.
*De Privilegio Fisci. C.* 7. 73.
*Ne , sine jussu Principis , certis Judicibus liceat confiscare. C.* 9. 48....
*C. Th.* 9. 41. Confiscation de tous les biens, défenduë aux Juges
inferieurs.
*De bonis Proscriptorum , seu Damnatorum. C.* 9. 49.... *C. Th.* 9. 42...
*D.* 48. 20... *N.* 17. *c.* 12... *N.* 134. *c. ult. in fine*.... En quels
cas les biens des Criminels doivent être confisquez.
*De bonis eorum qui , ante sententiam , mortem sibi consciverunt , vel
accusatorem corruperunt. D.* 48. 21... *C.* 9. 50... Confiscation des
biens de ceux qui se font mourir , ou qui étant accusez de cri-
mes non capitaux , corrompent leur Accusateur , & le font de-
sister avant la condamnation.
*Pœnis fiscalibus creditores præferri. C.* 10. 7.... En quels cas les
Créanciers font préferez aux Amendes & Confiscations.
*De petitionibus bonorum sublatis. C.* 10. 12.... *C. Th.* 10. 10....
Défense de demander au Prince les biens confisquez.
Confiscation de Marchandises. *V.* Contravention.
*V.* Fisc. Amende. Don fait par le Prince.

## CONGE'.

Congé. *V.* Défaut.
Congé des Soldats : *Commeatus.*
*De Commeatu. C.* 12. 43.... *C. Th.* 7. 12.... Du congé donné pour
un tems aux Soldats. *V.* Soldat.

## CONSANGUINITE'.

Consanguinité. *V.* Parenté.

## CONSEILLER.

Conseiller. Conseiller d'Etat.
*De Senatoribus. D. 1. 9.*
*De Dignitatibus. C. 12. 1.*
*De Comitibus Consistorianis. C. 12. 10. . . . C. Th. 6. 12. . .* Des Conseillers d'Etat.
  *V.* Sénateur.

## CONSENTEMENT.

Consentement. Consentir.
Celui qui peut consentir, peut s'opposer. *L. 3. D. de reg. Juris.*
Consentement forcé. *L. 4. eod.*

## CONSORS.

Consors. *Consortes. Conjuncti.*
Consors, est un terme relatif à plusieurs persones qui ont un même interêt dans un affaire.
*De Conjunctis. L. 142. D. de verb. sign.*
*De Consortibus ejusdem Litis. C. 3. 40. . .* Les Consors doivent plaider ensemble devant le même Juge.
*De quibus rebus ad eundem Judicem eatur. D. 11. 2.*
*Si plures unâ sententia condemnati sunt. C. 7. 55. . . .* La condamnation n'est pas solidaire, s'il n'est ainsi exprimé. *V.* Division.
*Si unus ex pluribus appellaverit. C. 7. 68. . . .* Si l'un des condamnez se rend appelant, & gagne le Procez, le gain est commun à tous ses Consors condamnez. *Non viget in Gallia : omnes enim debent appellare.*
*De dominio rei qua poscitur ; vel consortibus, ab eo cui denuntiatum fuerit, postulandis. C. Th. 2. 5. . .* Délai pour appeler en cause les Consors : Abrogé.
*V.* Coobligé. Solidité.

## CONSTITUTION.

Constitution. Ordonance. Concile.
*De Constitutionibus. Dec. Gr. à dist. 1. ad 7. . . . Dist. 10. 13. 19. 20. 29. 30. & 38. . . 1. q. 7. à c. 5. §. nisi rigor, usque ad c. 23. §. bre-*
H ij

*viter. . . . . Extr. 1. 2. . . . . S. 1. 2.*
*De Conciliis , à dist. 15. ad 20. . . .*
*De Constitutionibus & conciliis simul. Dist. 16.*
*De Constitutionibus principum. V.* Edits & Déclarations. Loi.
*Constitutiones sunt plurimæ Imperatorum Conradi , Frederici , Henri-*
*ci & Lotharii , in Libro de Feudis , quæ constitutiones ad diversas*
*res pertinent. Hæ sunt hîc suis Titulis adscriptæ.*

## CONSTRUCTION.

Construction. *Ædificatio.*
*De novi operis nuntiatione. D. 39. 1. . . . N. 63. . . . Extr. 5. 32.* Oppo-
sition à une construction nouvelle : Défenses de continuër.
*De Remissionibus. D. 43. 25. . . . Remissio , est abolitio nuntiationis ope-*
*ris novi , à Prætore facta.* C'est la main-levée des défenses.
*Ne quid in loco sacro fiat. D. 43. 6.*
*Quod vi , aut clam. D. 43. 24. . . .* Construction faite par force ,
ou en cachette , sur le fonds d'autrui.
*V.* Bâtiment. Edifice. Maison. Servitude.

## CONSUL.

Consul.
Les Consuls Romains étoient, à peu prés , comme nos Gouver-
neurs de Villes , ou comme nos Échevins. Leurs fonctions
étoient de convoquer le Sénat, de gouverner la République ,
de nommer les Juges, les Tuteurs, les Arbitres , punir les cri-
mes , &c.
*De officio Consulis. D. 1. 10. . . Lex 11 Tabb.*
*De Consulibus , & non spargendis ab his pecuniis , &c. C. 12. 3.*
*Legis , quæ de Consulatu agit , abrogatio. L. n. 94.*
*De Consulibus. N. 105. . . . C. Th. 6. 6. . .*
*De Consularibus & Præsidibus. C. Th. 6. 19. . . Vir Consularis est qui*
*Consulatum gessit :* Exconsul.

## CONTESTATION.

Contestation.
Contestation témeraire.
*De pœna temerè Litigantium. J. 4. 16.*

Contestation du Procez. *Lis constituta.*
*De Litis contestatione. C. 3. 9.... Dec. Gr. 3. q. 3. 4. §. spatium. ÿ.*
*offeratur..... Extr. 2. 5.... S. 2. 3.... J. L. 3. 11.*
*Ut Lite non contestatâ, non procedatur ad Testium receptionem, vel*
    *ad sententiam definitivam. Extr. 2. 6.*
*Quando Libellus Principi datus, Litis contestationem facit. C. 1. 20.*
*Ut in contestatione Litis, & Magistratum initio, juretur. L. N. 97.*
*De Lite contestanda intra duos menses. N. 96. c. 1.*

## CONTRACT.

Contract. Contracter.
Le Contract est une convention de deux ou plusieurs persones.
    *L. 19. & 20. D. de verb. sign.*
La plûpart des Actes produisent le Contract ; le Contract produit
    l'Obligation, & l'Obligation produit l'Action. *D. de Obligat.*
    *& Action.*
On doit connoitre la qualité de ceux avec qui l'on contracte. *L. 19.*
    *D. de reg. jur.*
*V.* Acte. Obligation. Pacte.

## CONTRAVENTION.

Contravention. *Commissum.*
*In Commissum cadere,* Se dit des Marchandises qui sont en Con-
travention, & tombent en Confiscation.
*De Vectigalibus, & Commissis. C. 4. 61.... C. Th. 4. 11.*
*De Publicanis, & Vecigalibus, & Commissis. D. 39. 4.*

## CONTREBANDE.

Contrebande. *V.* Contravention.

## CONTRE-BILLET.

Contre-Billet. *V.* Contre-Lettre.

## CONTRE-LETTRE.

Contre-Lettre. *Antapocha.*
*Plus valere quod agitur, quàm quod simulatè concipitur, &c. V.* Acte
    simulé.                 H iij

## CONTRIBUTION.

Contribution. *Pecuniæ collatio. Contributio.*

*De Lege Rhodia, de Jactu. D.* 14. 2.... *P.* 2. 7.... De la Contribution pour les Marchandises jettées en Mer, afin de décharger le Vaisseau. *Dicta Lex Rhodia, à Rhodis, olim in Mari potentioribus. Cicero, pro L. Manil.*

*De tributoria Actione. D.* 14. 4....*J.* 4. 7. *S.* 3... *V.* Déconfiture.

## CONTUMACE.

Contumace. *Contumacia. Detrectatio Litis.*

Contumace, signifie le defaut de comparoitre, mais il se dit plutôt en matiere Criminelle qu'en matiere Civile, où l'on se sert plus ordinairement de Defaut.

*De Dolo & Contumacia, &c. V.* Defaut.

*De requirendis, vel absentibus damnandis. D.* 48. 17.

*De requirendis Reis. C.* 9. 40.

*Ut Rei criminum Edictis Legitimis evocentur. N.* 134. *c.* 5.

Les trois Titres précedens prescrivent les formalités qu'il faut faire contre un Criminel absent & contumax. Il est annoté parmi les Criminels, & assigné à cri-public ; ses biens saisis, & aprés un an, confisquez. *V.* Defaut.

## CONVENTION.

Convention. *Pactum. Conventio.*

Convention illicite, contre les bonnes mœurs, n'a point d'execution.

*De Condictione ob turpem vel injustam causam. D.* 12. 5... *C.* 4. 7. *&* 9.... *V.* Repetition. Cause des Actes.

## COOBLIGE'.

Coobligé. *Correus debendi.*

*Si unus ex pluribus heredibus Creditoris vel Debitoris, partem suam debiti solverit, vel acceperit. C.* 8. 32.... Du Bénéfice de division entre Coobligez. *V.* Division. Debiteur. Solidité.

## CORPS.

Corps des Métiers... *Corporati : i. e. in Corpore aliquo Inscripti.*
*De privilegiis Corporatorum Vrbis Romæ.* **C.** 11. 14... **C. Th.** 14. 2.
*De Alexandriæ Primatibus.* **C.** 11.28... **C. Th.** 14. 27... *Primates,*
    *hîc sunt Corporati.*
*De Comitibus Ordinis primi artium diversarum.* **C. Th.** 6. 20... Pri-
    vilége & honeur acordé aux habiles Ouvriers qui se sont di-
    stinguez dans leur Art. *V.* Exemtion.
*De Centonariis, & Dendrophoris.* **C. Th.** 14. 8... Des Charpen-
    tiers, & des Marchands de gros bois. *Centonarij, seu Centena-*
    *rij, erant qui materias Centenarias, i. e. majores cædebant, pa-*
    *rabant, & venundabant. Dendrophori ( Δενδρον , Arbor ) qui li-*
    *gna, Arbores, Tigna vendebant ad ædificia :* Fustiers, Vendeurs
    de Mairrin.
*De Saccariis portûs Romæ.* **C. Th.** 14. 22... Des Crocheteurs &
    Porte-faix : *sic dicti à sacco.*
*De fabricensibus.* **C.** 11. 9... **C. Th.** 10. 22... Des Armuriers.
    *V.* Armes.
*Nulli licere in frænis, & equestribus Sellis, & in Balteis, Marga-*
    *ritas & Smaragdos, & Hiacinthos aptare : & de Artificibus Pa-*
    *latinis.* **C.** 11. 11... Des Selliers & Bridiers.
*De Pistoribus.* **C.** 11. 15... Des Boulangers.
*De Suariis, & Susceptoribus vini, & cæteris Corporatis.* **C.** 11. 16...
    **C. Th.** 14. 4... Des Charcutiers ou Porchers, Cabaretiers, &
    autres.
*De Collegiatis, & Chartopatris, & Nummulariis.* **C.** 11. 17... **C. th.**
    14. 7... *Collegiati, à Collegio. Chartopatri, i. e. inscripti in*
    *Charta, seu Matricula Patriæ ; vel Chartoprati, i. e. Chartarum*
    *Venditores.*
*De Calcis Coctoribus Vrbis Romæ, & Constantinop.* **C. Th.** 14. 6...
    *V.* Four-à-Chaux.
*V.* Artisan. Communauté. Ouvrier.

## CORRECTION.

Correction. *V.* Châtiment.

## CORROMPRE.

Corrompre. Corrupteur.

*De furtis, & servo Corrupto.* **D.** 11. 3.... **C.** 6. 2....**J.** 4. 1. *de oblig. quæ ex delicto.* **§.** 8. Contre ceux qui débauchent & corrompent les Esclaves d'autrui. Cela peut être étendu à ceux qui débauchent les Valets & Domestiques, les Ouvriers, &c. ou qui séduisent les Filles de famille.

Corrompre un Juge, ou une Partie, par Argent.

*De pœna Judicis qui male judicavit ; vel ejus qui Judicem, vel Adversarium corrumpere curavit.* **C.** 7. 49.

*Ut Litigantes jurent in exordio Litis, quia neque promiserunt dare Judicibus, neque dabunt : & de sportulis, &c.* **N.** 124.

*De bonis eorum qui ante sententiam, vel mortem sibi consciverunt, vel Accusatorem corruperunt.* **D.** 48. 21... Confiscation des biens de ceux qui étant accusez de crimes non capitaux, corrompent leur accusateur, & le font desister avant la condamnation.

## CORVE'E.

Corvée. Service.... *Operæ. Obsequium.*

*De Operis Libertorum.* **D.** 38. 1.... **C.** 6. 3.... **P.** 2. *ult....* Des Corvées que les Affranchis étoient obligez de faire pour leurs Patrons. Dans nôtre usage, les Vassaux font aussi des Corvées pour les Seigneurs. *V.* Droits, & Devoirs Seigneuriaux.

*De obsequiis Patronis præstandis.* **C.** 6. 6.... *Obsequia, hîc sunt Officia, non operæ.*

*De obsequiis parentibus & Patronis, præstandis.* **D.** 37. 15.

*Ne operæ à collatoribus exigantur.* **C.** 10. 24.... **C.** *Th.* 10. 11.

*Ne damna Provincialibus infligantur.* **C.** *Th.* 11. 11... Défense d'exiger des Corvées ou Services.

*Ne Rusticani ad ullum obsequium devocentur.* **C.** 11. 54.

*V.* Droits & devoirs Seigneuriaux.

## COURTIER.

Courtier. *V. Entremetteur.*

## COUTUME.

Coutume.... *Usus. Consuetudo.*

*De*

*De Confuetudine. Dec. Gr. Dift. 8. 11. & 12...Extr. 1. 4....S. 1.4...*
*Extr. Com. 1. 1.*
*De jure Divino, Confuetudine, & Conftitutionibus. I. L. 1. 2.*
*De Legibus, Senatúfque Confultis, & Longâ Confuetudine. D. 1. 3...*
*Ulp. 1. 4.*
*Quæ fit Longa Confuetudo. C. 8. 3.... C. Th. 5. ult.... Inft. de Jure*
*nat. §. 9.*
*De Confuetudinibus, & Statutis, contra Eclefiæ libertatem editis ,*
*tollendis. Frid. conft. tit. 1. vel 17.*
*De Confuetudine recti feudi. F. 2. 33*... Dans ce Titre font compri-
fes plufieurs manieres d'acquerir le Fief.

## C R A I N T E.

Crainte.
De ce qui eft fait par crainte , ou par violence.
*Quod metûs causâ geftum erit. D. 4. 1.*
*De his , quæ vi , metúfve caufa , quæ gefta funt. C. 2. 20.... L. 116.*
*D. de reg. jur.*
*De Doli mali & metûs exceptione. D. 44. 4.*
*De his qui , per metum Judicis , non-appellaverunt. C. 7. 67... C. Th.*
*11. 34.*
*V.* Dol. Refcifion. Violence.

## C R E A N C I E R.

Créancier.... *Creditor. Reus credendi.*
Definition de ce mot. *L. 10. 11. & 12. L. 54. & 55. D. de verb. fign.*
Créancier conditionel : Créancier à tems. *L. 54. eod.*
  { *Quæ in fraudem creditorum facta funt , ut reftituantur. D. 42. 8...*
     *J. 4. 6. §. 6. Item.... L. 134. D. de reg. jur.*
  { *De revocandis his quæ fraudem Creditorum alienata funt. C. 7. 75.*
     *V.* Fraude.
*De duobus Reis ftipulandi & promittendi. J. 3. 17... D. 45. 2... C. 8.*
  40. N. 99. De deux Creanciers & de deux Débiteurs folidaires.
  *Rei ftipulandi ,* font les Créanciers. *V.* Obligation. Solidité.
*Quando fifcus , vel Privatus , debitoris fui debitores convenire poffit ,*
  *vel debeat. C. 4. 15.* Quand un Créancier peut éxercer l'action
  ou l hipoteque de fon débiteur.
*Creditorem , evictionem pignoris non debere. C. 8. 46...* Le Créan-

I

cier , qui a fait vendre la chofe hipotequée , n'eſt pas garand de l'eviction de cette chofe.

*Vt defuncti, ſeu funera eorum non injurientur à Creditoribus. N.* 60... *N.* 115. *c.* 5.

*De rebus creditis, ſi certum petatur, & de condictione. D.* 12. 1... Ce Titre parle de la demande que fait un Créancier , de la ſomme ou de la chofe qu'il a prêtée.

*Si certum petatur. C.* 4. 2... *V.* Prêt. Prêter.

Créancier plivilégié.

*De privilegiis Creditorum.* **D.** 42. 6... Ce Titre 6ᵉ. eſt inſeré dans les anciennes éditions du Digeſte , & fous ce Titre ſont compriſes les dernieres Loix du Titre 5. *De rebus , authoritate Judiciis , poſſidendis ;* leſquelles concernent le privilege des Créanciers ; auſſi-bien que les deux premiere Loix du Titre troiſiéme , *De Ceſſione bonorum ,* qui ſont hors de leur place. Mais ce Titre 6. n'eſt pas dans les Pandectes Florentines, que Cujas & les autres ont ſuivies : & la maniere du Privilege des Creanciers , eſt compriſe fous le Titre précedent.

*De Privilegio Creditoris ex cujus pecunia res empta fuit. N.* 97. *c.* 3. *& 4.... N.* 53. *c.* 5.

*De Migrando.* **D.** 43. 32.... Privilege du Proprietaire de la maiſon , ſur les meubles du Locataire. *V.* Louage.

*Pœnis fiſcalibus Creditores præferri. C.* 10. 7.... En quels cas les Créanciers ſont préferez aux amendes & confiſcations.

*V.* Débiteur. Prêt.

## CRI-PUBLIC.

Cri-public , ou , ſon de Trompe. *Præconium.*

Des Ajournemens à Cri-public , que l'on doit faire des Criminels abſens & Contumax.

*De requirendis , vel abſentibus damnandis.* **D.** 48. 17.

*De requirendis Reis. C.* 9. 40.

*Vt Rei criminum edictis legitimis evocentur. N.* 134. *c.* 5.

*V.* Contumace.

## CRIME.

Crime. Criminel... *Delictum Crimen.*

Il eſt traité des Crimes , & des actions & matieres Criminelles ,

dans les Livres 47. & 48. du Digefte : c'eft pourquoi l'Empereur appelle ces deux Livres, Terribles. *L. 2. §. 8. verf. & poft.
C. de vet. jure enucl.*

Le Livre 47. contient les Crimes ou Délits privez ; & le 48. comprend les Crimes publics, & les peines.

Le 9. Livre du Code eft auffi emploié à traiter des Crimes privez
& publics, & des actions qui en dépendent.

Les cinq premiers Titres du Livre 4. des Inftitutes, traitent des
Délits privez ; & le dernier Titre parle des Crimes publics.

Le Titre 24. de la Loi des douze Tables, traite des Crimes &
Délits.

Le 5. Livre des Decrétales traite des Crimes, & des procédures
& matieres Criminelles.

On ne met ici, fous le mot de crime, que les Titres qui concernent les Crimes en general : A l'égard des Crimes en particulier, on les a mis fous les noms qui leur convienent. Par exemple : Vol, Injure, Libelle, Concuffion, Adultere, Crime de
faux, & les autres ; font chacun à leur rang, fous leur nom
particulier.

Crime capital, ce que c'eft. *L. 103. D. de verb. fign.*

*De privatis delictis. D. 47. 1... Lex 12 tabb. t. 24.*

*De Delictis puerorum. Extr. 5. 23.*

*De extraordinariis criminibus. D. 47. 11.... Lex 12 tabb. t. 26....*
Les crimes extraordinaires font ceux contre lefquels la Loi n'a
pas ftatué une peine certaine, mais dont la punition dépend
des diverfes circonftances du crime, & de fa qualité ; felon
l'arbitrage du Juge. Il y a plufieurs éxemples de ces crimes
extraordinaires, dans ce Titre du Digefte, & dans les Titres
fuivans. En France, prefque toutes les peines font arbitraires.

*De Judiciis omnibus. Paul. 1. 20....* De plufieurs fortes de Crimes,
& des peines dont-ils doivent être punis.

*Ubi Senatores, vel Clariffimi, civiliter vel criminaliter convenian-
tur. C. 3. 24.*

*Ubi de Criminibus agi oporteat. C. 3. 15....* De la Compétence des
Juges, en matiere Criminelle.

*De Criminibus & Reis. N. 17. c. 5.*

*De Popularibus actionibus. D. 47. 23....* Des actions Populaires,
qu'il étoit permis à chacun du Peuple d'intenter pour un Cri-

me qui intereffoit le Public.

*De publicis Judiciis. D.48.1...J.4.t.ult.... Lex 12 Tabb. t.27....* Des crimes publics ; c'eſt à dire , ceux dont la pourſuite pouvoit être faite par toutes fortes de perſones.　Il y a pluſieurs éxemples de ces fortes de Crimes dans tout le Livre 4$^{X}$. du Digeſte , & dans les autres Titres citez en ce preſent Article.

*De Accuſationibus & Inſcriptionibus. D.48.2.... C.9.2...C.Th.9.* 1.... Des Accuſations & Plaintes : à qui apartient la pourſuite des Crimes. *V.* Plainte.

{ *De Cuſtodia & exhibitione Reorum. D.48.3...C.9.3.& 4....C.* *Th.9.1.& 3...* De la garde　& repreſentation des Criminels. *V.* Accuſé. Priſon. Priſonier.

*De exhibendis , vel tranſmittendis Reis. C.9.3... C.Th.9.2.*

*An per alium cauſæ appellationum reddi poſſunt. D.49.9....* En caucuſe civile , on ſe ſert de Procureur ; mais en cauſe criminelle , il faut repondre par ſa bouche. *V.* Griefs.

{ *Ut intra annum criminalis quæſtio terminetur. C.Th.9.36....* Action criminelle doit être terminée dans un an , ſuivant l'ancien Droit.

{ *Ut intra certum tempus criminalis quæſtio terminetur. C.9.44...* Action criminelle doit être pourſuivie dans deux ans.

*Si Reus , vel Accuſator mortuus fuerit. C.9.6...* Le crime eſt éteint par la mort du Criminel : Exceptions.

*De Reis poſtulatis. C.10.58....* Les Accuſez de Crime ſont incapables d'être pourvûs de dignitez , avant leur abſolution.

*De his qui Latrones , vel aliis Criminibus Reos occultaverint. C.9.* 39...*C.9.Th.29...* De ceux qui recourent , & qui cachent ou recelent les Criminels. *V.* Receleur.

*De Requirendis , vel abſentibus damnandis. D.48.17...C.9.40...,* *N.134.c.5...* Des formalitez qu'il faut faire contre les criminels abſens & Contumax. *V.* Contumace.

*De bonis Proſcriptorum , ſeu damnatorum. C.9.49... D.48.20...* *N.17.c.12....N.134.c.ult.in fine. V.* Confiſcation.

*De Cadaveribus Punitorum. D.48.24....* De la ſepulture des criminels.

*De Abolitionibus Criminum. V.* Abolition.

*V.* Accuſé. Action criminelle. compétence. Délit. Deſiſtement.

## CULTIVATEUR.

Cultivateur. *Colonus*.

*De Agricolis , & Censitis , & Colonis.* 11. 47.
*De Colonis Palæstinis. C.* 11. 50.
*De Colonis Thracensibus. C.* 11. 51.
*De Colonis Illyricanis. C.* 11. 52.
*De Mancipiis & Colonis patrimonialium & Emphyteuticorum fundorum. C.* 11. 62.
*De fugitivis Colonis. C.* 11. 63.
*V.* Agriculture. Main-morte.

## CURATEUR.

Curateur.

*De Curatoribus. I.* 1. 23... *Ulp. t.* 13... *Caj.* 1. 8.
*De Curatoribus , furioso & aliis , extra Minores , dandis. D.* 27. 10.
*De Curatore furiosi , vel Prodigi. C.* 5. 70.
*De Curatore bonis dando. D.* 42. 7... Curateur aux biens abandonez , ou à l'hoirie vacante.
*De ventre in possessionem mittendo, & Curatore ejus. D.* 37. 9... Curateur à l'enfant qui doit naitre : ce qu'on appelle, Curateur au ventre.
*De administratione rerum ad Civitates pertinentium. D.* 50. 8.... *C.* 11. 31.... Les Administrateurs du bien public , font regardez comme des Curateurs. *V.* Administrateur.
*V.* Tuteur.

# D.

## DE'BAUCHER.

Débaucher. *Corrumpere.*
Débaucher un Domeſtique, un Valet.
*De Servo Corrupto. D. 11. 3.*
*De furtis , & ſervo Corrupto. C. 6. 2. . . . J. 4. 1. De oblig. quæ ex de-*
*lict. §. 8.*
*De ſervis fugitivis , & libertis mancipiiſque Civitatum , artifici-*
*bus , &c. C. 6. 1.*
Ces Titres parlent de ceux qui débauchoient ou détournoient
les Eſclaves d'autrui. Cette matiere s'étend à ceux qui débau-
choient les Domeſtiques, les Ouvriers, & même les Filles de
Famille. *V.* Corrompre. Rapt.
*De Aleatoribus. D. 11. 5. . .* Contre ceux qui leur donoient à joüer.

## DE'BITEUR.

Débiteur. Devoir. Dette. . . *Debitor. Reus debendi.*
Définition de ces mots. *L.* 108. *L.* 178. §. 8. *L.* 213. D. *de verb. ſign.*
Débiteur inſolvable , ce que c'eſt. *L.* 114. *cod. . . . L.* 12 *Tabb. . . .*
*Vbi conveniatur qui certo loco dare promiſit. C. 3.* 18. . . . . *V.* Com-
petence.
*De eo quod certo loco dari oportet. D.* 13. 4. . . . *V.* Paiement. Repetition.
{ *De Pecunia conſtitutâ. D.* 13. 5. . . . *J.* 4. 6. *De action.* §. 9. *De con-*
*ſtitutâ. . . .*
{ *De Conſtituta pecuniæ. C.* 4. 18. . . *N.* 115. *c.* 6. *ad hoc. . .* Promeſſe ou engagement fait par un Débiteur de paier ce qu'il doit.
ou ce qu'un autre devoit. *V.* Promeſſe. Caution. Répondant,
*Si unus ex pluribus heredibus Creditoris vel Debitoris partem ſuam*
*debiti ſolverit , vel acceperit. C.* 8. 32. . . . Du bénéfice de diviſion entre pluſieurs coobligez. *V.* Diviſion.
*De Liberatione legata. D.* 34. 3. . . . *J.* 2. 20. §. *ſi quis ,* 13.
*De duobus Reis , ſtipulandi & promittendi. J.* 3. 17. . . *D.* 45. 2. . . *C.* 8.
40. . . . *N.* 99. De deux Débiteurs , ou deux Créanciers ſoli-

daires. *Rei promittendi* , font les Débiteurs. *V.* Obligation. Solidité.

*Ut Debitore , pecuniam non habente , addicantur Creditori res ejus*
*N. 4. c. 3.*

Difcuffion des Débiteurs.

*Ut creditores primo loco conveniant principalem Debitorem. N. 4.*
*c. 1. & 2.* . . . Difcuffion du principal Débiteur , avant la Caution. Exception pour les Banquiers. *N. 136. c. 1.*

*Quo quifque ordine conveniatur. C. 11. 35.* . . . Ordre de Difcuffion
entre Débiteurs.

*De beneficio & ordine Difcuffionis , Vide Ferrarienfem , in libello*
*Actionis hipothecaria 44. verbo : Exceptiones difcuffionis. 8.*

*Quando fifcus , vel privatus , Debitoris fui Debitores convenire*
*poffit , vel debeat. C. 4. 15.* Quand un Créancier peut contraindre fon Débiteur , ou la Caution de fon Débiteur.

*De Debitoribus Civitatum. C. 11. 32.*

*De Curatoribus Kalendarij , & fidejufforibus eorum. C. Th. 12. 11.* . . .
Ce Titre parle encore des Débiteurs des Villes. *Curator Ka-*
*lendarij* , fignifie le Tréforier ou Receveur de la Ville. *V.* Deniers publics.

*Ut defuncti, feu funera eorum non injurientur à Creditoribus. N. 60.*
*N. 115. c. 5.*

*De Debitore confeffo , vel condemnato. L. 12 Tabb.* . . .

*V.* Créancier. Terme de paier.

## DE'CEDS.

Déceds. Déceder.

*Si pendente appellatione , mors intervenerit. D. 49. 13.* . . . *C. 7. 66.* . .
*C. Th. 11. 35.* . . . . Déceds de l'Appelant.

*Si Reus , vel Accufator mortuus fuerit. C. 9. 6.* . . . Le Crime eft éteint
par la mort du Criminel.

## DECONFITURE.

Déconfiture. *Bona decocta. Res perdita & profligata.*

*De Tributoria actione. D. 14. 4.* . . . . *J. 4. 7. §. 3.* . . . . De la contribution dans la Déconfiture.

*V.* Contribution.

## DECRET.

Decret. Saisie réelle. *Bonorum publicatio, & præconia.*
*De rebus auctoritate Judicis possidendis, seu vendendis. D. 42. 4....*
    C. 7. 72.... Vente & adjudication de biens, par decret.
*De fide & Jura hastæ fiscalis, & de Adjectionibus. C. 10. 3....* Des
    Subhastations, Encheres, Ventes & Adjudications par decret;
    & de leurs formalitez.
*V.* Saisie réelle.

## DE'CURION.

Décurion . . . *Decurio. Decurialis. Curialis.*
Dans chaque Ville, ou Municipe, l'on choisissoit un nombre de
    Citoiens pour l'administration particuliere de la Ville, & on
    les appeloit, *Decuriones,* ou *Decuriales.* Ils étoient, à peu prés,
    comme nos Echevins, ou Conseillers de Ville.
*Curia, est ordo Decurionum, seu Senatus Municipij; vel civitatis: &*
    *D curiones, quasi Senatores Municipales.*
Définition de ce mot. *L.* 239. §. 5. *D. de verb. sign.*
*De Decurionibus. C. Th.* 12. 1.
*De Decurionibus, & filiis eorum, qui Decuriones habentur; & qui-*
    *bus modis à fortuna Curiæ liberentur. C.* 10. 31...*D.* 50. 2...*N.* 38.
*De bonis Decurionum. C. Th.* 5. 2.
*De prædiis Decurionum sine decreto non alienandis. C.* 10. 33....*C.*
    *Th.* 12. 3.
*Quando, & quibus quarta pars debetur ex bonis Decurionum; & de*
    *modo distributionis eorum. C.* 10. 34... Quand un Etranger succe-
    doit à un Décurion, la Compagnie (*Curia, vel Curiales*) avoit
    le quart de la succession.
*De hereditatibus Decurionum, Naviculariorum, Cohortalium Mili-*
    *tum, & Fabricensium. C.* 6. 62.... *V.* Succession.
*De decretis Decurionum super immunitate quibusdam concedendâ.*
    *C.* 10. 46.... *D.* 50. 9.... *V.* Exemtion.
*Si servus aut Libertus ad Decurionatum aspiraverit. C.* 10. 32.
*De præbendo salario. C.* 10. 36... *C. Th.* 12. 2.... Défense aux Dé-
    curions de doner des gratifications ou des récompenses, sans
    une permission du Prince. *V.* Deniers publics.
*Ne Decurio, aut cohortalis perducatur in jus, sistatúrve judicio, citra*
                                    *jussionem*

*juſſionem Principis , quæ inſinuetur Præfectis. N. 151. . . . V.* Ajournement.

*De mortis causâ Donatione Curialium. N. 87.*

*Abrogatio Legis , quæ ſenatui Prætores , Decurionibus verò Præfectos
conſtituere concedebat. Leon. N. 47.*

*Abrogatio quarumdam de Curiis & Decurionibus Latarum Legum.
Leon. N. 46.*

*Ut Præfectura liberet à dignitate Curiali. N. 70.*

*Ut non liberentur Curiali fortunâ Judæi , nec Samaritani , aut Hære-
tici , &c. N.* 45 . . . Les Hérétiques ſont ſujets aux charges ,
ſans joüir des Privileges. . . *V.* Hérétique.

*De decretis ab ordine faciendis. D. 50. 9.* . . . Ordonances des Décurions.

*Si Curialis , relictâ civitate , rus habitare maluerit.* **C.** 10. 37. . . .
**C. Th.** 12. 18. . . . Peines contre les Décurions qui alloient demeurer à la Campagne.

## DEFAUT.

Defaut. Congé , & Defaut. . . . *Contumacia. Eremodicium , quod eſt
potius Litis , quàm Vadimonij deſertio ; ideóque ſignificat,* Péremtion d Inſtance : Ερημοδικιον ; *id eſt ,* ερημη δικη , *Lis deſerta ,* procez abandoné.

*De dolo & Contumacia. D. Cr. 3. q. 9.* . . . *4. q. 5.* . . . *5. q. 2. & 3.* . . . *11.
q. 3. c. 43. certum* . . . . *Extr. 2. 14.* . . . *S. 2. 6.* . . . *Cl. 2. 4.* . . . *Extr.
Com. 2. 3.* . . . *I. L. 3. 6.*

*Ut poſt annum & tria Edicta , in Actorem contumacem ſententia fe-
ratur. N.* 112. c. 3. . . . Congé contre le Demandeur.

*De abſentibus Reis. N.* 69. c. 2. & 3. . . . Defaut contre le Défendeur.

*Si quis Cautionibus in judicio ſiſtendi causâ , factis , non obtempera-
verit. D. 2. 11.*

*De eo qui , ad primam denuntiationem , judicio ſe non ſiſtit. Leon.
N* 108. . . *Lex* 12 *Tabb. t. 7. c. 2. 3. & 4.*

*De Reis deſtitutis. Paul. 1. 6.* . . . De l'accuſation abandonée.

*V.* Contumace.

## DE'FENDEUR.

Défendeur. *Reus. V.* Demandeur.

Defenſes. Exceptions & Defenſes. *Exceptiones. V.* Exceptions.

## DE'FENDRE.

Défendre, fe Défendre : Défenfe légitime, & permife.
*Quando liceat unicuique, fine Judice, fe vindicare, vel publicam*
　　*devotionem. C. 3. 27... * En quel cas il eft permis de fe défen-
　　dre, & de fe vanger foi-même. Pour l'explication de ces mots *:
　　publicam devotionem. V.* Soldat.

## DE'FINITION.

Définition.
Définitions en Droit font dangereufes. *L. 202. D. de reg. jur..*

## D'EFLORATION.

Défloration. *V.* Stupre.

## DE'GRADATION.

Dégradation de l'ordre Ecléfiaftique : Dégrader.
*V.* Ecléfiaftique.

## D E G R E'.

Degrés de Parenté. *V.* Parenté.

## DE'GUERPISSEMENT.

Déguerpiffement. Déguerpir. *Deferere. Relinquere.*
*De omni agro deferto, & quando fteriles fertilibus imponuntur. C. 11.*
　　*58.*
*V.* Fonds. Emphitéofe.

## DE'LAI.

Délai. *Mora. Dilatio.*
Délai, pour Rétardement, ou Demeure, *Mora. V.* Retardement.
ſDélai des Ajournemens. *N. 69. c. 2.*
│*De exhibendis & introducendis Reis : & ut qui conveniuntur, poft*
　　*vicefimum diem præfententur Judicibus, &c. N. 53. c. 1. & 3...*
│De ceux qui font ajournez hors de leur Province. Délai de

leur comparution, & de celle du Demandeur.
Délai des Procédures.
*De Dilationibus. C. 3. 11.... C. Th. 2. 7.... J. 4. 13. §. 10. & 11.
Lex 12 Tabb. t. 7. c. 3... Dec. Gr. 3. q. 2. & 3.... Extr. 2. 8....
Extr. Com. 2. 2.*
*De Dilationibus ex consensu. C. th. 11. 33.*
*Deseriis, & Dilationibus, & diversis temporibus. D. 2. 12... C. 3.
12.... C. th. 2. 8.*
*Ubi Dilationes dantur, probationum & instrumentorum proferen-
dorum causâ. N. 115. c. 2... L. 99. § 2. D. de verb. sign.*
*De dominio rei quæ poscitur, vel consortibus postulandis. C th. 2. 5...*
Abolition du Délai acordé pour mettre en cause les consors.
*V.* Consors.
*Ne Episcopi, legationis tempore, conveniantur. N. 123. c. 26.*
Délai pour déliberer. *V.* Déliberer.


## D'ELE'GATION.

Délégation. *Delegatio. Translatio.* Transport, que fait un débi-
teur à son créancier, pour recevoir d'un autre debiteur.
*V.* Transport.
*De Novationibus, & Delegationibus. D. 46. 2.... C. 8. 41.*


## DE'LIBERER.

Déliberer : Délai pour déliberer.
L'héritier avoit un tems, ou délai pour déliberer, s'il accepteroit
la succession ; mais Justinien introduisit le bénéfice d'Inventaire, *Lege ult. C. de jure deliberandi. V.* Inventaire.
*De jure deliberandi. D. 28. 8.*
*De jure deliberandi, & de adeundâ, vel acquirenda hereditate. C.
6. 30.*
*Ut deliberandi jus, etiam ad Impuberes transmittatur ; & ut trans-
mittant. N. 158.*
*De Cretione, vel bonorum possessione. C. th. 4. 1.... Ulp. 23. §. 23. &
seqq... Cretio, est certorum dierum spatium ad cernendum, seu
deliberandum.*

# D E

## D'E L I T.

**Délit.** *Delictum. Crimen.*

*Delictum & Crimen , idem propè sonant : sed Delicta sunt propriè, privata ; Crimina verò , publica.*

*De obligationibus quæ ex Delicto nascuntur.* J. 4. 1... *Caj.* 2. 11...
*hic præcipuè de furto agitur.* V. Vol.

*De obligationibus quæ ex quasi delicto nascuntur.* J. 4. 5.

*De privatis Delictis & furto. Lex* 12 *tabb. t.* 24.

V. Crime.

## DEMANDE.

**Demande en Justice,** *Libellus,* **Demande libellée.**

*De Edendo. D.* 2. 13.... *C.* 2, 1.... Ce Titre se doit entendre de la demande en Justice, ou libellée, *de editione actionis, aut libelli :* ou de la communication & production des Actes, & des Pieces justificatives, *de editione instrumentorum ;* ou enfin des Livres de Compte & Registres, *de editione rationum.*

*Quando Libellus Principi datus facit litis contestationem.* C. 1. 20.

*Ad exhibendum.* D. 10. 4.... C. 3. 42.

*De Libelli obligatione.* D. Gr. *dist.* 81. *c.* 6... 2. *q.* 8.... *Extr.* 2. 3....
J. L. 3. 7.

{ Demande en paiement.

De rebus creditis, si certum petatur, & de condictione. D. 12. 1...
Ce Titre parle de la demande que fait un créancier, de la chose, ou de la somme qu'il a prêtée.

Si certum petatur. D. 4. 2.... V. Prêt. Repetition.

**Demande excessive,** ou **anticipée.** V. Plus-pétition.

*De mutuis petitionibus.* J. L. 3. 9.... N. 96. *c.* 2.... des Demandes respectives ; savoir la demande principale, & la reconven-tion. V. Reconvention.

## DEMANDEUR.

**Demandeur en Justice.** *Actor.*

*De Actore & Reo.* L. 33. L. 41. L. 125. D. *de reg. juris.*

## DEMEURE.

**Demeure. Etre en demeure,** *in Mora.* V. Retardement.

## DE'MOLIR.

Démolir. *V.* Bâtiment. Conſtruction. Ouvrage.

## DE'NI.

Déni de Juſtice. *Jus , Judicium denegare.*
*Ut differentes Judices audire interpellantium allegationes , cogantur*
  *ab Epiſcopis hoc agere. N. 86.*
*Et ut quando in ſuſpicionem habuerint Judicem, &c. eâd. N. 86.*

## DENIERS.

Deniers. *Pecunia.*
 ⌠Deniers publics.
 │ Vol des Deniers publics. *V.* Péculat.
 │ *De his quæ ex publicis rationibus mutuam pecuniam acceperunt.*
 │   *C. 10.6. & 73...* Peines contre ceux qui empruntent, & qui
 │   prêtent les Deniers publics.
 │ *De his quæ ex publica Collatione illata ſunt, non uſurpandis. C. 10.*
 │   *73... C. Th. 12. 9... V.* Péculat.
 │ *De his qui cum diſpenſatore contraxerunt. C. Th. 10. 24..* Defenſe
 │   d'emprunter les deniers du Prince.
 │ *De his qui ex officio quod adminiſtrarunt , conveniuntur. C. 11.38....*
 │   Ce Titre concerne l'adminiſtration des deniers Publics.
 │ *De Officio Comitis ſacrarum Largitionum. C. 1. 32.... C. 12.6. &*
 │   *24....* Du Treſorier de l'Epargne. *Mornac.*
 │ *De Curatoribus Kalendariis, & fidejuſſoribus eorum. C. Th. 12. 11....*
 │   *Curator Kalendarii ,* ſignifie celui qui avoit ſoins des Deniers
 │   publics , & des Regiſtres ou Comptes qui en faiſoient men-
 ⌡   tion.
 │ *De præbendo ſalario. C. 10. 36....* Défenſe aux adminiſtrateurs
 │   des Deniers publics, d'en faire des liberalitez, ou des recom-
 │   penſes, ſans la permiſſion du Prince.
 │ *De ſuſceptoribus. C. 10. 70.. C. Th. 12. 6....* Receveurs des De-
 │   niers & Tributs publics.
 │ *De Tabulariis , Scribis , Logographis , & Cenſualibus. C. 10. 69...*
 │   *C. Th. 8. 2...* De ceux qui tenoient les Comptes & Regiſtres
 │   des Tributs & Deniers publics.
 │ *De Ponderatoribus , & auri illatione. C. 10. 71... C. Th. 12. 7....*

*Edict. Juft.* 11.... Des Officiers prépofez à pefer les Deniers
   des Tributs. *V.* Monnoie.
*De auri publici profecutoribus.* C. 10. 72... *C. Th.* 12. 8.
*V.* Taille. Peculat. Public. Tréfor-Roial.
Deniers Pupillaires.
*De Ufuris Pupillaribus.* C. 5. 56.
*De adminiftratione Tutorum & Curatorum, & de pecunia pupillari*
   *fœneranda, vel deponenda.* C. 5. 37.
*De adminiftratione pecuniæ Pupilli, vel Minorum.* N. 72. c. 6. 7. & 8.
*V.* Interêt.

## DE'NONCIATEUR.

Dénonciateur. Denonciation. *Delator. Delatio. Nunciator.*
*De Delatoribus.* C. 10. 11.... *P. Sent.* 5. 11. §. 47... *C. th.* 10. 10.
*De his qui fe deferunt.* C. 10. 13... *C. th.* 10. 11.... De ceux qui fe
   dénoncent eux-mêmes, pour avoir la part du Dénonciateur.
*De Accufationibus, & Infcriptionibus.* D. 48. 2.... C. 9. 2... C. th.
   9. 1.... Des Plaintes & Dénonciations en matiere Criminelle.
   *V.* Plainte.
*De Curiofis & Stationariis.* C. 12. 23.... *C. th.* 6. 29.... Des Dénon-
   ciateurs publics.
*De depofito, & denunciatione, &c.* N. 88.... *Denunciatio,* fignifie
   ici, faifie entre mains, avec défenfe de rendre, ou de paier.
   *V.* Saifie.

## DENRE'ES.

Denrées. *V.* Provifion.

## DE'PENS.

Dépens. *Sumptus, Expenfæ Litis.*
*De fructibus, & litium Expenfis.* C. 7. 51... *C. th.* 4. 18.
*De pœna temerè litigantium.* J. 4. 16.
*De fportulis, & fumptibus in diverfis judiciis faciendis; & de exe-*
   *cutoribus Litium.* C. 3. 2... *Sportulæ, funt ea quæ conventus Reus*
   *dat executoribus Litium. Cujac. hic. Sportulæ,* fignifie auffi les
   Epices des Juges.
*De fumptuum recuperatione.* C. 10. 67.... Celui qui eft nommé à
   une Tutelle ou autre Charge, nonobftant une excufe évidente

& légitime; gagne ses Dépens contre le nominateur. *V.* Tutelle:
*verbo* , excuses du Tuteur. *V.* Exemtion.
*De Litigiosis , & de decima parte litis ab actore cautela præstanda.*
*N.* 112.... Des choses litigieuses. [*V.* Litige.] & de la Caution
que le Demandeur devoit doner au Défendeur, de lui paier la
dixiéme partie de sa demande, par forme de dépens , s'il perdoit son procez. *V.* Caution judiciaire.
*Vt Judex rationem expensarum examinet. N.* 82. *c.* 10.... Liquidation des Dépens.

## DE'PENSE.

Dépense. *Impensæ , sumptus.*
Définition, & division de ce mot. *L.* 79. *D. de verb. sign.*
*De Impensis in res dotales factis. D.* 25. 1.
*Sumptus injuncti muneris ad omnes Collegas pertinere. C.* 11. 37.

## DE'POSSE'DER.

Déposseder. *Spoliare.*
*De restitutione spoliatorum. D. Gr.* 2. *q.* 2... 3. *q.* 1. *& 2.... Extr.* 2.
13.... *S.* 2. 5.... *J. L.* 3. 10.
*Qui desiit possidere. L.* 131. *L.* 150.... *D. de reg. jur.*
*V.* Force. Violence. Possession.

## D'EPORTATION.

Déportation. *V.* Bannir.

## DE'POSITION.

Déposition d'un Bénéfice. *V.* Bénéfice.
Déposition d'un Témoin. *V.* Témoin.

## DE'POST.

Dépôt. Dépositaire. *Depositum.*
*Depositi , vel contra. D.* 16. 3.... *C.* 4. 34... *J.* 3. 15. *S.* 3.
*De deposito. N.* 73. *c.* 1. *& 2.... N.* 88.... *Dec. Gr. dist.* 1. *c.* 7....
22. *q.* 2. *c.* 14.... *Extr.* 3. 16.
*De deposito , & quemadmodum cautè fieri potest. N.* 73. *c.* 1. *& 2....*

*N. 88... Paul. 2. 4. & 12.*

*De deposito, & denuntiatione inquilinis facta, &c. N. 88.* ....Saisie du Dépôt entre les mains du Dépositaire. *Denunciatio*, saisie, ou défense de rendre le Dépôt. *V.* Saisie.

*Nautæ, Caupones, stabularij, ut recepta restituant. D. 4. 9...V.* Hôtelier.

## DE'PUTATION.

Députation. Député. *Legatio. Legatus.*

*De Legationibus. D. 50.7... C. 10. 63... C. th. 12. 12.*...Priviléges & Exemtions des Députez pour les affaires publiques. *V.* Ambassadeur.

## DERNIER.

Dernier. *V.* Premier.

## DE'ROBER,

Dérober. Dérobé, chose dérobée. *V.* Vol. Voler.

## DESERTER.

Deserter. Deserteur. *V.* Soldat. Transfuge.

## DESESPOIR.

Desespoir. *Desperatio.*

De ceux qui se font mourir, par Desespoir.

*De bonis eorum qui ante sententiam, vel mortem sibi consciverunt, vel accusatorem corruperunt. D. 48. 21.... C. 9. 50.... V.* Confiscation.

*V.* Homicide. Tuër.

## DESISTEMENT.

Desistement d'une accusation. *Abolitio. Renuntiatio.*

*Ad Senatus-Consultum Turpillianum, & de abolitionibus criminum. C. 9. 45... D. 48. 16.* Le Senatus-Consulte Turpillien punissoit les Accusateurs, qui aiant intenté calomnieusement une action criminelle, étoient obligez de l'abandonner, & de s'en desister.

defifter. *V.* Calomnie. Par le mot , *Abolitionibus* , qui eft dans ce Titre , il faut entendre la permiffion que l'acculateur obtenoit du Juge de fe defifter de l'accufation.

*De bonis eorum qui ante fententiam , vel mortem fibi confciverunt , vel accufatorem corruperunt. D. 48. 21...* Confifcation des Biens de ceux qui fe font mourir, ou qui étant accufez de crimes non capitaux , obligent leur Acculateur à fe defifter de l'accufation.

*De reis deftitutis. Paul. Sent. 1. 6.*

## DESHÉRENCE.

Deshérence. *Bona vacantia.*

*De bonis vacantibus , & de Incorporatione. C. 10. 10.... C. th. 10. 8. & 9....* Des biens vacans par Deshérence. Ils apartienent au Fifc , ou au Prince , qui en fait la réunion au Domaine : *Incorporatio.*

## DESHÉRITER.

Deshériter. *Exheredare. Exheredatio.*

*De liberis & pofthumis heredibus inftituendis , vel exheredandis. D. 28. 2.*

*De liberis præteritis , vel exheredatis. C. 6. 28.*

*De pofthumis heredibus inftituendis , vel exheredandis. C. 6. 29.*

*De exheredatione liberorum. J. 2. 13.... Cajus 2. 3.*

*Quæ fint juftæ exheredationum caufæ parentum & liberorum. N. 115. c. 3. & 4.*

*Ne liceat parentibus exheredare liberos qui ingrediuntur monafterium , velut ingratos. N. 123. c. 41.*

*V.* Légitime.

## DESIGNATION.

Defignation. *Demonftratio.*

*De conditionibus , & Demonftrationibus , & caufis , & modis eorum quæ in teftamento fcribuntur. D. 35. 1...J. De legatis. S. huic, 30.... falfa demonftratio non vitiat legatum. V.* Legs.

L

Devin. *V.* Magicien.

## DEVOIRS-SEIGNEURIAUX.

Devoirs-Seigneuriaux. *V.* Droits.

## DIFFAMER.

Diffamer. Diffamatoire. *V.* Libelle.

## DIGNITE'.

Dignité. Charge. Office. *Magistratus. Ordo. Gradus.*
Il est traité des Dignitez dans le Livre 12. du Code Justinien.
*Dignitates Senatoriæ, Illustres, à tit. 1. ad 7.*
*Spectabiles, à tit. 8. ad 15.*
*Clarissimæ, à 16. ad 31.*
*Equestres. tit. 32. Perfectissimæ, tit. 33... Militares, à tit. 34. ad 52.*
*Apparitoriæ, seu aliis apparentes, à tit. 53. ad finem.*
*De dignitatibus. C. 12. 1.... C. Th. 6. toto.*
*Ut dignatum ordo servetur. C. 12. 8.... C. th. 6. 5.*
*Quis in gradu præferatur. C. th. 7. 3.*
*De Equestri dignitate. C. 12. 31.... C. Th. 6. 36.*
*De Perfectissimatûs Dignitate. C. 12. 32.... C. Th. 6. 37. ult.*
*De ætate ineuntium officia. C. J. 1. Alex. Comn.*
*De honorariis Codicillis. C. Th. 6. 22...* Des Dignitez sans fonction,
    & purement honoraires.
*De Lege Julia Ambitûs. D. 48. 14... C. 9. 26... C. Th. 9. 26...*
    *J. 4. ult. §. ult.* .... Contre ceux qui achetoient les suffrages du
    Peuple pour les Dignitez de la Republique. *V.* Brigue.
*De Magistratibus non vendendis. C. J. Joa. 1.* Contre la vénalité des
    Charges & Offices.
*De infamibus. C. 10. 57.* ... Les persones notées d'infamie sont in-
    cables de posseder des Charges.
*De Reis postulatis. C. 10. 58...* Les Accusez, de même.
*De his qui in exilium dati, vel ab ordine moti sunt. C. 10. 59...* Les
    Officiers interdits, ou bannis pour un tems, peuvent rentrer
    dans les fonctions de leurs Dignitez.

*V.* Municipal. Suffrage.

## DISCUSSION.

Difcuſſion. Ordre de Difcuſſion entre pluſieurs débiteurs.
*V.* Débiteur.

## DISSOLUTION.

Diſſolution de Mariage. *V.* Divorce. Mariage.

## DISTANCE.

Diſtance. Invétiſon. .... *Spatium. Interſtitium.*
Diſtances des Hayes, des Murs, des Foſſez, des Arbres, &c.
*De Inſterſtitiis. Lex* 12 *Tabb. tit.* 11. *c.* 5. *& ſeqq.*
*De Piſcatoriis Remoris, inter quas legitimum ſpatium non eſt. L. N.*
104.... Diſtance entre les Peſcheries de la Mer.
*Vt quemadmodum in aliis ſtructuris lege cauſum eſt, ita etiam ſub-*
*dialium ambulacrorum ſtructura decem, pedibus à vicinorum adi-*
*ficiis diſtent. L. N.* 115. *vult...* Diſtance des Promenoirs.
*Finium regundorum. D.* 10. 1.... Il eſt traité des diſtances dans la
la Loi 13. de ce Titre.
Diſtance, ou Invétiſon des Arbres. *V.* Arbre.

## DISTRACTION.

Diſtraction. *Vindicatio.*
*De jure dominii impetrando. C.* 8. 34.... Diſtraction, ou revendication de choſe ſaiſie, ou de gage.

## DIVISION.

Diviſion & partage. *V.* Partage.
Diviſion, oppoſee à ſolidité. Bénéfice de Diviſion.
*Si unus ex pluribus heredibus creditoris vel debitoris partem ſuam de-*
*biti ſolverit, vel acceperit. C.* 8. 32.... Du bénéfice de Diviſion
entre coobligez. *V.* Coobligé.
*Si plures unâ ſententiâ condemnati ſunt. C.* 7. 55... La condamnation n'eſt pas ſolidaire contre les condamnez, ſi la ſolidité n'eſt
pas exprimée.
*Vt nullus ex Vicaneis pro alienis Vicaneorum debitis teneatur. C.* 11.

56.... Il n'y a point de folidité pour les dettes des habitans d'un même Bourg.

*Ne Filius pro Patre , vel Pater pro Filio emancipato , vel libertus pro Patrono conveniatur. C. 4. 13. & 12.... V. Fils.*

*V.* Solidité.

## DIVORCE.

Divorce. ... *Divortium.*

Définition de ce mot. *L.* 101. §. 1. *D. de verb. fign.*

*De Divortiis & Repudiis. D.* 24. 2... *N.* 117. *c.* 7. *& feqq...* Lex 12 *tabb....*

*De Repudiis , & de judicio de moribus fublato. C.* 5. 17.

*De Divortiis. Dec. Gr.* 22. *q.* 2. 6. *& 7....* 28. *q.* 1. *& 2....* 35. *q.* 6. *& q.* 9.... *Extr.* 4. 19.... *I. L.* 2. 16.

*Nov.* 22. *De Nuptiis : ibi de Divortiis , c.* 4. *& feqq.*

*De caufis Divortiorum Marito & Mulieri. N.* 117. *c.* 7. 8. 9. *& feqq.*

*V.* Diffolution de Mariage , *verbo ,* Mariage. Répudiation. Séparation.

## DIXME.

Dixme. ... *Decimæ.*

*De Decimis. I. L.* 2. 26. ... *Extr. Co.* 3. 7.

*De Decimis , Primitiis , & Oblationibus. D. Gr.* 13. *q.* 1. *& 2....* 16. *q.* 1. *c.* 41. §. *de his , ufque ad finem... & q.* 7... 25. *q.* 1.... *De confecr. dift.* 5. *c.* 16. *& c. Extr.* 3. 30... *S.* 3. 13... *Cl.* 3. 8.

## DOCTEUR.

Docteur.

*De Doctoribus. C. J.* 6. *Alex. Comn.*

## DOIEN.

Doien. ... *Decanus. Primicerius.*

*De Primicerio, & Secundicerio, & Notariis. C.* 12. 7... *C. Th.* 6. 10... Du Doien des Secretaires du Prince.

*De Decanis. Cod. Juft. & Cod. Theod...Decanus ,* en ces Titres., ne fignifie pas ce que nous entendons par Doien, mais des Officiers de la maifon du Prince. *V.* Officiers du Prince.

## Dol. Fraude. Tromperie.... *Dolus.*

*De Dolo. L.* 69. *&* 226. *D. de verb. sign....L.* 19. *§.* 1.... *L.* 23. *&*
49. *D. de reg. jur.*

*De Dolo malo. D.* 4. 3. *C.* 2. 21.... 1. 16.... *C. Th.* 2. 15.

*De Doli mali & metûs exceptione. D.* 44. 4.

*De consilio doloso. L.* 47. *D. de reg. jur.*

*De eo per quem factum erit , quominus quis in judicio sistat.* 2. 10.....
*scil. qui per dolum impedivit.*

*De Dolo & contumacia. Extr.* 2. 14.... *S.* 2. 6.... *Cl.* 2. 4....*Extr.*
*Co.* 2. 3.... *I. L.* 3. 6.... Dans ces Titres du Droit Canonique,
il est moins traité du Dol , que de la Contumace , ou defaut de
comparoître. *V.* Contumace. Defaut.

*V.* Fraude.

## D O M A G E.

## Domage. *Damnum.*

On peut causer du Domage , par malice , ou sans malice ; par soi,
ou par autrui : ce qui est expliqué dans les Titres suivans.

*De lege Aquilia. J.* 4. 3.... *C.* 3. 33.... *Lex Aquilia , dicta ab Aqui-*
*lio , Tribuno plebis.*

*Ad legem Aquiliam. D.* 9. 2.... Ces Titres, *Legis Aquiliæ ,* traitent
du domage causé par malice.

*De injuriis , & damno dato. Lex* 12 *Tabb. t.* 9.... *Dec. Gr.* 15. *q.* 1.
*c.* 2.... 23. *q.* 2.... *Extr.* 5. 36.... *S.* 5. 8... *Inst. L.* 4. 11.

*Si quadrupes pauperiem fecisse dicatur. I.* 4. 9.... *D.* 9. 1.... *Lex* 12
*Tabb. t.* 8. Du domage causé par des Animaux. *Pauperies , est*
*damnum sine injuria facientis datum.*

*De ædilitio edicto , &c. D.* 21. 1... Cet Edit des Ediles faisoit défense , entre autres choses , de tenir dans les lieux de passage,
des Animaux qui pûssent nuire , ou causer du domage. *V. Le-*
*ges* 40. 41. & 42. h. t

*De damnis animalium , vel si quid per ea casu evenerit. Papin.* 15.

*De his qui effuderint , vel dejecerint. D* . 9. 3.... De ce qui est jetté
d'une maison, ou qui en peut tomber, & causer du domage.
Celui qui occupe la maison , est responsable du domage.

*De Noxalibus actionibus. J.* 4. 8.. *D.* 9. 4... *C.* 3. 41... *Lex* 12. *Tabb.*

*t.* 10.... Contre les Maîtres , qui font refponfables du domage caufé par leurs domeftiques, *Noxa , eft corpus quod nocuit ;*
*Noxia , eft Maleficium.*

*De obligationibus quæ ex quafi - delicto nafcuntur. J. 4. 5.* ... Dommages & interefts.

*De Damno infecto , & de fuggrundis & protectionibus. D. 39. 2.* ...
Du dommage que l'on craint d'une maifon qui menace ruine. *Suggrunda & protectio. V.* Maifon ; *& Paul. 5. Sent.* 10.

On ne doit pas profiter du domage d'autri. *L.* 206. *D. reg. jur.*

*V.* Dommages & Interêts.

## DOMAGES & INTERE'TS.

Domages & interêts. *Id quod intereft. Intereffe , minus Latinè.*

*De eo quod intereft. L.* 24. *D. de reg. jur.*

*De fententiis quæ , pro eo quod intereft , proferuntur.* **C.** 7. 47...Des
Jugemens, qui condamnent aux domages & interêts.

*De præfcriptis verbis , & in factum actionibus.* **D.** 19. 5... **C.** 4. 64...
L'action nomée , *præfcriptis verbis ,* fe donoit pour les domages
& interêts qui refultoient de l'inéxécution d'un contrat fans
nom. *Idem de actione in factum. V.* Action.

Rétabliffement d'un ouvrage , avec domages & interêts. *L.* 81.
*D. de verb. fign.*

*V.* Domage.

## DOMAINE.

Domaine. Droit de propriété. *Dominium. V.* Propriété.

Domaine du Prince.

*Ne rei Dominicæ , vel Templorum vindicatio , temporis exceptione*
*fummoveatur.* **C.** 7. 38... Le domaine eft inaliénable, & impre-
fcriptible. **C. J.** 4. *Bafil. prophirog.*

*De fundis patrimonialibus , & faltuenfibus , & emphiteuticis , & eo-*
*rum conductoribus.* **C.** 11. 61.... Des fonds du domaine ou patrimoine du Prince.

*De Mancipiis & Colonis patrimonalium , faltuenfium, & Emphiteu-*
*ticorum fundorum.* **C.** 11. 62.

*De domibus ad rem privatam pertinentibus , diftrahendis.* **C.** *th.* 10.
2.... Dans ce Titre , & dans ceux qui fuivent, *Res privata ,* fignifie le patrimoine, ou le bien particulier du Prince.

*De fugitivis colonis patrimonialibus. C.* 11. 63.

*De collatione fundorum patrimonialium & Emphyteuticorum. C.* 11.
63.... Les Emphiteotes des fonds apartenans au Domaine,
font exempts des charges extraordinaires.

*De fundis & faltibus rei Dominicæ. C.* 11.66.... Des Fonds, & des
Bois ou Forêts du Prince.

*De Agricolis & Mancipiis Dominicis, vel fiſcalibus Reipublicæ. C.*11.
67.

*De prædiis Tamiacis, & de his qui ex colonis dominicis, aliiſque li-
beræ conditionis, procreantur. C.* 11.68. ...Ταμεῖον, *eſt cubiculum
& cellarium Principis, cui deputati erant reditus, dicti Tamiaci,
ſeu prædiorium Tamiacorum.*

*De locatione prædiorum civilium vel fiſcalium, ſeu Templorum, ſive
rei privatæ, vel Dominicæ. C.* 11. 70... *C. th.* 10. 3.

*De conductoribus & procuratoribus, ſive actoribus prædiorum fiſca-
lium, & Domus Auguſtæ. C.* 11.71... *C. Th.* 10.4. *& 26.*

*Quibus ad conductionem prædiorum fiſcalium accedere non licet. C.* 11.
72.

*De collatione fundorum fiſcalium, vel rei privatæ vel Dominicæ, vel
Civitatum, vel Templorum. C.* 11. 73.... *C. th.* 11. 19.

*Qui conductores rei privatæ fidejuſſores exigi non debent. C. th.* 10. 5.

*De privilegiis Domus Auguſtæ, vel Rei privatæ, & quarum collatio-
num excuſationem habent. C.* 11.74.... *C. th.* 10. 25.

*De grege dominico. C.* 11.75.... *C. th.* 10. 6.... Des chevaux du
Prince.

*De Palatiis & Domibus Dominicis. C.* 11. 76... Des Palais, & Maifons Roiales.

*V.* Fiſc.

## DOMESTIQUE.

Domeſtiques. *Servi. Domeſtici.*

Domage cauſé par les Domeſtiques. *V.* Domage. Maître.

Débaucher un Domeſtique. *V.* Débaucher.

Domeſtique ou Valet ne peut accuſer ſon Maître. *V.* Eſclave.

## DOMICILE.

Domicile. *Domicilium.*

*De Domicilio. L.* 103. *D. de verb. ſign.*

*De Incolis , & ubi quis Domicilium habere videtur* '; *& his qui ſtu-diorum cauſa , in aliena civitate degunt.* **C.** 10. 39.

*Ad Municipalem , & de Incolis.* **D.** 50. 1.

*Municipium* , ſignifie le Domicile naturel, la Ville où l'on eſt né. *Incolatus* , ſignifie le Domicile actuel, le lieu où l'on demeure, quand on n'y eſt pas né. *V.* Municipal. Bourgeois.

*De Municipibus , & originariis.* **C.** 10. 38.

## D O N.

Don fait par le Prince. Donataire du Prince.

*De petitionibus bonorum ſublatis.* **C.** 10. 12.... **C.** *th.* 10. 10. *&* 13... Défenſe de demander les biens confiſqués : permis néanmoins de les recevoir , quand le Prince les donne , *proprio motu.*

*Si liberalitatis Imperialis ſocius ſine herede deceſſerit.* **C.** 10. 14... **C.** *th.* 10. 14.... Si l'un des condonataires du Prince , meurt ſans héritier , ſa portion accroit à l'autre Donataire.

## DON-GRATUIT.

*De Auro coronario.* **C.** 10. 74... **C.** *th.* 12. 13.... *Aurum coronarium ,* ſignifie en général, les préſens que les villes faiſoient aux Empereurs en certaines occaſions. Pour cela , on faiſoit une impoſition ſur les Citoiens , en forme de Don-gratuit. Cette Coutume avoit ſans doute commencé par les Triomphes des Empereurs , ou des autres , auſquels on donoit une Courone d'or : cela fut changé en des préſens effectifs , en argent , ou autres choſes.

*De oblatione Votorum.* **C.** 12. 49... **C.** *th.* 7. 24... Au comencement de chaque année , les Villes faiſoient des Vœux pour l'Empereur, & lui offroient une livre d'Or , par forme de Don-gratuit. Loüis X I I. Roi de France remit à ſon Peuple le préſent du Couronement, & une partie de ſes Drois & Revenus.

## DONATION.

Donation. Donataire.

Le terme generique de Donation comprend les Donations entre-vifs , & à cauſe de mort. *L.* 67. *§.* 1. *D. de verb. ſign.*

Définition de Donation. *L.* 81. *D. de reg. jur.*

Donation entre-vifs.

*De*

M

Donation à cauſe de Mort.

*De mortis causâ Donationibus , & capionibus.* D. 39. 6... C. 8. 57...
J. 2. 7. §. 1. N. 87... P. 3. Sent. 9.
*De mortis causâ Donatione Curialium.* N. 87... N. 101.
*Hoc Donationis genus Legato comparatur , & non eget inſinuatione.*
*Eâd.* N. 87. *in princ.*

## DORURE.

Dorure. *V* Luxe.

## D O T.

Dot. *Dos.*
*De jure Dotium.* D. 23. 3... C. 5. 12.
*De Doctibus.* C. Th. 3. 13... P. 2. 22... Ulp. 6...
*De actione Dotis.* Caj. 2. 9. §. 4.
Faveur de la Dot. L. 85. *D. de reg. juris.*
*De pactis Dotalibus.* D. 23. 4... C. 5. 14.
*De fundo Dotali.* D. 23. 5... C. 5. 23.
*De Doctis promiſſione , & nudâ pollicitatione.* C. 5. 11.
*De pactis conventis tam ſuper Dote , quam ſuper Donatione ante nu-*
*ptias, & paraphernis.* C. 5. 14... D. 23. 4... Paul 2. 23... N. 117.
*c. 6.*
*V.* Augment. Droit de Retour.
Paiement de la Dot.
*De Dote cauta , & non numerata.* C. 5. 15.... *Adde tit.* 30. *lib.* 4.
*Cod. De non numerata pecunia...Et* C. 8. 33. *Si pignoris conven-*
*tionem numeratio ſecuta non ſit.*
*De tempore non ſolutæ pecuniæ ſuper Dote.* N. 100.
*De Dote ſcripta , & non præſtita.* N. 2. c. 5... Ceci regarde l'Aug-
ment. *V.* Augment.
*Si per maritum ſtetcrit , quominus Dos ei ſolveretur.* N. 91. c. 2....
*V.* Augment.
*Ut dotis promiſſio , ex paternis aut maternis bonis facta , præſtetur*
*L.* N. 21.
*De Dote prælegata.* D. 33. 4.... J. 2. 20. *De legatis.* §. *ſed ſi ,* 15.
*V.* Legs.
*De impenſis in res dotales factis.* D. 25. 1.

{ *Pro Dote.* **D.** 41. 9. ... Prescription de la chose donée en Dot.
{ *De usucapione pro Dote.* **C.** 7. 28.

*Si adversùs Dotem.* **C.** 2. 34. ... ( *subaudi,* Minor *restitui potest.* ) Une femme mineure , qui a donné toute sa Dot, peut être restituée. *V.* Restitution en entier.

{ *De inofficiosis Dotibus.* **C.** 3. 30. ... **C.** *th.* 2. 21.
{ *De collatione Dotis.* **D.** 37. 7. ... **N.** 97. *c.* 6. ... Quand on peut obliger la Fille de raporter sa Dot, pour contribuer aux Légitimes des Freres. *V.* Raport de biens. Légitime.

**Repétition & Restitution de la Dot.**

*Soluto matrimonio, quemadmodum Dos petatur.* **D.** 24. 3. . **C.** 5. 18... *V.* Droit de Retour.

*De* D*ote post divortium restituenda. Extr.* 4. 20.

*Si Dos, constante matrimonio, soluta fuerit.* **C.** 5. 19.

*De rei uxoriæ actione , in ex-stipulatu actionem transfusâ; & de naturâ Dotibus præstita.* **C.** 5. 13. ... Des actions qui concernent la repetition de la Dot. *V.* Droit de Retour.

*Ne fidejussores , vel Mandatores Dotium dentur.* **C.** 5. 20. ... **C.** *th.* 3. 15. ... Le Mari ni le Beaupere ne doivent pas doner caution pour la Dot de la femme.

*Ne pro Dote Mulieris , bona Mariti addicantur , id est, in solidum dentur.* **C.** 5. 21. ... Le Mari n'est condamné à rendre que ce qu'il peut : *in quantum facere potest.*

*De exactione Dotis primæ & secundæ , &c.* **N.** 91... Cette Novelle ordone , que la Dot de la premiere femme , soit préferée à la Dot de la seconde.

*De Emancipatione , & Dotis restitutione.* **L. N.** 25.

*Ut Mulier , soluto matrimonio, dotem suam, proterque nuptias Donationem, &c. in commentarium conscribat.* **L. N.** 110. ... Inventaire des choses dotales, pour la liquidation & repétition de la Dot.

{ *De privilegio Dotis,* **C.** 7. 74... **N.** 97. *c.* 3. *&* 4.
{ *De privilegiis Dotis, hæreticis mulieribus, non præstandis.* **N.** 109.

*De æqualitate Dotis , & propter nuptias Donationis , & augmento Dotis , &c.* **N.** 97.

*Ut immobilia antenuptialis Donationis, & Dotis, non alienentur à Viro, &c.* **N.** 61.

*Ut proprietas Dotis , & propter-nuptias donationis , servetur filiis* **N.** 58. *c.* 1. *&* 2.                    M ij

*De Dote remanente ad Patrem, & rursus datâ pro eâdem filia, se-
cundo Viro. N. 97. c. 5.* .... Le Pere, en ce cas, ne peut pas di-
minuër la Dot.
*Dos augeri non potest in fraudem creditorum. N. 97. c. 2.*
*V.* Augment. Droit de Reversion.

## DOUAIRE.

Doüaire. *V.* Augment.

## DOUTEUX.

Douteux... *Dubius. Incertus.*
*De Rebus dubiis. D. 34. 5.*
*De verborum & rerum significatione. C. 6. 38.* Interpretation des
claufes douteufes, & des termes obfcurs, dans les Teftamens.
*De incertis personis. C. 6. 48.. Inst. 2. 20. §. 25. & 27... Ulp. 25. §. 17..
Idem, 23. §. 3.* Legs fait à des perfones incertaines.
*In obscuris sequimur minimum. L. 9. D. de reg. juris... L. 56. L. 200.
eod.*
Interprétation des claufes Douteufes. L. 34... L. 41. §. 1... L. 69.
L. 96. L. 114. L. 168. L. 172. L. 179. L. 191. §. 1. D. *de reg. Juris.*
*V.* Acte. Claufe.

## DROIT.

Droit.... *Jus.*
Ce mot fe prend en divers fens, comme on le verra dans la fuite
de cet Article.

{Droit, en général.
*De Justitia, & Jure. Inst. 1. 1... D. 1. 1.*
*De Jure naturali, Gentium, & Civili. J. 1. 2.*
*De Jure personarum. I. 1. 3... Jus,* fignifie ici, l'Etat des perfones.
*De Juris, & facti ignorantia. D. 22. 6... C. 1. 18... V.* Ignorance.

{Droit Civil.
*De origine Juris Civilis, & omnium Magistratum, & successione
prudentium. D. 1. 2... C. 1. 17.*
*De Legibus, Senatúsque-Consultis, & longa consuetudine. D. 1. 3.*
*De Responsis prudentum. C. th. 1. 4.*

Droit. Canonique.
> *De Jure Canonico. I. L. 1. 1.*
> *De Jure Divino, confuetudine, & conftitutionibus. I. L. 1. 2.*
> *De Eclefiafticis conftitutionibus. I. L. 1. 3 …. V.* Conftitution.

Droit Public.
> *Jus publicum non mutatur privatorum pactionibus. L. 27 …. L. 45.*
>   *§. 1. D. de reg. juris.*

Droit, pour Impôt. Droits d'Entrée & de Sortie. *V.* Impôt.

Droit, pour Servitude : comme Droit de prife d'Eau, de Paffa-
ge, &c. *V.* Servitude.

Droit d'Acroiffement. *V.* Accroiffement.

Droit de Retour, ou de Reverfion. *V.* Retour.

Droits & Devoirs-Seigneuriaux.
> *De operis Libertorum. D. 38. 1 …. C. 6. 3 ….* Des corvées & fer-
> vices que les Afranchis étoient obligés de faire pour leurs
> Patrons. Dans nôtre Ufage, les Vaffaux font auffi des Cor-
> vées pour les Seigneurs.
> *De reverentia & obfequio Patronis à liberto praftandis. N. 78. c. 2.*
> *De extraordinariis, five fordidis muneribus. C. th. 11. 16 ….* Des
> Droits infolites & extraordinaires.
> *V.* Corvée.

D E U I L.

Deuil. *Luctus.*
> *De Sepulchris, & Lugendis. Paul. 1. Sent. ult. in fine.* Il parle du
> tems & des cérémonies du Dueil.

# E

## E A U.

**Eau.**

*De Aqua , & Aquæ pluviæ arcendæ. D. 39. 3. supple, Actione...* Des Eaux pluviales, & autres qui peuvent nuire à un champ : comme aussi des servitudes , *Aquæ-ducenda , vel haurienda* ( prise d'eau : ) *vel immittenda.*

*De servitutibus , & Aquâ. C. 3. 34... P. 1. 25.... Id est , de Aquâ , & aliis servitutibus. Aqua, hic per eminentiam ponitur.* Du droit de prise d'Eau : *Aquæ-ductus , Aquæ-haustus.*

*De Aquæ-ductu. C. 11. 42.... C. th. 15. 2... Lex 12 tabb. t. 11. c. 2. & 3...* Aqueduc , Canal , & Fossé public : des eaux publiques.

*De servitutibus prædiorum rusticorum. D. 8. 3.*

*Ne quid in flumina publico fiat , quo aliter aqua fluat , atque uti priore ætate fluxit. D. 43. 13... V.* Riviere.

*De Aqua quotidiana & æstiva. D. 43. 20..* Interdit pour être maintenu en la possession de l'eau.

*De Rivis. D. 43. 21...* Ce Titre régarde encore le droit de prise d'Eau.

*De fonte. D. 43. 22...* Droit de prendre & puiser l'Eau d'une Fontaine ou d'un Puis.

*V.* Riviere. Servitude.

## E A U X & F O R E' T S.

**Eaux & Forêts.** *Aquarum & silvarum cura.*

*De fundis & saltibus rei Dominicæ. C. 11. 66.*

*De Oris maritimis. L. N. 56....* Le droit de Pêche dans la Mer , apartient au propriétaire du Rivage.

*Quantùm in piscatibus , Remoræ piscatoriæ inter se distare debeant. L. N. 57. 102. 103. & 104.* De la distance des Pescheries , Engins , & Filets. *V.* Domaine. Bois. Arbre.

## E' C H A N G E.

**E'change.** *Permutatio.*

*De rerum Permutatione. D. 19. 4... Extr. 3. 19... S. 3. 10... Cl. 3. 5.*

*De rerum permutatione, & præscriptis verbis. C. 4. 64... D. 19. 5...*
De l'E'change, & de l'Action *præscriptis verbis*, que l'on donoit
en conséquence des conventions ou contrats sans nom. *V.* Action.

## E'CHEVIN.

Echevin. *Scabinus, nomen est Barbarum. Consul.*

Les Echevins, en quelques Villes de France, sont comme les
Décurions étoient dans les Villes Municipales, ou l'on choisissoit un nombre de Citoiens pour l'administration de la Ville:
on les appeloit *Decuriones*, ou *Decuriales. Curia, erat ordo Decurionum, seu Senatus municipij, vel Civitatis ; & Decuriones,
quasi Senatores Municipales. V.* Décurion.

Nos Echevins sont aussi comparez aux Officiers nommez *Defen-
sores Civitatum.*

*De Defensoribus Civitatum. C. 1. 55.*

Ils peuvent encor être comparez aux Consuls Romains, dont ils
ont retenu le nom, *Consules. V.* Consul.

*De Consularibus, & Præsidibus. C. Th. 6. 19.... Consularis vir, est
qui Consulatum gessit :* Ancien Echevin, Exconsul.

*Ut Negotiari, ædificare, muneráque accipere, urbis Magistratibus
liceat. L. N. 84... Nota,* que les Echevins de Lyon sont Nobles,
& qu'ils peuvent négocier en gros, sans déroger à leur No-
blesse ; Edit de Charles VIII. en Décembre 1495. Lettres Patentes de Loüis XIII. du mois de Mars 1638. &c. Les Echevins
de Poitiers & de Bourges sont aussi annoblis.

*V.* Consul. Décurion. Municipal. Officiers de Ville.

## E'CLE'SIASTIQUE.

Ecléfiastique. Persones Ecléfiastiques. *Clerici.*

*De jure Personarum. I. L. 1. 4....*

*De vita & honestate Clericorum. Extr. 3. 1... S. 3. 1.... Cl. 3. 1....
Extr. Co. 3. 1.*

*De vita & honestate Prælatorum. I. L. 1. 11.*

*De cohabitatione Clericorum & Mulierum. Extr. 3. 2.*

*De Episcopis, & summo Pontifice. I. L. 1. 5.*

*De Episcopis, & Clericis, & Orphanotrophiis, &c. C. 1. 3... N. 115..
C. th. 16. 2.*

*De depositione, seu degradatione. I. L. 1. 2.... N. 42.... La dépofi-* tion fe dit du Bénéfice, ou de la Dignité : Et la Dégradation fe dit de l'Ordre Ecléfiaftique.

*De pœna Sacerdotis, Diaconi, &c. Si mulieri in matrimonium jungan- tur. L. N. 79.*

*De Clericis conjugatis. D. Gr. dijt. 28. 31. & 32.. Extr. 33... Cl. 3. 2.*

*De pœna Epifcoporum, Sacerdotum, & Clericorum, qui fe advocatio- nibus, fponfionibus, redempturis, aliifve fimilibus dedunt. L. N. 86.*

*De Clericis non refidentibus in Eclefia, vel Prœbenda. Extr. 3. 4. ... S. 3. 3.*

*De Eclefiaflicorum aleâ ludentium pœna. L. N. 87.*

*De Clerico percuffore. Extr. 5. 25.*

*De Clerico Venatore. Extr. 5. 24...*

*De Clericis pugnantibus in Duello. Extr. 5. 14.*

*Ut Clerici apud proprios Epifcopos conveniantur, & poft hoc, apud Ci- viles Judices. 83.*

*De bonis Clericorum, & Monachorum. C. Th. 5. 3.*

*De peculio Clericorum, Relictis, & fucceffionibus eorum. I. L. 2. 28... C. 1. 3.*

Ecléfiaftiques doivent vivre dans le Célibat. *V.* Célibat.

Ecléfiaftique Tuteur. *V.* Tuteur.

*V.* Eglife. Évêque. Prêtre.

De la Jurifdiction Ecléfiaftique. *V.* Jurifdiction.

## E'C L U S E.

E'clufe. *V.* Chauffée.

## E'C O L E.

E'cole publique. Ecolier. *Scola. Gymnafium.*

*De ftudiis liberalibus urbis Romœ, & Conftantinopolitanœ. C. 11. 18... C. Th. 14. 9.*

*De Incolis, & ubi quis domicilium habere videtur; & his qui, ftu- diorum causâ, in aliena civitate degunt. C. 10. 39...* Privilege des E'coliers.

*De Scholaribus. Authent. Friderici. Cod. 4. 13. Ne filius pro Patre, &c.* Cette Authentique donne plufieurs privileges aux Ecoliers, & à leurs Profeffeurs. *V.* Profeffeur.

N

*De Comitibus & Tribunis Scholarum. C. 12. 11 . . . C. Th. 6. 13. Scholæ,
in hoc tit. & aliis titulis Cod. sunt corpora sive ordines officialium,
hoc est, eorum, qui munere & officio aliquo, quod ad Principis ministerium pertineret, fungebantur. Eas Justinianus undecim fuisse
testatur in l. si. C. de locat. In hoc tit. agitur de Comitibus & Tribunis, sive præpositis Agentium in rebus. V. Agent.*

*De privilegiis Scholarum. C. 12. 29. Scholæ, in hoc tit. sunt corpora
Scholarium, seu militantium in sacro Palatio : non verò Scholasti-
corum.*

## E' C U I E R.

Ecuier, celui qui enseigne à monter à Cheval. Officier de
l'Ecurie du Prince. *Equitandi Magister.*

*De stratoribus. C. 12. 25 . . . C. Th. 6. 31 . . . . Stratoribus præerat Tri-
bunus stabuli.*

## E' D I F I C E.

Edifice. *Ædificium.*

*De Ædificiis privatis. C. 8. 10 . . . V. Maison.*

*De operibus publicis. C. 8. 12 . . . D. 50. 10 . . . C. Th. 15. 1.*

*De ratiociniis operum publicorum, & de Patribus civitatum. C. 8. 12.*

*Ut subdialium ambulacrorum structura, decem pedibus à vicinorum
ædificiis distent. L. N. 113 . . . .* Des Promenoirs, & de leur distance des Maisons voisines.

*V.* Bâtiment. Maison.

## E' D I L E.

Edile. *Ædilis.*

Les Ediles étoient des Officiers Romains, qui avoient l'inspection
des Edifices, & des Ruës, ou Chemins : *ab ædibus, dicti.*

Il y avoit de trois sortes d'Ediles : *Plebeij, Curules, Cereales.*

*Ædiles plebeij,* avoient une espece de Jurisdiction pour la Police,
& Voirie.

*Ædiles Curules,* avoient soin des Edifices sacrez & publics.

*Ædiles Cereales,* avoient le soin du Blé & des Grains.

*De Ædilibus. Lex 12. tabb.*

*V.* Police. Voier.

*De Ædilitio Edicto, & Redhibitione, & quanti minoris.* **D.** 21. 1.
*De Ædilitiis actionibus.* **C.** 4. 58... Ces deux Titres contiennent
l'Edit des Ediles contre les ventes frauduleuses. *V.* Vente.

## E'DIT.

Edits & Déclarations. *Edicta.*
*De Constitutionibus Principum.* **D.** 1. 4. ... **C. Th.** 1. 1. 2. *&* 3.
*De Legibus, & Constitutionibus Principum, & Edictis.* **C.** 1. 14.
*De Mandatis Principum.* **C.** 1. 15... **N.** 17.
*Vt factæ novæ Constitutiones, post insinuationes earum post duos men-
ses valeant.* **N.** 66.
*Vt divinæ jussiones subscriptionem habeant gloriosissimi Quæstoris.*
**N.** 114. .. *Quæstorem vocamus,* Chancelier.
*Vt divinæ jussiones apud præfectos prætorio insinuentur.* **N.** 152... En-
registrement des Ordonances.
*Ne ex divinis jussionibus à Principe impetratis, sed ex antiquis Le-
gibus lites dirimantur.* **N.** 113.
*V.* Loix. Ordonances.

## E'DUCATION.

Educàtion. *V.* Alimens. Entretien. Enfant. Pupille.

## EFFETS.

Effets mobiliaires. *V.* Meubles.

## EFFRACTION.

Effraction. Vol avec effraction.
Ce mot n'est pas François. *V.* Fracture. Bris. Vol.

## E'GLISE.

Eglise. Biens & privileges de l'Eglise, & des persones Ecle-
siastiques.
*De Sacro-sanctis Eclesiis, & de rebus & privilegiis earum.* **C.** 1. 3.
*De rerum ( Eclesiasticarum ) divisione, atque illaram administratio-
ne. I. L.* 2. 1. *& seqq.*
*De Sacramentis in genere, & in specie. I. L.* 2. 2. *& seqq.*

*De collatione fundorum fiscalium... vel Templorum. C. 11. 73.*

*De rebus Eclesiæ alienandis, vel non. Extr. 3. 13... S. 3. 9... Cl. 3, 4.... Extr. Co. 3. 4... I. L. 2. 27.*

*De Eclesiasticarum rerum immobilium alienatione, & solutione. N. 46.. N. 67. c. 4.*

*De non alienandis aut permutandis rebus Eclesiasticis, &c. N. 7.*

*Ut Eclesia sanctæ Resurrectionis alienare possit ædificia, &c. N. 40.*

*Ut Terrulæ, aut Domus, vel vineæ, sanctissimæ Eclesiæ Myssiæ, possint alienari, &c. N. 65.*

*De alienatione, & Emphyteusi, & locatione, & hipothecis, & aliis diversis contractibus rerum sacrarum. N. 120.... N. 55. c. 2.... N. 119. c. 10... L. N. 13.*

*De permutatione rerum immobilium Eclesiæ cum Eclesia. N. 54. c. 2... Cum Imperatore. N. 55. c. 1.*

*De reditus Eclesiæ in pios actus, & pauperes, erogandis. N. 3. c. 3.*

*De Legatis Eclesiæ, & ad pias causas. V.* Legs pieux.

*De Eclesiis constitutis in Africa. N. 37...* Les Eglises d'Afrique sont mises au même rang que les autres.

*De præscriptione adversus Eclesiam. V.* Prescription.

*Ne rei Dominicæ, vel Templorum vindicatio temporis exceptione summoveatur. C. 7. 38...* Les biens du Prince, & ceux de l'Eglise, sont inalienables & imprescriptibles. *Templorum verbum, hic pro Templis Paganorum.*

*Ut etiam Eclesia Romana centum annorum gaudeat præscriptione. N. 9.*

*Constitutio quæ innovat constitutionem quæ præscriptionem centum annorum Venerabilibus locis dederat. N. 111...* Prescription de cent ans, reduite à quarante, pour les biens d'Eglise. N. 131. c. 6.

*De possessione Eclesiarum, & Venerabilium domorum, & de præscriptione quadraginta annorum. C. I. Basil. Porph. 1. & 4.*

## E'GOUT.

Egout. *Stillicidium.* Droit d'Egout. *Cloaca.* *V.* Servitude.

## E'LECTION.

Election en Ami. *Addictio nomine alterius.*

Cette façon de parler eſt en uſage dans quelques Provinces.
*Si quis alteri , vel ſibi ſub alterius nomine , vel aliâ pecuniâ emerit*
　*C. 4. 50...*
*V.* Vente.

## E'MANCIPATION.

Emancipation. Emancipé.
*De Adoptionibus , & Emancipationibus , & aliis modis quibus pote-*
　*ſtas ſolvitur. D. 1. 7.*
*De Emancipationibus liberorum. C. 8. 49... Lex 12. tabb. t. 13. c. 3.*
*Quibus modis jus patriæ poteſtatis ſolvitur. I. 1. 12. ... Ulp. 10.*
*De conjungendis cum Emancipato liberis ejus. D. 37. 8. ..* Ce Titre
　regarde ſa ſucceſſion d'un Pere qui a emancipé ſon Fils , & re-
　tenu ſes petits Fils dans ſa puiſſance. *V.* Succeſſion.
*Si à Parente quis manumiſſus ſit. D. 37. 12... Manumiſſus. i. e. Eman-*
　*cipatus.* Que les aſcendans ſuccedent aux Enfans qu'ils ont
　émancipez.
*De Emancipatione , & dotis reſtitutione. L. N. 25.*
Lettres d'Emancipation. *V.* Bénéfice d'âge.
*V.* Adoption. Puiſſance Paternelle.

## E M P R U N T E R.

Emprunter. *V.* Prêter.

## E M P O I S O N E R.

Empoiſoner. Empoiſoneur.... *V.* Poiſon.

## E M P H I T E' O S E.

Emphitéoſe. Bail Emphitéotique ... *Emphyteuſis.* Ε'μφυτευσις.
　*Inſitio.*
*De Emphyteuſi. I. 3. 25. de locatione. §. 3.*
*De Jure Emphyteutico. C. 4. 66.*
*Si ager vectigalis, id eſt , Emphyteuticarius petatur. D. 6. 3. ...* Ce
　Titre parle d'une eſpece de revendication qui apartient à ce-
　lui qui poſſedoit un fond , non pas comme Propriétaire , mais
　à Titre d'Emphitéoſe , de Précaire , de Bail à longues années,
　de Bail d'héritage à rente , &c. *V.* Revendication.

*De superficiebus. D.* 43. 18... *Superficies,* au sens de ce Titre , est une espece d'Emphitéose ; car *Superficies,* signifie une con-struction faite sur le fonds d'autrui , dont-on a acheté ou loüé seulement la superficie. *Superficiarius,* est une espece d'Emphi-téote qui possede la sur-face d'un fonds. *Superficies,* s'entend ici des héritages de la Ville ; & Emphitéose se dit aussi de ceux de la Campagne. *V.* Sur-face.

*De fundis Patrimonialibus , Emphyteuticis , & eorum conductori-bus. C.* 11. 61. Fonds du Domaine du Prince, pris en Emphi-téose.

*De mancipiis & Colonis Patrimonialium & Emphyteuticorum fundo-rum. C.* 11. 62.

*De collatione fundorum Patrimonialium , & Emphiteuticariorum. C.* 11. 64... *C. th.* 11. 19... Les Emphitéotes des fonds apartenans au Domaine du Prince , sont éxemts des charges extraordinai-res.

*De locatione prædiorum civilium , vel fiscalium , seu Templorum , sive rei privatæ , vel Dominicæ. C.* 11. 70.... *C. th.* 10. 3... Du loüage à longues années, & à perpetuité , ou Emphitéose.

*De Conductoribus & Procuratoribus , sive actoribus prædiorum fisca-lium , & Domus Augustæ. C.* 11. 71... *C. th.* 10. 4. *&* 26.

*Quibus ad conductionem prædiorum fiscalium accedere non licet. C.* 11. 72. *V.* Vassal.

## ENCHERE.

Enchere. .. *Auctio , Adjectio.*

*De fide & jure hastæ fiscalis , & de Adjectionibus. C.* 10. 3.... *C. th.* 10. 17. Des Subhastations, Encheres , & Adjudications.

*V.* Decret.

## ENFANT.

Enfant. *Filius. Infans.*

Quelles persones sont comprises sous le nom d'Enfans. *L.* 56. §. 1. *D. de verb. sign. L.* 84. *L.* 104.. *L.* 122.. 141.. 148.. 149.. 201.. 220. *eod. tit....N.* 117. *c.* 2.

*Qui Filij sint Legitimi. Extr.* 4. 17... *V.* Bâtard.

*De agnoscendis & alendis Liberis , vel Parentibus , vel Patronis , vel libertis. D.* 25. 3.

*Divortio facto, apud quem liberi morari vel educari debeant.* C. 5. 24... N. 98. c. 2... N. 117. c. 7.

*De alendis Liberis, ac parentibus.* C. 5. 25.

*De Liberis agnoscendis.* Paul. 2. 25.

*V.* Alimens. Entretien.

*De obsequiis Parentibus & Patronis præstandis.* D. 37. 15... C. 6. 6... Du respect & des devoirs que les Enfans doivent rendre aux Parens.

*De ingratis Liberis.* C. 8. 5. *V.* Ingrat.

*De Infantibus expositis, liberis & servis; & de his qui sanguino-lentos nutriendos acceperunt.* C. 8. 52... C. th. 5. 7. & 8.... N. 153... Des Enfans exposez, & Enfans trouvez. *Sanguinolen-tos. i. e. recens natos.*

*De Infantibus & languidis expositis.* Extr. 5. 11.

*De jure Liberorum.* C. 8. ult... C. th. 8. 17.... Ce que les Romains appeloient, *Jus Liberorum*, étoit un Privilege qu'un certain nombre d'Enfans donoit aux Peres & aux Meres de se succeder les uns aux autres. *Jus trium Liberorum*, avoit été établi par la Loi *Papia Poppæa*, & consistoit en de certains Privileges. Les Empereurs acordoient souvent *Jus trium Liberorum.* Par ce Ti-tre dernier du huitiéme Livre du Code Justinien, *Jus Libero-rum* est acordé à toutes sortes de persones.

*De Emendatione propinquorum.* C. 9. 15... C. Th. 9. 13... La correc-tion des Enfans doit être moderée.

*De bonis quæ Filiis-familias ex Matrimonio adquiruntur.* C. 6. 61... C. Th. 8. 19.

*Si tabula testamenti nulla extabunt : unde Liberi.* D. 38. 6... Les Enfans succedent ab intestat.

*Unde Liberi.* C. 6. 14... *Sic intellige hunc titulum. Pars Edicti, unde Liberi vocantur ad successionem Parentum ab intestato. V.* Succession ab intestat.

Enfant naturel & illégitime. *V.* Bâtard.

## ENGAGEMENT.

Engagement. *V.* Obligation. Promesse.

## ENLEVER.

Enlever. Enlevement. *V.* Rapt. Ravir.

ENNEMI.

## E N N E M I.

**Ennemi.** *Hoſtis. Inimicus.*
Definition de ce mot. *L.* 118. *& 234. D. de verb. ſign.*

## E'NONCIATION.

**Enonciation.** *Enuntiatio.*
*Enuntiativa non probant : ſeu , ut non aliter credatur inſtrumento ,*
*de altero inſtrumento facienti mentionem , quàm ſi idipſum profe-*
*ratur. N.* 119. *c.* 3. *V.* Acte.

## E N S E I G N E.

**Enſeigne.** *Titulus. Signum. Inſigne.*
*Ut nemo privatus Titulos prædiis ſuis , imponat , vel Vela regia ſuſ-*
*pendat. C.* 2.16. *& * 15... *N.* 17. *c.* 15. *N.*164. *c.* 1... Défenſe de
mettre une Enſeigne ou Inſcription. *Tituli ,* ſignifie les Brandons ou autres marques que o n met toit aux héritages ſaiſis ,
ou hipotéquez *Vela regia ,* ſont les Armes ou Panonceaux du
Prince. *V.* Brandon.
*Ut nemini liceat , ſine Judicis auctoritate, ſigna rebus imponere.* **C.** 2.
17.

## E N T E R R E R.

**Enterrer.** **Enterrement.** *Sepelire. Funus, &c.*
*De Sepulturis. D. Gr.* 13. *q.* 1... *Extr.* 3. 28... *S.* 3. 12... *Cl.* 3. 7..
*Ex. Co.* 3. 6... *I. L.* 2.4.
*De Religioſis , & ſumptibus funerum , & ut funus ducere liceat. D.*
11.7. .. *C.* 3. 44... *Lex* 12 *tabb. t.* 12. *c.* 2.
*De mortuo inferendo , & ſepulchro ædificando.* **D.** 11. 8.
*De locis religioſis. I.* 2. 1. *de rer. diviſ.* §. 9.
*De Canonica portione. I. L.* 2. 25... La portion Canonique , eſt une
partie de ce qui eſt doné à l'Egliſe par ceux qui meurent , &
qui ſe font enterrer ailleurs que dans l'Egliſe Parroiſſiale. Cet-
te partie revient au Curé , & à l'Evêque.
*Ut Defuncti , ſeu funera eorum non injurientur à creditoribus. N.* 60..
Liberté des Enterremens.
*De Officinis , ſive tabernis Ecleſiæ Conſtantinopolitaneos. N.* 43...

*L. N.* 1 1. . . . Cette Eglise avoit onze cens Boutiques, dont les loiers & revenus étoient emploiez aux frais des Enterremens.

*Ut cuique, tam intra civitates, quàm extra, mortuos sepelire liceat. L. N.* 53.

*De Cadaveribus punitorum. D.* 48. 24. *ult.* . . . De la sepulture des Criminels.

*V.* Sepulchre. Frais funeraires.

## ENTREMETTEUR.

Entremetteur. *Proxeneta. Mediator. Interpres. Internuncius.*

*De Proxeneticïis. D.* 50. 14. . . Des proxénetes, ou Entremetteurs, qui donent leurs soins pour faire réüssir une affaire, un mariage, &c. & du salaire qui leur est promis. *Proxenata, est Interpres, seu Pararius : Proxeneticum, est præmium quod proxenetæ debetur.*

*De sponsalibus, & Arrhis sponsalitiis, & Proxeneticis. C.* 5. 1.

*De suffragio. C.* 4. 3. . . *C. Th.* 2. 29. . . De ce qui a été promis pour obtenir une dignité ; pour les suffrages, &c. *V.* Suffrage.

*Ut Mediatores, non nisi de partium consensu, testimonium ferant. N.* 90. *c.* 8.

## ENTRETIEN.

Entretien. *Victus. Vivere. V.* Alimens.

## E'PICES.

Epices des Juges. *Sportulæ.*

*Sportulæ sunt ea quæ conventus reus dat executoribus litium.* Cujas. Mornac.

*Sportulæ,* font aussi les E'pices, & les présens que l'on done aux Juges.

*De sportulis, & sumptibus in diversis judiciis faciendis ; & de executoribus Litium. C.* 3. 2.

*De illicitis sportulis prohibendis. N.* 124. *c.* 3.

*Ut sportularum modus servetur. N.* 17. *c.* 3. . . . *N.* 53. *c.* 3. *§.* 2. . . . *N.* 82. *c.* 7.

*V.* Juge.

## E'POUSAILLES.

Epousailles. *V.* Fiançailles. Mariage.

## ERREUR.

Erreur. *Error.*

*De Errore calculi. C. 2. 5.*

*De Errore Advocatorum , vel libellos , seu preces concipientium. C. 2.*
9 . . . . *V.* Avocat.

*Justo Errore excusari Vasallum qui fidelitatem ncn fecit. F. 2. 92.*

*De Errore in consensu. L.* 116. *D. de reg. juris.*

Erreur de Clerc , ne nuit pas. *L.* 92. *D. de reg. juris.*

Erreur de fait & de droit. *V.* Ignorance.

## ESCLAVE.

Esclave. *Servus. Mancipium.*

L'usage des Esclaves est aboli en France ; mais les Titres du Droit
qui en parlent , sont de quelque utilité , parce que les Moines
peuvent être comparez aux Esclaves , pour les effets de la societé civile.

Ce qu'on entend par Esclave. *L.* 40. §. 1. *D. de verb. sign.*

Les Esclaves ne peuvent s'obliger. *L.* 22. *D. de reg. juris.*

Ils ne sont contez pour rien. *L.* 32. *eod.*

Ils sont morts civilement. *L.* 209. *eod.*

*Ne servi ad dicendum testimonium admittantur. L. N.* 49. . . Les Esclaves & les Femmes , ne peuvent être témoins dans les Actes.
*V.* Témoin.

*Ne Christianum Mancipium hæreticus , vel Judæus , vel Paganus ha-*
*beat , vel possideat , vel circumcidat. C. 1.* 10. *C. Th.* 16. 7.

*De servis qui liberis in matrimonium conjunguntur. L. N.* 100.

*De servis conjugibus , si alter illorum libertate donetur. L. N.* 101.

*De servis qui, Tyrannorum tempore, liberas duxerunt uxores. C. J.1.15.*

*De servis & colonis, ab alio detentis. C.* 1. 16. *Const. Just.*

*De servis exportandis , vel , si ita Mancipium vanierit , ut manu-*
*mittatur. D.* 18. 7.

*Si servus exportandus vaneat. C.* 4. 55.

*Si mancipium ita fuerit alienatum , ut manumittatur , vel contra.*
*C.* 4. 57.                                        O ij

*Si Mancipium ita vænierit, ne proſtituatur. C. 4. 56.*

*De ſervo corrupto. D. 11. 3...* Contre ceux qui débauchoient & cor-rompoient les Eſclaves d'autrui. *V.* Corrompre.

*De furtis, & ſervo corrupto. C. 6. 2... I. 4. 1. de oblig. quæ ex del.§.8.*

*De Aleatoribus. D. 11. 5...* Contre ceux qui donoient à joüer aux Eſclaves d'autrui.

*De fugitivis. D. 11. 4...* Des Eſclaves fugitifs qui ſe déroboient à leur Maître.

*De ſervis fugitivis, & libertis mancipiiſque civitatum, artificibus, & ad diverſa opera deputatis, &c. C. 6. 1... V.* Ouvrier. Fugitif.

*Si familia furtum feciſſe dicatur. D. 47. 6... Familia, eſt cætus ſer-vorum. Urbana & ruſtica familia. L. 166. D. de verb. ſign.*

*Si ſervus extraneo ſe emi mandaverit. C. 4. 36...* Affranchiſſement fait en fraude du véritable Maître... *V.* Affranchi. Vaſſal.

*De ſervis Reipublicæ, manumittendis. C. 7. 9.*

*De ſervo pignori dato, manumiſſo. C. 7. 8.*

*De ſervo qui, ignorante Domino, Clericus, Monachus, vel Epiſcopus factus eſt. L. N. 9. 10. & 11.*

*Servos, poſt delatam ſucceſſionem manumiſſos, in feudum non ſucce-dere. F. 2. 106.*

*Ne, præter crimen majeſtatis, ſervus dominum accuſet. C. th. 9. 6*

*De emendatione ſervorum. C. 9. 14.... C. th. 9. 12....* Le châtiment des Eſclaves doit être raiſonable.

*De Senatus-conſulto Claudiano. C. 7. 14.... C. th. 4. 9... I. 3. 13.§. 1... Dicitur Claudianum, ab Imp. Claudio. Tacitus.* Ce Senatus-Conſulte portoit, que ſi une femme libre ſe joignoit à un Eſ-clave, elle devenoit Eſclave elle même, après la dénoncia-tion du Maître de l'Eſclave, & lui apartenoit.

*De mulieribus quæ ſe propriis ſervis junxerunt. C. 9. 11... C. Th. 9. 9.*

*V.* Affranchi. Maître. Patron. Main-morte.

## E S P E C E.

Eſpece. *Species.*

Eſpece déroge au Genre. *L. 80. D. de reg. juris.*

## E S T I M A T I O N.

Eſtimation. *Æſtimatio.*

*De æſtimatoria actione. D. 19. 3....* Contre celui qui s'eſt chargé

d'une chofe pour la vendre à certain prix, comme les Courtiers, & les Revendeufes.

{ *De ædilitio, Edicto, & Redhibitione, & quanti minoris. D. 21. 1...*
Contre les ventes frauduleufes, fur tout des Animaux ; foit
par quelque vice de la chofe venduë, ( *V.* Redhibition ) foit
par l'excez du prix : auquel cas, il y a lieu à l'Eftimation, &
le vendeur rend la moins-valuë. *V.* Vente.
*De ædilitiis actionibus. C. 4. 58.*

*De in litem jurando. D. 12. 3... C. 5. 53...* Du ferment déferé par
le Juge au Demandeur qui affirme la valeur ou l'Eftimation de
la chofe conteftée, quand le Defendeur refufe, par dol, de la
reprefenter. *Lis, pro re litigiofa. Jurare in litem, eft cum juramento æftimare rem litigiofam.*

*De Hortulanis Conftantinop. Civitatis. N. 64...* Au fujet des Jardiniers ; Cette Novelle contient un Réglement pour les Eftima-
tions qui doivent être faites pas autres que par ceux du métier. *V.* Bornier, fur l'art. 11. du Titre 21. de l'Ordonance
de 1667.
*V.* Expert.

E T.

Et. Particule conjonctive. *L. 29. & L. 53. D. de verb. fign.*

E' T A P E.

Etape. *V.* Provifions. Soldat.

E' T A T.

Etat des perfones. *Status.*
*De ftatu hominum. D. 1. 5... Lex 12 tabb. t. 2.*
*De jure perfonarum. Inft. 1. 3. & feqq.*
*De his qui fui, vel alieni juris funt. I. 1. 8... D. 1. 5.*
*De adoptionibus, & emancipationibus, & aliis modis quibus poteftas
folvitur. D. 1. 7.*
*De capitis diminutione. I. 1. 16....* Du changement d'Etat.
*De capite minutis. D. 4. 5.*
*De Carboniano edicto. D. 37. 10... C. 6. 17... P. 4. 2... C. Th. 4. 3...*
Ce Titre eft ainfi nommé de Cn. Carbo, fon Auteur. Dans les

queſtions d'Etat , où l'on conteſte à un Enfant impubere ſa filiation , ou ſon âge , cet Edit lui done la poſſeſſion & la joüiſſance des biens , pendant l'impuberté.

*Ne de ſtatu defunctorum , poſt quinquennium , quæratur. D. 40. 15... C. 7. 21...* Aprés cinq ans, l'état du défunt ne peut être recherché : ceci regarde la liberté.

*Vbi cauſa ſtatûs agi debeat. C. 3. 22.*

*De ordine cognitionum. C. 7. 19....* Ce Titre ordone que les queſtions d'Etat, ſoient vuidées avant toutes choſes : *eſt enim actio præjudicialis. Vidè C. 3. 8. de ordine judiciorum.*

*De liberali cauſa. D. 40. 12. ... C. 7. 16... C. Th. 4. 8... P. 5. 1...* *Liberalis cauſa* , ſignifie queſtion de l'état d'une perſone , ſi elle eſt libre , ou Eſclave ; ingenue, ou affranchie.

*De adſertione tollendâ. C. 7. 17... V.* Liberté.

*De ea quæ parit undecimo menſe poſt mortem viri. N. 39. c. 2.*

## E'TRAINES.

Etraines. *Xenia.*

Etraines , ou préſens que l'on faiſoit au Prince , le premier jour de l'année. *V.* Don-gratuit.

## E'TROUSSE.

Etrouſſe. Etrouſſer.
*V.* Adjudication.

## E'TUDE.

Etude. Etudier. *V.* Ecole. Ecolier.

## EVÊQUE.

Evêque. Archevêque. Prélat.

*De Epiſcopis , & Summo Pontifice. Inſt. L. 1. 5.*

*De Epiſcopi & Clericis , &c. C. 1. 3... N. 123... C. th. 16. 2.*

*De poſtulatione Prælatorum. D. Gr. Diſt. 61. c. 10. 11. & 13... diſt. 63. c. 14... diſt. 71. c. 5... Extr. 1. 5... S. 1. 5... Ex. Co. 1. 2.*

*De Electione & electi poteſtate. D. Gr. diſt. 60. 61. 62. 63... 8. q. 1 & 3... Extr. 1. 6.... S. 1. 6... Cl. 1. 3... Extr. Jo. 1... Ext. Co. 1.*

⎧ Officiers de l'Evêque.

*De Officio Vicarij. Inst. L. 1. 15.* Du Vicaire general de l'Evêque.

*De Coadjutore. Inst. L. 1. 16.*

*De Cor-Episcoporum usu sublato. Inst. L. 1. 17.* Les Cor-Evêques étoient des Evêques ambulans, des Suffragans, qui faisoient les fonctions Episcopales à la Campagne.

*De Officio Archidiaconi. Inst. L. 1. 13... Extr. 1. 23.*

*De Officio Archipresbiteri. Inst. L. 1. 14.... Extr. 1. 24.*

## E'VICTION.

Eviction. Evincer. *Evictio. Rei Vindicatio.*

*De Evictionibus, & dupla stipulatione. D. 21. 2... C. 8. 45... Dupla stipulatio,* Le double du prix que le vendeur étoit obligé de rendre à l'acheteur; & ce double du prix étant stipulé, tenoit lieu de dommages & interêts à l'acheteur évincé.

*Creditorem, evictionem pignoris non debere. C. 8. 46....* Le Créancier, qui a fait vendre la chose hipotéquée, ne doit pas garantir l'Eviction de cette chose.

*Ne fiscus, rem quam vendidit, evincat. C. 10. 5....* Le Fisc ne doit pas rentrer dans les choses qu'il a venduës.

*Ubi in rem actio exerceri debeat. C. 3. 19....* Devant quel Juge il faut se pourvoir pour l'Eviction.

*V.* Revendication.

## EUNUQUE.

Eunuque. *Eunuchus. Spado.*

*De Eunuchis. C. 4. 42....* Ce Titre défend de faire des Eunuques, & d'en faire commerce.

*De pæna Eunuchorum, si uxores ducant. L. N. 98.*

*Spado, quid sit. L. 128. D. de verb. sign.*

*V.* Châtrer.

## E'VOCATION.

Evocation. *Litis translatio, Evocatio.*

*De reis ab alio loco in alium retrahendis. N. 53. c. 1. & 2.*

*Ne Decurio, aut Cohortalis perducatur in jus, citra jussionem Principis. N. 151...* Lettres d'Evocation.

EXACTION

Exáction. *Publica Exactio.*
*De Exactionibus. C. th.* 11.7.
*De Super-Exactionibus.* C. 10.20... *C.Th.* 11. 8.
*De Exactoribus tributorum.* C. 10.19... *C. th.* 11.7... *V.* Taille.
*De Executoribus , & Exactoribus.* C. 12.61... *C.Th.* 8. 8.
*Tributorum Exactores , si plus quàm debeant , exegerint , quâ pœna
    afficiendi sint. L. N.* 61.
*V.* Concussion. Impôt. Partisan.

## EXCEPTION.

Exception. *Exceptio.*
Des Exceptions & défenses, repliques, dupliques, &c.
*De Exceptionibus. I.* 4. 13. *& 14... I. L.* 3. 8.... *Extr.* 2. 25.... *S.* 2.
    12.... *Cl.* 2. 10.
*De exceptionibus, præscriptionibus, & præjudiciis. D.* 44. 1.... *C.* 8.
    36... *I.* 4. 6. *§.* 13... *Exceptio , híc ponitur pro exceptione nomi-
    nata. Præscriptio verò , pro exceptione innominata , seu in factum,
    vulgò ,* fin de non-recevoir. *Præjudicium ,* signifie l'action ou
    question préjudicielle , qui préjuge le fonds de la question
    principale , & qui doit être éxaminée auparavant : c'est une
    Exception dilatoire , ou fin de non-procéder. De sorte que ce
    Titre parle : Premierement , des Exceptions & défenses. 2. des
    fins de non-recevoir. 3. des Exceptions dilatoires , & fins de
    non-procéder.
Le mot d'Action ne comprend pas l'Exception. *L.* 8. *§.* 1. *D. de
    verb. sign.*
Qui a l'Action , à l'Exception. *L.* 156. *§.* 1. *D. de reg. jur.*
Effet de l'Exception. *L.* 13. *L.* 66. *L.* 112. *D. de reg. juris.*
*De Exceptione rei venditæ & traditæ. D.* 21. 3... Exception contre
    le Vendeur, qui veut revenir de la vente par lui faite. *V.* Ven-
    te.
*De Exceptione rei judicatæ. D.* 44. 2... Exception, par laquelle le
    Défendeur soûtient que la question a déja été jugée entre les
    Parties.
*De doli mali , & metûs Exceptione. D.* 44. 4... *V.* Dol. Crainte.

P

*Quarum rerum actio non datur ; & de Exceptione jurisjurandi.* D.
44. 5... Ce Titre propose plusieurs Exceptions : comme celle
du Serment , par lequel le Défendeur a affirmé qu'il ne doit
rien ; ou que l'obligation contractée a été faite contre la faveur de la liberté , ou bien à cause du Jeu.

*De Replicationibus. I.* 4. 14... *I. L.* 3. 8... Des Repliques, Dupliques , Tripliques , & autres Exceptions.

## EXCOMMUNICATION.

Excommunication. *V.* Censure.

## EXCUSE.

Excuse. *Excusatio.*
Excuses des Tuteurs. *V.* Tutelle. Exemtion.

## EXECUTION.

Exécution. Exécuter. Exécuteur.
Exécution de Jugement.
*De executione rei judicatæ.* C. 7. 53.
*De re judicata , & de effectu sententiarum.* D. 42. 1... *Paul.* 5. 5..
*V.* Jugement.
*De Executoribus & Exactoribus.* C. 12. 61... *C. Th.* 8. 8.
De l'Exécution , ou du passé-outre , en donant caution. N. 119.
c. 5.
Executeur Testamentaire.
*De Executoribus Testamentorum.* C. 1. *Man. Comn.* 1.

## EXEMTION.

Exemtion. Exemt.... *Vacatio. Excusatio. Immunitas.*
Il est traité des Exemtions & des Exemts, c'est à dire , de ceux
qui ne sont pas sujets aux Charges publiques, dans le Liv. 50.
du Digeste, tit. 4. & suivans. Et dans le Livre 10. du Code, depuis le titre 40. jusqu'au 70.
*De vacatione & excusatione munerum.* D. 50. 5.... Exemtion des
charges publiques.
*De publicatione publici muneris.* C. 10. 45.
*De excusationibus munerum.* C. 10. 47.

*Qui à præbitione Tironum & Equorum excusentur. C. Th. 11. 18. . . .* De ceux qui étoient éxemts de fournir des Soldats de Milice, & des Chevaux pour la Guerre.

*V.* Charge. Excuses du Tuteur, *verbo,* Tutelle. Privilége.

## EXHEREDATION.

Exhérédation. *V.* Deshériter.

## EXHIBER.

Exhiber. Exhibition de Pieces, ou d'autres choses.
Explication de ces mots. *L. 246. D. de verb. sign.*
*Ad Exhibendum. D. 10. 4. . . C. 3. 42 . . . I. 4. 17. §. 3 . . . Est Actio ad rem mobilem exhibendam.*
*De tabulis exhibendis. D. 43. 5. . . . .* De l'Exhibition du Testament à ceux qui y ont quelque interêt.
*V.* Production. Représentation.

## EXIL.

Exil. Exiler. *V.* Bannir.

## EXPERT.

Expert. Expert-Juré.
*Si Mensor falsum modum dixerit. D. 11. 6. .* Contre les Arpenteurs qui par dol, ou par ignorance, ne mesurent pas juste. Ce Titre doit s'étendre à tous les Experts qui prévariquent dans leurs Raports : & aux Huissiers-Priseurs, ( *Summarij* ) qui n'estiment pas bien les effets dont-ils font la prisée.
*De Hortulanis. N. 64.* Au sujet des Jardiniers, cette Novelle fait un Réglement important pour les Raports, ausquels il doit être procedé par d'autres Experts, que par des persones du métier. Ce Réglement a été suivi par l'Ordonance de 1667. t. 21. art. 11.
*V.* Estimation.
Expert pour l'Ecriture. *V.* Preuve par écrit. Acte.

## EXPOLIATION.

Expoliation. Ce mot n'est pas en usage. *V.* Spoliation.

Expofer un Enfant.
*V.* Enfant expofé.

# F

## FACTEUR.

Facteur. *V.* Commis.

## FAIT

Fait.  Ce mot à plufieurs fens.
Faits & articles. *V.* Interroger.
Faits juftificatifs.  *V.* Juftification.
Ignorance du Fait. *V.* Ignorance. Erreur.
Voie de Fait. *V.* Voie.
Fait d'autrui.
De celui qui fuccede au Fait d'autrui. *L. 42. D. de reg. jur.*
Nul n'eft obligé par le Fait d'autrui. *V.* Obligation. Tiers.
Fait & Caufe.
*Ne fifcus, vel Refpub. procuratiocem alicui, patrocinij causâ, in
   lite præftet. C. 2. 18.* .... Le Fifc ne doit pas prendre le Fait &
   caufe des Particuliers.

## FALCIDIE.

Falcidie. Loi & Quarte-Falcidie.
- La Loi Falcidie a été introduite par *Falcidius*, Tribun du Peuple ,
   fous Augufte. Cette Loi ordone , que l'Héritier aît au moins le
   quart de la fucceffion : ainfi il a le droit de retrancher le quart
   des Legs exceffifs qui abforbent l'héredité : de la vient qu'on
   l'appele, *Quarte Falcidie.*
*Ad Legem Falcidiam.* D. 35. 2. ... C. 6. 50. ... P. 3. 1ᴏ.
*De Lege Falcidia.* I. 2. 22. ... Caj. 2. 6. .. Ulp. 25. §. 14. & feqq.
*De heredibus, & Falcidia. N. 1. c. 2.*
*Si cui, plus quàm per Legem Falcidiam licuerit, legatum effe dice-*

*tur. D. 35. 3...* Quand l'Héritier craint que les Legs ne soient excessifs, il peut exiger des Légataires, caution de rendre le surplus.

*Ut in piis legatis cesset Falcidia. N. 131. c. 12.*

*De Lege Falcidia cessante in rebus alienari prohibitis. N. 119. c. 11.*

## FAMILLE.

Famille. *Familia.*

Explication de ce mot. *L. 195. & 196. D. de verb. sign.*

## FAUTE.

Faute. *Culpa.*

*Culpa, quid sit. L. 23. L. 36. L. 50. D. de reg. juris.*

*Lata & levis culpa. L. 113. §. 2. L. 123. & 126. D. de verb. sign.*

## FAUX.

Faux. Faussaire. Fausseté.

*De crimine Falsi. D. Gr. dist. 19. c. 3...4. q. 2. &c... Extr. 5. 20... Ex. Jo. 20. Ex. Co. 5. 6.*

*De Falsis. Lex 12 tabb. t. 27. c. 9.*

*Ad Legem Corneliam de Falsis. C. 9. 22... C. Th. 9. 19... I. 4. tit. ult. §. 7.*

*De Lege Cornelia, de falsis; & de Senatus-Consulto Liboniano. D. 48. 10... Cornelia, à Cornelio Sylla. Senatus-Consultum Libonianum, a Libone Consule, sub Adriano; subijciebat pœna falsi, eos qui testamenta scribentes, sibi sua manu hereditatem, vel legata adscribebant. V.* Notaire. *V.* le Titre qui suit.

*De his qui sibi adscribunt in testamento. C. 9. 23.* Ce Titre traite encore du Senatus-Consulte Libonien. *V.* Legs. Testament.

*Ad Legem Corneliam Testamentariam. Paul. 5. 23..* Des Testamens falsifiez, & de plusieurs autres sortes de Fausserez.

*Si ex falsis instrumentis, vel testimoniis judicatum sit. C. 7. 58....* Faux Acte, Faux Témoin.

*De Falsariorum pœna. L. N. 77.*

Fausse Monoie. *V.* Monoie.

Fausse Mesure. *V.* Mesure.

Faux-Témoin. *V.* Témoin.

## E E M M E.

Femme. *Uxor. Mulier. Fœmina.*

Ce que comprend le mot de Femme, *Mulier. L.* 13. *D. de verb. sign.*

*De moribus Uxoris. Lex* 12. *tabb. t.* 17. *c.* 5.

Les Titres qui concernent le Mari & la Femme ensemble, sont ci-aprés, sous le mot, Mari.

Privilége des Femmes. *L.* 110. §. 4. *D. de reg. juris.*

*Fœmina ab officiis civilibus remota. L.* 2. *D. de reg. juris.*

*De Mulieribus , & in quo loco munera sexui congruentia , vel honores agnoscant. C.* 10. 62... Des charges personelles & réelles à quoi les Femmes sont sujettes. *V.* Charge.

*De Mulieribus, quæ se propriis servis junxerunt. C.* 9. 11.. *C. Th.* 9. 9.

*Ad Senatus-Consultum Claudianum. C. Th.* 4. 9... *I.* 3. 13. .... Des Femmes qui se marioient avec l'Esclave d'autrui.

*Qui legitimam personam standi in judiciis habent, vel non. C.* 3. 6... Quand les Femmes peuvent paroitre en Justice.

*Ne Mulieres in contractibus testimonium præbeant. L. N.* 48.... *V.* Témoin.

*Ne Mulieres in carceribus includantur. N.* 134. *c.* 9.

*Ut nemo cum Mulieribus in Eclesiarum cænaculis habitet. L. N.* 72... *Extr.* 3. 2... *V.* Eclesiastique.

## Obligations des Femmes.

*Ad Senatus-Consultum Velleianum. D.* 16. 1,.. *C.* 4. 29... *P.* 2. 11... Contre les obligations contractées par les Femmes. Abrogé en France , par Edits des années 1606. & 1664. pour les Provinces de Lionnois & de Mâconnois.

*Ut immobilia antenuptialis donationis, & dotis , neque hipoteca dentur , neque omnino alienentur à viro , nec consentiente uxore : nisi postea satisfieri possit uxori. N.* 61.

*Ne uxor pro Marito, vel Maritus pro uxore , vel Mater pro Filio conveniantur. C.* 4. 12. & 13. La femme ne peut pas être engagée par le fait de son Mari. *V.* Obligation. Tiers.

*De intercessionibus Mulierum. N.* 134. *c.* 8... Contre les obligations des Femmes pour leurs Maris.

Femme féparée de biens.

*Ut qui ufum donationis propter nuptias lucratur , divortio facto , li-*
*beros alat.* N. 98. *c.* 2. La Femme féparée de biens joüit de fes
droits, à la charge d'en employer le revenu à l'entretien de la
commune famille.
*V.* Diffolution de Mariage.

## FÉRIES.

Féries & vacations. *Feriæ.*
*De Feriis.* C. 3. 12... C. *Th.* 2. 8... *Dec. Gr.* 15. *q.* 4... 33. *q.* 4... *De*
*conf. dist.* 3. *c.* 1... *Extr.* 2. 9.
*De Feriis.* C. 1. *Man. Comn.* 2... Cette conftitution fait le dénom-
brement de tous les jours Fériez, & non Fériez.
*De Feriis & dilationibus , & diverfis temporibus.* D. 2. 12.
*Ut dominicis diebus omnes ab operibus vacent.* L. N. 54.
*V.* Délai. Fête.

## FERMIER.

Fermier. Fermé.
Le Bail à Ferme eft une forte de loüage , & le Fermier eft un Lo-
cataire : De forte que dans le Droit Romain , *Conductor* , figni-
fie également Fermier, & Locataire ; *Conductio,* Bail à Ferme ,
& Bail à Loüage. Les Titres qui concernent les Fermes & les
Loüages, font ci-aprés , *verbo* , Loüage.
*De Locatione prædiorum civilium , vel fifcalium , feu templorum , five*
*rei privatæ , vel Dominica.* C. 11. 70... Des Fermiers, Locatai-
res , & Emphitéotes. *V.* Emphitéote.
*Ne Tutor , vel Curator vectigalia conducat.* C. 5. 41.... Défenfe aux
Tuteurs d'entrer dans les Fermes du Prince. *V.* Tuteur.
*De publicanis , & vectigalibus, & commiffis.* D. 39. 4... Des Fermiers
publics , & Fermiers du Prince. *V.* Partifan.
*Quibus muneribus excufantur Conductores vectigalium fifci , & de*
*privilegiis eorum.* C. 10. 55... Exemtions & Priviléges des Fer-
miers publics.
*De Agricolis , & Colonis , & cenfitis.* C. 11. 47... *V.* Agriculture.
Main-morte.

FÊTE.

## F E'T E.

**Fête. Jour de Fête.** *Dies Festus.*
*Ut Dominicis diebus omnes ab operibus vacent. L. N. 54.*
*Celebribus in Ecclesia viris , Festis dies constituuntur. L. N.* 88. Fêtes
   établies à l'honeur de quelques Saints.
Fêtes , jours fériez. *V.* Feries.
Fêtes , ou jeux publics.
*De Majuma. C.* 11.45... *C. Th.* 15. 6.... Fête du mois de May.
*De Torncamentis. Extr.* 5. 13... *Extr. Jo.* 9... Des Tournois.

## F E U.

**Feu.** *V.* Incendie.

## F I A N C A I L L E S.

**Fiançailles. Fiancer..** *Sponsalia. Desponsare.*
*De sponsalibus. D.* 23. 1... *C. J. Alex. Comm.* 3. *& 4.*
*De sponsalibus , & arrhis sponsalitiis , & proxeneticis. C.* 5. 1. .. *C.*
   *Th.* 3. 5.
*De sponsalibus , & matrimoniis : In Decreto , & Decretal. passim. V.*
   Mariage.
*De Desponsatione impuberum. Extr.* 4. 2.
*Si Rector Provinciæ , vel ad eum pertinentes , sponsalitia dederint.*
   *C.* 5. 2... *C. Th.* 3. 6.
*De donationibus ante nuptias , vel propter nuptias , & sponsalitiis.*
   *C.* 5. 3.. *V.* Augment.
*Ut si sponsa ex alio gravida deprehendatur , sponsalia rescindi possint.*
   *L. N.* 93.
*Ne intra septimum ætatis annum sponsalia incantur ; & de ætate ma-*
   *trimonii. L. N.* 109.
*Ut in sponsalibus constituta pœna exigatur. L. N.* 18.
*V.* Mariage.

## F I D E'I - C O M M I S.

**Fidéi-commis.**
Le Fidéi commis est de deux sortes : particulier , & universel.
Les Titres qui parlent du Fidéi-commis particulier, sont recueillis

Q

ſous le mot de Legs , qu'il faut voir.

Voici les Titres qui concernent le Fidéi-commis univerſel.

*De Fidei-commiſſis. C. 6. 42... Ulp. 25... P. 4. 1... Caj. 2. 7.*

Quarte Trebellianique.

*De Fidei-commiſſariis hereditatibus , & ad Senatus - conſultum Trebellianum. J. 2. 23...*

*Ad Senatus-conſultum Trebellianum. D. 36. 1... C. 6. 49... Ulp. 25. §. 12. & ſeqq. Paul. 4. 2.*

Le Sénatus-conſulte Trébellien fut fait pendant le Conſulat de Trebellius Maximus, & de Séneque, ſous Neron. Il ordonoit que par la reſtitution du Fidéi-commis, toutes les actions de l'héredité paſſaſſent à l'héritier, ou contre lui, avec la ſucceſſion. *V.* le titre ſuivant.

*De Senatus-conſulto Pegaſiano. Paul. 4. 3..* Le Senatus-conſulte Pégaſien ( *à Pegaſo, & Puſione Conſulibus, ſub Veſpaſiano.* ) permetoit aux héritiers chargez de remettre la ſucceſſion, d'en retenir le quart, à l'exemple du retranchement des legs par la Falcidie. La diſpoſition de ce Senatus-conſulte a été confonduë avec celle du Trébellien, par l'Empereur Juſtinien : de ſorte que la quarte du Fidéi-commis ſe diſtrait en vertu du Senatus-conſulte Trebellien, & on l'appelle Quarte Trébellianique, ou Trébellienne.

*De Fidei-commiſſaria hereditatis petitione. D. 5. 6.*

*Ubi Fidei-commiſſum peti oporteat. C. 3. 17.*

*De Fidei-commiſſariis libertatibus. D. 40. 5.... C. 7. 4... J. 2. 24.*

*De Reſtitutionibus. N. 39.... N. 108...* Reſtitutio , ſignifie ici Reſtitution ou Remiſe de l'héredité : *Eſt Reſtitutio precaria, ſeu Fidei-commiſſaria hereditas.*

*Ut Reſtitutiones Fidei-commiſſi uſque ad unum gradum conſiſtant. N.* 159. Des ſubſtitutions Fidéi-commiſſaires, & à quel degré elles s'étendent.

## F I L S.

Fils. *Filius.*

Ce nom comprend tous les enfans. *L. 84. L. 116. D. verb. ſign.* Exception *L. 122, eod.*

*Ne filius pro patre , vel pater pro filio emancipato , vel libertus pro patrono , conveniatur. C. 4. 13. & 12...* Le fils ne peut engager

le pere, *& viciſſim.* Il y a une exception à cette regle dans le
Titre 60. du Livre 10. au Code. *V.* Obligation. Diviſion. Tiers.
Fils de famille.

*De his qui ſui, vel alieni juris ſunt. J. 1. 8… D. 1. 6.*

*De patria poteſtate. J. 1. 9. & titt. ſeqq. C. 8. 47. & ſeqq.*

*De filio-familias minore. C. 2. 23.*

*De filiis familias, & quemadmodum pater pro his teneatur. C.* 10.
60.. En quels cas le pere eſt reſponſable des fonctions de ſon
fils dans les charges publiques.

*De bonis quæ liberis in poteſtate patris conſtitutis, ex matrimonio,*
*vel aliàs, adquiruntur, & eorum adminiſtratione. C. 6. 61… N.*
117. *c.* 1… *C. Th, 8. ult.* Des biens adventifs au Fils de famille.

*Quando pater non habet uſumfructum in bonis filii-familias ſucce-*
*dentis. N. 118. c. 2.…*

*Quod cum eo, qui in aliena poteſtate eſt, negotium geſtum eſſe dice-*
*tur. D. 14. 5… C. 4. 26… J. 4. 7.*

*De Senatus-conſulto Macedoniano. D. 14. 6… C. 4. 28… J. 4. 7.*
§. 7… *P. 2. 10. ſic dictum à Macedone fœneratore.*

*De ſtipulatione ſervorum. D. 45. 3… J. 3. 18.* Les Eſclaves, Fils de
famille ne peuvent ſtipuler qu'au profit de celui en la puiſſance
duquel ils ſont.

*V.* Etat des perſonnes. Pere de famille. Pécule.

## F I N A N C E S.

Finances. *V.* Deniers publics.

## FIN DE NON PROCEDER.

Fin de non procéder. *V.* Exception.

## FIN DE NON RECEVOIR.

Fin de non recevoir. *V.* Exception.

## FISC.

Fiſc. *Fiſcus.*

*De jure fiſci. D. 49. 14. C. 10. 1… C. Th. 10. 1. P. 5. 11.*

*De Privilegio fisci.* **C.** 7. 73.

*De conveniendis fisci debitoribus.* **C.** 10. 2... **C. Th.** 10. 16.

*De fide & jure hastæ fiscalis , & de adjectionibus.* **C.** 10. 3... **C. Th.** 10. 17...  Des subhastations, encheres, adjudications, & ventes publiques, faites par l'autorité du Fisc. *Adjectio.* Enchere.

*De venditione rerum fiscalium cum privatis communium.* **C.** 10. 4... Le fisc , qui ne possede qu'une portion , peut vendre le tout.

*Ne fiscus , rem quam vendidit , evincat.* **C.** 10. 5. Le fisc ne doit pas rentrer dans les choses qu'il a venduës.

*De quadriennii præscriptione.* **C.** 7. 37.. Prescription de quatre ans, contre le Fisc , & pour le Fisc , qui n'est pas tenu de garantir l'eviction. *L.* 2. §. 3. *h. t.*

*Ne Fiscus , vel Respub. procurationem alicui , patrocinii causa , in lite præstet.* **C.** 2. 18. Le Fisc ne doit pas prendre le fait & cause des particuliers.

*Vbi causæ fiscales , vel divinæ domús , hominúmque ejus , agantur.* **C.** 3. 26.

*De Fiscalibus usuris.* **C.** 10. 8.. Le Fisc s'en doit tenir au Droit commun , pour les interêts.

*De sententiis adversus fiscum latis , retractandis.* **C.** 10. 9.

*Ne Præsides , in fiscalibus causis , fidem publicam dent. Edict. Just.* 2. Défenses de doner des Sauf-conduits aux débiteurs du Fisc. *V.* Sauf-conduit.

*V.* Domaine. Confiscation.

## FLEUVE.

Fleuve. *V.* Riviere.

## FOI.

Foi. *V.* Religion.

## FOIRE.

Foires & Marchez. *Nundinæ. Mercatus.*

*De Nundinis.* **D.** 50. 11.

*De Nundinis , & Mercatibus.* **C.** 4. 60.

## FONDS.

Fonds , ou héritage. *Fundus. Prædium.*
Définition de ce mot. *L. 60. L. 96. D. de verb. sign.*
Divers sens de ce mot. *L. 115. L. 211. eod.*
Fonds doné ou vendu comme il se comporte. *L. 126. L. 169. D. de verb. sign.*
*Prædia urbana & rustica. L. 198. D. de verb. sign.*
*Sine censu , vel reliquis , fundum comparari non posse. C. 4. 47.* . Les charges réelles suivent le fonds.
*De omni agro deserto , & quando steriles fertilibus imponuntur. C. 11. 58. ... Ager desertus :* i. e. *incultus ,* en friche.
*De fundis limitrophis , & terris , & paludibus , & pascuis , & limitaneis , vel Castellorum. C. 11. 59.* Défense aux particuliers de posseder les fonds destinez à l'entretien des Soldats qui gardoient les frontieres.
*De pascuis publicis & privatis. C. 11. 60.*
*De fundis patrimonialibus, & saltuensibus , & Emphyteuticis , & eorum conductoribus. C. 11. 61...* Fonds du domaine ou patrimoine du Prince. *V.* Domaine.
*De avulsa terra crusta. L. N. 95.* Quand les Fonds & les Arbres ont été entrainez par les dégats d'eau.

## FONTAINE.

Fontaine. *V.* Eau.

## FORCE.

Force. Contrainte. Violence. *V.* Violence.
De ce qui est fait par force , ou par crainte. *V.* Crainte. Rescision.

## FOREST.

Forest. *Sylva. V.* Bois. Eaux & Forêts.

## FOR-MARIAGE.

For-mariage. Celebration d'un Mariage contre les défenses faites aux persones de Condition-serve, ou de Main-morte.

de fe marier à femmes franches , ni hors de la Juſtice du Seigneur. *V.* Main-morte.

## FORMULE.

Formule. *Formula.*
Anciennement chaque action devoit être propoſée ſous ſa Formule , & avec de certains termes conſacrez ; ſans quoi le Demandeur perdoit ſon procès. Le Titre qui ſuit, abroge cet uſage captieux & embarraſſant. *V.* Action.
*De formulis , & impetrationibus actionum ſublatis.* **C. 2. 58…**

## FOUR-A-CHAUX.

Four-à-Chaux.
*De Calcis Coctoribus.* **C. Th. 14. 6.**

## FOURRAGE.

Fourrage. *V.* Proviſion.

## FOURRIER.

Fourrier.
*De Menſoribus.* **C. 12. 28. … C. Th. 6. 34…** Des Fourriers , & des Maréchaux des Logis.

## FRACTURE.

Fracture de Maiſon , ou de Priſon. *V.* Bris. Vol.

## FRAIS.

Frais. *V.* Dépens.
Frais funéraires.
*De Religioſis , & ſumptibus funerum ; & ut funus ducere liceat.* **D. 11. 7… C. 3. 44. .. L. 202. D.** *de verb. ſign…* **Lex 12 Tabb.**
*De debita impenſa in exequiis defunctorum.* **N. 59. . Adde N. 43.**
*Paulus I. Sent. ult. §. 9. 10. & 15. . . .* Du privilége des Frais funéraires. *V.* Enterrer. Sepulture,

# FRAUDE.

**Fraude.** *Fraus.*

Définition de ce mot. L. 131. *D. de verb. sign.*

Fraude. L. 78. & 79. *D. de reg. juris.*

*De Dolo malo.* **D.** 4. 3... **C.** 2. 21...

*De Doli mali & metûs exceptione.* **D.** 44. 4.

*Si quid in fraudem Patroni factum sit.* **D.** 38. 5... **C.** 6. 5..... Des Afranchis qui diminuent leurs biens, en fraude de leurs Patrons. *V.* Patron.

*Quæ in fraudem creditorum facta sunt, ut restituantur.* **D.** 42. 8.

*De revocandis iis quæ in fraudem creditorum alienata sunt.* **C.** 7. 75...

$\mathcal{J}$. 4. 6. §. 6... *V.* Créancier.

*Qui manumittere non possunt; & ne in fraudem creditorum manumittatur.* **C.** 7. 11... *Adde titt.* 8. & 10. *lib.* 7. *Cod.*

*V.* Dol. Collusion.

# FRONTIERE.

**Frontiere.** *Fines. Confinia.*

*De fundis limitrophis, & terris, & paludibus, & pascuis, & limitaneis, vel Castellorum.* **C.** 11. 59... **C.** *Th.* 7. 15.

*De Littorum & itinerum custodia.* **C.** 12. 45... **C.** *Th.* 7. 16... De la garde des Côtes maritimes, & des Ports & Hâvres. *V.* Garde.

# FRUIT.

**Fruit.** *Fructus.*

Ce qui est compris sous ce mot. L. 205. *D. de verb. sign.*

*De Glande legenda.* **D.** 43. 28... *Lex* 12 *tabb. t.* 22. *l.* 5... *Glandis appellatione, omnis Fructus continetur. l.* 236. *de verb. sign.* Permission au Propriétaire d'un Arbre, dont les fruits tombent dans le champ voisin, de les y amasser pendant trois jours.

*De Glande Caduca.* L. 30. §. 4. *D. de verb. sign.*

*De partu pignoris, & omni causa.* **C.** 8. 25. A qui apartiennent les fruits, revenus & profits du gage. *V.* Gage.

*De usuris, & fructibus, & causis, & omnibus accessionibus, & morâ.* **D.** 22. 1... *V.* Revenus.

*De fructibus, & litium expensis.* **C.** 7. 51... **C.** *Th.* 4. 18.

*De fructibus inter maritum & uxorem expensis , filiis vel heredibus minimè imputandis. Valent. Nov. t. 1.*

*Post provocationem quid observandum sit. Paul.* 5. 35. Ce Titre parle du sequestre des fruits , pendant l'appel. *V.* Sequestre.

Restitution des fruits. *V.* Restituer.

Fruits & Revenus. *V.* Usufruit. Revenus.

## FUGITIF.

Fugitif. *Fugitivus.*

Definition de ce mot. L. 225. *D. de verb. sign.*

*De fugitivis. D.* 11. 4... Ce Titre parle des Esclaves fugitifs.

*De Servis fugitivis , & libertis mancipiisque Civitatum, &c. C.* 6. 1. Ce Titre parle encore des Esclaves , & des Afranchis , &c. Comme aussi des Ouvriers & Artisans qui sortent des Villes. *V.* Ouvrier.

*Si vagum petatur mancipium. C. Th.* 10. 12.

*V.* Vagabond.

## FUNERAILLES.

Funerailles. *V.* Enterrer. Frais funeraires. Sepulture.

## FURIEUX.

Furieux. *Furiosus.*

*De Bonorum possessione , furioso, infanti , &c. competente. D.* 37. 3... Les furieux , & autres , peuvent être admis à l'hérédité.

Furieux ne peut contracter. L. 5. L. 40. *D. de reg. juris.*

GAGE

# G

## GAGE.

**Gage.** *Pignus.*

Gage ; se dit des choses mobiliaires ; & Hipoteque se dit des Im-meubles.

Anciennement , gage & gager , signifioient saisie & saisir. *V.* saisie.

Définition & Etimologie de ce mot , *Pignus. L.* 238. *D. de verb. sign.*

*De pignoribus , & aliis cautionibus. D. Gr.* 12. *q.* 3. *& 4. . . . Extr.* 3. 21.

*De pigneratitia actione , vel contra. D.* 13. 7. . . . *C.* 4. 24. . . *J.* 3. 15. *§.* 4. *fin.* . . De l'action qui nait du Gage, appelée par quel-ques-uns , Action Gagiere. *Molin. ad cap. cùm contra. Extr. de pign.*

*De pignoribus & hipotecis , & qualiter ea contrahantur; & de pactis eorum. D.* 20. 1. . . *C.* 8. 14. . . . *Lex* 12 *tabb. t.* 14.

*V.* le Livre 8. du Code , depuis le Titre 14. jusqu'au 35. qui trai-tent indifferemment du Gage & de l'hipoteque. Voici les Ti-tres qui parlent particulierement du Gage.

*Si aliena res pignori data sit. C.* 8. 16.

*Quæ res pignori obligari possunt , vel non ; & qualiter pignus con-trahitur. C.* 8. 17. Des choses qui ne peuvent pas être saisies. *V.* saisie.

*De pigneribus. C. Th.* 2. 30. Ce Titre parle encore des choses qu'on ne peut saisir.

*Qui potiores in pignore habeantur. C.* 8. 18. . . *D.* 20. 4. De la pré-férence , & du privilege.

*Si antiquior creditor pignus vendiderit. C.* 8. 20.

*Si communis res pignori data sit. C.* 8. 21. *V.* Commun, chose com-mune.

*De prætorio pignore ; & ut , in actionibus debitorum , missio prætorii pignoris procedat. C.* 8. 22. *Prætorium pignus ,* étoit la mise en possession que le Préteur donnoit au créancier dans les biens

R

du débiteur , pour gage & sureté de la créance , & pour conserver les heritages hipotequez.

*Si in caufa judicati pignus captum fit.* **C. 8. 23.** De la saisie faite en éxécution de jugement.

*Si pignus pignori datum fit.* **C. 8. 24.** Le créancier peut mettre en Gage, la chose même qu'il a prise pour Gage.

*De partu pignoris , & omni caufa.* **C. 8. 25.** *Omni caufa : i. omni aliâ caufâ , præter partum.* Des fruits, & profits du Gage. *V.* fruit.

*De remiffione pignoris.* **C. 8. 26.** Remise du Gage.

*Etiam ob chirographariam pecuniam pignus teneri.* **C. 8. 27.** Argent prêté sur gage , & sur un billet.

*De diftractione pignorum.* **C. 8. 28.** De la vente des gages.

*Debitorem , venditionem pignorum impedire non poffe.* **C. 8. 29.**

*Si vendito pignore , agatur.* **C. 8. 30.** Quand le débiteur revient contre la vente du gage.

Créancier , qui laisse vendre son Gage. *L.* 158. *D. de reg. juris.*

*De luitione pignoris.* **C. 8. 31..** Le débiteur , qui ne païe qu'une partie de la dette , n'est pas en droit de demander le Gage.

*De pactis pignorum ; & de lege commifforia in pignoribus refcindenda.* **C. 8. 35... C. Th. 3. 2...** Pour l'explication de ce Titre , *V.* Loi commiffoire.

*De fervo pignori dato , manumiffo.* **C. 7. 8.** Ce Titre s'étend au cas des ventes faites des choses hipotequées.

*Creditorem , evictionem pignoris non debere.* **C. 8. 46. ..** *V.* Eviction. Hipoteque.

*De jure pignerandi. L.* 72. *D. de reg. juris.*

*De pignori dato feudo , quid juris fit. F.* 1. 11.

*V.* Hipoteque.

Gage : pour Apointement, Salaire. *V.* Salaire.

## G A R A N T.

Garant. Garantie. *Auctor.*

A quoi est tenu le Garant. *L.* 71. §. 1. *D. de verb. fign.*

*De evictionibus , & dupla ftipulatione. D.* 21. 2... **C. 8. 44..** Le vendeur est Garant de la chose venduë, qui est évincée. Exception : *Cod.* 8. *t.* 46. ... *V.* Eviction.

*Ubi in rem actio exerceri debeat.* **C. 3. 19.** Le garant suit la jurifdiction du Garanti.

*De actionibus empti , & venditi. D.* 19. 1... *C.* 4. 49. Action de l'acheteur contre le vendeur , pour la garantie , & autres choses.
*V.* Éviction.

## G A R D E.

Garde. *Custodia.*
*De littorum & itinerum custodia. C.* 12. 45... *C. Th.* 7. 16.. Garde des Ports , Ponts , & Passages , pour empêcher la sortie de certaines marchandises.
*De lusoriis Danuvii. C. Th.* 7. 17.. Des bateaux disposez sur le Danube pour veiller à la garde des passages. Il y en avoit de semblables sur le Rhin , & sur les autres Fleuves qui séparoient l'Empire Romain des Etats voisins. *Lusoriæ naves , sic dictæ , quasi ludentes , & discurrentes :* parce qu'elles alloient & venoient.
*De Burgariis. C. Th.* 7. 14... Défense d'enroler les Gardes des Bourgs , Châteaux & Forts de la frontiere. *Burgarii , à Burgis.*

## G A R D E - N O B L E.

Garde-noble. *Impuberum custodia Nobilis.*
*De Tutoribus & Curatoribus illustrium vel clarissimarum personarum. C.* 5. 33.

## G E N D R E.

Gendre. *Gener.*
Ce qu'on entend par ce mot. *L.* 136. *D. de verb. sign.*

## G E N R E.

Genre Masculin & Féminin. *L.* 172. & 195. *D. de verb. sign.*

## G L A D I A T E U R.

Gladiateur. *Gladiator.*
*De gladiatoribus penitùs tollendis. C.* 11. 43... *C. Th.* 15. 12.

## G L A N D.

Gland. *Grans. V.* Fruit.

## GOUVERNEUR.

Gouverneur de Ville ou de Province.

Chez les Romains, les Gouverneurs avoient divers noms, selon la difference des tems & des lieux : comme il est remarqué dans un Edit de l'Empereur Justinien. (*Edict. 4. c. 1.*) *Rector, Moderator, Pro-conful, Prætor, Præfes, Præfectus, Comes, Magiftratus, Adminiftrator.*

Les fonctions des Gouverneurs de Province, étoient femblables à celles de nos Intendans de juftice, police, & finances.

Les Confuls Romains étoient, à peu-prés, comme nos Gouverneurs de villes : ainfi l'on peut appliquer à ceux-ci, une partie de ce qui eft dit des Confuls dans le Droit. *V.* Conful, ci-devant. ❦

*De officio Rectoris Provinciæ. C. 1. 40... C. Th. 1. 6.*

*Ut nulli, patriæ fuæ adminiftratio, fine fpeciali permiffu Principis, permittatur. C. 1. 41.*

*De Comitibus, qui Provincias regunt. C. 12. 14... C. Th. 6. 17.*

*De officio præfidis. D. 1. 18. Præfes,* fignifie Gouverneur, & non pas, Préfident.

*De officio Comitis Orientis. C. 1. 36.*

*De Officio Præfecti Auguftalis. D. 1. 17... C. 1. 37...* Cet Officier étoit le Gouverneur d'Egipte, appellé *Auguftalis, ab Augufto, qui eum conftituit.*

*De Prætore Pifidiæ, Lycaoniæ, & Thraciæ. N. 24. 25. & 26.*

*De Comite Ifauriæ. N. 27.*

*De Moderatore Helenoponti. N. 28.*

*De Prætore Paphlagoniæ. N. 29.*

*De Pro-confule Cappadociæ. N. 30.*

*De defcriptione quatuor Præfidum Armeniæ. N. 31.*

*De Moderatore Arabiæ. N. 102.*

*De Proconfule Palaftinæ. N. 103.*

*De Prætore Siciliæ. N. 104.*

*De Confulibus. N. 105... C. Th. 6. 6... V.* Conful.

*De Quæftoribus, id eft, Præfectis Infularum. N. 41. & 50.*

*De Præfidibus Provinciarum petendis ab Epifcopo & ab incolis ; & ut Præfides gratis fiant. N. 149.*

*De Provinciarum Præfidibus. N. 161... Tib. Conft. 3.*

*De Magiſtratu Phæniciæ Libanicæ. Ed.Juſtin. 4.*

*De Pontici Tractûs Vicario. Ed. Juſt. 8.*

*De Helleſponto. Ed.Juſtin. 12..* Dans cet Edit l'Empereur defend de lever aucun Tribut ou impôt, dans les Provinces de l'Empire, en vertu de Lettres du Prince, ſans l'attache du Gouverneur : ce qui eſt en uſage en France pour les Intendans de Province.

*Lex de Alexandrinis & Ægyptiacis Provinciis. Ed.Juſt. 13. ..* Pluſieurs réglemens pour l'adminiſtration de ces Provinces.

*De Conſularibus , & Præſidibus. C. Th. 6.19.. Vir Conſularis eſt qui Conſulatum geſſit.* Des Anciens Conſuls & Gouverneurs.

*Ne Præſides , in fiſcalibus cauſis , fidem publicam dent. Ed. Juſt. 2. V.* Sauf-conduit.

⎧ *Si Rector Provinciæ , vel ad eum pertinentes , ſponſalitia dederint. C. 5. 2. V.* Fiançailles. Mariage.

⎨ *Ne Præſides , in Provinciis ſuis , domeſtica ſponſalia contrahant. L. N. 23.*

*De Apparitoribus Præſidum. Ed. Juſtin. 10.V.* Appariteur. Huiſſier. *V.* Conſul. Province. Juge. Magiſttat.

## GREFFIER.

Greffier. *Scriba. Tabularius. Actuarius.*

*De adſeſſoribus, Domeſticis, & Cancellariis judicum. C. 1. 51...* Cancellarii, les Greffiers.

*De Decurialibus urbis Romæ. C. 11. 13... C. Th. 14. 1...* Curiales, les Secretaires ou Greffiers du Senat. *V.* Cujas, ſur ce titre.

## GRIEFS.

Griefs, & moiens d'appel. *Cauſæ appellationis.*

*De reddendis cauſis appellationum. Paul.5.ſent. 34.*

*An per alium cauſæ appellationum reddi poſſunt. D. 49. 9..* En matiere civile on ſe ſert de Procureur, mais en matiere criminelle on doit répondre par ſa bouche.

## GROSSESSE.

Groſſeſſe. *Graviditas.*

*De inſpiciendo ventre , cuſtodiendóque partu. D. 25.4..* Viſite pour reconoître si une femme est grosse. *Venter , pro muliere præ-gnante. V.* Sage-femme.

## G U E R R E.

Guerre. *Bellum. Militia.*
*De re Militari. Lex 12 tab..... C. Th. 7. 1... C. 12. 36.*
*V.* Milice. Soldat. Connêtable. Officiers de Guerre.

## G U E T.

Guet. Chevalier du Guet.
Les Romains avoient un Officier , appelé premierement , *Præ-fectus Vigilum* , & ensuite , *Prætor Populi* , dont les fonctions répondoient à celles de nos Chevaliers du Guet. Cet Officier étoit préposé pour veiller aux desordres qui pouvoient arriver la nuit dans la ville , soit par le feu , soit par les filoux & vo-leurs , ou autrement.
*De Officio Præfecti Vigilum.* **D.** I. 15... **C.** I. 43.
*De Prætoribus Populi. N.* 13.
*De Centurionibus. C. Th.* 12. 15. Les Centurions , dont il est par-lé en ce titre , étoient comme nos soldats du Guet. *Jac. Gotofr. in notis.*
*V,* Cassiod. *Lib.* 7. *c.* 7. *& 8... Cujas.* 8. *observ. c. ult.*

# H

## HABIT.

Habit. Habillement. Habiller... *Vestis, Vestimentùm, Vestire.*
Ce qui est compris sous ce mot, *Vestis. L.* 127. *D. de verb. sign.*
*De auro, argento, mundo, ornamentis, unguentis, veste, vel ves-*
   *timentis, & statuis legatis. D.* 34. 2.
*De alimentis, vel cibariis. D.* 34. 1. Ce Titre parle de l'entretien,
   qui comprend ce qu'on apele *Victum & Vestitum. V.* Alimens.
*De habitu, quo uti oportet intra urbem. C. Th.* 14. 10. Reglement
   pour les habits.
Contre le Luxe des habits. *V.* Luxe.

## HABITANT.

Habitant. *Incola. L.* 239. §. 2. *D. de verb. sign.*
*V.* Bourgeois.

## HABITATION.

Habitation. Droit d'habiter dans une maison.
*De usu, & habitatione. J.* 2. 5... *D.* 7. 8.
*De usufructu, & habitatione, & ministerio servorum. C.* 3. 33.
*Quibus modis ususfructus, vel usus amittitur. D.* 7. 4... *V.* Usage.

## HAINE.

Haine. *V.* Inimitié.

## HE'RE'DITE'

Heredité. *Hereditas.*
Définition de ce mot. *L.* 62. *D. de reg. juris.*
*V.* Succession. Possession de biens.

## HE'RE'TIQUE.

Hérétique.
Sous ce nom collectif sont compris tous ceux qui ne sont pas de la

Religion Catolique comme Juifs, Manichéens, Samaritains, Arriens, &c. Les Schifmatiques &c.

*De hæreticis. D. Gr. 1. q. 1... 23. q. 7... 24. q. 1. & 3. à c. 26. ad fin.... Extr. 5. 7. 8. & 9... S. 5. 2... Cl. 5. 3.... Ex. co. 5. 3.*

*De Hæreticis, & Schifmaticis, & Apoftatis. J. L. 4. 4.*

*De Hæreticis, & Manichais, & Samaritis. C. 1. 5.*

*Ne Sanctum Baptifma iteretur. C. 1. 6...* Des Anabaptiftes, & autres femblables Hérétiques.

*De Apoftatis. C. 1. 7.... C. Th. 16. 7.... Extr. 5. 9.*

*De Judæis, & Cælicolis. C. 1. 9... C. J. 2. Heraclii... C. Th. 16. 8.*

*De Samaritanis. N. 129. & 144... Ed. Juftin. 5.*

*Ne Chriftianum mancipium, Hæreticus, vel Judæus, vel Paganus habeat, vel poffideat, vel circumcidat. C. 1. 10... C. Th. 16. 9.*

*De Paganis, & facrificiis, & Templis. C. 1. 11. C. Th. 16. 10.*

*Ut non liberentur curiali fortuna Judæi, nec Samaritani, aut hæretici, occafione eorum religionis : & ut in Orthodoxos, uno tantum cafu, teftes effe poffint. N. 45.*

*De foro Judæorum. C. J. Man. Comn. 14.*

*De ftatutis & confuetudinibus.... Conft. Frid. 1. vel 17...* Cette conftitution contient plufieurs articles concernant l'Eglife & les Hérétiques.

*De Hebræis & Montanis. C. J. 1. Leon. Iconom.*

*De interdictis collegiis Hæreticorum. N. 132.*

*De liberis Hæreticis exheredandis. N. 115. c. 3. §. 14.*

*Hæretici non fuccedunt ut alii. N. 118. c. ult... N. 115. c. 3. §. 14.*

*De privilegiis dotis, Hæreticis mulieribus non præftandis. N. 109.*

*De Hebræis, eorum Synagogis, & quomodo Sacras Scripturas poffint legere : & de his qui negant refurrectionem, judicium &c. N. 146.*

*Ut Judæi fecundùm Chriftianifmi ritus vivant. L. N. 55.*

*De Gazaris, Patarenis, Circumcifis, & aliis Hæreticis. Conft. Frid. 1. vel 17. c. 5. 6. 7. 8.*

*De Reliquiis, & interceffione Sanctorum. C. J. 1. Conftant. Caball...* Cet Empereur defend le culte des Saints & des Reliques.

*V.* Religion.

## HE'RITAGE.

Héritage. *Prædium. V.* Fonds.

## HÉRITIER.

**Héritier.** *Heres.*

Perſonnes compriſes ſous le nom d'Héritier. *L. 65. 70. 170. 227.*
  *D. de verb. ſign... L. 128. §. 1. L. 194. D. de reg. juris.*
L'héritier a les droits du défunt. *L. 59. 120. 127. 143. 149. 156. §. 2.*
  *& 3. L. 175. §. 1. L. 177. D. de reg. juris.*
*De heredum qualitate & differentia. Inſt. 2. 19.*
⌠Héritier teſtamentaire.
  *De heredibus inſtituendis. J. 2. 14... D. 28. 5.*
  *De inſtitutione heredum. P. 3. Sent. 6.*
  *De heredibus inſtituendis, & qua perſonæ heredes inſtitui non poſ-*
    *ſunt. C. 6. 24.*
  *Quomodo heredes inſtitui debent. Ulp. 22.*
  *Qui heredes inſtitui poſſunt. Ulp. 23.*
  *De conditionibus inſtitutionum. D. 28. 7... C. 6. 25...* V. Condi-
    tion.
  *De liberis & poſthumis heredibus inſtituendis, vel exheredandis.*
    *D. 28. 2.*
  *De neceſſariis heredibus inſtituendis, vel ſubſtituendis. C. 6. 27.*
  *De liberis præteritis, vel exheredatis. C. 6. 28.*
  *De poſthumis heredibus inſtituendis, vel exheredandis, vel præ-*
    *teritis. C. 6. 29.*
  *De exheredatione liberorum. J. 2. 13.. Caj. 2. 3.*
  *De heredibus & Falcidia. N. 1.*
  *De heredibus. N. 164.* Défenſe de troubler les héritiers, ou d'u-
    ſurper les biens du défunt, en les marquant d'une enſeigne,
    ou inſcription étrangere. V. Enſeigne.
  *Ut captivi filius heres ſit. L. N. 36.*
  *De pacto paterno, ex æquo heredem futurum filium. L. N. 19.*
  *De Edicto Divi Adriani tollendo ; & quemadmodum ſcriptus heres*
    *in poſſeſſionem mittatur. C. 6. 33..* L'Edit de l'Empereur Adrien
    donoit un an à l'héritier pour demander la miſe en poſſeſſion;
    mais Juſtinien, en abrogeant cet Edit, a laiſſé à l'héritier un
    tems indéfini. V. Miſe en poſſeſſion.
⌠Heritier légitime, ou ab-inteſtat.
  *De ſuis, & legitimis heredibus. D. 38. 16.*

S

De suis & legitimis liberis , & ex filia nepotibus ab intestato ve-
    nientibus. C. 6. 54.

De legitimis heredibus. C. 6. 57. Ulp. 26... C. Th. 5. 1.

De heredibus ab intestato venientibus , & de agnatorum jure su-
    blato. N. 118.

De jure deliberandi , & de adeunda vel adquirenda hereditate.
    D. 28. 8... C. 6. 30... L'héritier avoit un délai pour délibérer ,
    s'il accepteroit la succession. V. Déliberer.

Actions héréditaires.

De actionibus hereditariis. C. 4. 16.. Lex 12. tab. t. 21.

Si unus ex pluribus heredibus creditoris vel debitoris , partem suam
    debiti solverit , vel acceperit. C. 8. 31. De l'action personelle
    entre coheritiers ; de la division , & de la solidité. V. Cohé-
    ritier.

Ut actiones & ab heredibus , & contra heredes incipiant. C. 4. 11.

De perpetuis & temporalibus actionibus ; & qua ad heredes , & in
    heredes transeunt. J. 4. 12.

Ex delictis defunctorum in quantum heredes conveniantur. C. 4.
    17.

Nec pœna , nec lucrum transit ad heredes. L. 38. L. 111. §. 1. D. de
    reg. juris.

Quando actio datur in heredem. L. 44. eod.

Quando pœna transit in heredem. L. 164. D. eod.

De periculo successorum parentis. C. 10. 61. L'engagement du pere
    pour son fils , passe aux héritiers du pere.

Si post creationem quis decesserit. C. 10. 68. La nomination a une
    tutelle , ne passe pas aux héritiers du tuteur nommé.

De heredibus tutorum vel curatorum. D. 27. 7.. C. 5. 54. V. Tuteur.

De usucapione pro harede , vel pro possessore. D. 41. 5... C. 7. 29... 
    L'héritier peut prescrire.

Ubi de hereditate agitur , vel ubi heredes scripti , iu possessionem mitti
    postulare debeant. C. 3. 20.

Ut defuncti , seu funera eorum non inquietentur à creditoribus. N. 60.
    Peines contre les creanciers qui inquietent les parens du dé-
    funt leur débiteur : & l'héritier avoit neuf jours de délai.
    N. 11. c. 5.

V. Succession. Possession de biens. Testament. Acceptation d'hoi-
    rie. Substitution d'héritier.

## HIPOTHEQUE.

Hipotheque. *Hypotheca.*

Dans le Droit Romain, les choses mobiliaires étoient sujettes à l'Hipotheque, comme les immeubles : c'est pourquoi les matieres du Gage & de l'Hipotheque ne font pas séparées dans la plupart des Titres suivans.

*De pignoribus, & hypothecis ; & qualiter ea contrahantur : & de pactis eorum.* D. 20. 1... C. 8. 14... C. Th. 2. 30.

*In quibus causis pignus vel Hypotheca tacitè contrahitur.* D. 20. 2.... C. 8. 15.

*Quæ res pignori, vel hypothecæ datæ, obligari non possunt.* D. 20. 3.

*Si aliena res pignori data sit.* C. 8. 16.

*Quæ res pignori obligari possunt, vel non ; & qualiter pignus contrahitur.* C. 8. 17.

*Qui potiores in pignore vel hypotheca habeantur : & de his qui in priorum creditorum locum succedunt.* D. 20. 4. C. 8. 18. & 19. De l'ordre des Hipoteques, & de la subrogation.

*Si antiquior creditor pignus vendiderit.* C. 8. 20.

*Si communis res pignori data sit.* C. 8. 21. *V.* Commun, chose commune.

*De prætorio pignore ; & ut in actionibus debitorum missio Prætorii pignoris procedat.* C. 8. 22. Ce titre parle du droit que le Préteur donoit à un créancier, d'exercer les actions & Hipoteques de son débiteur : ce qui étoit une espece de mise en possession, ou de subrogation, appelée pour cela, *Prætorium pignus.*

*Si in causa judicati pignus captum sit.* C. 8. 23. De la saisie faite en éxécution de jugement.

*De distractione pignorum & hypothecarum.* D. 20. 5... C. 8. 28. 29. 30. & 31. De la vente des choses mises en gage, ou hipotéquées.

*Creditorem, evictionem pignoris non debere.* C. 8. 46. Le creancier, qui a fait vendre la chose hipotéquée, n'est pas garant de l'eviction de cette chose.

*Ut nemini liceat, sine judicis auctoritate, signa imponere rebus quas alius tenet.* C. 2. 17... N. 17. c. 15. N. 164. c. 1. Des Brandons, & autres marques que l'on mettoit aux heritages hipotéquez ou saisis. Loiseau, du Déguerp. L. 3. c. 1. *V.* Brandon.

*Quibus modis pignus vel hypotheca solvitur.* **D.** 10. 6.
*De remissione pignoris.* **C.** 8. 26. Remise d'hipotéque.
Action hipotécaire. *V.* Action.

## H O I R I E.

Hoirie. *V.* Succession. Acceptation d'Hoirie.

## H O M I C I D E.

Homicide. *Homicida. Homicidium.*
*De Homicidio voluntario , vel casuali.* **Dec. Gr.** *dist.* 50. *à c.* 35. *usque ad* 52.... 23. *q.* 5. & *q.* 8. *c.* 31... 33. *q.* 2. *c.* 15.... *De pœnit. dist.* 1. *c.* 9. & 10. & *à c.* 24. *ad* 28. *Extr.* 5. 12... **S.** 5. 4. *Cl.* 5. 4... *J. L.* 4. 10.
*De Homicidis voluntariis.* **C. J.** 8. *Man. Comn...* **C. J.** 2. *Const. Porphir.*
*Ad legem Corneliam de sicariis , & veneficiis.* **D.** 48. 8.... **C.** 9. 16... **C. Th.** 9. 14... *Just.* 4. 18. §. 5.... *Paul.* 5. *Sent.* 21. *Lex Cornelia, dicta à Cornelio Sylla.*
*De sicariis. Lex* 12 *tab. t.* 27. *c.* 6.
*De bonis eorum qui mortem sibi consciverunt.* **C.** 9. 50... **D.** 48. 21... Homicide de soi-même.
*De emendatione servorum.* **C.** 9. 14... **C. Th.** 9. 12... Défense de tuër les Esclaves, sous prétexte de correction.
*Ut termini Sanctorum Homicidis & similibus non prosint.* **N.** 17. *c.* 7.
*V.* Assassin. Tuër. Parricide. Poison.

## H O M M E.

Homme. *Homo.*
Ce mot comprend aussi la femme. *L.* 152. **D.** *de verb. sign.*
Homme libre. *V.* Liberté. Esclave. Affranchi.

## H O N O R A I R E.

Honoraire. Salaire des Avocats. *V.* Avocat.

## HOPITAL.

Hôpital. *Publica pauperum domus. Xenodochium.*
*De religiosis domibus. Inst. Lanc.* 2. 23... N. 7. *in fine*... Des Hô-
pitaux.
*De Episcopis, & Clericis, & Orphanotrophiis, & Xenodochiis , &*
*Brephotrophiis , & Ptocotrophiis , & Ascetriis, & Monachis : &*
*privilegiis eorum, &c.* C. 1. 3... N. 7. *in fine*... *Orphanotrophia,*
Hôpitaux pour les Orfelins; *Xenodochia ,* pour les paſſans &
malades; *Brephotropia ,* pour les Enfans. *Ascetriæ ,* ſont des fil-
les retirées pour vaquer a la vie interieure ; *Asceteria ,* ſont
leurs maiſons.
*Vt Oeconomi , & similes , apud proprium Episcopum conveniantur.*
N. 123. *c.* 23. Des Oeconomes & Adminiſtrateurs.
*Vt Orphanotrophi sint tutoribus similes , & inventarium conficiant.*
N. 131. *c. ult.* Devoir des Adminiſtrateurs.
*De alimentis quæ inopes parentes de publico petere debent.* C. *Th.* 11.
27. Les enfans des pauvres, étoient nourris aux dépens du pu-
blic. Parmi nous il y a des Hôpitaux pour cela.

## HOTELIER.

Hôtelier, qui tient un logis. *V.* Cabaretier.

## HUISSIER.

Huiſſier. *Apparitor. Apparitores sunt ministri Magistratuum, quo-*
*rum jussa exequuntur.*
*De Apparitoribus Præfectorum Pratorio , & privilegiis eorum.* C. 12.
53.
*Ne Præfectianus , exactoris vel curiosi horreorum custodis fungatur*
*officio.* C. *Th.* 12. 10... *Præfectianus , erat Apparitor Præfecti*
*Pratorio.*
*De Apparitoribus Præfecti urbis.* C. 12. 54.
*De Apparitoribus Magistrorum militum , & privilegiis eorum.* C. 12.
55. *V.* Soldat.
*De Apparitoribus Proconsulis & Legati.* C. 12. 56... *V.* Ambaſſa
deur.

*De Apparitoribus Comitis Orientis.* **C. 12. 57.**

*De Apparitoribus Præsidum. Ed. Just.* **10.**

*De cohortalibus, Principibus, Corniculariis, ac Primipilariis.* **C. 12. 58... C. Th. 8. 4..** *Cohortales, sunt Officiales Præsidum. Principes, qui in cohortibus primum locum tenent. Cornicularij, qui tribunali Præsidum adstabant, jussa executuri : sic dicti, quod cornibus secretarij præessent ;* Comme nos Huissiers Audianciers. *Primipilares, quibus annonæ militaris exigenda & distrahenda cura incumbebat.*

*De Apparitoribus Præfecti annonæ.* **C. 12. 59.**

*De diversis officiis, & Apparitoribus judicum, & probatoriis eorum.* **C. 12. 60... C. Th. 8. 7.**

*De executoribus, & exactoribus.* **C. 12. 61.. C. Th. 8. 8.** Des Huissiers porteurs de commission, & éxécuteurs de jugemens.

*De lucris Advocatorum, & concussionibus officiorum, seu Apparitorum.* **C. 12. 62... C. Th. 8. 10.** *V.* Concussion.

*Ubi quis de curiali, vel cohortali, aliáve conditione, conveniatur.* **C. 3. 23...** *Curiales,* & *Cohortales,* étoient les Officiers ou Appariteurs *Præsidis :* A quoi se raporte nos Huissiers, sur tout ceux du Châtelet de Paris.

*De administrantibus officia in sacris appellationibus.* **N. 20..** Des Huissiers pour les appellations au Conseil du Prince : Huissiers du Conseil. Huissiers à la Chaine.

## HYPOTHEQUE.

Hypotheque. *V.* Hipoteque.

# I

## JARDINIER.

Jardinier. *Hortulanus.*
*De Hortulanis Conſtantinop. civitatis.* N. 64. Au ſujet des Jardiniers, l'Empereur fait un reglement notable pour les eſtimations & raports. *V.* Eſtimation.

## JEU.

Jeu de hazard. Joueur. *Alea. Aleator.*
*De Aleatoribus , & Alearum luſu.* D. 11. 5.... C. 3. 43.
*De Eccleſiaſticorum , aleâ ludentium , pœnâ. Leon.* N. 87.
*Quarum rerum actio non datur.* D. 44. 5. Ce titre a pluſieurs exceptions pour ſe défendre contre une demande : entre autres l'exception, que la choſe demandée a été promiſe à cauſe du Jeu.
Jeux publics. Spectacles. *Ludi. Spectacula.*
*De ludis. Lex* 12 *tab.*
*De ſpectaculis , & ſcenicis , & lenonibus.* C. 11. 40... C. Th. 15. 5. 7. & 8. Des Jeux publics , des Comédiens, & des Maquereaux.
*De expenſis ludorum.* C. 11. 41... C. Th. 15. 9.
*De Majuma.* C. 11. 45... C. Th. 15. 6. Jeux, ou Fêtes qui ſe faiſoient le premier jour de May. *Andr. Rivinus* a fait une diſſertation , *De Majumis , & Maïcampis* ; imprimée dans un Recueil de pluſieurs diſſertations tirées de la Biblioteque de Grævius, à Utrecht. 1701. in 4°.
*De uſu ſellarum.* C. Th. 15. 13. Défenſe a quelques perſones de s'aſſeoir aux ſpectacles publics.
*De Gladiatoribus penitùs tollendis.* C. 11. 43... C. Th. 15. 12.

## IGNORANCE.

Ignorance.
*De juris & facti ignorantia.* D. 22. 6... C. 1. 18... *Cujac. obſ. lib.* 5. c. 19... *Ad Paul. lib.* 44. *Ad Edict. Ad Papin. lib.* 19. *quæſt. & lib.* 1. *Defin. & in comment. ad hunc tit.*

Ignorance puniſſable. *L. 132. D. de reg. juris.*
Ignorance ſimple. *L. 177. §. 1. D. de reg. juris.*
*V.* Erreur.

## IMMEUBLE.

Immeuble. *Res non moventes.*
Ce qui eſt cenſé Immeuble. *L. 242. §. 4. L. 245. D. de verb ſign.*

## IMMUNITE'.

Immunité. *V.* Exemption.

## IMPOT.

Impôt. Impoſition. *Vectigal. Stipendium. Indictio. Tributum.*
*Quid ſit Vectigal. L. 16. & 17. D. de verb. ſign.*
*Stipendium & Tributum. L. 27. eod.*
*De Vectigalibus & Commiſsis. C. 4. 61... C. Th. 4. 11.* Des Impôts &
    Contraventions.
*De Publicanis, & Vectigalibus, & Commiſſis. D. 39. 4.*
*De Annonis & Tributis. C. 10. 16... C. Th. 11. 1.*
*De Indictionibus. C. 10. 17... C. Th. 11. 5. Indictiones, ſunt annonæ*
    *ſeu Tributa.*
*De ſuper Indicto. C. 10. 18. C. Th. 11. 6. Id eſt, Indictionis augmento.*
*De Exactoribus Tributorum. C. 10. 19... Ed. Juſt. 12.*
*De Exactionibus. C. Th. 11. 7. & 8.*
*De ſuper-exactionibus. C. 10. 20... C. Th. 11. 8.*
*Vectigalia nova inſtitui non poſſe. C. 4. 62.*
*Si propter publicas penſitationes venditio fuerit celebrata. C. 4. 46.*
    Reſciſion de la vente publique des heritages, faite à vil prix,
    ou ſans les formalités requiſes, pour le payement des Impoſi-
    tions, ou Tributs.
*V.* Partiſan. Contravention. Taille.

## IMPOSITION.

Impoſition *V.* Impôt. Taille.

IMPUBERE.

## IMPUBERE.

Impubere. Impuberté. *Impubes. Impubertas.*

L'Enfance dure jufqu'à fept ans. L'Impuberté finit à 14. ans ; pour les mâles ; & à 12. ans, pour les filles.

*Impuberes, ab officiis civilibus remoti. l. 2. §. 1. D. de reg. juris.*

*De bonorum poffeffione, furiofo, Infanti, &c. Competente. D. 37. 3.* Les Impuberes, les Enfans, & autres, font admis à l'hérédité & à la poffeffion de biens.

*De Carboniano edicto. D. 37. 10... C. 6. 17... C. Th. 4. 3... Paul. 3. fent. 2. A Cn. Carbone, Auctore.* Si l'on contefte à un Impubere, fon état, fa filiation, ou fon âge ; cet Edit lui done la poffeffion & la joüiffance pendant fon Impuberté.

*Ut deliberandi jus ad Impuberes tranfmittatur, & ut illud tranfmittant. N.158.*

## IMPUDIQUE.

Impudique. Impureté.

Sous le nom d'Impureté, font compris tous les crimes qui en dépendent, comme l'Adultere, le Stupre, l'Incefte, les pechez contre nature, &c.

*V.* Adultere. Stupre. Sodomie. Incefte.

## IMPUISSANT.

Impuiffant. *Impotens coeundi. V.* Eunuque.

## INCENDIE,

Incendie. Incendiaire.

*De Incendio, Ruina, Naufragio, rate, nave expilatâ. D. 47. 9... Paul. 5. fent. 3. §. 2.* Vol fait pendant un Incendie, naufrage, ou autre malheur & defordre public.

*De Incendiariis, & pacis violatoribus. F. 5. 10.*

*De Raptoribus, Incendiariis, & violatoribus Eclefiarum. Extr. 5. 17.*

*De Incendiariis. Paul. 5. fent. 3. §. 6... Lex 12 tab. t. 24. c. 12..* Incendiaires, punis de mort.

T

## INCERTAIN.

Incertain. Perſone, ou choſe incertaine. *V.* Douteux.

## INCESTE.

Inceſte. *Inceſtus.*
*De Inceſtu. Lex 12 tab.*
Il eſt traité de l'Inceſte, dans les Titres qui parlent des Mariages Inceſtueux, & illicites. *V.* Mariage.

## INCIDENT.

Incident. Demande Incidente.

*De quibus rebus ad eundem Judicem eatur.* D. 11. 2... La demande Incidente, & les autres Incidens ſe pourſuivent devant le Juge de la cauſe ou demande principale.

## INCOMPÉTENCE.

Incompétence. Incompétent. *V.* Compétence. Juge.

## INDIGNE.

Indigne de ſucceder.

*Indignus, eſt capax jure, incapax effectu : Incapax verò, eſt incapax jure & effectu. Cujac.*

*De his quæ, ut Indignis, auferuntur.* D. 34. 9. Pluſieurs cauſes qui rendent Indigne de la ſucceſſion, ou d'un Legs.

*De his quibus, ut Indignis, hereditates auferuntur: & ad Senatus-conſ. Silianum.* C. 6. 35. pluſieurs cauſes d'indignité. Pour le Senatus-conſulte Silanien, *V.* cy-aprés, Teſtament.

*Si quis aliquem teſtari prohibuerit, vel coegerit.* D. 29. 6... C. 6. 34. C'eſt une cauſe d'indignité.

## INDIVIS.

Indivis. Qui n'eſt pas diviſé. *Indiviſus. V.* Partage.

## INFAMIE.

Infamie. Infame, noté d'infamie.

*De his qui notantur infamia. D. 3. 2.*

*Ex quibus caufis infamia irrogatur. C. 2. 12... Inft. 4. 16. §. 2.*

*De infamibus. C. 10. 57.* Les perfonnes infames font incapables de poffeder des dignitez, & ne font pas éxemtes des charges publiques. *V.* Charge. Exemt.

Infamie, chofe honteufe. *L. 42. D. de verb. fignif.*

## INFORMATION.

Information. *Inquifitio. V.* Plainte.

## INGENU.

Ingénu. *Ingenuus.* C'eft une perfone libre, qui n'a jamais été Efclave.

Ingenu fe dit par oppofition à Affranchi. *V.* Affranchi. Liberté.

## INGRAT.

Ingrat. Ingratitude. *Ingratus.....*

*De ingratis liberis. C. 8. 50 .. C. Th. 8. 14.* Les enfans émancipez retombent fous la puiffance paternelle, par leur ingratitude.

*De libertis, & eorum liberis. C. 6. 7... C. Th. 4. 11.* De l'ingratitude des Affranchis.

*Quot teftes funt neceffarij ad probandam feudi ingratitudinem. F. 2. 57.*

## INIMITIE'.

Inimitié. *Odium. Inimicitia.*

*Si propter inimicitias creatio facta fit. C. 10. 66.* Contre les nominations à une tutelle, ou autre charge, faites par inimitié. En ce cas, le nommé gagne fes depens contre le nominateur. *C. 10. 67... V.* Charge. Tutelle : *Verbo,* Excufe des Tuteurs.

## INJURE.

Injure.

*De injuriis. C. 9. 35... Inft. 4. 4... Paul. 5. Sent. 4... Lex 12 tab. t. 25.*

*De injuriis & damno dato. Dec. Gr. 15. q. 1. c. 2. . . . . Extr. 5. 36. . . .*
*S. 5. 8. . . Inst. Lanc. 4. 11.*
*De injuriis & famosis libellis. D. 47. 10. . . C. 9. 36.*
*Si quis Imperatori maledixerit. C. 9. 7. . . C. Th. 9. 4.* ***V.*** **Leze-Ma-**
    **jesté.**
*De Maledicis. Extr. 5. 26. . . J. Lanc. 4. 5.*
***V.*** Libelle.

## INSCRIPTION.

Inscription. ***V.*** Enseigne.

## INSINUATION.

Insinuation des Donations. *Insinuatio. Publicatio. In acta relatio.*
*De Insinuatione agitur in Inst. 2. 7. de donat. §. 2. . . . In Legib. 27.*
    *30. 32. 34. & 35. C. de donat. . . N. 162. c. 1.*
*Ut donationes quæ in litteras relatæ non sunt, ad quingentos usque*
    *aureos valeant. Leon. N. 50.*
*Ut donationes Principis à privato homine factæ, non egeant insinua-*
    *tione, & vicissim. N. 52. c. 2.*
*Quando donatio propter nuptias Insinuationi subjaceat. N. 127.*
    *c. 2.*
*Donatio mortis causâ, non eget Insinuatione. N. 87. in princ.*
***V.*** Donation.

## INSOLVABLE.

Insolvable. ***V.*** Débiteur.

## INSPECTEUR.

Inspecteur. *Inspector. Curiosus. Explorator. Index.*
*De curiosis, & stationariis. C. 12. 23. . . C. Th. 6. 29. . .* Ces In-
    specteurs étoient particulierement pour les courses publiques,
    que nous appelons Postes : d'où ils étoient appelez, *Curagen-*
    *darij.* Ils étoient aussi des Dénonciateurs publics. ***V.*** Dénoncia-
    teur. Poste.

## INSTITUTES.

Inſtitutes, ou Inſtituts. *Inſtitutiones.*

Perſone n'ignore que les Inſtitutes, ſont un livre qui fait partie du corps du Droit, & qui contient les principes de la Juriſprudence. L'Empereur Juſtinien a fait compoſer les Inſtituts du Droit civil, aprés le Digeſte, ſous un troiſiéme Conſulat, vers l'an 533. par Tribonien, Theophile, & Dorothée.

Jean Paul Laucelot, Juriſconſulte de Pérouſe en Italïe, a compoſé des Inſtitutes pour le Droit Canonique.

Les Juriſconſultes Ulpien, & Caius Caſſius Longinus, avoient auparavant dreſſé des Inſtitutes, qui ont ſervi de régle & de modele aux Inſtituts de Juſtinien; mais il ne nous en reſte que l'abregé, ou même des fragmens.

Les Titres des Inſtitutes de l'Empereur Juſtinien, & de Lancelot, ſont inſerez dans cet ouvrage; auſſi bien que ceux des Inſtituts de Cajus, & d'Ulpien.

## INSTITUTION.

Inſtitution d'Héritier. *V.* Héritier. Subſtitution. Deshériter.

## INSTANCE.

Inſtance. *V.* Procez.

## INTELLIGENCE.

Intelligence. *V.* Colluſion.

## INTENDANT.

Intendant de Juſtice. *Dicearcha.*

Les fonctions de nos Intendans de Juſtice, Police, & Finances, ont du raport avec celles des Officiers Romains qui étoient envoiez dans les Provinces de l'Empire, pour les gouverner. *V.* Gouverneur.

## INTERDICTION.

Interdiction. Interdire. Interdit.

*De Interdictis, & relegatis, & deportatis.* **D. 48. 22.**

*De his qui in exilium dati, vel ab ordine moti sunt.* **C. 10. 59.** Ceux qui sont interdits pour un tems, rentrent dans l'exercice de leurs fonctions.

Interdiction Ecléfiastique. *V.* Censure.

## INTERDIT.

Interdit. *Interdictum.*

L'Interdit est une Ordonnance du Juge , sur le possessoire. *Interdictum dicitur , quasi interim dictum , potiusquam inter duos dictum , vel ab interdicendo , seu prohibendo.* Cujas.

La matiere des Interdits est traitée dans tout le 43. Livre du Digeste , & dans les onze premiers Titres du 8. Livre du Code.

On n'a inseré dans cet article , que les Titres qui concernent les Interdits en général : les autres Titres des Interdits sont raportez ailleurs sous leurs noms particuliers.

*De Interdictis. Inst.* 4. 15... *C.* 8. 1... *Paul.* 5. 6.

*De Interdictis , sive extraordinariis actionibus quæ pro his competunt.* **D. 43. 1.**

*V.* Possessoire.

## INTERET.

Interêt. *Usuræ. Fænus.*

*De Usuris.* **C.** 4. 32... **C.** *Th.* 2. 33... *Paul.* 2. 14.... *Lex* 12 *tabb.* t. 15... *L.* 121. **D.** *de verb. sign.*

*De Usuris , & fructibus , & causis , & omnibus accessionibus , & morâ.* **D. 22. 1.**

{ *De nautico fænore.* **D.** 22. 2... **C.** 4. 33.... *Const. Imp. Niceph.* 2.

{ *De Usuris nauticis.* **N.** 106. *&* 110.

{ *De Usuris pupillaribus.* **C.** 5. 56.. *V.* Deniers pupillaires.

{ *De administratione tutorum vel curatorum , & de pecunia pupillari fæneranda , vel deponenda.* **C.** 5. 37.

*De Usuris rei judicatæ.* **C.** 7. 54. Quels interêts doit celui qui ne paie pas dans les quatre mois , aprés la condamnation. Abrogation de la loi unique au Code *Th.* même Titre. *Lib.* 4. *tit.* 19.

*De fiscalibus Usuris.* **C.** 10. 8. Le fisc s'en doit tenir au droit commun , pour les Interêts.

{ *De Usuris supra duplum non computandis.* N. 138. Les Interêts ne courent plus quand ils égalent le principal.

{ *Ut particulares Usurarum solutiones in duplum computentur.* N. 121.

*Exemplum sacræ Pragmaticæ formæ, de Usuris.* N. 160. Des rentes annuelles des Communautez. *V.* Rente.

*De Usuris exigendis ab agricolis.* N. 32. 33. *&* 34. Réglement pour les Interêts du prêt fait aux Paysans.

*Ut ad trientes Usuras pecunia licitè mutuetur.* Leon. N. 83. *Usuræ trientes, sunt ea quæ in singulos solidos singulas siliquas pariunt annuatim.*

*De Usuris, & fructibus legatorum & fideicommissorum.* C. 6. 47.... *V.* Legs.

*De Usuris Argentariorum.* N. 136. c. 4. *&* 5.... Ed. Just. 9. Les Banquiers pouvoient stipuler l'interêt à huit pour cent, *Besses Usuras.*

*V.* Usure. Banquier.

## INTERLOCUTOIRE.

Interlocutoire. Jugement Interlocutoire. *Interlocutio decretoria. Præjudicium.*

*De Sententiis, & Interlocutionibus omnium Judicum.* C. 7. 45.

*De re judicata, & de effectu sententiarum; & de Interlocutionibus* D. 42. 1.

*V.* Jugement.

## INTERPRE'TATION.

Interprétation des Actes. *V.* Acte.

## INTERROGER.

Interroger. Interrogatoire.

*De interrogationibus in jure faciendis, & de interrogatoriis actionibus.* D. 11. 1. Des Interrogatoires sur faits & articles, & de l'action qui nait des réponses. *V.* Répondre.

## INTERVENTION.

Intervention. *Intercessio. Intercedere.*

*Ne liceat potentioribus, patrocinium litigantibus præstare, vel actio-*

*nes in se transferre.* **C. 2. 14.** ... Contte ceux qui achetent les actions d'autrui, qui prêtent leur nom, ou qui interviennent sans interêt. Intervention mandiée.

## INTESTAT.

Inteftat. *V.* Ab-Inteftat.

## INVENTAIRE.

Inventaire. *Index bonorum. Commentarium.*

*De jure deliberandi.* **D. 28. 8.** ... **C. 6. 30.** . Par l'ancien Droit, l'héritier avoit un délai pour déliberer s'il accepteroit la fucceffion; mais Juftinien introduifit le bénéfice d'inventaire, par la Loi derniere au Code, *De jure deliber. V.* Déliberer.

*Vt mulier, soluto matrimonio, dotem suam, propterque nuptias donationem &c. in Commentarium conscribat. Leon. N.* 110. Inventaire des chofes dotales, pour la repetition de la dot.

*De jurejurando à moriente præstito propter mensuram suæ substantiæ. N.* 48. Inventaire fait & affirmé par le pere de famille.

## INVESTISON.

Inveftifon. *V.* Diftance. Arbre.

## JOINDRE.

Joindre. Jonction de plufieurs Inftances. *V.* Procez.

## JOUISSANCE.

Jouiffance. *Poffeffio.*

*Vti poffidetis.* **D. 43. 17.** ... **C. 8. 6.** ... *Inft. 4. 15. §. 4.* . Sorte d'interdit, pour la jouiffance provifionelle d'un immeuble.

*De utrubi.* **D. 43. 31.** . *Inft. 4. 15. §. 4.* Interdit pour la jouiffance provifionnelle d'une chofe mobiliaire. *V.* Poffeffoire, où eft l'explication de ce mot, *Vtrubi.*

*V.* Interdit. Poffeffion. Poffeffoire. Ufufruit.

## J O U R.

Jour. *Dies;*
Ce qu'on entend par, la plus grande partie du jour. *L. 2. §. 1.*
  *D. de verb. sign.*
Un jour pour dix lieuës. *L. 3. eod. tit.*
Jour utile. *L. 133. eod.*
Jour de Fête. *V.* Fête. Féries.
⎧ Jours & vûes. *Lumen. Aspectus.*
⎪ *De novi operis nuntiatione maritimi Aspectus. N. 63. & 165.* Con-
⎪ tre ceux qui faisoient bâtir pour ôter aux voisins la vûë de
⎪ la Mer.
⎨ *De arboribus cædendis. D. 43. 27.* Contre les arbres qui empê-
⎪ chentla vûë aux maisons voisines. *V.* Arbre.
⎩ *V.* Servitude.


## J U G E.

*De officio Judicis. Inst. 4. 17…. Dec. Gr. 3. q. 6. c. 2. §. si verò…*
  *Extr. I. 3 2.*
*De officio civilium Judicum. C. 1. 44… C. Th. 1. 7.*
*De officio militarium Judicum. C. 1. 45…. C. Th. 1. 8. V.* Conêtable.
  Officier de guerre.
*De officio diversorum Judicum. C. 1. 48… C. Th. 1. 9.*
*De Judicibus. N. 82…. C. I. 1. Leon. & Alex…. Item Basil. 1.* Des
  Juges, en général ; & de leur devoir.
*Ut omnes Judices tam civiles quam militares, post administrationem*
  *depositam, quinquaginta dies in civitatibus, vel certis locis per-*
  *maneant. C. 1. 49.*
*V.* le premier livre du Digeste, depuis le Titre 9. jusqu'a la fin.
*De officio Juridici. D. 1. 20.*
*De officio Juridici Alexandriæ. C. 1. 57.*
*Communia de judicibus & Præsidibus Provinciarum. N. 8. 17. 41. 50.*
  *69. 82. 95. 125. 128. 134. 149. & 161.*
*De Jurisdictione omnium judicum ; & de foro competenti. C. 3. 13.*
  *V.* Jurisdiction. Compétence.
*De officio judicis ordinarij. Dec. Gr. 3. q. 5. c. 15… & q. 7… 9. q. 3…*
V

*10. q. 1. 2. & 3.... 18. q. 2.... 30. q. 5. c. 9. §. his ita ℣. incerta.*
*usque ad fin. quæst.... Extr. 1. 31... Cl. 1. 9... Ex. co. 1. 7.*

*De sententiis Judicum. C. 1. 6. Manuel. Comn.* Opinions des Juges
& maniere d'opiner.

*De judiciis, & ubi quisque agere, vel conveniri debeat. D. 5. 1...*
*C. 31.*

*De Magistratibus conveniendis. D. 27. 8.... C. 5. 75.* Juge responsable de la nomination d'un Tuteur. *V.* Tuteur.

*Ut Judices sine quoque suffragio fiant. N. 8.* Cette Novelle est géne-
rale, & concerne la nomination, le pouvoir, & le devoir
des Juges.

*Ne Consiliarij, sive Adsessores suscipiant cognitiones absque Magis-*
*tratibus. N. 60. c. 2.*

*De Adsessoribus, Domesticis, & Cancellariis Judicum. C. 1. 51....*
*C. Th. 1. 11.* Des Asseffeurs, Domestiques, Secretaires, &
Greffiers des Juges,

*De contractibus Judicum, vel eorum qui sunt circa eos, & inhiben-*
*dis donationibus in eos faciendis ; & ne administrationis tempore*
*proprias ædes ædificent, sine sanctione pragmatica. C. 1. 53....*
*Vide Nov. Leon. 84.*

*De modo Multarum quæ à Judicibus infliguntur. C. 1. 54. V.* Amende.

*Ut omnes obediant Judicibus Provinciarum, &c. N. 69.*

*Ne quis in sua causa judicet, vel jus dicat. C. 3. 5. C. Th. 2. 2.* Juge en
sa cause.

*Quando liceat unicuique, sine Judice, se vindicare, vel publicam*
*devotionem. C. 3. 27.* Ce Titre est une exception du Titre précedent : Savoir en quel cas il est permis de se vanger, de se
défendre, ou de se faire justice. Pour l'explication de ces mots :
*publicam devotionem*, Voyez Soldat.

*Ut nulli Judicum liceat habere loci servatorem, seu Vicarium. N. 134.*
Les Juges ne peuvent pas établir des Lieutenans.

*De quibus rebus ad eundem Judicem eatur. D. 11. 2.* Quand plusieurs
parties differentes doivent plaider devant le même Juge.
*V.* Consors. Incident. Instance. Reconvention.

*De pœna Judicis qui male judicavit ; vel ejus qui judicem, vel adver-*
*sarium corrumpere curavit. C. 7. 49... Lex 12 tabb. t. 7. c. 7...* Juge corrompu par argent. Plaideur qui corrompt sa partie.
*Nov.* 124. *V.* Corrompre. Prise-à-partie.

*Si à non competente judice judicatum esse dicatur.* **C.** 7. 48... **L.** 170.
   **D.** *de reg. jur...* ***V.*** Competence.
Juge commis ou délegué, Commissaire.
   *De officio & potestate Judicis delegati.* **D. Gr.** *dist.* 28. *c.* 10... *dist.*
     74. *c.* 6... *dist.* 94. *c.* 1. *& 2.... 25. q.* 2. *c.* 5.... *Extr.* 1. 29....
     **S.** 1. 14.... *Cl.* 1. 8.... *Extr. co.* 1. 6.
   *De officio ejus cui mandata est jurisdictio.* **D.** 1. 21.
   *De officio ejus qui vicem alicujus judicis vel Præsidis obtinet.* **C.** 1.
     50... **L.** 2. *de jurisdict.* **D.** 2. 1... **L.** 70. **D.** *de reg. jur.*
   *De pedaneis judicibus.* **C.** 3. 3.... **N.** 82. *præsertim c.* 9. *Judices Pe-*
     *danei, sic dicti, quòd quasi plano pede, aut stantes judicarent.*
     Ce Titre ne traite que des Juges commis ou déleguez & des
     Juges subalternes, ausquels les Magistrats renvoyoient les
     affaires de moindre importance.
   *Qui pro sua judrisdictione Judices dare, darive possunt.* **C.** 3. 4.
   *De officio Proconsulis & legati.* **D.** 1. 16.... **C.** 1. 35. ***V.*** Proconsul.
     Sénechal. Lieutenant General.
Juge qui differe ou qui refuse de rendre justice. ***V.*** Déni de Ju-
   stice.
*Ut Judices non expectent sacras jussiones, sed quæ videntur, eis de-*
   *cernant.* **N.** 125.
Juge Ecclésiastique. ***V.*** Jurisdiction Ecclésiastique.
***V.*** L'Article qui suit.

## JUGEMENT.

La matiere des Jugemens civils est traitée dans les 27. pre-
miers Titres du troisiéme Livre du Code : & dans le Livre
VII. depuis le Titrè 42. jusqu'au Titre 60.
*De judiciis, & ubi quisque agere, vel conveniri debeat.* **D.** 5. 1....
   **C.** 3. 1.... **C. Th.** 2. 19.
*De re judicata, & de effectu sententiarum, & de interlocutionibus.*
   **D.** 42. 1. De la chose jugée : de l'éxecution des Jugemens ; &
   des Jugemens interlocutoires.
*De re judicata.* **C.** 7. 52.... **C. Th.** 4. 16.....
*De effectu sententiarum, & finibus litium.* **Paul.** 5. *sent.* 5.
*De executione rei judicatæ.* **C.** 7. 53..... *Inst.* **Lanc.** 3. 16.
*De sententiis & interlocutionibus omnium judicum.* **C.** 7. 45.

*De sententiis Præfectorum Prætorio.* **C.** 7. 41. *Contra eas non provoca-*
 *re, sed supplicare intra biennium, licebat.*
*Quomodo & quando judex sententiam proferre debeat, præsentibus*
 *partibus, vel unâ absente.* **C.** 7. 43. Des Jugemens contradictoi-
 res, & par defaut.
*De Sententiis ex Breviculo recitandis.* **C.** 7. 44. . . . **C.** *Th.* 4. 17. Les
 Jugemens sont nuls, s'ils n'ont été redigez par écrit. *Brevicu-*
 *lum*, le Bref, ou la Minute, le Dispositif, ou Dictum. *In qui-*
 *busdam libris scribitur Periculum, non Breviculum. Vide* Jac. Gotofr. *in L.* 2. *hujus tit. Cod. Th.*
*Ut sententiam judices in litteras referant, suâque manu obsignent.*
 *L. N.* 45.
*De temporibus judicandi. Lex* 12 *tabb. t.* 7. *c.* 10.
*De Sententia quæ, sine certa quantitate, profertur.* **C.** 7. 46. Le Ju-
 gement doit statuer une chose certaine & fixe.
*De Sententiis quæ, pro eo quod interest, proferuntur.* **C.** 7. 47. Des
 condamnations aux dommages & interets.
*Sententiam rescindi non posse.* **C.** 7. 50. Les jugemens ne peuvent
 être changez par le même Juge; mais il y a la voie d'appel.
*De sententiis adversùs fiscum latis, retractandis.* **C.** 10. 9.
*De usuris rei judicatæ.* **C.** 7. 54. Celui qui ne paie pas dans les quatre mois aprés le Jugement, doit les interêts.
*Si plures unâ sententiâ condemnati sunt.* **C.** 7. 55. La condamnation
 n'est pas solidaire. *V.* Division.
*Quibus res judicata non nocet.* **C.** 7. 56. *&* 60. Ce qui est fait entre
 quelques persones ne nuit point au Tiers. *V.* Tiers.
*Comminationes, Epistolas, Programmata, subscriptiones, authori-*
 *tatem rei judicatæ non habere.* **C.** 7. 57. Les Jugemens ne peu-
 vent pas être suppléés par d'autres actes, comme Lettres,
 Affiches, Sommations, Dénonciations, & autres Actes com-
 minatoires.
*Si ex falsis instrumentis vel testimoniis judicatum sit.* **C.** 7. 58.
*Qui legitimam personam standi in judiciis habeant, vel non.* **C.** 3. 6.
 De ceux qui peuvent paroître en justice, *vulgò ester* en juge-
 gement. *V.* Mineur.
*Si quis jus dicenti non obtemperaverit.* **D.** 2. 3. De l'éxécution des
 Jugemens.
*De executoribus, & exactionibus.* **C.** *Th.* 8. 8.

*De publicis judiciis.* **D. 48.** 1. Des crimes publics. *V.* Crime.

*Quod quifque juris in alterum ſtatuerit , ut ipſe eodem jure utatur.* **D. 2. 2.** *V.* Talion.

Jugement Eccléſiaſtique.

Il eſt traité des Jugemens Eccléſiaſtiques , circonſtances & dépendances , dans le Livre I I. des Décretales , & dans le Livre I I I. des Inſtitutes de Lancelot.

*De judiciis , & illorum diviſione. Inſt. L.* 3. 1.

*De judiciis. Dec. Gr.* 2. *q.* 1.... 5. *q.* 4.... 14. *q.* 1..... 15. *q.* 7....
16. *q.* 6.... 30. *q.* 5. *c.* 9. §. *his ita. uſq. ad fin.* .... *Extr.* 2. 1...
§. 2. 1.... *Cl.* 2. 1... *Extr. co.* 2. 1.

*De ſententiis , & re judicata. Dec. Gr.* 3. *q.* 9.....5. *q.* 4.... 11.
*q.* 3. *c.* 43. §. *de his ; uſque ad c.* 90. *qui juſtus.....* 30. *q.* 5. *c.* 9.
*à* §. *his ita , uſq. ad fin. quæſt.....*35. *q.* 9. . *Extr.* 2. 27... *S.* 2.
14... *Cl.* 2. 11.... *Inſt. L.* 3. 15.

*V.* Sentence. Arrêt. Et l'article qui ſuit.

## J U G E R.

Juger. Choſe jugée. *Res judicata.*

*De re judicata. C.* 7. 52... *C. Th.* 4. 16.... *Paul.* 5. *ſent.* 5... *L.* 207
*D. de reg. jur.*

*De re judicata , & de effeĉtu ſententiarum , & de interlocutionibus.*
*D.* 42. 1.

*De ſententia , & re judicata. Extr.* 2. 27.... *S.* 2. 14.... *Cl.* 2. 11.

*De exceptione rei judicatæ. D.* 44. 2. Exception , par laquelle une partie ſoutient que la choſe a déja été jugée entre les parties.

## J U I F.

Juif. *V.* Hérétique.

## J U R E M E N T.

Jurement. Jurer. *V.* Serment.

## J U R I S C O N S U L T E.

Juriſconſulte. *Juriſconſultus. Juriſperitus. Juris, vel legum interpres.*

*De origine juris civilis, & omnium Magistratuum, & successione prudentium.* **D. 1. 1.** Histoire des anciens Jurisconsultes.

*De responsis Prudentum.* **C. Th. 1. 4.** Décisions des Jurisconsultes, & leur autorité.

## JURISDICTION.

*De Jurisdictione.* **D. 2. 1.**

*De Jurisdictione omnium judicum, & de foro competenti.* **C. 3. 13.**

*De officio ejus cui mandata est jurisdictio.* **D. 1. 21.**

*V.* Competence. Juge. Jugement.

Jurisdiction Ecclésiastique.

*De Judiciis. Extr. 2. 1.*

*De foro competenti.* **D. Gr. dist. 96.**...**3. q. 6.**...**6. q. 3.**...**11. q. 1.**... **2. q. 5.**...*Extr. 2. 2.*... **S. 2. 2.**... **Cl. 2. 2.**

*De foro competenti Episcoporum & Clericorum, & Monachorum.* **C. I. Heracl. 3.**... **N. 123. c. 22. 23. 24.**

*De foro Clericorum, & de judice per rescriptum prohibito causam ad se transmissam disceptare.* **C. I. Alex. Comn. 11.**

*De fori privilegio, Ecclesiæ, & locis religiosis, competente.* **Frid. const. 1. vel 17. c. 1. & seqq.**

*Ubi Clerici conveniendi.* **N. 83**... **N. 123. c. 23.**

*Apud quos oporteat causas dicere Monachos, & Ascetrias.* **N. 79.** *Ascetria, puella Deo dicata :* Religieuse.

*De officio judicis. Extr. 1. 31. & 32. V.* Juge.

*De Majoritate & obedientia. Extr. 1. 33*... **S. 17.**... *Ex. Jo. 2.*... *Ex. co. 1. 8.*... *Dec. Gr. dist. 93. & alibi.* De la subordination, de la prévention, & du concours entre Juges.

*V.* Ecclésiastique. Evêque.

## JUSTICE.

Justice. *Justitia.*

*De justitia & jure. Inst. 1. 1*... **D. 1. 1.**

## JUSTIFICATION.

Justification. *Purgatio : est vulgaris, & Canonica.*

*De purgatione Canonica.* **D. Gr. 2. q. 5. totâ, præcipuè c. 20. & 21.** §. *hoc autem, usque ad fin. quæst. Extr. 5. 34.*

# L

## LABOUREUR.

Laboureur. *V.* Agriculture. Cultivateur. Païsan.

## LARCIN.

Larcin. *V.* Vol.

## LEGAT.

Legat. Envoié du Pape. *Legatus.*
*De officio Legati. Dec. Gr. dist. 1. c. 9… dist. 21. c. 2… dist. 63.*
*c. 10.… dist. 94. & 97.… 2. q. 1. c. 7. & q. 5. c. 8.… 3. q. 6. c. 10.…*
*11. q. 1. c. 39.… 25. q. 1. c. 10.… Extr. 1. 30.… S. 1. 15… Extr.*
*com. 1. 6.*

## LEGITIMATION.

Légitimation. Légitimer.
*De naturalibus liberis, & matribus eorum ; & ex quibus causis justi*
*efficiantur. C. 5. 27.*
*Quibus modis naturales filij efficiantur legitimi, & sui &c. N. 74.*
*De variis legitimandi modis, & effectibus legitimationis. N. 89.*
*V.* Bâtard.

## LEGITIME.

Légitime. *Hereditatis portio legitima.*
*De Triente & Semisse, & successionibus filiorum, &c. N.* 18. De la légitime des enfans.
*De inofficiosis donationibus. C.* 3. 29. Quand les Peres & Meres ont
fait des donations immenses, leurs enfans les peuvent faire re-
voquer jusques à concurrence de leur légitime. *V.* Raport de
biens.

*De immensis donationibus in filios factis. N.* 92. Détraction de la légitime sur les donations excessives.

*De collatione dotis. D.* 37. 7. . . . . *N.* 97. *c.* 6. Contribution de la Dot à la légitime.

*Do inofficiosis dotibus. C.* 3. 30. . . . *C. Th.* 2. 21. De même.

Le Testament n'est pas nul, pour n'avoir pas laissé une légitime suffisante. *N.* 66. *c.* 1. *S.* 4. *& 5.*

*Legitima potest augeri, vel minui ; non tolli. N.* 101. *c.* 4.

*De legitima liberis & parentibus relinquenda. N.* 115. *c.* 3. *& 4.*

*Ut liceat Matri & Aviæ, & aliis parentibus, post legitimam partem liberis derelictam, quomodo voluerint residuam facultatem disponere. N.* 117. Les parens ne doivent à leurs enfans que la légitime.

## L E G S.

Legs. Fidéicommis particulier. *Legatum. Fideicommissum.*

*De legatis & Fideicommissis. D. lib.* 30. 31. *& 32.*

Il est aussi traité des legs en particulier dans les Livres 33. 34. 35. *& 36.* du Digeste.

*De Legatis. Inst.* 2. 20. . . . *C.* 6. 37. . . *Ulp.* 24. . . *Paul.* 3. *Sent.* 8. . . *Caj.* 2. 5.

*De Fideicommissis. C.* 6. 42. *Ulp.* 25. . . . *Paul.* 4. 1. . . . *Caj.* 2. 7.

*De Testamentis & Legatis. Lex* 12. *tab. t.* 19.

*De Legatis & eorum solutione. N.* 1. *tota.*

*De singulis rebus per Fideicommissum relictis. Inst.* 2. 24.

*Communia de Legatis & Fideicommissis : & de in remmissione tollenda. C.* 6. 43.

Ancienne signification des mots, *Legare, Legatum. L.* 120. *D. de verb. sign.*

*De annuis Legatis & Fideicommissis. D.* 33. 1.

*De usu, & usufructu, & reditu, & habitatione, & operis, per Legatum vel Fideicommissum datis. D.* 33. 2.

*De servitute legata. D.* 33. 3.

*De Dote prælegata. D.* 33. 4. *Inst.* 2. 20. *de Legat. S.* 15. *sed si uxori. . . . Cætera dicuntur Legari ; Dos Prælegari : quia sua res uxori Legatur.*

*De optione, vel electione legata. D.* 35. 5. . . *J.* 2. 20. *S.* 22. *& 23.* . . *L.* 3. *C. Communia de Leg.*

*De*

*De Tritico, Vino, vel Oleo legato.* D. 33. 6.

*De penu legata.* D. 33. 9. Des provisions de bouche, ou de mênage.

*De [fundo] instructo, vel instrumento Legato.* D. 33. 7. Des meubles & des outils d'agriculture. *Instructum, latius est quàm Instrumentum, & significat quidquid instruit fundum.*

*De supellectile legata.* D. 33. 10.

*De auro, argento, mundo, ornamentis, unguentis, veste vel vestimentis, & statuis legatis.* D. 34. 2.

*De peculio legato.* D. 33. 8. *Inst.* 2. 20. §. 20. *si peculium.*

*De alimentis vel cibariis.* D. 34. 1.

*De liberatione legata.* D. 34. 3.. *Inst.* 20. §. *si quis* 13.

Legs fait sous un nom générique. *L.* 101. §. 3. *D. de verb. sign.*

*De adimendis, vel transferendis legatis vel Fideicommissis.* D. 34. 4.

*De ademptione legatorum, & translatione. Inst.* 2. 21... *V* Indigne.

*De verborum & rerum significatione. C.* 6. 38. Des Legs faits sous des termes obscurs. *V.* Douteux.

*De incertis personis. C.* 6. 48. Legs fait à des persones incertaines. *V.* Douteux.

*De his quæ pœna causâ relinquuntur.* D. 34. 6... *Inst.* 2. 20. §. *pœna* 36..... *C.* 6. 41. Legs fait sous une condition onéreuse à l'héritier.

*Si maritus ita reliquerit uxori, si ad secundas nuptias non transeat. N.* 22. *c.* 43. *& 44.*

*De regula Catoniana.* D. 34. 7. Legs caduc. *Catoniana regula sic definit : quòd si testamenti facti tempore decessisset testator, inutile foret, id legatum, quandocumque decesserit, non valere. L.* 1. *h. t....* V. Caduc.

*De lege Cornelia de falsis ; & de Senatus-consf. Liboniano.* D. 48. 10. Le Sénatus-Consulte Libonien soumettoit à la peine de faux, celui qui écrivant un testament, *sibi suâ manu hereditatem, vel legatum adscribebat. V.* Faux.

*De his qui sibi adscribunt in testamento. C.* 9. 23. Ce Titre concerne encore le Sénatus-Consulte Libonien.

*De conditionibus & demonstrationibus, & causis, & modis eorum quæ in testamento scribuntur.* D. 35. 1. Des conditions & autres clauses apposées aux Legs.

*De falsa causa adjecta legato, vel Fideicommisso. C.* 6. 44... *Inst.* 2. 20. §. *longè*, 31. *Falsa causa non vitiat legatum.*

X

## L E

*De his quæ sub modo legata vel Fidei-commissa relinquuntur.* C. 6. 45.

*De conditionibus insertis tam legatis quàm Fidei-commissis & libertatibus.* C. 6. 46.... N. 22. c. 41.

*Ad legem Falcidiam.* D. 35. 2. & 3... C. 6. 49. Inst. 2. 22.... N. 1.... Paul. 3. 10..... Caj. 2. 6..... Ulp. 25. §. 14. & seq..... Retranchement de Legs excessifs. V. Falcidie.

*Quando dies legatorum vel Fidei-commissorum cedat.* D. 36. 2..... C. 6. 53.

*Si cui, plusquàm per legem Falcidiam licuerit, legatum esse dicetur.* D. 53. 3. Caution que les Légataires doivent donner à l'Héritier.

*Ut legatorum seu Fidei-commissorum servandorum causâ, caveatur.* D. 36. 3. Caution, que l'Héritier doit donner aux Légataires.

*Ut in possessionem, legatorum vel Fidei-commissorum servandorum causâ, mittatur, &c.* C. 6. 53..... D. 36. 4. Quand l'Héritier ne donne pas caution, le Légataire est mis en possession de la chose leguée.

*Quod legatorum.* D. 43. 3.
*Quorum legatorum.* C. 8. 3. Sorte d'interdit par lequel le Legataire qui est en possession de la chose leguée contre la volonté de l'Héritier, est obligé de l'abandoner à l'Héritier qui veut falcidier.

*De repetitione legatorum.* L. 8. D. de verb. sig.

*De legatis præstandis, contra tabulas bonorum possessione petita.* D. 37. 5. Quels Legs doivent être paiez quand le testament est infirmé par la possession de biens.

*De usuris & fructibus legatorum & Fidei-commissorum.* C. 6. 47.... Caj. 2. 7. in fine. Quand sont dûs les interêts & les fruits des Legs.

*Pro legato.* D. 41. 8. La chose leguée peut être prescrite par le Légataire.

Legs pieux.

*Ut legatum Deo relictum deputetur Eclesiæ ubi testator domicilium habet.* N. 131. c. 9.

*Ut legata pro redemptione captivorum relicta, præstentur ab Episcopis.* N. 131. c. 11.

*Ut in piis legatis ceßet falcidia. N. 131. c. 12.*
*V.* Fidéicommis. Succeſſion. Teſtament.

## LETTRES.

Lettres Roiaux. Lettres du Prince. Lettres Patentes &c. *Regia Diplomata, Reſcripta.*
*De Precibus Imperatori offerendis, & de quibus rebus ſupplicare liceat. C. 1. 19.*
*Quando libellus Principi datus, litis conteſtationem faciat. C. 1. 20... N. 113... N. 8. c. 13.*
*Ut lite pendente, vel poſt provocationem, aut definitivam ſententiam, nulli liceat, Imperatori ſupplicare. C. 1. 21.*
*Si contra jus, vel utilitatem publicam, vel per mendacium fuerit aliquid poſtulatum, vel impetratum. C. 1. 22.*
*De diverſis reſcriptis & Pragmaticis ſanctionibus. C. 1. 23.... C. Th. 1. 2.*
*Ne ex divinis juſſionibus à Principe impetratis, ſed ex antiquis legibus lites dirimantur. N. 113.*
*V.* Reſcrit. Edits & Déclarations.

## LEZE-MAJESTE'.

Leze-Majeſté. *Leſæ Majeſtatis crimen. Perduellio.*
*Ad legem Juliam Majeſtatis. D. 48. 4.... C. 9. 8.... C. Th. 9. 5.... Paul. 5. 27.... Inſt. 4 tit. ult. §. 3.... Lex Julia dicitur à Julio Cæſare, Conſule, primùm lata.*
*Si quis Imperatori maledixerit. C. 9. 7.... C. Th. 9. 4.*
*Quomodo in Leſa Majeſtatis crimine procedatur. Extravag. Henr. VII. 1. vel 19.*
*De Majeſtatis crimine. Lex 12 tabb. t. 27. c. 2.*
*Ne, præter crimen Majeſtatis, ſervus Dominum, vel Patronum libertus accuſet. C. Th. 9. 6.*

## LIBELLE.

Libelle diffamatoire. *Libellus famoſus.*
Sous ce nom ſont compris les Satitres, Chanſons, Couplets, Vaudevilles; Placards, Affiches, Gravûres, Peintures, &

autres choſes qui peuvent diffamer quelqu'un.
*De famoſis libellis. C. 9. 36.... C. Th. 9. 34....*
*De injuriis & famoſis libellis. D. 47. 10.... Lex 12 tabb. t. 25...*
     *Paul. 5. 4. §. 13. & ſeqq.*
*De pœna libelli famoſi. Dec. Gr. 5. q. 1.*
*V.* Injure.

## LIBERATION.

Liberation. *Solutio. Liberatio.*
Liberation ſignifie payement. *L. 47. D. de verb. ſign.*
*De ſolutionibus & liberationibus. D. 46. 3... C. 8. 43.*
*De ſolutionibus & liberationibus debitorum civitatum. C. 11. 39...*
     Les quitances paſſées aux débiteurs des Communautez, doi-
     vent être ſignées par les Adminiſtrateurs.
*De liberatione legata. D. 34. 3... Inſt. 2. 20. §. ſi quis , 13.*
*De Acceptilatione. D. 46. 4.... C. 8. 44.... Inſt. 3. 30. §. 1. 2.*
*V.* Paiement.

## LIBERTE'.

Liberté. Libre. *Libertas. Liber , Ingenuus.*
Par le mot de Libre , on peut entendre , celui qui n'eſt pas Eſcla-
     ve , *Liber* ; ou celui qui n'eſt pas en priſon , *Solutus. L. 48. D. de*
     *verb. ſign.*
Ce mot , Libre , *Liber* , ſignifie en général , tous ceux qui ne ſont
     pas Eſclaves , ſoit qu'ils aient toûjours eu la liberté , ſoit qu'ils
     aient été affranchis.
*Ingenuus* , ſignifie particulierement une perſone née libre , & qui
     n'a jamais été affranchie. Ainſi , *Libertas* eſt oppoſée à *Servitus* ;
     comme *ingenuitas* eſt oppoſée à *Manumiſſio.*
Faveur de la liberté. *L. 20. L. 106. L. 122. L. 176. §. 1. L. 179. D.*
     *de reg. jur.*
*De ingenuis. Inſt. 1. 4.*
*De homine Libero exhibendo. D. 43. 29.* Contre ceux qui , par dol ,
     retiennent un homme libre , & refuſent de le repréſenter.
*De liberis exhibendis , ſeu deducendis ; & de libero homine exhiben-*
     *do. C. 8. 8.* Contre ceux qui retiennent les enfans d'autrui.
*{ De longi temporis præſcriptione , quæ pro libertate , & non adver-*
     *{ sùs libertatem opponitur. . C. 7. 22.*

*Ne de statu defunctorum post quinquennium quæratur. C. 7. 21...
D. 40. 15.* Aprés cinq ans l'état du défunt ne peut être recherché, touchant la liberté.

*De Ingenius qui, tempore Tiranni servierunt. C. Th. 5. 6.*

*Quarum rerum actio non detur. D. 44. 5.* Ce Titre propose plusieurs exceptions contre une demande faite en Justice : entre autres l'exception par laquelle le Défendeur soutient que la chose demandée a été promise contre la faveur de la liberté.

*Qui non possunt ad libertatem pervenire. C. 7. 12....D. 40. 13...
C. 7. 18.*

*Pro quibus causis servi accipiunt libertatem. C. 7. 13.*

*De Ingenuis manumissis. C. 7. 14.*

*Si Ingenuus esse dicetur. D. 40. 14.*

*De liberali causa. D. 40. 12...C. 7. 16....C. Th. 4. 8...Paul 5. 1.
Liberalis causa* signifie, question d'état, touchant la Liberté, ou l'Esclavage ; l'Ingenuité ou l'Affranchissement.

*De adsertione tollenda. C. 7. 17.* Ce Titre parle du ministere de celui, qui étoit nommé Procureur à une persone dont la liberté ou l'état étoient contestez. Ce Procureur s'appeloit *Adsertor*, ou *Vindex, quia asserebat, vel vindicabat libertatem.*

*De peculio ejus qui libertatem meruit. C. 7. 23.*

*Abrogatio legis qua hominem liberum se vendere permittit. Leon.
N. 59.*

*Ut natus ex Adscriptitio & liberâ, sit liber. N. 54. c. 1... Const.
Justini unica.... Const. Tib. unica.*

*V.* Affranchi. Esclave. Etat des persones. Patron.

L I E U.

Lieu. *Locus.*
Définition de ce mot. *L. 60. D. de verb. sign.*
Lieu saint, & sacré. *Inst. 2. 1. §. 7. & seqq.*
*Ne quid in loco sacro fiat. D. 43. 6. Id est, ne quid deformis, vel incommodi. V.* Eglise.
Lieu public, apartenant au public. *V.* Public.

L I E U E.

Lieue. *Leuca. Bis mille passus.*

X iij

Délai d'un jour pour dix lieues. *L. 3. D. de verb. sign.*
Comment elles se mesurent. *L. 154. D. de verb. sign.*

## LIEUTENANT.

Lieutenant de Juge. *Legatus , Vicarius Judicis. Subjuridicus.*
*De officio ejus cui mandata est jurisdictio. D. 1. 21.*
*De officio ejus , qui vicem alicujus judicis , vel Præsidis obtinet. C. 1. 50.*
*De officio Vicarii. C. 1. 38.*
*De Pontici tractûs Vicario. Edit. Just. 8.*
Lieutenant Civil , ou Lieutenant Général. *Prætor. Legatus rerum privatarum judex.*
Les fonctions des Lieutenans Généraux , dans les Siéges où il y a un Sénéchal , répondent à celles des Officiers appelez chez les Romains , *Legati Proconsulum* , Lieutenans des Proconsuls. *V.* Sénéchal. Proconsul.

## LIMITES.

Limites. *Termini. Fines. Limites.*
*Finium regundorum. D. 10. 1. . . C. 3. 39. . . . Inst. 4. 17 §. 6. . . Inst. 4. 6. §. 20. C. Th. 2. 26. . . Paul. 1. 24. . . . L. 12 tabb. t. 11.*
*De termino moto. D. 47. 21. . . L. 12. tabb. t. 26.* Contre ceux qui arrachent ou déplacent les Limites des champs. *Paul. 5. 20. de pœnis. §. 1.*

## LION.

Lion. Ville de Lion. *Lugdunum.*
La Ville de Lion, & les Lionnois jouissoient du Droit de Colonie Romaine , suivant la Loi derniere , au Dig. *de Censibus. §. 1.*
*De Adscriptitiis , & Colonis Lugdunensibus. Const. Justin. Just. ult.* Des Mortaillables.

## LITIGE.

Litige. Litigieux. *Controversia. Litigiosus.*
*De litigiosis. D. 44. 6. . . . C. 8. 37. . . . C. Th. 4. 5. . . L. 12 tabb. t. 13. c. 5.* Suivant ces titres , les choses Litigieuses ne pouvoient pas

être venduës, cedées, ni engagées : mais ce Droit n'est pas
en usage parmi nous.
*De litigiosis ; & decima parte litis ab actore cautelâ præstandâ.*
*N.* 112.

## LITISPENDANCE.

Litispendance. *V.* Procez.

## LOCATAIRE.

Locataire. *V.* Loüage.

## LOGEMENT.

Logement de gens de guerre. *Metata.*
*De Metatis , & Epidemeticis, C.* 12. 41.... *C. Th.* 7. 8..... *Metata.*
Les logemens des gens de guerre ; *Unde Metatores , qui, eligen-*
*di & præparandi hospitii causâ , præcurrunt :* Maréchaux des logis. *Epidemetica ,* L'argent qu'on donoit pour être dispensé des
logemens. *V.* Soldat. Utencile.
*De Mensoribus. C.* 12. 28.... *C. Th.* 6. 34. Des Maréchaux des
logis.

## L O I.

Loi. *Lex.*
Ce qu'il faut entendre par le mot de Loix. *L.* 6. §. 1. *D. de verb.*
*sign.*
Abroger la Loi : Déroger à la Loi. *L.* 102. *D. de verb. sign......*
*Ulp.* 1.
*De Legibus. Lex* 12 *tabb. t.* 1.... *Ulp.* 1.
*De Legibus , Senatúsque-consultis , & longâ Consuetudine. D.* 1. 3.
*De Legibus , & Constitutionibus Principum , & Edictis. C.* 1. 14....
*D.* 1. 4.
*De mandatis Principum. C.* 1. 15.... *C. Th.* 1. 3.... *N.* 17.
*De Senatus-consultis. C.* 1. 16.
*De veteri jure enucleando; & de auctoritate Jurisprudentum qui in Di-*
*gestis referuntur. C.* 1. 17.

*Ex antiquis Legibus judicandum est , non ex jussionibus Principum.*
N. 113.

*De infirmandis his quæ sub Tyrannis aut Barbaris gesta sunt.* **C. Th.**
15. 14. .. Abrogation des Loix faites par les Tyrans.

*V.* Constitution , où sont raportées plusieurs Loix & Constitutions
particulieres.

*V.* Edits & Déclarations. Droit.

Loi Commissoire.

*De Lege Commissoria.* **D.** 18. 3. ... *Paul.* 2. 13. La Loi Commissoire
est une condition apposée au contrat de vente , quand le vendeur stipule , que si l'acheteur ne paie le prix dans certain
tems , la vente sera nulle.

*De pactis pignorum , & de Lege commissoria in pignoribus rescinden-
da.* **C.** 8. 35. La Loi Commissoire dont il est parlé dans ce Titre , est une convention faite entre le Créancier & le Débiteur , laquelle porte que si celui-ci ne paie pas dans un certain
tems , la chose donée en gage , appartiendra au Créancier.

*De Commissoria rescindenda.* **C.** *Th.* 3. 2. ... *Paul.* 2 13. De même
que le Titre précedent , pour la chose donée en gage.

## L O U A G E.

Loüage. Locataire. *Locatio* , Bail à Loüage , ou à Ferme. *Lo-
care. Locator. Conductio* , Prise à Loüage ou à Ferme. *Condu-
cere. Conductor.*

*Locati conducti.* **D.** 19. 2.

*De locato & conducto.* **C.** 4. 65. ... *Paul.* 2. 18. ... *Dec. Gr.* 10. q. 2.
c. 2. §. *perpetua , & seqq.* ... *Extr.* 3. 18.

*De locatione & conductione.* **Inst.** 3. 25.

*De locatione prædiorum civilium , vel fiscalium , sive templorum , sive
rei privatæ vel dominica.* **C.** 11. 70. Des Fermiers du fisc, du Domaine , & autres choses publiques : Du Loüage à longues années , & à perpetuité. *V.* Emphitéose.

*De conductoribus & procuratoribus , sive actoribus prædiorum fiscalium
domus Augustæ.* **C.** 11. 71.

*Quibus ad conductionem prædiorum fiscalium accedere non licet.* **C.** 11.
72. *V.* Domaine.

*De loco publico fruendo.* **D.** 43. 9. Interdit , ou défense de troubler
le

le Locataire ou Fermier de la chose publique, dans la jouis-
sance des choses loüées.

*Ut hortulani eâdem qualitate hortum locatum reddant.* N. 64. Ce
qui se dit ici des Jardiniers, convient à tous les Fermiers & Locataires.

*De deposito, & denuntiatione inquilinis facta, &c.* N. 88. *Denuntiatio.* Défense aux Locataires de paier les loiers au propriétaire : saisie des loiers.

*De migrando.* **D.** 43. 32. Locataire ne peut déloger, ni emporter
ses meubles, sans paier les loiers.

*V.* Ferme.

## L O Y.

Loy. *V.* Loi.

## L U X E.

Luxe. Dépense superfluë en habits, meubles, &c. *Luxus.*

*De vestibus holoberis, & auratis ; & intinctione sacri muricis.* C. 11
8.... *C. Th.* 10. 21. Défense de porter des habits de soie ...-
vaillez en or, & teints en pourpre.

*Nulli licere, in franis, & equestribus sellis, & in balteis, margari-
tas & smaragdos & hiacintos aptare ; & de artificibus palatinis.*
C. 11. 11.

*Ne ex auro & pretiosis lapillis quicquam confieri in universum nefas
sit. Leon.* N. 81. Abrogation du Titre précedent.

*De vestibus externis prohibitis. Const. Imp. Joan. Ducæ.* 1.

*De habitu quo uti oporteat intra urbem.* **C. Th.** 14. 10.

## L U X U R E.

Luxure. *V.* Impudique.

## L Y O N.

Lyon. *V.* Lyòn.

# M

## MACEDONIEN.

Le Senatus-Confulte Macédonien. *Senatus-confultum Macedo-*
*nianum , fic dictum à Macedone quodam fœneratore.*
*De Senatus confulto Macedoniano.* D. 14. 6.... C. 4. 28.... *Inft.* 4.
7. §. 7.... *Paul.* 2. 10... *V.* Fils-de-famille.

## MAGICIEN.

Magicien. *Magus. Sortilegus.*
*De Maleficis , & Mathematicis, & cæteris fimilibus.* C. 9. 18....
C. Th. 9. 16... *Lex* 12 *tabb. t.* 27. *c.* 10. *Malefici ,* font les Em-
poifonneurs : *Mathematici ,* font les Devins & Magiciens, qui
fous le nom fpécieux de Matematique , trompent les perfones
foibles, en leur faifant accroire qu'ils font Magiciens , & qu'ils
prédifent l'avenir.
*De Sortilegis.* D. Gr. 26. *q.* 1. 2. 3. 4. *&* 5... *q.* 7. *c.* 13. *ufque ad fin*
*quæft...Extr.* 5. 21.
*De Sortilegis , Maledicis , & facrilegis. Inft. Lanc.* 4. 5.
*De Incantatorum pœna. Leon. N.* 65.

## MAGISTRAT.

Magiftrat. *Magiftratus.*
Etimologie de ce mot. *L.* 57. D. *de verb. fign.*
*De Magiftratibus majoribus , & militaribus. Lex* 12 *tabb.*
*De origine juris , & omnium Magiftratuum , & fucceffione Pruden-*
*tium.* D. 1. 2.
*De Dignitatibus.* C. 12. 1.
*Ut negotiari , ædificare , muneráque accipere , urbis Magiftratibus li-*
*ceat. Leon. N.* 84. *V.* Echevin.
*Communia de Judicibus , & Præfidibus Provinciarum. N.* 8. 17. 82.
95. 128. 149. *&* 161.
*Ne Confiliarii , five Adfeffores fufcipiant cognitiones abfque Magiftra-*
*tibus. N.* 60. *c.* 2.

*De Magiſtratu Phœniciæ Libanicæ. Ed. Juſt.* 4. Du Gouverneur de la Phénicie prés du Mont-Liban.

*De Comitibus vacantibus. C. Th.* 6. 18. Des Magiſtrats honoraires, ou plutôt, anciens.

Des-intereſſement des Magiſtrats. *N.* 17. *c.* 1. *& 4.*

Ils doivent veiller au repos public. *N.* 17. *c.* 2.

Des bas Officiers, des Magiſtrats. *N.* 17. *c.* 4. 8. *& 9. &c.*

Les Titres précedens traitent des Magiſtrats en général : à l'egard des Magiſtrats en particulier, les Titres qui les concernent, ſont raportez ſous les mots : Conſul, Gouverneur, Juge, Préfet, Préteur, Dignité, Officier, & autres ſemblables.

## M A J E U R.

Majeur de vingt-cinq ans. *Homo ſui juris.*

*Quibus ex cauſis Majores* 25. *annis in integrum reſtituuntur. D.* 4. 6... *C.* 2. 54.

## MAIN-LEVE'E.

Main-levée. *Remiſſio.*

*De Remiſſionibus. D.* 43. 25. *Remiſſio, eſt abſolutio nuntiationis operis novi, à Prætore faēta :* C'eſt la Main-levée de l'oppoſition & des defenſes de faire une conſtruction nouvelle. *V.* Conſtruction. Ouvrage.

## MAIN-MORTE.

Main-morte. Main-mortable. Gens de condition ſerve. *Mancipium. Agricola. Cenſitus. Colonus. Adſcriptitius. Poſſeſſor ſubdititius.*

*De Adſcriptitiis, ſive Colonis. N.* 162. *c.* 2. *& 3.*

*De fugitivis Colonis, inquilinis & ſervis. C. Th.* 5. 9.

*De Inquilinis & ſervis. C. Th.* 5. 10. *& 11.*

*De Agricolis, & Cenſitis, & Colonis. C.* 11. 47.

*In quibus cauſis Coloni cenſiti Dominos accuſare poſſunt. C.* 11. 49.

*De Colonis Palæſtinis. C.* 11. 50.

*De Colonis Thracenſibus. C.* 11. 51.

*De Colonis Illyricanis. C.* 11. 52.

*De Aſcriptitiis & Colonis Lugdunenſibus. Conſt. Juſtin. Juſt. ult.*

*De Mancipiis & Colonis patrimonialium, & emphyteuticorum fundo-
rum.* C. 11. 62.

*De fugitivis Colonis patrimonialibus.* C. 11. 63. *V.* Domaine.

*De agricolis & mancipiis Dominicis, vel fiſcalibus reipub.* C. 11. 67.

*De prædiis Tamiacis, & de his qui ex Colonis Dominicis, aliiſque li-
bera conditionis, procreantur.* C. 11. 68. Ce Titre eſt expliqué
au mot, Domaine.

*De ruſticis, qui in alienis prædiis nuptias contrahunt. N.* 157.... *N.*
162. *c.* 3... Du For-mariage, qui étoit défendu aux gens de
ſerve condition, ou Main-mortables. *V.* For-mariage.

*De prole partienda inter ruſticos. N.* 156. Forme du partage des enfans qui naiſſent des Main-mortables, entre les Maîtres du Pere & de la Mere.

*Ut nemo ſuſcipere audeat colonos alienos, & capite cenſitos. N.* 17.
*c.* 14... *Nov. Tib. in præfat.*

*Ne Colonus, inſcio Domino, ſuum alienet peculium. C. Tb.* 5. 11.

## M A I S O N.

Maiſon. *Domus. Ædificium.*

Maiſon donnée avec ſes dépendances. *L.* 90. *L.* 126. *D. de verb.
ſign.*

Maiſon achevée de bâtir. *L.* 139. *§.* 1. *eod.*

Ce qui fait partie de la maiſon. *L.* 242. *§.* 2. *& 4. L.* 245. *eod.*

*De Damno infecto, & de Suggrundis, & protectionibus. D.* 39. 2...
*Paul.* 5. 10. *De contrahenda auctoritate.* Du dommage que peut
cauſer une maiſon qui menace ruine. *Suggrunda,* ſignifie la
partie du toit qui avance en ſaillie, au delà l'entablement
nommée Egout, Forjet, ou Larmier. *Protectio,* ou *Projectio,*
ſe dit de toutes ſortes d'avances, qui n'apuient ſur rien du côté de la ruë. *L.* 242. *§.* 1. *D. de verb. ſign.*

Maiſon Religieuſe. *V.* Monaſtere.

Maiſons Royales.

*De palatiis & domibus Dominicis.* C. 11. 76.

*Ne quis in palatiis maneat. C. Tb.* 7. 10.

## MAITRE.

Maître. *Dominus. Magister.*
Définition du mot, *Magister. L.* 57. *D. de verb. sign.*
Les Maîtres sont responsables du dommage causé par les do-
meStiques.
*De his qui effuderint vel dejecerint. D.* 9. 3.
*De noxalibus actionibus. InSt.* 4. 8.... *D.* 9. 4.... *C.* 3. 41... *V.* Dom-
mage.
*De exercitoria & inStitoria actione. D.* 14. 1. *& 3....* C. 4. 25. Le
Maître eSt responsable de ce que font ses Commis, Facteurs, ou
Préposez. *V.* Commis.
*De tributoria actione. D.* 14. 4.... *InSt.* 4. 7. §. 3. Action contre le
Maître, dont l'Esclave faisoit un négoce particulier.
*Quod cum eo qui in aliena poteState eSt, negotium geStum eSSe dicetur.*
*D.* 14. 5... *C.* 4. 26... *InSt.* 4. 7.
*Quod juSSu. D.* 15. 4.... *C.* 4. 26.... *InSt.* 4. 7. §. 1. De ce qui a été
fait par ordre du Maître.

## MAITRE DES REQUETES.

Maitre des Requêtes. *Libellorum supplicum Magister.*
*De MagiStris sacrorum scriniorum. C.* 12. 9....
*De proximis sacrorum scriniorum, cæterisque qui in sacris scriniis mili-*
*tant. C.* 12. 19.
*De Referendariis Palatii. N.* 10. 113. 124. Ces Référendaires raportoient au Prince, les Requêtes des particuliers, & portoient aux Juges les Ordonnances du Prince. *CaSSiod.* 6. *variar.*
*c.* 7%

## MALADIE.

Maladie. *Morbus.*
Explication des mots, *morbus, & vitium. L.* 101. §. 2. *D. de verb.*
*sign.*
*Morbus sonticus. L.* 113. *eod.*

## MANDAT.

**Mandat. Mandataire.**
Ces mots ne font pas en ufage , pour exprimer en François , *Mandatum , Mandatarius ,* & *Mandator* , qui fignifient , Procuration , Procureur, & Répondant. *V.* Ces mots à leur rang.

## MANDEMENT.

**Mandement.** *V.* Ordre.

## MANUMISSION.

**Manumiffion.** *V.* Affranchiffement.

## MAQUEREAU.

**Maquereau.** *Leno.*
*De fpectaculis , & fcenicis , & lenonibus.* **C.** 11. 40... **C. Th.** 15. 8.
*De Lenonibus.* **N.** 14. Peines contre les Maquereaux , & contre ceux & celles qui tiennent ou qui fouffrent chez eux des lieux de débauche.

## MARAIS.

**Marais.** *Palus.*
*De alluvionibus , & paludibus , & pafcuis ad alium ftatum tranfla-tis.* **C.** 7. 41. Des Marais defféchez , ou autres fonds rendus fer-tiles.

## MARCHAND.

**Marchand. Marchandife.** *Mercator. Merx.*
Quelles chofes font comprifes fous le nom de Marchandifes. *L.* 66. *L.* 107. *D. de verb. fign.*
*De Commerciis & Mercatoribus.* **C.** 4. 63.
*Quæ res venire non poßunt , & qui vendere vel emere vetantur.* **C.** 4. 40. Des Marchandifes défenduës.
*Quæ res exportari non debeant.* **C.** 4. 41. Des Marchandifes qui ne doivent pas être tranfportées hors de l'Etat.

*De littorum & itinerum custodia.* C. 12. 45... C. Th. 7. 16. Pour empêcher la sortie de certaines Marchandises.

*De pœna illorum qui res vetitas ad hostes transvehunt,* Leon. N. 63.

*De Monopoliis, & conventu negotiatorum....* V. Monopole.

*De publicanis & vectigalibus, & commissis.* D. 39. 4.... C. 4. 61. De
Marchandises de contrebande, & en contravention. V. Contravention.

Des Marchandises perduës dans un naufrage. V. Naufrage.

V. Commerce.

## M A R C H E'.

Marché. V. Foire.

## M A R I.

Mari & Femme.

*Vnde* **Vir** *& Vxor.* D. 38. 1..... C. 6. 18. De la succession mutuelle
entre Mari & Femme.

*De solidi capacitate inter virum & uxorem.* Vlp. 17. V. Titt. 15. & 16.

*De Decimis.* Vlp. 16. Ce Titre s'entend de la dixiéme portion que
le Mari ou la Femme prenoient des biens l'un de l'autre : ce qui
a été abrogé par les Empereurs Honorius & Théodose, au
Code, *Lib.* 8. t. 58.

*De infirmandis pœnis cælibatus, orbitatis; & de Decimariis sublatis,*
C. 8. 58. *Decimariis,* s'entend ici de la Loi qui donoit cette dixiéme partie.

*Si quis Vxorem suam flagellis castigaverit.* N. 117. c. 14. Des Maris
qui battent leurs Femmes.

*De jurgio inter virum & uxorem. Lex* 12 *tabb.*

*Ne uxor pro marito, vel maritas pro uxore, vel mater pro filio con-*
*veniatur.* C. 4. 12. & 13. V. Obligations des Femmes, sous le
mot, Femme.

## M A R I A G E.

Mariage. *Nuptiæ. Matrimonium. Conjugium.*

La matiere des Mariages, Nopces, & Epousailles, est traitée
dans le Livre XXIII. du Digeste. Le XXIV. & le XXV.
traitent des dépendances & suites du Mariage, comme la

Dot, &c. Le Livre V. du Code traite auſſi du Mariage, & de ſes dépendances, depuis le Titre I. juſqu'au XXVII. inclus.

Le Livre IV. des Décrétales.

Le Livre II. des Inſtitutes de Lancelot.

*De ritu Nuptiarum. D. 23. 2.*

*De Nuptiis. C. 5. 4.... Inſt. 1. 10.... N. 22.... Lex 12 tabb. t. 17.. C. Th. 3. 7.... L. 30. D. de reg. jur.... Inſt. Lanc. 2. 11.*

*De his qui in manu ſunt. Ulp. 9.* Ce Titre parle d'une ſorte de Mariage qui ſe faiſoit anciennement par une ſimple convention, en ſe donnant la main : *In manum conventione.*

*De ſponſalibus & Matrimoniis. Dec. Gr. 27. q. 2... 29. q. 1... 30. q. 5. c. 6. Nullum. §. his omnib. uſque ad fin. quæſt.... 32. q. 1. 2. & 3.... 33. q. 2. c. 12. de his. §. ſed quia, uſq. ad fin. quæſt... Extr. toto lib. 4.... S. 4. 1.... Inſt. L. 2. 9. & ſeqq.*

*De Matrimonio contracto contra interdictum Eccleſiæ. D. Gr. 33. q. 4. à c. 8. ad c. 11... Extr. 4. 16... Inſt. L. 2. 11. & ſeqq.*

*De inceſtis & inutilibus Nuptiis. C. 5. 5.... C. Th. 3. 12. N. 12.*

*De interdicto Matrimonio inter pupillam & tutorem, ſeu curatorem, liberóſque eorum. C. 5. 6.*

*Si quacumque præditus poteſtate, vel ad eum pertinentes, ad ſuppoſitarum juriſdictioni ſuæ aſpirare tentaverint nuptias. C. 5. 7... C. Th. 3. 11... Leon. N. 23.*

*De Nuptiis inter Patres & Plebeïos interdictis. L. 12 tab. t. 17. §. 2.*

*Si Nuptiæ ex reſcripto petantur. C. 5. 8.... C. Th. 3. 10. Huc referri poſſunt diſpenſationes,* Les diſpenſes de Mariage. *V. Caſſiod. Varior. 40. & 46. Ubi ſunt formulæ.*

*Ut conſenſu Matrimonium ſolvi poſſit. N. 140. Nota hic in præfatione, laudes Matrimonii.... N. 117. c. 10.... N. Juſt. 2....* V. Diſſolution de Mariage.

*Soluto matrimonio, quemadmodum dos petatur. D. 24. 3... C. 5. 18...* V. Dot. Droit de reverſion.

*Quod ante ineundum Sacerdotium, Matrimonium contrahi debeat. Leon. N. 3.... V.* Célibat des Prêtres.

*Ne filii naturales cum adoptivis Matrimonium contrahant. Leon. N. 24.*

*Ne ante legitimum matrimonij tempus futuris conjugibus benedicatur. Leon. N. 74.*

*Ne intra ſeptimum ætatis annum ſponſalia ineantur ; neque ante de-*
*cimum*

*cimum quintum, maribus ; aut decimum tertium fœminis, matri-
monium consecretur. L. N. 109.*
*Ne Matrimonia citrà sacram benedictionem confirmentur. L. N. 89.*
*De servis qui liberis in matrimonium conjunguntur. L. N. 100.*
*De Matrimonij solutione ob conjugis furorem. L. N. 111. & 112....
Const. I. Niceph. Botoniatæ 1.*
*De filiis natis ex Matrimonio ad Morganaticam contracto. F. 2. 29.*
Ce Titre parle d'un cas auquel les enfans ne succedent pas au
fief paternel : c'est quand le Mariage a été contracté *ad Morga-
naticam; quod verbum corruptè pro Morgengabe, vulgari lingua
Germanicà, matutinum munus : à Morgen, Mane ; & Gabe,
Donum.* C'est le present de Nopces, que le mari faisoit à sa fem-
me le lendemain : ce qui lui tenoit lieu de douaire, ou d'aug-
ment ; & elle n'avoit pas d'autres avantages.
*De Nuptiis Amitæ & fratris filiæ, cum filio fratris & patruo. Const.I.
Alex. Comn. 1.*
*De nuptiis cum duabus sobrinis. Const. I. Manuel. Comn. 3. 4. & 5.*
*De Nuptiis septimi gradus. Const. I. Isaaci Ang. 2... & Manuel.
Comn. 3.*
*De connubio Persarum cum Romanis. Const. I. Theoph. 3.*
*De Nuptiis Gentilium. C. Th. 3. 14.*
*De pœna eunuchorum, si uxores ducant. Leon. N. 98.*
*Ne captivorum uxoribus, aliis nubere liceat. Leon. N. 33.*
*De rusticis, qui in alienis prædiis nuptias contrahunt. N. 157.* Du.
For-mariage entre gens de serve condition. *V.* Main-morte.
*De his qui in Osdroena illicitas contrahunt nuptias. N. 154...
N. Just. 3.* Peines contre les sujets de l'Empire, qui se marioient
à des Etrangers. *Osdroena,* Province voisine de la Perse.
*Indulgentia illicitè contractarum nuptiarum. N. 139.* Confirmation
des Mariages non valablement contractez, moienant une taxe.
*De muliere quæ sine dotalibus instrumentis nupsit. N. 117. C. 3.*
*De Nuptiis illustrium, ut cum dotalibus instrumentis fiant. N. 117.
c. 4.... N. 74. c. 5.*
*Soluto per repudium matrimonio, quomodo & apud quem liberi alan-
tur. N. 117. c. 7.... C. 5. 24.*
*Si libertam suam patronus uxorem habere maluerit. N. 178. c. 3. & 4.*
*Si quis juraverit in domo privata, aliquam uxorem fore. N. 74. c. 5.*
Promesse de Mariage : Mariage clandestin.

*De mulieribus quæ se propriis vel alienis servis junxerunt. C. 9. 11.*
*C. Th. 9. 9 .... Inst. 3. 13 .... C. Th. 4. 9 .... Anthem. Nov. t. 1.*
*De bonis quæ filiisfam. ex matrimonio adquiruntur. C. 6. 61. ... C.*
*Th. 8. 19.*
*De conversione conjugatorum. D. Gr. 28. q. 1. & 2. ... 32. q. 8. c. uni-*
*co. ... Extr. 3. 33.* Des gens mariez qui entrent en Religion.
*De testibus, & benedictione matrimonij servorum. Const. I. Alex.*
*Comn. 9.*
Chose renvoiée au mariage de quelqu'un. *L. 89. §. 1. D. de verb.*
*sign.*
Dissolution de Mariage. *V.* Dissolution.
*V.* Epousailles. Secondes Nopces.

## MARINIER.

Marinier. Matelot. Voiturier par Mer. *Nauta.*
*De Naviculariis, seu Naucleris publicas species transportantibus.*
*C. 11. t. 1. & seqq. C. Th. 13. 5.* Des Mariniers qui voiturent
les tributs publics. *V.* Voiturier.
*De Nautis Tiberinis. C. 11. 26 .... C. Th. 14. 21.*

## MARQUE.

Marque. Lettres, & droit de Marque. *V.* Represailles.

## MATERIAUX.

Materiaux propres à bâtir. *V.* Bâtiment.

## MATRICULE.

Matricule. *Nominum index. Album: quia erat tabula dealbata, in*
*qua nomina, vel leges inscribebantur.*
*De Albo scribendo. D. 50. 3. Album, hîc, est matricula decurionum.*
En quel rang ils devoient être inscrits sur la Matricule.

## MAY.

May. Mois de May, pendant lequel on faisoit des jeux. *V.* Jeux
publics.

## MEDECIN.

**Medecin.** *Medicus.*

*De Professoribus & Medicis.* **C.** 10. 52... **C. Th.** 13. 3. Ils sont éxemts des charges publiques.

*Vide Leg.* 1. *& 3.* **D.** *Lib.* 50. *t.* 13. *de extraord. cognit.*

*De Comitibus, & Archiatris sacri palatij.* **C.** 12. 13.... **C. Th. 6. 16.** Des Medecins du Prince.

## MENDIANT.

**Mendiant.** *Mendicus.*

*De Mendicantibus validis.* **C.** 11. 25... **C. Th.** 14. 18. Peines contre eux. *V.* Pauvre.

## MER.

**Mer. Marine. Commerce maritime.**

*De exercitoria actione.* **D.** 14. 1.... **C.** 4. 25.... *Inst.* 4. 7. §. 2. Cette action est donnée contre le maître d'un Vaisseau marchand, aux persones qui ont contracté avec celui qui préside à la navigation. *V.* Commis.

*De lege Rhodia, de jactu.* **D.** 14. 2.... *Paul.* 2. 7. Quand les marchandises ont été jettées en mer pour décharger le Vaisseau, ce dommage doit être suporté par contribution. *Lex Rhodia dicta à Rhodis, olim in mari potentioribus.*

*De nautico fænore.* **D.** 22. 2... **C.** 4. 33. *&c. V.* Usure maritime.

Rivage de la Mer. *L.* 96. **D.** *de verb. sign.*

*De oris maritimis.* *Leon. N.* 56. Ce Titre concerne particulierement la Pêche. *V.* Eaux & Forêts.

*De novi operis nuntiatione maritimi aspectus.* *N.* 63. *&* 165. Contre ceux qui bâtissent pour empêcher la vûë sur la Mer.

## MERE.

**Mere.** Comment les Meres succedent à leurs Enfans.

*De Senatus-consulto Tertulliano. Inst.* 3. 3.... **D.** 38. 17.... **C. 6.** 55.... *Paul.* 4. 9. *Ulp.* 26. §. 7.

*De jure liberorum.* **C.** 8. 59. Ce Titre reçoit les Meres à la succession de leurs Enfans, quelque nombre qu'elles en aient, comme aiant *jus liberorum.* i. e. *jus trium liberorum. V.* Enfant.

*Vide Nov.* 118. *c.* 1. *&* 2... *N.* 22. *c.* 2. 46. *&* 47.....*N.* 68.

*Qualiter secundò nubentes ad filiorum successionem vocentur. N.* 22.
 *c.* 3.... *N.* 22. *c.* 46. *&* 47.... *N.* 68.

Biens des Meres échus à leurs Enfans. *V.* Biens maternels.

Mere de famille : ce qu'on entend par ce mot *L.* 46. *D. de verb.*
 *sign.*

Mere-Tutrice.

*Quando mulier tutelæ officio fungi potest. C.* 5. 35.

*Si mulier filiorum suorum tutelam administraverit, & ad secundas
 migraverit nuptias. N.* 22. *c.* 40.

*Ut sine prohibitione matres debitrices & creditrices tutelam gerant
 minorum, neque jusjurandum præstent quòd non venient ad secun-
 da vota. N.* 94.

*De legitima tutela liberorum; & de Matre & Avia. N.* 118. *c.* 5.

*Si Mater indemnitatem promisit. C.* 5. 46.... *Paul.* 2. 11. §. 2. La
 Mere peut s'engager de garantir le Tuteur de ses Enfans, pour
 avoir elle-même l'administration.

*Ut Matres, etiam tutelæ rationibus obnoxiæ sint. N.* 155. *V.* Compte.
 Reddition de compte.

*Ut mater, etiam naturalium liberorum tutelam possit gerere. N.* 89.
 *c.* 14.

*V.* Tutelle.

## MESSAGER.

Messager. *Nuntius. Tabellarius.*

*Publicæ latitiæ, vel Consulum nuntiatores, vel insinuatores constitu-
 tionum, & aliarum sacrarum vel judicialium litterarum, ex descriptione, vel ab invitis, ne quid accipiant immodicum. C.* 12.
 **64.** *ult.... C. Th.* 8. 5. Contre les exactions des Messagers, &
 porteurs des Ordres, Ordonnances, & Nouvelles publiques.
 Nous appelons leur salaire : Vin de Messager.

## MESURE.

Mesure. *Mensura.*

Fausse-mesure. *L.* 221. *D. de verb. sign.*

*De Mensuris & ponderibus. Alexander ab Alex. Lib.* 2. *c.* 20. *Ge-
 nial. dier.*

## M E' T A L.

Métal , Metaux. *Metallum.*
*De metallariis & metallis , & procuratoribus metallorum. C. 11. 6...*
*C. Th. 10. 19.*

## M E' T I E R.

Métier. *V.* Corps des Métiers.

## M E T R O P O L E.

Metropole. Metropolitain. *Metropolis. Metropolitanus , Metro-*
*polites.*
*De Metropoli Beryto. C.* 11. 21. Privilege de Métropole acordé à la
Ville de Bérite , dans la Syrie Phénicienne.
*De Metropolitanis. N.* 123. *c.* 9. *& 10.*
*De Metropolitanis revocantibus ad se pertinentes Episcopas , jure*
*Metropolis aut Archiepiscopatus honoratas. Const. I. Isaaci Ang.* 1.
*V.* Evêque.

## M E U B L E.

Meubles. *Supellex. Instrumentum domesticum. Res moventes , mo-*
*biles.*
Effets mobiliers , ce que c'est. *L.* 93. *D. de verb. sign.*
*De supellectile legata. D.* 33. 10.
*De instructo , vel instrumento legato. D.* 33. 7. *V.* Outil.
*De auro , argento , mundo , ornamentis , unguentis , veste vel vesti-*
*mentis , & statuis legatis. D.* 34. 2.
*De utrubi. D.* 43. 31.... *Inst. de interd.* 4 15. §. 4... *C. Th.* 4. *ult.*
Sorte d'interdit pour être maintenu en la possession d'une cho-
se mobiliaire. *V.* Possessoire.
*De migrando. D.* 43. 32. Le Locataire ne peut enlever ses meu-
bles , sans paier les loiers : privilege du Propriétaire de la mai-
son , sur les meubles du Locataire.
*De Salviano Interdicto. D.* 43. 33... *C.* 8. 9. *Inst.* 4. *de interd.* §. 3.
Privilege du Propriétaire sur les meubles du Fermier, ou Gran-
gier, *Coloni. Salvianum , à Salvio Juliano.*

## MEURTRE.

Meurtre. *V.* Assassin. Homicide. **Tuer.**

## MILICE.

Milice. Militaire. *Militia. Res militaris.*
*De re militari. Lex 12 tabb.*
*De officio militarium judicum.* **C. 1. 45.** Jugement militaire.
Testament militaire. *V.* Testament.
*V.* Armée. Guerre. Officiers de Guerre. Soldat.

## MINE.

Mine. Miniere. *V.* Métal.

## MINEUR.

Mineur de vingt-cinq ans. *Pupillus.*
*De minoribus viginti quinque annis.* **D. 4. 4.... Paul. 1. 9.**
*De in integrum restitutione minorum* **25.** *annis.* **C. 2. 22.**
*De filio-familias minore.* **C. 2. 23.**
*De fidejussoribus minorum.* **C. 2. 24.**
*Si tutor vel curator intervenerit.* **C. 2. 25.** L'intervention du Tuteur
n'empêche pas la restitution du Mineur lézé.
*Si in communi eâdemque causa in integrum restitutio postuletur.* **C. 2.**
**26.** Si le Mineur releve le Majeur.
*Si adversus rem judicatum restitutio postuletur.* **C. 2. 27.** Ce Titre
XXVII du second Livre du Code & les Titres suivans, jusqu'au
Titre XLVI. inclus du même Livre, comprennent les diverses
causes pour lesquelles les Mineurs peuvent être restituez. Tous
ces Titres sont raportez en particulier, ci-aprés, au mot, Res-
cision.
*Qui legitimam personam standi in judiciis habeant, vel non.* **C. 3. 6.**
Les Mineurs ne peuvent pas paroître en Justice.
*V.* Majeur. Pupille. Rescision. Tuteur.
Biens des Mineurs.
*De rebus eorum qui sub tutela vel cura sunt, sine decreto non alie-*
*nandis, vel supponendis.* **D. 27. 9.**
*De prædiis, & aliis rebus minorum sine decreto non alienandis, vel*
*obligandis.* **C. 5 71.**

*Quando decreto opus non eſt. C. 5. 72.*

*Si quis ignorans rem Minoris eſſe, ſine decreto comparaverit. C. 5. 73.*

*De prædiis curialium ſine decreto non alienandis. C.* 10. 33... *C. Th.* 12. 3. Ce Titre peut-être appliqué à la vente des immeubles des Mineurs. *V.* Vente.

*Si Major factus alienationem factam ſine decreto ratam habuerit. C.* 5. 74... *C.* 2. 46.

*Quo tempore, & à quibus rerum ſuarum adultis adminiſtratio conce-di debeat. Leon. N.* 28. *V.* Benefice d'âge.

## MOIENS-D'APPEL.

Moiens-d'appel. *V.* Griefs. Appel.

## MOINE.

Moine. Moineſſe. *Monachus. Monialis, Sanctimonialis, Aſ-cetria.*

*De Monachis. C. Th.* 16. 3... *N.* 5.... 76.... 123.... 133.

*De regularibus, & tranſeuntibus ad religionem. D. Gr.* 1. q. 2... 17. q. 1. 2. 3. & 4... 19. q. 1. 2. & 3.... 20. q. 1. 2. & 4.... 27. q. 1. & 2.... *Extr.* 3. 31.... *S.* 3. 14... *Cl.* 3. 9.... *Extr. co.* 3. 8.

*De capellis Monachorum. Inſt. L.* 2. 22. Il eſt parlé ici de la Juriſ-diction des Evêques ſur les Moïnes.

*De Epiſcopis & Clericis...... & Monachis, &c. C.* 1. 3... *N.* 123.

*Apud quos oporteat cauſas dicere Monachos, & Aſcetrias. N.* 79.

*Quomodo oporteat Monachos vivere. N.* 133... *N.* 123. *c.* 27. 34. & ſeqq.

*De bonis Monachorum. C. Th.* 5. 3.

*De his qui ingrediuntur monaſterium, & de ſubſtantiis eorum. N.* 76... *Leon. N.* 5. & 6.

*Ne liceat parentibus exhedare liberos qui ingrediuntur Monaſterium. N.* 123. *c.* 41.

*De converſione conjugatorum. D. Gr.* 27. q. 2. à *c.* 19. ad 26.... 33. q. 5.... *Extr.* 3. 32. Des perſonnes mariées qui entrent en Re-ligion.

*Ne Monaſteriorum prædia deſcribantur. Conſt. I. Alex. Comn.* 1. Exem-tion des Taxes & Impôts.

Les Moines peuvent être comparez aux Efclaves, en plufieurs
chofes, pour les effets de la vie civile : ainfi on peut appliquer
aux Moines, ce qui eft dans le Droit Romain touchant les Efclaves. *V*. Efclave.

## MOINS-VALUE.

Moins - valuë. Ce qu'on entend par ce mot, *quantò minus.*
L. 150. D. *de verb. fign. V*. Plus-valuë.

## MOISSON.

Moiffon. Blé coupé qui n'eft pas en gerbes, *Stipula illecta.*
L. 30. §. 1. *D. de verb. fign.*

## MONASTERE.

Monaftere. *V*. Moine.

## MONOIE.

Monoie. Monoieur. *Moneta. Monetarius.*
*De falfa Moneta.* C. 9. 24.... *C. Th.* 9. 21. *Paul* 5. 23. §. 13.
*Si quis folidi circulum exteriorem inciderit, vel adulteratum in ven-*
*dendo fubjecerit.* C. *Th.* 9. 22. Contre les rogneurs de monoie, &
ceux qui expofent de fauffes efpeces dans le Commerce.
*Si quis pecunias conflaverit, vel mercandi caufa tranftulerit, aut ve-*
*titas contrectaverit.* C. *Th.* 9. 23. Contre les fabricateurs de mo-
noie, & ceux qui la tranfportent dehors, &c.
*De murilegulis, & de Monetariis.* C. 11. 7... *C. Th.* 10. 20.
*De veteris numifmatis poteftate.* C. 11. 10. Prix des anciennes efpeces.
*De Ponderatoribus, & auri illatione.* C. 10. 71. *C. Th.* 12. 7. Officiers prépofez pour pefer les Efpeces.
*De Monetariis, & Ponderatoribus apud Ægyptios. Edit. Juft.* 11. Devoirs des Monoieurs.
*De mutatione Moneta. Conft. Juftin. Juft.* 20.
*Vt tam veterum principum, quam recentiorum numifmata, modo jufti*
*ponderis, probaque materia fint, valeant. Leon. N.* 52.

A qui

A qui apartient le droit de battre monoie. *Lex 12 tabb. De trium-*
*viris monetalibus.*

## MONOPOLE.

Monopole. *Monopolium.*
*De Monopoliis. Lex 12 tabb. t. 13. c. 4.*
*De Monopoliis, & conventu negotiatorum illicito, vel Artificum,*
*Ergolaborumque, nec non Balneatorum prohibitis illicitisque pac-*
*tionibus. C. 4. 59.* Ce Titre a trois parties ; la premiere est des
Monopoles ou accaparemens de marchandises ; la seconde défend aux Marchands une intelligence & conspiration pour vendre trop cher certaines choses ; & la troisiéme regarde les Ouvriers & Artisans. *Ergolaborum nomen significat Redemptores,*
*qui opus conducunt faciendum :* Ouvriers, Entrepreneurs.
*De lege Julia de annona. D. 48. 12…. Inst. 4. ult. §. ult.* Des Monopoles & amas de Denrées pour les faire enchérir.
*V.* Marchand.

## MONSTRE.

Monstre. *Monstrum. Portentum. Ostentum.*
Définition de ce mot, *Ostentum. L. 38. D. de verb. sign…. L. 135.*
*eod.*
*De partu deformi & monstroso. L. 135. D. de verb. sign…. Lex 12*
*tabb….* Par la Loi des douze Tables il étoit permis au Pere de
faire mourir l'Enfant monstrueux.

## MORT.

Mort. Mourir. *V.* Déceds, Déceder.

## MORT-NE'.

Mort-né. Des Enfans mort-nés. *L. 129. D. de verb. sign.*

## MORTAILLABLE.

Mortaillable. *V.* Mainmorte.

## M U E T.

**Muet.** *Mutus.*

*De bonorum possessione, furioso, infanti, Muto, &c. competent.* D. 37. 3. Les Muets, & autres, peuvent être admis à l'hérédité.

## MUNICIPAL.

Municipal. Municipe. Charges Municipales.

*Municipium* signifie en particulier, la Ville où l'on est né : & en général, les Villes que le Peuple Romain avoit associées à ses privileges.

*Municipes dicuntur propriè, quasi munerum seu muniorum participes : abusivè autem, suæ cujusque civitatis cives,* Concitoiens. *L. 1. §. 1. ff. ad municipalem.*

*Municeps, Municipium, Municipalis. L. 18. & 228. D. de verb. sign.*

*Ad Municipalem, & de incolis. D. 50. 1. Municipalem, supp. legem : vel potius, ad Municipes.* Des Bourgeois & Habitans, & des charges Municipales.

*De Municipibus, & originariis. C. 10. 38.*

*De incolis, & ubi quis domicilium habere videtur, &c. C. 10. 39. Incola,* est celui qui demeure dans un autre lieu que celui de sa naissance. *V.* Domicile.

*De magistratibus municipalibus. C. 1. 56.*

*De muneribus & honoribus. D. 50. 4.* Des charges & dignitez : il y est parlé des charges municipales.

*Quemadmodum civilia munera indicuntur. C. 10. 42.*

*De his qui sponte publica munera subeunt. C. 10. 43.*

*De magistratibus non vendendis. Const. 1. Zo.æ 1.* Contre la vénalité des charges municipales.

*De defensoribus civitatum. C. 1. 55.... N. 15... N. 8. c. 15.* Des conservateurs des priviléges.

*Ut non liberentur curiali fortuna Judæi, nec Samaritani, aut hæretici, &c. N. 46.* Les Hérétiques sont sujets aux charges communes & publiques, sans joüir des privileges.

*De legationibus.* D. 50. 7. ... *C.* 10. 63. Privileges des députez pour les affaires municipales.

*De administratione rerum ad civitates pertinentium.* D. 50. 8. .. *C.* 11. 31. Les administrateurs du bien des Villes, sont Officiers municipaux, & sont regardés comme des Curateurs.

Biens & revenus des Villes. *L.* 15. *&* 17. *D. de verb. sign.*

*V.* Charge. Bourgeois. Domicile.

## M U R.

Mur. Muraille. *Murus.*

Définition de ce mot. *L.* 157. *D. de verb. sign.*

*De crassitudine parietis communis. Lex* 12 *tabb. t.* 1. *c.* 7.

# N

## NANTISSEMENT.

Nantiffement. *V.* Gage.

## NAUFRAGE.

Naufrage. *Naufragium.*
*De naufragiis.  C. 11. 5... C. Th. 13. 9... Conft. Frid. 1. c. 9.* Des
 Vaiffeaux, Batteaux & Marchandifes qui ont fait naufrage.
*De incendio, ruina, naufragio, rate, nave expugnata. D. 47. 9.*
 Vol fait pendant un incendie, naufrage, ou autre malheur &
 defordre public.
*De pæna eorum qui naufragium fuppefferint. Leon. N. 64.... Extr.*
 *5. 17. c. 3.*

## NAVIGATION.

Liberté de la navigation fur les Rivieres. *V.* Riviere.

## NECESSITE'.

Neceffité ne fait pas Loi. *L. 162. D. de reg. jur.*

## NE'GOCE.

Négòce. *V.* Marchand.

## NOBLE.

Noble. Nobleffe. *V.* Dignité.

## NOCES.

Noces. *V.* Epoufailles. Mariage. Secondes Noces.

## NOM.

Nom. Prêter fon nom. Nom fuppofé.

*Si quis alteri, vel fibi, fub alterius nomine, vel aliâ pecuniâ eme-*
*rit. C. 450.* Des ventes & adjudications faites pour foi, ou pour
fon ami élû ou a élire.

*De his qui potentiorum nomine titulos prædiis affigunt, vel eorum no-*
*mina in lite prætendunt. C. 2. 15 . . . . C. Th. 2. 14.* Contre ceux
qui fe fervent du nom & des privileges d'autrui.

*Ne liceat potentioribus, patrocinium litigantibus præftare, vel actio-*
*nes in fe transferre. C. 2. 14.* Contre ceux qui prêtent leur nom,
ou qui interviennent fans interêt.

*De mutatione nominis. C. 9. 25 . . . Paul. 5. 23. §. 9.* C'eft une efpece
de fauffeté.

Les noms font donnez pour fignifier les chofes. *L. 4. & 6. D. de*
*verb. fign.*

## NOMBRE.

Nombre fingulier, mis pour le pluriel. *L. 158. D. de verb.*
*fign.*

## NOMINATION.

Nomination à un Benefice, à un Evêché.
*De Electione. Inft. Lanc. 1. 6.* Nomination d'un Evêque.
*Qui eligere eligi-ve poßunt. Inft. L. 1. 7.*
*De poftulatione. J. L. 1. 8.*
*De confirmatione. J. L. 1. 9.*
*De confecratione. J. L. 1. 10.*
Nomination à une Charge, Tutelle, &c. *V.* Charge. Tutelle.

## NOTAIRE.

Notaire. *Tabellarius. Tabellio.*
*De Tabellionibus, & ut protocolla dimittant in chartis. N. 44.* Du
devoir des Notaires dans la confection & reception des Actes.
*Protocollum eft nota chartæ. Cujac.*
*Quomodo Tabelliones cautè debeant inftrumenta componere. N. 73.*
*c. 4. 5. 8. & 9.*
*Ut præponatur nomen Imperatoris, & ut Latinis litteris apertiùs tem-*
*pora infcribantur. N. 47. V.* Acte.

*De Lege* **Cornelia** *de falsis*, *& de Senatus-consulto* **Liboniano.** *D.* 42.
10. *C.* 9. 23. Ce Sénatus-consulte soumettoit à la peine de faux
celui qui écrivant un Testament, *sibi suâ manu hereditatem, vel
legatum adscribebat.* Cela se peut appliquer à nos Notaires,
& aux Curez & Vicaires, qui reçoivent des Testamens.
*De tabulariis, scribis, logographis, & censualibus. C.* 10. 69...
*C. Th.* 8. 2. Des Notaires, & de ceux qui tiennent les Registres
& comptes publics.

## NOVATION.

Novation. *Novatio.*
*De Novationibus, & delegationibus. D.* 46. 2.... *C.* 8. 42.
*De Novatione. Inst.* 3. 30. §. 3... *Paul.* 5. 7. *de oblig.* §. *ult.*

## NOURRICE.

Nourrice. Nourricier. *Nutrix. Nutritor.*
*Ne pastoribus dentur filii nutriendi. C. Th.* 9. 31.

## NOURRITURE.

Nourriture. *V.* Alimens.

## NUMERATION.

Numeration. Défaut de Numeration. *Non numerata pecunia.*
*De non numerata pecunia. C.* 4. 30.
*Si pignoris conventionem numeratio secuta non sit. C.* 8. 33.

# O

## OBLATION.

Oblation. *V.* Offrande.

## OBLIGATION.

Obligation. *Obligatio.*
C'eſt un terme générique , qui ſignifie toutes ſortes d'engage-
mens de faire ou de doner. *L.* 7. *D. de verb. ſign.*
Il eſt traité des Obligations ou Engagemens dans le Digeſte , de-
puis le dernier Titre du Livre X L I V. juſqu'à la fin du X L V.
Et dans les Inſtitutes,  depuis le Titre X I V. du troiſiéme Li-
vre , juſques au Titre V I. du Livre quatriéme.
*De obligationibus. Inſt.* 3. 14. ... *Cajus.* 2. 9 ... *Paul.* 5. 7.
*De obligationibus & actionibus. D.* 44. 7 ... *C.* 4. 10.
*Quibus modis re contrahitur obligatio. Inſt.* 3. 15.
*De verborum obligationibus. D.* 45. 1. ... *Inſt.* 3. 16.
*De contrahenda & committenda ſtipulatione. C.* 8. 38. L'obligation
eſt ſouvent appelée ſtipulation, en prenant ce nom, de la
principale partie du contrat; car *ſtipulari , eſt interrogare , &
per interrogationem obligare ſibi reſpondentem.*
*De duobus reis ſtipulandi & promittendi. Inſt.* 3. 17. ... *D.* 45. 2. ...
*C.* 8. 40. ... *N.* 99. *Duo rei ſunt , qui vel ſinguli debent in ſolidum ,
vel quibus ſingulis in ſolidum debetur :* Deux débiteurs , ou deux
créanciers ſolidaires.
*De ſtipulatione ſervorum. D.* 45. 3. ... *J.* 3. 18. Les Eſclaves & les
Fils-de-famille ne peuvent ſtipuler qu'au profit de leur Maître
ou de leur Pere.
*De diviſione ſtipulationum. J.* 3. 19.
*De inutilibus ſtipulationibus. J.* 3. 20.
*De ſtipulationibus Prætoriis. D.* 46. 5. ... *J.* 3. 19. §. 2. Des engage-
mens qui ſe font en preſence & de l'autorité du Juge, ou Pré-
teur.
*De litterarum obligationibus. J.* 3. 22.

*De Obligationibus, ex consensu. J. 3. 23.* Des engagemens qui son
parfaits par le seul consentement des parties : comme la vente,
le louage, la société, &c.

*De obligationibus quæ ex quasi-contractu nascuntur. J. 3. 28.*

*Per quas personas nobis obligatio acquiritur. J. 3. 29.*

*Quibus modis tollitur obligatio. J. 3. 30. ... Caj. 2. 10... L. 35. L. 153.
D. de reg. jur.*

*De obligationibus quæ ex delicto nascuntur. J. 4. 1 ... Cajus 2. 11.*

*De obligationibus quæ ex quasi delicto nascuntur. J. 4. 5.*

*Ne uxor pro marito, vel maritus pro uxore ; vel mater pro filio conve-
niatur. C. 4. 12.*

*Ne filius pro Patre, vel Pater pro filio emancipato ; vel libertus pro
patrono, vel servus pro Domino conveniatur. C. 4. 13... N. 134.
c. 7.* Ce Titre & le précedent concernent la regle, que nul
n'est engagé par l'obligation d'un tiers. *V.* Tiers. Néanmoins le
Titre 60. du Livre X. au Code, fait une exception à cette
règle. Voyez charge fils

*Ut non fiant pignorationes pro aliis personis. N. 52... N 134. c. 7.
Pignoratio,* la saisie que l'on fait par représailles : *jus alium pro
alio retinendi.*

*An servus, pro suo facto, post manumissionem teneatur. C. 4. 14....
L. 146. D. de reg. jur.* Si un Affranchi demeure obligé pour l'o-
bligation contractée dans la servitude.

*De rebus creditis, si certum petatur. C. 4. 2.* Ce Titre & le précedent traitent de l'obligation que contracte le Débiteur envers
son Créancier.

*De pecunia constituta. D. 13. 5.... C. 4. 18.... J. 4. 6. §. 9.... N. 115.
c. 6.* Promesse, Obligation, ou engagement fait par quelqu'un
de paier ce qu'il doit déja, ou ce qu'un autre doit, & dont il
n'y avoit point d'engagement par écrit. *V.* Promesse.

*De pollicitationibus D. 50. 12.* Engagement de faire quelque chose.
Le pacte est une convention reciproque : la pollicitation est
l'engagement d'une seule persone.

Terme de l'obligation. *L. 14. D. de reg. jur. V.* Terme de paier.

Obligation des femmes. *V.* Femme.

## OBREPTION.

Obreption. Obrep

*si per*

*Si per obreptionem fuerint impetrata.* **C. Th.** 11.13. Revocation des Privileges surpris. *V.* Privilége. Exemption. Subreptice.

## OFFICIER.

Officier. *Qui munus aliquod gerit.*

Des Officiers en général.

*De diverſis officiis, & apparitoribus, & probatoriis eorum.* **C. Th.** 8. 7.

*Jus-jurandum quod præſtatur ab his qui adminiſtrationem accipiunt.* **N.** 8. t. 3. Forme du serment que prêtent les Officiers pous leurs Charges. *Vide eand. Nov. t.* 2. *c.* 7. *& * 14.

*De lucris officiorum.* **C. Th.** 8. 9.

Officier de Juſtice, ou de Robe : Magiſtrat.

*De his qui in exilium dati, vel ab ordine moti ſunt.* **C.** 10. 59. Les Officiers interdits, chaſſés de leurs Corps, ou bannis pour un tems, peuvent rentrer dans les fonctions de leurs charges.

*Abrogatio legis quæ Senatui Prætores, Decurionibus verò Præfectos conſtituere concedebat.* *Leon.* **N.** 47. Les Officiers de Juſtice feront nommez par le Prince.

*De officio civilium judicum.* **C.** 1. 44.

*Vbi quis de curiali, vel cohortali, aliâve conditione, conveniatur.* **C.** 3. 23. Des bas Officiers des Juges ; comme Huiſſiers, &c. *Cohortales, erant apparitores præſidis.*

*De numerariis, actuariis, & adjutoribus, ſcriniariis & exceptoribus ſedis excelſæ, cæterorumque judicum tam militarium quàm civilium.* **C.** 12. 50... **C. Th.** 8. 1. Des bas Officiers de Juſtice.

*De adminiſtratoribus.* **N.** 95. Des Officiers qui ont eu l'adminiſtration d'une Province, en qualité de Juges, ou autrement : & de ce qu'ils doivent faire aprés leur adminiſtration.

*De comitibus vacantibus.* **C. Th.** 6. 18. Des Officiers honoraires, ou plûtôt, anciens.

*V.* Magiſtrat. Juge. Charge. Dignité.

Officiers de Ville.

*De Magiſtratibus municipalibus.* **C.** 1. 56.

*De Officio præfecti urbi.* **D.** 1. 12.

*De defenſoribus civitatum.* **C.** 1. 55.... **C. Th.** 1. 10.... **N.** 15.... **N.** 8. t. 2. c. 1. in princ. & §. 49.

*De periculo nominatorum.* **C.** 11. 33. Engagemens des Officiers qui nomment des ſucceſſeurs à leurs Charges.

Bb

*De periculo eorum qui pro Magiſtratibus intervenerunt.* **C.** 11. 34.

*Vt negotiari, ædificare, muneráque accipere, urbis Magiſtratibus liceat. Leon. N.* 84.

*De tabulariis, logographis & cenſualibus.* **C.** 10. 69... **C.** *Th.* 8. 2. De ceux qui tiennent les Regiſtres & Comptes publics.

*De curatoribus Kalendariis, & fide-juſſoribus eorum.* **C.** *Th.* 12. 11. *Curator Kalendarij,* Celui qui avoit ſoin des deniers & des Comptes publics.

*V.* Municipal. Décurion. Echevin.

Officiers du Prince, & de ſa Maiſon. *Palatini. Cæſariani. Adminiſtri Princ̄ pis.*

*De privilegiis eorum qui in ſacro palatio militant.* **C.** 12. 29... **C.** *Th.* 6. 35.

*De Cæſarianis.* **C.** *Th.* 10. 7. Officiers du Prince. *Gothofr. ad N.* 1. *c.* 4. §. 2.

*De Caſtrenſianis, & Miniſterianis.* **C.** 12. 26.... **C.** *Th.* 6. 32. Domeſtiques de la Maiſon du Prince.

*De decanis.* **C.** 12. 27.... **C.** *Th.* 6. 33. *Decani, de quibus hîc, erant è miniſterianis.*

*De Caſtrenſi omnium Palatinorum peculio.* **C.** 12. 30.

*De præpoſitis ſacri cubiculi, & de omnibus cubiculariis, & privilegiis eorum.* **C.** 12. 5... **C.** *Th.* 6. 8. Du premier Gentil-homme, & des Officiers de la Chambre. *V.* le Titre 68. du Livre XI. au Code : *de prædiis Tamiacis.*

*De Silentiariis, & decurionibus eorum.* **C.** 12. 16.... **C.** *Th.* 6. 23. *Silentiarij, ſunt qui in Palatio Principis excubias agunt. Stabant ad fores cubiculi, & ſilentium indicebant. Decuriones præerant Silentiariis.*

*De Officio magiſtri officiorum.* **C.** 1. 31... **C.** *Th.* 6. 9. Cujas compare cet Officier, à celui que nous appelons en France, Prevôt de l'Hôtel. Mornac penſe que nous avons trois ſortes d'Officiers, que l'on peut comparer à celui qui étoit nommé *Magiſter Officiorum :* Sçavoir, le Grand-Maître de France, qui a la Surintendance ſur les Officiers de la Maiſon du Roi ; le Grand-Maître de l'Artillerie ; & les quatre Capitaines des Gardes.

*De Officio comitis ſacrarum largitionum.* **C.** 1. 32.... **C.** 12. 6. **C.** *Th.* 6. 9. *Apud nos,* Le Tréſorier de l'Epargne. Mornac.

*De Palatinis ſacrarum largitionum, & rerum privatarum.* **C.** 12. 24... **C.** *Th.* 6. 30.

*De Officio comitis rerum privatarum.* **C. 1. 33.... C. 12. 6.... C. Th.**
6. 9. Le Grand-Maître, & le Maître de la Chambre aux deniers. Mornac.

*De Officio comitis sacri patrimonij.* **C. 1. 34.** Le Trésorier de la Maison, suivant Mornac, qui raporte les Charges des trois Officiers nommez dans ces quatre derniers Titres, aux fonctions
de la Chambre des Comptes, à Paris.

*De agentibus in rebus. V.* Agent.

*De Murilegulis, & Gynæciariis, & procuratoribus Gynæcij; & de*
*Monetariis.* **C. 11. 7... C. Th. 10. 20.** *Murileguli,* Pêcheurs de
Pourpre. *Gynæciarii, & procuratores Gynæcii,* sont les Officiers
& les Valets de la Garde-robe du Prince.

*De domesticis & protectoribus.* **C. 12. 17... C. Th. 6. 24.** Des Gardes
du Corps.

*De præpositis Laborum.* **C. 12. 18... C. Th. 6. 25.** Officier commis à
la garde de la Banniere qui marchoit devant l'Empereur. *La-*
*borum,* pour *Labarorum. Laborum,* ou *Labarum* signifioit cette
Banniere, comme autrefois l'Oriflame en France.

*De stratoribus.* **C. 12. 25.... C. Th. 6. 31.** Des Ecuiers, & Officiers
de l'Ecurie.

*De Mensoribus.* **C. 12. 28.... C. Th. 6. 34.** Des Fourriers & Maréchaux des logis.

*De privilegiis scholarum.* **C. 12. 29.** *Scholæ, in hoc tit. sunt corpora*
*scholarium seu militantium in sacro Palatio : non verò scholasti-*
*corum.*

*De comitibus & tribunis scholarum.* **C. 12. 11.** *Scholæ, in hoc tit. &*
*aliis titulis Codicis, sunt corpora sive ordines eorum qui munere &*
*Officio aliquo, quod ad principis ministerium pertineret, funge-*
*bantur. In hoc titulo agitur de comitibus & tribunis sive præpositis*
*Agentium in rebus. V.* Agent.

Officiers de Guerre.

*De magistratibus militaribus. Lex 12 tabb.*

*De Officio militarium judicum.* **C. 1. 45.... C. Th. 1. 8.**

*De Officio tribuni & comitis rei militaris.* **C. 1. 46.... C. Th. 6. 14.**

*De comitibus rei militaris.* **C. 12. 12... C. Th. 6. 14.**

*Ne comitibus rei militaris, vel tribunis lavacra præstentur.* **C. 1.**
47.... **C. Th. 7. 11.** Défense à ces Officiers, d'exiger l'usage
des bains particuliers.

*De Officio Magiſtri militum. C. 1. 29... C. 12. 3. & 4.... C. Th. 6.*
*6. & 7. Magiſter Militum, étoit, à peu-prés, comme le Co-*
nêtable en France. *V.* Conêtable.

*De præpoſitis Laborum. C. 12. 18. V.* ce même Titre, ſous le mot :
Officiers du Prince.

*De menſoribus. C. 12. 28... C. Th. 6. 34.* Des Maréchaux des Logis : *Menſores & Metatores.*

*De filiis officialium militarium, qui in bello moriuntur. C. 12. 48..*
*C. Th. 7. 22.*

*De cohortalibus, principibus, corniculariis, & primipilaribus. C Th.*
*8. 4. Cohortales, propriè erant Rectorum provinciarum officiales.*
*Principes & cornicularii, alii officiales. Primipilares, erant qui*
*militares alimonias curabant,* les Vivres. *V.* Huiſſier.

*V.* Soldat.

Officiers Ecléſiaſtiques. *V.* Ecléſiaſtique. Evêque.

Officiers de Police. *V.* Police.

<h2 style="text-align:center">O F F R A N D E.</h2>

Offrande. *Donum. Oblatio.*
*De Oblationibus, & aliis juribus Eccleſiaſticis. C. I. Alex. Comn. 10.*

<h2 style="text-align:center">O P P O S I T I O N.</h2>

Oppoſition. S'oppoſer.
Qui peut conſentir, peut s'oppoſer. *L. 3. D. de reg. jur.*

<h2 style="text-align:center">O P T I O N.</h2>

Option. *Electio.*
*De optione, vel Electione legata. D. 33. 5.... Inſt. 2. 20. §. 22. &*
*23.... L. 3. C. Communia de legatis.*

<h2 style="text-align:center">O R.</h2>

Or *Aurum.*
*De Auro, argento, mundo, ornamentis, &c. D. 34. 2.*
Or, dorure. *V.* Luxe.
*De Auro coronario. V.* Don-gratuit. Préſent. Triomphe.
*De Auro luſtrali. V.* Tribut. Taille.

Ordonnance. *Decretum.*
*De mandatis principum.* **C.** 1. 15.... **N.** 17... **C.** *Th.* 1. 3. *Idem.* 1.
& 2.
*Vt divinæ jussiones subscriptionem habeant gloriosissimi quæstoris.*
**N.** 114. Que les Ordonnances soient signées par le Questeur,
ou Chancelier.
*De decretis ab ordine faciendis.* **D.** 50. 9..... **C.** 10. 46. Ordonnan-
ces des Décurions & des Juges.
*Vt facta novæ constitutiones, post insinuationes earum, post duos
menses valeant.* **N.** 66. Enregistrement & éxécution des Or-
donnances.
*Ne amplius Senatus-consulta fiant.* **L.** *N.* 78.
*De constitutionibus Ecclesiasticis, & de constitutionibus Principum.*
*V.* Constitution.
*V.* Edits & Déclarations.

O R D R E.

Ordre Ecclésiastique. *V.* Ecclésiastique.
Ordre, Commandement. *Jußum. Jußus.*
*Quod jußu.* **D.** 15. 4. ... **C.** 4. 26... *I.* 4. 7. **§.** 1. .... **C.** *Th.* 2. 31. De
ce qui est fait par l'ordre ou commandement de Supérieur.
*V.* Maître.

ORIGINAIRE.

Originaire. *Oriundus.*
*De municipibus & originariis.* **C.** 10. 38. *V.* Municipal. Bourgeois,
Domicile.

O U T I L.

Outils d'Agriculture. *Instructum. Instrumentum.*
*De [ fundo ] instructo, vel instrumento legato.* **D.** 33. 7. Des Meubles
& Outils d'Agriculture. *Instructum, latius est quàm Instrumen-
tum; nam significat quidquid instruit fundum.*

B b  iij

## OUVRAGE.

Ouvrage. *Opus.*
Ce qu'on entend par ce mot. *L.* 5. *§.* 1. *D. de verb. sign.*
*De novi operis nuntiatione. D.* 39. 1... *Extr.* 5. 32... *N.* 63. Opposi-
 tion à un Ouvrage nouveau : défenses de le continuër.
*De remissionibus. D.* 43. 25. Mainlevée des défenses de continuër.
 *Remissio, est abolitio nuntiationis operis novi, à prætore facta.*
*Quod vi, aut clam. D.* 43. 24. Ouvrage fait par force, ou en ca-
 chette, sur le fonds d'autrui.
*Ne quid in loco sacro fiat. D.* 43. 6.
*De operis libertorum. D.* 38. 1.... *C.* 6. 3... *Paul.* 2. *ult. V.* Corvée.
 Affranchi.
*De operibus publicis. D.* 50. 10... *C.* 8. 12.... *C. Th.* 15. 1.
*V.* Construction. Ouvrier.

## OUVRIER.

Ouvrier. *Artifex. Opifex.*
*De excusationibus Artificum. C.* 10. 64... *C. Th.* 13. 4. Exemtions
 & Priviléges des excellens Ouvriers, & de leurs Aprentis ;
 avec l'énumeration des Ouvriers éxemts.
*De formula artificum. N.* 122... *Ed. Justin.* 6. Salaires des Ou-
 vriers.
*De servis fugitivis & libertis &c. C.* 6. 1. Contre les Ouvriers &
 Artisans qui sortent des Villes, ou de l'Empire, pour s'aller
 établir ailleurs.
*De monopoliis, & conventu negotiatorum illicitò, vel artificio Ergo-
 laborum, nec non balneatorum prohibitis ; & pactionibus illicitis.*
 *C.* 4. 59. Contre l'intelligence des Ouvriers. *Ergolaborum nomen, significat redemptores, qui opus conducunt faciendum :* Ou-
 vriers, Entrepreneurs.
*V.* Ouvrage.

# P

## PACAGE.

Pâcage. *V.* Pâturage.

## PACTE.

Pacte. Convention *Pactum. Pactio.*
*De pactis. D. 2. 14. . . . . C. 2. 3. . . . , C. Th. 2. 9. . . . . Lex 12 tabb. t. 5. . . .*
    *Paul. 1. 1.*
*Dec. Gr. 22. q. 4. . . . . Extr. 1. 35. . . . S. 1. 18. . . . Inst. L. 3. 3.*
*De transactionibus. D. 2. 15. . . . C. 2. 4. . . . Extr. 1. 35.*
*Privatorum pactiones jus publicum non immutant. L. 27. L. 45. §. 1.*
    *D. de reg. jur.*
Les Titres précedens parlent des conventions en général ; mais
    les Titres suivans traitent de quelques conventions particu-
    lieres.
*De pactis dotalibus. D. 23. 4. . . . V. Dot.*
*De pactis conventis tam super dote , quàm super donatione ante nup-*
    *tias , & paraphernis. C. 5. 14.*
*De pactis inter emptorem & venditorem compositis. C. 4. 54.*
*De contrahenda emptione , & de pactis inter emptorem & vendito-*
    *rem compositis , &c. D. 18. 1. & duob. tit. seqq.*
*De pactis pignorum , & de lege commissoria in pignoribus rescindenda,*
    *C. 8. 35.*
*De pacto paterno , ex æquo heredem futurum filium. Leon. N. 19.*
*Ut pacta , etiam non constitutâ pœna , valeant. Leon. N. 72.*
*De pactis inter virum & uxorem. Paul. 2. 22.*
*V.* Contrat. Convention. Transaction.

## PAIEMENT.

Paiement. Paier. *Solutio. Solvere.*
Definition de ce mot , *solutio. L. 176. D. de verb. sign.*
*De solutionibus. Inst. 3. 30. quib. mod. toll. obl. . . . . . N. 4. c. 3.*

*Dec. Gr. de pœnit. dist.* 1. *c.* 76.... *dist.* 4. *c.* 1. 2. 3. *& aliis mult. can. Extr.* 3. 23.

*De solutionibus & liberationibus. D.* 46. 3.... *C.* 8. 43.

*De solutionibus & liberationibus debitorum civitatis. C.* 11. 39.

*De acceptilatione. D.* 46. 4... *C.* 8. 44.... *J.* 3. 30. *§.* 1. L'acceptilation est un paiement feint & imaginaire.

*Vbi conveniatur qui certo loco dare promisit. C.* 3. 18.

*De eo quod certo loco dari oportet. D.* 13. 4. Du paiement qui doit être fait en certain lieu, ou en certain tems : dommages & interêts pour l'inéxécution.

*Minus solvere. L.* 12. *in fine. L.* 32. *L.* 82. *L.* 117. *D. de verb. sign.*

*De solutione indebiti. V.* ci-aprés, Répétition.

*V.* Créancier. Débiteur. Obligation. Promesse. Terme de paier.

## P A I N.

Pain. *Panis.*

*De pretio panis Ostiensis. C. Th.* 14. 19.

## P A I X.

Paix. *Pax.*

*De Treuga & Pace. D. Gr. dist.* 90.... 24. *q.* 3. *c.* 23. *& 25.... Extr.* 1. 34.... *Extr. co.* 1. 9. De la Trêve & de la Paix. *Treuga, nomen Barbarum : Latinè, Induciæ.*

*De pace Constantiæ, composita inter Imperatorem Fridericum, filium ejus Henricum, & quosdam nobiles Alemanniæ, ex una parte ; & civitates Lombardiæ, Marchiæ, & Romandiolæ, ex altera. L.* 1. *t.* 3. *vel* 21.

*De pace tenenda, & ejus violatoribus. F.* 2. 27.

*De pace tenenda inter subditos, & juramento firmanda, & vindicanda ; &c. F.* 2. 53.

*De Irenarchis. C.* 10. 75.... *C. Th.* 12. 14. *Irenarcha*, ἀπὸ τῆ εἰρένης αρχων. Officiers, qui avoient soin de maintenir la paix & la tranquilité publique.

## P A L L I U M.

Pallium, Sorte d'ornement Pontifical. *V.* Evêque.

PANONCEAU

## PANONCEAU.

Panonceau. *Scutum.* Armes & Panonceaux. *Signa. Tituli.*
L'on attache aux portes des héritages faifis, les Armes & Panon-
ceaux du Seigneur Jufticier de l'autorité duquel ils font faifis.
L'on y met auffi des Brandons, & autres marques. *V.* Armes.
Brandon. Saifie.

## P A P E.

Pape. *Papa. Summus Pontifex.*
*De Epifcopis , & fummo Pontifice. Inft. L. 1. 5.*
*De primatu , appellatione , & commoratione Papæ Romæ. Conft. I.*
*Mich. Palæol. 1.*
*V.* Evêque. Eccléfiaftique.

## PARAPHERNAL.

Paraphernal. Biens Paraphernaux , qui apartiennent à la fem-
me outre fa dot. *Bona Parapherna.*
*De pactis conventis tam fuper dote, &c. & Paraphernis. C. 5. 14....*
*L. 9. S 3. D. de reg. jur.*

## PARENT.

Parent. Parenté. *Propinquus , Cognatus , Confanguineus , &c.*
*Jura fanguinis non dirimuntur. L. 8. D. de reg. jur.*
Les degrés de Parenté ont été établis pour régler l'ordre des fuc-
ceffions , & des mariages. Delà vient la difference de conter
les degrez par le Droit Civil , & par le Droit Canonique.
Parenté pour les fucceffions.
*De gradibus , & ad finibus , & nominibus eorum. D. 38. 10.*
*De gradibus cognationis. Inft. 3. 6.... Paul. 4. 11.*
*De fervili cognatione. Inft. 3. 7.... Inft. 1. 10. S. 10.*
*De confanguineis & uterinisfratribus. N. 84.* Succeffion de plufieurs
Freres.
*V.* Succeffion.
Parenté pour les Mariages.
*De nuptiis. Inft. 1. 10. ubi de affinibus & confanguineis.*
*De confanguinitate & affinitate. D. Gr. 35. q. 1. 4. 5. & 8.....*

C c

35. *q.* 2. *&* 10. . . . *Extr.* 4. 14. . . . *Cl.* 4. 1.
*De triplici cognatione. Inſt. L.* 2. 13.
*De cognatione ſpirituali. Extr.* 4. 11. . . . *S.* 4. 3.
*De cognatione legali. Extr.* 4. 12.
*De eo qui cognovit conſanguineam uxoris ſuæ, vel ſponſa. Extr.*
     4. 13.
*V.* Mariage.

## PARJURE.

Parjure. *V.* Serment.

## PARRICIDE.

Parricide. *Parricidium. Parricida.*
*De Parricidiis. C. Th.* 9. 15. . . . *Lex* 12 *tabb. t.* 27. *c.* 7.
*De lege Pompeia, de Parricidiis. D.* 48. 9. . . . *Paul.* 5. 22.
*De his qui parentes vel liberos occiderunt. C.* 9. 17.
*V.* Homicide.

## PARROISSE.

Parroiſſe. Parroiſſien. *Parœcia, Parochia.*
*De Parochiis & alienis Parochianis. D. Gr.* 10. *q.* 2. . . . 13. *q.* 1. . . .
     16. *q.* 5. . . . *Extr.* 3. 29.

## PARTAGE.

Partage, Diviſion. *Partitio.*
Sens de ce mot. *L.* 164. *§.* 1. *D. de verb. ſign.*
Partage entre cohéritiers.
*Familiæ erciſcundæ. D.* 10. 2. . . . *C.* 3. 36. . . . *I.* 3. 28. *§.* 4. . . . *I.* 4. 17.
     *§.* 4. *&* 5. . . . *I.* 4. 6. *de aĉtion. §.* 20. . . . *C. Th.* 2. 24. . . . *Paul.* 1.
     26. . . . *Lex* 12 *tabb. t.* 12. . . . *Familia erciſcunda :* i. e. *hereditas*
     *dividenda,* Partage de ſucceſſion entre pluſieurs cohéritiers.
Partage de choſe commune.
*Communi dividundo. D.* 10. 3. . . . *C.* 3. 37. . . . *I.* 3. 28. *§.* 3. *de oblig.* . . .
     *I.* 4. 6. *§.* 20. . . . *I.* 4. 17. *§.* 5. . . . *C. Th.* 2. 25. . . . Partage d'une
     choſe commune, ou poſſedée par indivis.
*Communia utriuſque judicij, tam familiæ erciſcunda, quàm communi*
     *dividundo. C.* 3. 38.

*Si menſor falſum modum dixerit.* **D.** 11. 6. Pour partager les fonds on ſe ſert d'Arpenteurs ou d'Experts : ce Titre eſt contre ceux qui, par dol, ou par ignorance, n'arpentent pas juſtement.

Partage de ce qui eſt trouvé par pluſieurs enſemble. *Leon.* **N.** 70. *in princ.* C'eſt ce qu'on appelle vulgairement : retenir ſa part.

## PARTICULE.

Particule conjonctive, & Particule disjonctive.

De la Particule, *Et*, conjonctive : & de la particule, *vel*, ou, disjonctive. **L.** 124. **D.** *de verb. ſign.*

## PARTIE.

Partie, Portion. *Pars.*

Définition de ce mot. **L.** 25. *&* 26. **D.** *de verb. ſign.*

Partie civile : faire partie.

*De accuſationibus & inſcriptionibus.* **D.** 48. 2.... **C.** 9. 2.... **C.** *Th.* 9. 1. Des plaintes formées par la partie civile : déclaration qu'elle entend faire partie.

## PARTISAN.

Partiſan. *Publicanus. Vectigalium redemptor.*

Définition de ce mot, *Publicanus.* **L.** 15. *&* 16. **D.** *de verb. ſign.*

*De publicanis, & vectigalibus, & commiſſis.* **D.** 39. 4. Des Partiſans, des Impôts, & des Contraventions.

*De exactoribus tributorum.* **C.** 10. 19.

*De capiendis & diſtrahendis pignoribus, tributorum cauſa.* **C.** 10. 21.

*V.* Impôt. Contravention. Confiſcation. Exaction.

## PASSAGE.

Paſſage. Droit de paſſage. *V.* Chemin particulier. Servitude.

## PATRIARCHE.

Patriarche. *V.* Métropolitain. Evêque.

## PATRICE.

Patrice. Dignité de Patrice : Patriciat.
*De Confulibus..... & Patriciis. C.* 12. 3.... *C. Th.* 6. 6.

## PATRON.

Patron, Patronage. *Patronus. Patronatus.*

Ces termes ont deux fens differens dans le Droit. Suivant le Droit Romain, le Patron étoit le Maître qui avoit affranchi un de fes Efclaves; & ce Patron confervoit un Droit fur la perfone, & fur les biens de fes Affranchis : c'étoit le Droit de Patronage.

Suivant le Droit Canonique, Patron eft celui qui aiant fondé un Bénéfice, a droit de nommer un Ecléfiaftique pour y faire le fervice, & pour percevoir les fruits du Bénéfice : & ce Droit s'appele auffi, Droit de Patronage.

Patron & Patronage pour les Bénéfices. *V.* Bénéfice.

Patron & Patronage, fuivant le Droit Romain.

Ce qu'on entend par Patron. *L.* 52. *D. de verb. fign.*

*De jure Patronatûs. D.* 37. 14.

*De bonis libertorum, & jure Patronatûs. C.* 6. 4.

*De operis libertorum. C.* 6. 3.

*Si in fraudem Patroni a libertis alienatio facta fit. C.* 6. 5.

*De obfequiis parentibus & Patronis præftandis. D.* 37. 15.... *C.* 6. 6.

*De reverentia & obfequio Patronis à libertis præftandis. N.* 78. *c.* 2.

*De bonorum poffeffione contratabulas liberti, quæ Patronis vel liberis eorum defertur. C.* 6. 13.

*De adfignandis libertis. D.* 38. 4.... *I.* 3. 9. La fucceffion des Affranchis tombe à celui des enfans du Patron, auquel ils ont été affignez. *Adfignare libertum, eft teftificari cujus ex liberis libertum effe voluit. L.* 107. *D. de verb. fign.*

Ce Titre peut bien s'étendre au Patronage Ecléfiaftique, pour régler auquel des Enfans apartient le droit de nommer au Bénéfice.

*Si quid in fraudem Patroni factum fit. D.* 38. 5.

*Si in fraudem Patroni à libertis alienatio facta eft. C.* 6. 5.

*De lege Fabiana. Paul.* 3. *Sent.* 4. Les Affranchis ne peuvent pas

aliéner leurs biens , en fraude de leurs Patrons. *Actio Fabiana ,
& actio Calvisiana.*
*Si libertam suam Patronus uxorem habere maluerit. N. 78. c. 3.*
*V.* Affranchi.

## PATURAGE.

Pâturage. *Pascuum. Pascuus ager.*
Bois propre au Pâturage, *Pascua sylva. L. 30. in f. D. de verb. sign.*
*De alluvionibus , & paludibus , & pascuis ad alium statum translatis.*
   *C. 7. 41.*
*De Pascuis publicis & privatis. C. 11. 60... C. Th. 7. 7.*

## PAUVRE.

Pauvre. Pauvreté. *Pauper , Inops. Inopia.*
*Quando imperator inter pupillos , vel viduas, vel miserabiles perso-*
   *nas cognoscat. C. 1. 14.*
*De patribus qui filios suos distraxerunt. C. 4. 43.... C. Th. 3. 3....*
   *Paul. 5. 1. §. 1.* Des Peres que la pauvreté oblige de vendre
   leurs Enfans.
*De alimentis qua inopes parentes de publico petere debent. C. Th. 11.*
   27. Les Enfans dont les Peres n'avoient pas dequoi les nourrir,
   étoient entretenus aux dépens du public.
*V.* Mendiant.

## PAYEMENT.

Payement. *V.* Paiement.

## PAYSAN.

Paysan. *Homo Rusticus, Rusticanus.*
*Ne Rusticani ad ullum obsequium devocentur. C. 11. 54.* Privilege
   des Paysans.
*Non licere habitatoribus Metrocomia loca sua ad extraneum transfer-*
   *re. C. 11. 55. Metrocomia ,* étoit un Bourg principal , qui tenoit
   entre plusieurs autres Villages , le même rang , qu'une Métropole tenoit entre les Villes.  Ce Titre défend aux Habitans
   de ces Métrocomes, de vendre leurs héritages à ceux des autres

Bourgs. Cette défense est faite à cause de l'exemtion de la Taille.

*De his qui mutuum dant Agricolis. N. 32. 33. & 34.*

## PESCHE.

Pêche. Pêcher. *V.* Eaux & Forêts.

## PECULAT.

Péculat, vol des deniers publics. *Peculatus.*

*De crimine Peculatûs. C. 9. 28. . . . . C. Th. 9. 28. . . . . I. 4. ult. §. 9.*

*Ad legem Juliam Peculatûs ; & de sacrilegiis, & de Residuis. D.48. 13. . . Paul. 5. 25. . . I.4.ult.§.ult. Residuorum crimen, est pecuniæ publicæ retentio, quæ apud aliquem ex administratione residet, in publicum non relata : Gallicè, Restes, ou Residus.*

*De administratione rerum ad civitates pertinentium. D. 50. 8. . . . C. 11. 31.*

*Si Magistratus aliquis res fiscales furatus esse deprehensus sit. Leon. N. 105.*

*V.* Concussion. Deniers publics.

## PECULE.

Pécule. *Peculium.*

*De peculio. D. 15. 1. . . . . I. 4. 7. §. 4. . . . L. 182. D. de verb. sign. . . . C. Th. 2. 32.*

*Quod cum eo qui in aliena potestate est, negotium gestum esse dicetur; vel de peculio, &c. C. 4. 26.*

*Quando de peculio actio annalis est. D. 15. 2. . . .*

*De in rem verso. D. 15. 3. . . . . C. 4. 26. quod cum eo. . . . I. 4. 7. §. 4.* Le Pere de famille, ou le Maître est tenu de ce qui a tourné a son profit, par le fait du Fils de famille, ou de l'Esclave.

*De peculio legato. D. 33. 8. . . I. 2. 20. §. 20.*

*De peculio ejus qui libertatem meruit. C. 7. 23.*

*Peculium castrense, & quasi-castrense.*

*De Castrensi peculio. D. 49. 17.*

*De Castrensi peculio militum, & præfectianorum. C. 12. 36. Præfectiani erant apparitores Præfecti Prætorio.*

*De Episcopis & Clericis. . . . . & eorum castrensi peculio. C. 1. 3.*

*De Peculio Clericorum, Relictis, & successionibus eorum. Inst. L. 2.*
*28.... Extr. 3. 25.*
*De Castrensi omnium Palatinorum Peculio. C. 12. 31.*

## P E I N E.

**Peine.** *Pæna. Mulcta. Supplicium.*

Les Peines sont la punition des crimes, & chaque crime est sujet
à quelques peines, selon sa qualité & sa grandeur. Ainsi, sous
les Titres qui traitent des crimes, soit en general, soit en particulier, l'on trouvera les peines ausquelles ils sont sujets.

Définition & explication de Peine. *L. 131. D. de verb. sign.*

Difference de ces mots, *Pæna*, *Multa*. *L. 244. D. de verb. sign.*
*V.* Amende.

*De Pænis. D. 48. 19.... C. 9. 47.... C. Th. 9. 40. Lex 12 tabb. t.*
*28.... D. Gr. dist. 23. c. 6.... dist. 81. in multis can.... 12. q. 2.*
*c. 7. usque ad c. 11. §. verum.... 16. q. 1. & 6....23. q. 4. & 5...*
*Extr. 5. 37.... S. 5. 9.... Cl. 5. 8... Extr. Jo. 12... Ex. co. 5. 8.*

*De Pænarum omnium moderatione. N. 134. c. 13. & c. 10. 11. & 12....*
*L. 155. §. 2. D. de reg. jur.*

*De modo Mulctarum quæ à judicibus infliguntur. C. 1. 54.*

*De extraordinariis criminibus. D. 47. 11.* Des crimes qui sont sujets
à une peine arbitraire, la Loi n'aiant pas statué de peine certaine pour les punir. C'est en ce sens que nous disons, qu'en
France les Peines sont arbitraires.

*De potestate gladij. L. 70. D. de reg. jur.*

*De judiciis omnibus. Paul. 1. 20.* De plusieurs sortes de Peines, selon les differens crimes.

*De quæstionibus. C. Th. 9. 35.* Des Peines & Supplices.

*De servorum quæstionibus. Paul. 5. 14.* Ce Titre parle aussi des Peines. *V.* Question.

*De Pæna temerè litigantium I. 4. 16.*

*De Pæna judicis qui malè judicavit, vel ejus qui judicem vel adver-*
*sarium corrumpere curavit. C. 7. 49.*

Peine proportionnée à l'âge. *L. 108. D. de reg. jur.*

Peine de mort, quand elle n'a pas lieu contre les voleurs. *Leon.*
*N. 64.*

*De infirmandis Pænis cælibatûs, orbibatis; & de Decimariis subla-*

*tis. C. 8. 58.* Abrogation des Peines établies contre ceux qui vivoient dans le Célibat , & qui n'ont point d'Enfans. *De Decimariis , i. e. Legibus quæ statuebant , ut decimam vir & uxor inter se matrimonij nomine , caperent. Vide Ulp. 15.*

Peine pécuniaire , *Multa. V.* Amende.

Ce qui est paié par forme de Peine , n'est pas restituable. *L. 46. D. de reg. jur.*

*V.* Crime. Amende. Châtiment. Question.

## P E N S I O N.

Pension alimentaire , Viagere. *Pensio. Annona.*
*De his qui denuntiant ne civiles annonæ vel pensiones solvantur. N. 88. c. 2.* Pension alimentaire ne peut être saisie.

*V.* Alimens. Provision.

## P E R D R E.

Perdre. *Amittere. Perdere.*
Ce que signifie , perdre une chose. *L. 13. & 14. D. de verb sign.*

## P E R E.

Pere. Pere de famille. *Pater-familias.*
*De his qui sui , vel alieni juris sunt. I. 1. 8... D. 1. 6... Ulp. 4.*
*De patria potestate. I. 1. 9. & seqq.... C. 8. 47. & seqq.*
*De adoptionibus & emancipationibus , & aliis modis quibus potestas solvitur I. 1. 11... D. 1. 7.*
*De tributoria actione. D. 14. 4.... I. 4. 7. §. 3.* Action contre le Pere dont le Fils fait un négoce particulier.
*Quod cum eo qui in aliena potestate est , negotium gestum esse dicitur. D. 14. 5... C. 4. 26... I. 4. 7.*
*De periculo successorum parentis. C. 10. 61.* L'engagement du Pere pour son Fils , passe aux héritiers du Pere.
*De Patribus qui Filios suos distraxerunt. C. 4. 43.... C. Th. 3. 3... Paul. 5. 1. §. 1.* Des Peres que la misere obligeoit de vendre leurs Enfans.
*V.* Enfant. Fils de famille. Maître.

PEREMTION

# PÉREMTION.

Péremtion d'Inſtance. *Præſcriptio litis, vel judicii. Eremodicium, quod eſt, litis deſertio.*

*Ut ſi morâ Imperatoris ſententia ferri non poſſit , judicij præſcriptio ferri non poſſit. N. 23. c. 2.* Les Inſtances concluës , ou apointées au Conſeil, ne tombent pas en péremtion. Voiez l'Arrêté du Parlement de Paris , du 28. Mars 1692. art. 2.

# PETITOIRE.

Petitoire. *V.* Poſſeſſoire.

# PILLAGE.

Pillage. Piller. *Direptio. Diripere , Expilare.*

*De effractoribus & Expilatoribus. D. 47. 18.* ... Contre ceux qui volent avec fracture ; qui pillent & enlevent de force.

*De crimine expilatæ hereditatis. C. 9. 32. ... D. 47. 19. V.* Spoliation d'hoirie.

# PLACET.

Placet. *Libellus ſupplex.*

*De Precibus Imperatori offerendis , & de quibus rebus ſupplicare liceat. C. 1. 19.*

*Quando libellus Principi datus , litis conteſtationem faciat. C. 1. 20. V.* Lettres Roiaux. Requête.

# PLAGIAIRE.

Plagiaire : celui qui vend, qui achete, ou qui retirent comme Eſclave , un homme qu'il ſçait être libre. *Plagiarius. Plagium.*

*De lege Fabia , de Plagiariis. D. 48. 15.*

*Ad legem Fabiam de Plagiariis. C. 9. 20. ... C. Th. 9. 18. ... Paul. 5. 29.*

*De Plagio. Leon. N. 66.*

Dd

## PLAIDER.

Plaider. *Caufam litem vel jus dicere, exponere. Poftulare.*
*De Poftulando. D. 3. 1.... C. 2. 6.... C. Th. 2. 10. Poftulare, eft li-*
*tem fuam vel amici fui in jure, apud eum qui jurifdictioni præeft,*
*exponere, vel alterius petitioni contradicere.*
*V.* Avocat. Procureur.

## PLAINTE.

Plainte. *Accufatio. Infcriptio. Apud judicem expoftulatio.*
*De accufationibus & infcriptionibus. D. 48. 2...C.9.2. C.Th. 9. 1.* Des
    Plaintes & Dénonciations : & des Informations, *Inquifitiones.*
*De accufationibus, inquifitionibus, & denuntiationibus. Dec. Gr. 2.*
    *q. 1. c. 19....q. 7. & 8.... 3. q. 4. 5. 9. 10. & 11.... 4. q. 1. 4. &*
    *6.... 15. q. 3... Extr. 5. 1.... S. 5. 1... Inft. L. 4. 1.*
*De his qui accufare non poffunt. C. 9. 1.*
*V.* Accufation.

## PLUIE.

Pluie. Eaux pluviales. *Aqua pluvia, pluvialis.*
*De aqua, & aquæ pluviæ arcendæ. D. 39. 3. Supple, actione. V.* Eau.

## PLUS.

Qui peut le plus, peut le moins. *L.* 21. 26. *& 110. D. de*
*reg. jur.*

## PLUS-PE'TITION.

Plus-pétition : ce mot eft purement Latin, & fignifie, de-
    mande exceffive.
*De plus-petitionibus. C. 3. 10.... I. 4. 6. S. 33. 34. & 35... Paul. 1.*
    *21. Lex 12 tabb. t. 7. c. 6.... Extr. 2. 11.*

## PLUS-VALUE.

Plus-valuë, & moins valuë. *Quanti pluris, quanti minoris.*
*De ædilitio edicto, & redhibitione, & quanti minoris. D. 21. 1. Con-*

tre les ventes frauduleuses, quand il y a lieu à la redhibition,
& à la restitution de la moins-valuë.
*V.* Estimation. Vente.

## POISON.

Poison. Empoisonner. *Venenum.*
Explication de ce mot, *venenum. L.* 236. *D. de verb. sign.*
*Ad legem Corneliam de sicariis, & Veneficiis. D.* 48. 8... *C.* 9. 16...
   *C. Th.* 9. 14... *I.* 4. 18. §. 5. *in f...* Paul. 5. 21.
*De maleficis, & Mathematicis, & cæteris similibus. C.* 9. 18... *C. Th.*
   9. 16. *Maleficorum nomine hîc præsertim comprehenduntur Vene-
   narij, seu Venefici. Mathematici,* font les Devins & Magiciens.
   *V.* Magicien.

## POLICE

Police. Officiers de Police.
La Police étoit éxercée en partie par les Ediles, à Rome. *V.* Edi-
le. Voier.
*De lege Julia de Annona. D.* 48. 12... *I.* 4. *ult.* §. *ult.* Des abus
   commis en la Police des vivres.
*De officio Præfecti Annonæ. C.* 1. 42.
*De Quæstore. N.* 80. L'Officier dont les fonctions font ici décrites,
   devoit veiller aux Vagabons, Faineans, gens fans aveu, & au-
   tres femblables : comme font nos Lieutenans Généraux de
   Police dans les Villes où ils font établis ; & les Prevôts dans la
   campagne.
*De pretio panis Ostiensis C. Th.* 14. 19.
*De pretio Piscis. C. Th.* 14. 20.

## POLLICITATION.

Pollicitation. *V.* Promesse.

## PORCHER.

Porcher. *Suarius. Porcinarius.*
*De Suariis, & fufceptoribus vini. C.* 11. 16... *C. Th.* 14. 4. *V.* Corps
   des Métiers.

## P O R T.

Port. *Portus.*
Définition de ce mot. *L.* 59. *D. de verb. sign.*
*De littorum & itinerum custodia. C.* 12. 45.... *C. Th.* 7. 16. Garde
des Ports, Ponts, & Passages, pour empêcher la sortie des
Marchandises.

## P O R T I O N.

Portion Canonique. *V.* Enterrer.
Portion virile. *V.* Virile. Augment.

## P O S S E S S E U R.

Possesseur. Possession. Posseder.
*De acquirenda vel amittenda possessione. D.* 41. 2.
*De acquirenda & retinenda possessione. C.* 7. 32.
*De interdictis adipiscenda, retinenda, & recuperanda possessionis.*
*I.* 4. 15. *De interd.* §. 2. 3. 4. 5. *& 6.*
*De Carboniano edicto. D.* 37. 10... *C.* 6. 17... *Paul.* 3. 2.... *C. Th.*
4. 3. *Cn. Carbo, Author edicti.* Cet Edit donoit la possession & joüis-
sance de la succession à un Impubere auquel on contestoit son
état. *V.* Impubere.
*Ubi de possessione agi oporteat. C.* 3. 16.
*De improbis possessorum exceptionibus. N.* 18. *c.* 10.
*Ne vis fiat ei qui in possessionem missus est. D.* 43. 4.
*Unde vi. C.* 8. 4... *C. Th.* 4. 20... *I.* 4. 15. §. 6.
*Si per vim, vel alio modo absentis perturbata sit possessio. C.* 8. 5.
*De vi, & de vi armata. D.* 43. 16. Possesseur dépossedé par vio-
lence. *V.* Déposseder.
*De publiciana in rem actione. D.* 6. 2.... *I.* 4. 6. §. 4. Cette action
est une espece de revendication dont se sert le Possesseur de
bonne foi, ou l'Acheteur, pour recouvrer la chose qu'il posse-
doit. *Possessor pro Domino habetur.*
Possesseur de bonne foi. *L.* 136. *D. de reg. jur.*
Possesseur est preferé. *L.* 126. §. 2. *L.* 128. *& 150. D. de reg. jur.*
Possesseur incertain. *L.* 39. *in f. D. de verb. sign.*

Posséder la plus grande partie de l'année, ce que c'est. *L. 156. D. de verb. sign.*

S'abstenir de la possession, n'est pas aliéner. *L. 119. D. de reg. jur.*

Mettre en possession.

*Si ventris nomine, muliere in possessionem missâ, eadem possessio, dolo malo, ad alium translata esse dicatur. D. 25. 5.* De la femme mise en possession de l'hérédité, à cause de sa grossesse, & qui a cedé sa possession à quelqu'un.

*Si mulier, ventris nomine, in possessione, calumniæ causâ, esse dicatur. D. 25. 6.* De la femme mise en possession de l'hérédité pour son fruit, quoiqu'elle ne soit pas enceinte.

*De edicto Divi Adriani tollendo ; & quemadmodum scriptus heres in possessionem mittatur. C. 6. 33.* L'Edit de l'Empereur Adrien ne donnoit qu'un an à l'héritier pour demander l'hérédité ou la mise en possession ; mais Justinien abroge cet Edit, & laisse à l'héritier un tems indéfini. *V.* Acceptation d'hoirie. Héritier.

*Vt in possessionem, legatorum vel Fidei-commissorum servandorum causâ, mittatur ; & quando satisdari debeat. C. 6. 53... D. 36. 4.* Quand l'héritier ne donne pas caution, le legataire est mis en possession de la chose léguée.

*Quibus ex causis in possessionem eatur. D. 42. 4.. Non est in usu apud nos.*

*Generalis forma de possessione : quomodo oporteat mitti in eam. N. 67.*

*De bonorum possessionibus. D. 37. 1.* Ce Titre & ses semblables regardent plûtôt les successions, que la mise en possession. *V.* Possession de biens, aprés Possessoire. Succession.

*Quorum bonorum. D. 43. 2... C. 8. 2... I. 4. 15. S. 3... C. Th. 4. 21.* Sorte d'interdit, par lequel l'héritier étoit mis en possession de tous les biens du défunt *V.* Succession.

*De Dolo & contumacia, & in possessionem missione. Inst. Lanc. 3. 6.*

*V.* Complainte. Déposseder. Joüissance. Réintegrande : & l'article qui suit.

## POSSESSOIRE.

Possessoire. *Causa possessoria. Vindiciarum præjudicium. Interdictum possessionis.*

La matiere du Possessoire, ou de la Possession, est traitée en

Droit, sous le nom d Interdit , qui est une Ordonnance du Juge, sur le Possessoire.

Voiez tout le Livre XLIII. du Digeste , & les onze premiers Titres du huitiéme Livre du Code.

*De interdictis. D.* 43. 1.... *I.* 4. 15... *Paul.* 5. 6.

*Uti possidetis. D.* 43. 17... *C.* 8. 6... *I.* 4. 15. §. 4. Sorte d interdit pour être maintenu au possessoire , ou dans la possession d'un immeuble , pendant la contestation pour le petitoire.

*De possessionibus , & interdicto uti possidetis. Lex* 12 *tabb. t.* 22.

*De ordine judiciorum. C.* 3. 8.

*De ordine cognitionum. C.* 7. 19... *Extr.* 2. 10.

*De causa possessionis & proprietatis. Extr.* 2. 12 Ces trois derniers Titres concernent l'ordre des actions , & traitent en particulier, du possessoire & du petitoire.

*De utrubi. D.* 43. 31... *I.* 4. 15. §. 4... *C. Th.* 4. *ult.* Interdit pour être maintenu en la possession d'une chose mobiliaire. *Interdictum utrubi , sic dictum à primo interdicti verbo , utrubi , ex utrum , & ubi ; id est , apud quem.*

*De superficiebus. D.* 43. 18. Ce Titre parle de l'interdit qui maintient au possessoire , celui qui a bâti sur le fonds d'autrui , *Domino consentiente.* Voiez l'explication de *Superficies* , aux mots, Surface , & Emphitéose.

*De itinere actúque privato. D.* 43. 19. Interdit pour être maintenu au possessoire d'un chemin ou passage particulier.

*Si de momentanea possessione fuerit appellatum. C.* 7. 69. *C. Th.* 11. 37. Appel d'une Sentence au possessoire , n'empêche pas l'éxécution : passé outre nonobstant l'appel.

*V.* L'article précedent, Possession ; & les mots, Interdit, Complainte , Petitoire.

## POSSESSION DE BIENS.

Possession de biens. *Bonorum possessio.*

Cette Possession de biens n'est pas précisement de nôtre usage ; mais par le Droit Romain , c'étoit le droit de demander & de poursuivre l'hérédité. *Est jus persequendi retinendive patrimonij, sive rei , quæ cujusque , cùm moritur , fuit :* ce qui est l'hérédité même , ou la succession. Ainsi le Possesseur de biens, *bonorum possessor,* est le même, que l'héritier , suivant la Loi 2. au Dig.

*de bonor. poſſeſſ.* & ſuvant la Loi 117. *de reg. jur.*

La différence de l'hérédité & de la poſſeſſion de biens , eſt que, *Lex dat hereditatem,* l'*rator verò bonorum poſſeſſionem. Cujac. parat. Cod. 6. 9.* Il arrivoit quelquefois que celui qui avoit la Poſ-ſeſſion de biens , n'étoit pas en poſſeſſion de la ſucceſſion : & il la demandoit par l'interdit, *Quorum bonorum. D.* 43. 2... *C.* 8. 2... *C. Th.* 4. 21.

Il eſt traité de cette poſſeſſion de biens , dans les Livres 37. & 38. du Digeſte , qui ſont une ſuite des Teſtamens & des ſuc-ceſſions.

Il en eſt auſſi traité dans le ſixiéme Livre du Code , depuis le Ti-tre I X. juſqu'au Titre X X. incluſivement.

Tous ces Titres ſont recueillis ci-aprés, ſous le mot , Succeſſion.

## P O S T E.

Poſte , *Curſus publicus.* Cheval de Poſte , *Veredus.*

*De curſu publico , & Angariis , & Parangariis. C.* 12. 51.... *C. Th.* 8. 3. De la Poſte , & des Voitures publiques. *Angaria , eſt quà curſus publicus diſpoſitus eſt :* Les routes. *Parangaria , quà per Provincias ex tranſverſo iter fit :* Les païs de traverſe. C'eſt delà ſans doute , qu'on dit encore en quelques Provinces, un païs de Paragare.

*De Murilegulis.... & Baſtagariis. C.* 11. 7.... *C. Th.* 10. 20. *Baſ-tagarij,* Voituriers & Conducteurs des choſes qui apartenoient au Prince , & qui étoient portées *in ærarium.* Mais on peut apliquer ce qui eſt dit de ces Voituriers, au Maître particulier d'une Poſte.

*De Curioſis & ſtationariis. C.* 12. 23.... *C. Th.* 6. 29. Des Inſpec-teurs des Poſtes ; d'où ils étoient auſſi appelez *Curagendarij.* Ils étoient auſſi les Dénonciateurs publics.

## P O S T H U M E.

Poſthume. *Poſthumus.*

Sens de ce mot. *L.* 153. *& 231. D. de verb. ſign.*

*De liberis & Poſthumis heredibus inſtituendis , vel exheredannis, D.* 28. 2.

*De Poſthumis heredibus inſtituendis vel exheredandis. C.* 6. 29.

*De inspiciendo ventre, custodiendóque partu. D. 25. 4.* Ce Titre est commun au Mari & à la Femme : au mari, quand après le divorce, la Femme nioit d'être enceinte ; à la femme, quand elle se disoit enceinte, après la mort de son mari. *Venter, hîc pro muliere prægnante, vel pro Posthumo.*
*De ventre in possessionem mittendo, & curatore ejus. D. 37. 9.*

## POURPRE.

Pourpre. *Purpura. Murex, piscis conchyliati genus.*
*De Murilegulis. C. 11. 7.... C. Th. 10. 20.* Des Pescheurs de Pourpre.
Teinturiers en Pourpre. *V.* Teinturier.
*Ut Purpuræ segmenta & particula in publicis mercimoniis sint. Leon. N. 80.*

## POURSUITE.

Poursuite. *Persecutio.*
La poursuite est une suite de l'action. *L. 34. L. 57. §. 1. L. 178. §. 2. D. de verb. sign.*
*V.* Action.

## P R E'

Pré. *Pratum.*
Définition & étimologie de ce mot. *L. 31. D. de verb. sign. V.* Pâturage.

## PRE'BENDE.

Prébende. *V.* Bénéfice.

## PRE'CAIRE.

Précaire. Précairement. *Precarium. Precariò.*
*De Precario. D. 43. 26.* Interdit, pour recouvrer la chose possedée Précairement.
*De Precario, & Salviano interdicto. C. 8. 9..... D. 43. 31.* L'explication de l'interdit Salvien, est ci-devant au mot, Locataire.

*De*

*De Precariis. Dec. Gr.* 10. *q.* 2. *c.* 4. 5. *&* 6.... 12. *q.* 2. *c.* 44....
16. *q.* 3. *c.* 11. *&* 12.... *Extr.* 3. 14.

## PRE'FERENCE.

Préférence entre Saisissans. *V.* Saisie.

## PRE'FET.

### Préfet du Prétoire. *Præfeĉtus Prætorio.*

La dignité de Premier Président aux Parlemens de France, repré-
sente assez celle de Préfet du Prétoire, chez les Romains : ce-
pendant quelques Auteurs disent que le Préfet du Prétoire étoit
comme nos anciens Maires du Palais. Bodin, Repub. L. 4. c. 6.
Fauchet, des dignitez de France. L. 1. c. 10.

*De officio Præfecti Pratorio. D.* 1. 11... *C. Th.* 1. 5... *Idem.* 6. 7....
*N.* 8. *c.* 15.

*De Officio Præfecti Prætoriorum Orientis & Illyrici. C.* 1. 26.

*De officio Præfecti Pratorio Africæ, & de omni ejusdem Diœceseos sta-
tu. C.* 1. 27.

*Vt ordinariæ Præfecturæ urbanæ, etiam Prætorianæ duæ, & Præfec-
turæ quæ in cingulo, & quæ in aĉtu sunt, solæ, non etiam honorariæ
liberent à curiali fortunæ.N.*70. Cette Novelle parle de la dignité du Préfet, qui porte éxemtion de certaines charges.

*De Præfectis Pratorio, sive urbi, & magistris militum, in dignitati-
bus exæquandis. C.* 12. 4.... *C. Th.* 6. 7.

### Préfet de la Ville.

Ce Magistrat avoit la jurisdiction & l'administration de la Ville
& des environs, que nous appelons, la Banlieüe. C'étoit comme le Gouverneur ou le Maire de la Ville.

*De Præfectis Pratorio, sive urbi, & magistris militum, &c. V.* Préfet du Prétoire.

*Vt ordinariæ Præfecturæ Vrbanæ, etiam Prætorianæ duæ, &c. V.* Préfet du Prétoire.

## PREJUGE'.

Préjugé. Question préjudicielle. *Præjudicium.*

*De exceptionibus præscriptionibus, & Præjudiciis. D.* 44. 1... *Inst.* 4.
6. §. 13. *Præjudicia,* sont les questions préjudicielles, ou les

exceptions dilatoires, & fins de non proceder. Les queſtions de l'état des perſones, ſont queſtions préjudicielles. *V.* Exception. Etat des perſones.

## P R E' L A T.

Prélat. *Prælatus. V.* Evêque.

## P R E M I E R.

Premier & dernier : ce que c'eſt. *L.* 92. *D. de verb. ſign.*
*De Primicerio, & ſecundicerio, & Notariis. C.* 12. 7. *V.* Doien.

## P R E S C R I P T I O N.

Preſcription. *Præſcriptio. Uſucapio.*

Le mot *Præſcriptio*, en Droit, eſt originairement un nom gé-nérique, qui convient a toutes les exceptions ſans nom, ou fins de non recevoir, comme on le peut voir ſur les Titres *De exceptionibus & præſcriptionibus*, au Digeſte & au Code. *V.* Exception.

Mais ici, preſcription ne s'entend que de l'exception particuliere qui naît de la poſſeſſion paiſible & continuelle pendant le tems determiné par les Loix, ou par la coutume : ce qui eſt la veritable Preſcription.

Il eſt particulierement traité des Preſcriptions dans le Livre XLI. du Digeſte, depuis le Titre III. juſqu'à la fin du Livre. Et dans le Code, Livre VII. depuis le Titre XXVI. juſqu'au XL.

*De Præſcriptionibus. Dec. Gr.* 16. *q.* 3. *& 4.... Extr.* 2. 26.... *S.* 2. 13.

*De uſucapionibus, & longi temporis Præſcriptionibus. Inſt.* 2. 6.

*Communia de Uſucapionibus. C.* 7. 30.

*De Uſucapione. Paul.* 5. 2. *Lex* 12. *tabb. t.* 23.

*De Uſurpationibus, & Uſucapionibus. D.* 41. 3. *Uſurpatio*, ne ſignifie pas Uſurpation, mais l'interruption de la Preſcription. *L.* 2. *hoc tit.*

*De uſucapione pro emptore, vel pro tranſactione. C.* 7. 26.... *D.* 41. 4. L'Acheteur peut preſcrire.

*De uſucapione pro herede, vel pro poſſeſſore. C.* 7. 29... *D.* 41. 5. L'hé-ritier peut preſcrire.

*De usucapione pro donato.* **C. 7. 27. ... D. 41. 6.** Le Donataire peut prescrire la chose donnée.

*Pro derelicto.* **D. 41. 7.** La chose abandonée peut être prescrite par le Possesseur.

*Pro legato.* **D. 41. 8.** Le Legataire peut prescrire la chose leguée.

*De usucapione pro dote.* **C. 7. 28. ... D. 41. 9.** Le Mari peut prescrire la chose donnée en dot.

*Pro suo.* **D. 41. 10.** Ce Titre est général, & traite de la Prescription des choses que l'on possede comme siennes, & des fruits que l'on fait siens.

*Ne de statu defunctorum post quinquennium quæratur.* **D. 40. 15. ... C. 7. 2.**

*De longi temporis præscriptione quæ pro libertate, & non adversus libertatem opponitur.* **C. 7. 22.**

*De usucapione transformanda ; & de sublata differentia rerum mancipi, & nec mancipi.* **C. 7. 31.** Ce Titre change la disposition ancienne des Prescriptions, à l'égard du tems & des choses. *Res mancipi, erant res Italiæ : Res nec mancipi, erant res Provinciales. Vide Ulp. tit.* 19.

*De præscriptione longi temporis decem vel viginti annorum.* **C. 7. 33. ...** *Inst.* 2. 6. *in princ. ...* **N. 119.** c. 7. & 8.

*In quibus causis cessat longi temporis præscriptio.* **C. 7. 34.**

*Quibus non objicitur longi temporis præscriptio.* **C. 7. 35.**

*Si adversus creditorem præscriptio opponatur.* **C. 7. 36.**

*De quadriennij Præscriptione.* **C. 7. 37.** Prescription de quatre ans, contre le fisc, & pour le fisc.

*De quinquennij præscriptione.* **C. Th. 4. 15.** De même que le Titre précedent.

*Quando de peculio actio annalis est.* **D. 15. 2.** Prescription annale.

*Ne rei Dominicæ vel templorum vindicatio temporis exceptione summoveatur.* **C. 7. 38.** Le Domaine ou les choses apartenant au Prince, & les Temples, ne font fujets à la Prescription.

*De præscriptione triginta vel quadraginta annorum.* **C. 7. 39. ...** *Const. I. Basil. Porphir.* 4.

*De annali exceptione Italici contractûs tollendâ, & de diversis temporibus, & exceptionibus, & Præscriptionibus, & interruptionibus earum.* **C. 7. 40.** Pour le sens des mots, *Exceptiones,* & *Præscriptiones,* qui font dans ce Titre, *V.* Exception.

*De diverfis temporalibus Præfcriptionibus , & de acceffionibus poffeffio-*
*num. D. 44. 3.* Le mot *Præfcriptiones*, qui eft dans ce Titre &
dans le Titre précedent , fignifie bien , Prefcription , mais
c'eft en tant qu'elle peut être oppofée comme Exception.
*V.* Exception. Ces mots, *acceffiones poffeffionum*, qui font encore
dans ce Titre , font oppofez à Interruption de Prefcription; &
fignifient la jonction des tems differens, pendant lefquels deux
ou plufieurs perfones ont poffedé la chofe , pour aquerir la
Prefcription.

*De præfcriptione rerum ab hoftibus captarum. N. 36.* Dans quel tems
les Propriétaires ou leurs héritiers peuvent revendiquer les
biens pris par les ennemis , & enfuite rendus.

*De actionibus certo tempore finiendis. C. Th. 4. 14... Valent. N. 8.*
Les actions perfonelles fe prefcrivent par trente ans.

Demande en Juftice interromt la prefcription des actions. *L. 139.*
*D. de reg. jur.*

Prefcription contre l'Eglife.

*Ut Etiam Ecclefia Romana centum annorum gaudeat Præfcriptione.*
*N. 9.*

*Conftitutio quæ innovat conftitutionem quæ præfcriptionem centum*
*annorum venerabilibus locis dederat. N. 111.* Prefcription de cent
ans reduite a quarante , pour les biens de l'Eglife. *N. 131.*
*c. 6.... Conft. I. Bafil. Porph. 4.*

*De tempore actionum quæ facris locis competunt. N. 111.... Ed.*
*Juft. 5.*

## PRE'SENT.

Préfent. *Munus. Denum. V.* Don-gratuit.

Prefent de Noces. *Sponfalitia. Arrhæ fponfalitia. Munera fponfali-*
*tia. V.* Epoufailles.

## PRE'SIDENT.

Préfident. *Præfes.*

Chez les Romains le nom de Préfident, *Præfes*, étoit un nom
général qui convenoit aux Proconfuls , & a tous ceux qui
avoient l'adminiftration de quelque Province; mais particulierement à l'Officier qui étoit envoié par l'Empereur pour la

gouverner. Il s'appeloit *Legatus Cæsaris :* ce qui répond à nos
Gouverneurs, & Lieutenans de Roi, *Proprætores.*
*De Officio Præfidis.* **D. 1. 18.**
*V.* Gouverneur. Lieutenant.

## PRÉSOMTION.

Préfomtion. *Conjectura. Præfumptio.*
*De probationibus & præfumptionibus.* **D. 22. 3.... Extr. 2. 23.**
*V.* Preuve.

## PRESSEANCE.

Prefféance. *Præcedentia. Prælatio. Jus ante aliquem in confeffu fe-
dendi, vel præcedendi.*
*Quis in gradu præferatur.* **C. Th. 7. 3.**
*Ut dignitatum ordo fervetur.* **C. 12. 8.... C. Th. 6. 5.**
*De majoritate & obedientia.* **Dec. Gr. diff. 21. 22. & 23. c. 6.... diff.
74. c. 5... diff. 8. c. fin... diff. 93. 96. & 99.... 2. q. 6. c. 12. &
14.... 8. q. 4.... 9. q. 3. c. 9. ufq. ad f... q. 22. q. 3. & 5. c. 18...**
*De confecr. diff. 5. c. 34.... Extr. 1. 33... S. 1. 17... Extr. Jo. 2...
Ex. co. 1. 8.*

## PRET.

Prêt. Prêter.
Le Prêt eft de deux fortes. Le Prêt civil, *Mutuum ;* & le Prêt à
ufage, *Commodatum.*
Prêt Civil.
*De rebus creditis, fi certum petatur, & de condictione.* **D. 12. 1.** *De
rebus creditis,* des chofes prêtées. *Condictio, idem ac Repetitio.*
*De rebus creditis, & jurejurando.* **C. 4. 1... Paul. 2. 1.** Ce titre ne
parle point, *de rebus creditis,* mais feulement du ferment.
*Si certum petatur.* **C. 4. 2... C. Th. 2. 27.** Ce Titre parle du Prêt
civil : *Mutuum.*
*De Mutuo.* **I. 3. 15.** *in pr. & §. 2.*
*De condictione triticaria.* **D. 13. 3.** De l'action pour répeter toutes
les chofes prêtées, autres que de l'argent. *Triticaria, à Tritico :*
parce que le premier à qui cette action fut permife, agiffoit
pour du Blé. *V.* Répetition.

E e iij

*De his qui mutuum dant agricolis.* N. 32. 33. *&* 34. Ces Noveles reglent l'interêt du Prêt fait aux Laboureurs, & défendent de
joüir de leurs fonds par antichrèse.

*De argentariorum contractibus.* N. 36.... *Ed. Juft.* 7. *&* 9. Privilège
du Prêt fait par les Banquiers.

*De eo quod certo loco dari oportet.* D. 13. 4. De ce qui a été prêté
pour être rendu en certain lieu ou en certain tems : Dommages & interêts pour l'inéxécution.

*De his qui, ex publicis rationibus, mutuam pecuniam acceperunt.*
C. 10. 6. Contre ceux qui prêtent, & qui empruntent les deniers publics.

Prêt-à-usage. *Commodatum.*

*Commodati, vel contra.* D. 13. 6.

*De commodato.* C. 4. 23... *I.* 3. 15. §. 2... *Paul.* 2. 4.... *Dec. Gr.*
*dift.* 1. *c.* 7... *Extr.* 3. 15.

## PRÉTEUR.

Préteur. *Prætor.*

La dignité de Préteur, chez les Romains, repondoit a celle de
nos Lieutenans Civils, ou Lieutenans Généraux.

*De Officio Prætorum.* D. 1. 14... C. 1. 39... *Lex 12 tabb.*

*De Prætoribus, & honore Prætura, & collatione, & Gleba, & Folli,*
*& septem solidorum functione sublata.* C. 12. 2.... C. *Th.* 6 t. 2. 3.
*&* 4. Ces Titres dispensent les Préteurs, & les Sénateurs, de
quelques droits & contributions. *Gleba, eft Glebale aurum, vel*
*Glebalis functio :* la Taille pour les fonds de la campagne. *Follis,*
*erat nummi genus. Collatio septem solidorum,* étoit une autre imposition.

*De Prætore Lycaoniæ.* N. 25.

*De Prætore Thraciæ.* N. 26.

*De Prætore Paphlagoniæ.* N. 29.

*De Prætore siciliæ.* N. 104.

*Abrogatio legis, quæ Senatui Prætores, Decurionibus verò Præfectos*
*conftituere concedebat. Leon.* N. 47. Cette Novelle abroge la
Loi 2. au Code, *de officio Præt.* qui permettoit au Sénat de nommer les Préteurs.

*De Prætoribus populi.* N. 13. Les Officiers dont il eft parlé dans ce

Titre, étoient comme nos Chevaliers du Guet. *V.* Guet.

*De Prætorio pignore ; & ut in actionibus debitorum missio Prætorij pignoris procedat. C. 8. 22.* Ce Titre parle du droit que le Préteur donoit à un Créancier, d'exercer les actions & hipoteques de son Débiteur : ce qui étoit une espece de subrogation ou de mise en possession, appelée pour cela, *Prætorium pignus.*

## P R E' T R E.

Prêtre. *Sacerdos.*

*Quod ante ineundum Sacerdotium, matrimonium contrahi debet. Leon. N. 3.*

*De pæna falsum testimonium dicentium Sacerdotum. Leon. N. 76.... N. 123. c. 20.*

*De Sacerdotibus in inferiori gradu constitutis. Inst. Lanc. 1. 21.* Des simples Prêtres.

Les Prêtres doivent vivre dans le célibat. *V.* Célibat. Ecclesiastique.

## P R E' V A R I C A T I O N.

Prévarication. Prévaricateur. *Prævaricatio.*

*Prævaricator, est quasi varicator, qui adversam partem adjuvat, Prodità sua causa. L. 1. ff. de Prævaric... L. 212. ff. de verb. sign.*

*De Prævaricatione. D. 47. 15.*

*De Prævaricatione patroni adversus clientem. Lex 12 tabb. t. 16.*

## P R E V O T.

Prevôt des Maréchaux. *Castrensium Præfectorum Tribunus capitalis.*

*De Quæstore. N. 80.* L'Officier dont il s'agit ici, veilloit aux Vagabons, gens sans aveu, coureurs, faineans, & autres : comme font nos Prevôts des Maréchaux, dans la campagne ; & nos Lieutenans Généraux de Police, dans les Villes.

## P R E U V E.

Preuve. *Probatio. Argumentum.*

*De Probationibus. C. 4. 19.... Dec. Gr. dist. 44. c. 5.... 24. q. 3.*

*c. 6.... Extr. 2. 19.... Cl. 2. 7.... Inst. L. 3. 14.*

*De Probationibus & præsumptionibus. D. 22. 3....Extr. 2. 23.*

Preuve par écrit.

*De fide instrumentorum, & amissione eorum. D. 22. 4.*

*De fide instrnmentorum, & de amissione eorum ; & de apochis & antapochis faciendis ; & de his quæ sine scriptura fieri possunt. C. 4. 21. Apocha*, Quitance : *Antapocha*, est expliqué au mot Quitance.

*De tabellicnibus, & ut Protocolla dimittant in chartis. N. 44. Protocollum, est nota charta*, la marque, qui étoit au haut de la feüille, & où étoit écrite l'année en laquelle le papier avoit été fait, & par quel Ouvrier. Cette marque pouvoit être une preuve de la fausseté des Actes.

*De instrumentorum cautela & fide, &c. N. 73.* Cette novele contient plusieurs dispositions pour la preuve par écrit, sur tout dans les chap. 6. & 7. qui traitent de la comparaison d'écritures.

*Vt ex solis documentis publicè celebratis comparationes fiant, exceptis privatis quibus adversarius pro se utitur. N. 49. c. 2.*

*V.* Acte.

Preuve par Témoins. *V.* Témoin.

## PRISE-A-PARTIE.

Prendre-à-Partie. *In aliquem intendere se adversarium.*

*De variis & extraordinariis cognitionibus ; & si judex litem suam fecisse dicatur. D. 50. 13.* Prise-à-partie contre le Juge qui a mal jugé par haine, ou par faveur, ou autrement.

*De pœna judicis qui male judicavit ; vel ejus qui judicem, vel adversarium corrumpere curavit. C. 7. 49.... Inst. 4. 5. in princ.*

## PRISE-D'EAU.

Prise d'eau. *Aquæ ductus, Aquæ-haustus. V.* Eau.

## PRISEUR.

Priseur juré. *Summarius. V.* Expert. Estimation.

PRISON

## PRISON.

Prison. Prisonier. *Carcer, Custodia.*
Définition de Prison. *L. 224. D. de verb. sign.*
*De effractoribus , & expilatoribus. D. 47. 18.* Bris & fracture de
    Prison.
*De custodia & exhibitione reorum. D. 48. 3 .... C. 9. 4 .... C. Th. 9. 3.*
*De exhibendis , vel transmittendis reis. C. 9. 3 .... C. Th. 9. 2.*
*De Privatis carceribus inhibendis. C. 9. 5.*
*De privati carceris custodia. C. Th. 9. 11.*
Des Débiteurs Prisoniers , & de leurs alimens. *Lex 12 tabb.*
Prisonier de Guerre. *Captivus.*
*De Captivis , & de postliminio , & redemptis ab hostibus. D. 49. 15.*
    Des Captifs, & des Prisoniers de Guerre ; & de leur retour.
*Nemini noceat in captivitate gentium amissio instrumentorum. Const.*
    *Justin. Just. 3. & 4.*
*Ne captivorum uxoribus , aliis nubere liceat. Leon. N. 33.*
*Ut Captivi filius , hæres sit. Leon. N. 36.*
*Ut Captivi testamenti factionem habeant. Leon. N. 40.*
*V.* Captif. Retour.

## PRIVILEGE.

Privilege. Privilégié. *Privilegium. Jus peculiare & proprium. Im-*
    *munitas , &c.*
Privilege personel. *L. 68. 69. 191. & 196. D. de reg. jur.*
*Ne liceat potentioribus , patrocinium litigantibus præstare , vel actio-*
    *nes in se transferre. C. 2. 13.* Contre les persones privilegiées qui
    prêtent leur nom , qui achetent les actions d'autrui ; ou qui
    interviennent sans un véritable interêt. *V.* Action , Acheteur
    d Actions.
*Si per obreptionem fuerint impetrata. C. Th. 11. 13.* Revocation des
    Privileges surpris.
*De Privilegiis , & excessibus Privilegiatorum. Extr. 5. 33.*
*V.* Exemtion.
Privilege des Creanciers. *V.* Creancier Privilegié.

Ff

## PROCEZ.

Procez. Inſtance. *Lis.*
Explication de ce mot, *Lis. L.* 36. *D. de verb. ſign.*
*Ut lite pendente, nihil innovetur. D. Gr.* 11. *q.* 1. *c. fin...* 16. *q.* 4. *c.* 2.... *Extr.* 2. 16... *S.* 2. 8.... *Cl.* 2. 5.... *Inſt. L.* 3. 13. Pendant le cours du Procez, toutes choſes demeurent en état.
*De quibus rebus ad eundem judicem eatur. D.* 11. 2. Inſtances ou Procez, quand doivent être joints.
*De variis & extraordinariis cognitionibus ; & ſi judex litem ſuam feciſſ dicatur. C.* 50. 13. Ce Titre parle des demandes formées devant le Préteur, ou les Magiſtrats, qui s'en retenoient la connoiſſance, ſans doner des Juges ordinaires : dela vient que ces demandes ſont ici appelées, Procez extraordinaires. Telles étoient les demandes de ſalaires, & pluſieurs autres.

## PROCONSUL.

Les Proconſuls étoient dans les Provinces, ce que les Conſuls étoient à Rome. Ils étoient nommez par le Peuple, ou par le Sénat, qui leur donoit des Lieutenans appelez *Legati* ; & ceux-ci exerçoient la juriſdiction des Proconſuls. On peut doner une idée de ces Magiſtrats, par nos Grands Sénéchaux, & leurs Lieutenans Généraux : ou par nos Intendans & leurs Subdeleguez ; ou enfin par nos Gouverneurs de Provinces, & les Lieutenans de Roi : car la dignité de Proconſul participoit de ces trois fonctions.
*De officio Proconſulis & Legati. D.* 1. 16... *C.* 1. 35.
*De Proconſule Cappadociæ. N.* 30.
*De Proconſule Palaſtinæ. N.* 103.
*De officio Præfecti Auguſtalis. D.* 1. 17.... *C.* 1. 37. Ce Magiſtrat avoit dans la Province d'Egypte, les mêmes fonctions que les Proconſuls avoient dans les autres Provinces. Il fut appelé *præfectus Auguſtalis*, d'un nom particulier, pour le diſtinguer des autres Proconſuls, par Auguſte, qui créa cette charge aprés avoir réduit l'Egipte en Province particuliere.

*Lex de Alexandrinis & Ægyptiacis Provinciis. Justin. ed. 13.*
*De officio juridici Alexandriæ. D. 1. 20.... C. 1. 57.*
*De officio Præsidis.* D. 1. 18. Le nom de *Præses*, étoit un nom gene-
ral qui signifioit Gouverneur , & qui par consequent conve-
noit aux Proconsuls.
*V.* Gouverneur.  Consul.


# PRO-CURATEUR.

Pro-Curateur : celui qui a administré comme Curateur.
*V.* Pro-Tuteur.


# PROCUREUR.

Procureur. *Procurator ad lites : Procurator ad negotia.*
*Procurator ad lites : Cognitor.* Procureur à plaids.
*De postulando.* D. 3. 1... C. 2. 6.... *C. Th.* 2. 10.... *Extr.* 1. 37.
De l'instruction des procez , & du ministere des Procureurs.
*De Procuratoribus. C.* 2. 13... *Paul.* 1. 10.... *Inst.* 4. 11. *in pr. &*
*§.* 3. 4. *& 5... Inst. Lauc.* 3. 2.... *Extr.* 1. 38.
*De Procuratoribus & defensoribus. D.* 3. 3... *Procurator* , est pour le
Demandeur , & *Defensor* , pour le Défendeur.
*De Cognitoribus. Paul.* 1. 9. *Cognitor erat Procurator in causa statu*s.
*Erat etiam Procurator qui præsentis alterius causam tuebatur , ut*
*suam. Festus. Brisson.*
*De cognitoribus & Procuratoribus. C. Th.* 2. 12.
*De iis per quos agere possumus.* I. 4. 10. §. 1.
*Quod cujusque universitatis nomine , vel contra eam agatur. D.* 3. 4.
Ce Titre parle du Sindic ou Procureur d'une communauté.
*Quinam per l'rocuratorem agere possint.* N. 71.
*Monachi possunt per Procuratorem se defendere.* N. 123. *c.* 17.
*An per alium causæ appellationis reddi possint. D.* 49. 9 En cause ci-
vile , on se sert de Procureur : mais en cause criminelle il faut
répondre par sa bouche.
*Procurator ad negotia :* Procureur volontaire , ou constitué.
*De Procuratoribus. Paul.* 1. 10.
*De negotiis gestis. D.* 3. 5.... *C.* 2. 19.... *Paul.* 1. 4. *Hîc de Procura-*
*tore , qui negotiorum gestor dicitur.*

*De mandato. I. 3. 27. ... Caj. 2. 9. §. 18. 19. & 20. ... L. 60. D. de reg. jur.*

*Mandati, vel contra. D. 17. 1. C. 4. 35.*

*Quod juſſu. D. 15. 4. ... C. 4. 26. ... I. 4. 7. §. 1.* De ce qui eſt fait par l'ordre de quelqu'un.

*De fidejuſſoribus & mandatoribus. D. 46. 1. ... C. 8. 41. ... N. 4. Mandator,* ſignifie ici, Répondant.

*De iis per quos agere poſſumus. I. 4. 10. §. 1.*

*De adſertione tollenda. C. 7. 17.* Ce Titre concerne le miniſtere du Procureur qui étoit nommé pour défendre celui dont l'état ou la liberté étoient conteſtez. Ce Procureur étoit nommé *Adſertor,* & *Vindex, quia aſſerebat & vindicabat libertatem.*

## PROCUREUR DU ROI.

Procureur du Roi. *Cognitor, & Procurator Regius, vel fiſcalis.*

*De officio Procuratoris Cæſaris, vel rationalis. D. 1. 19.*

*Ubi cauſæ fiſcales, vel divinæ domûs, hominúmque ejus agantur. C. 3. 26.* Ce Titre comprend pluſieurs fonctions du Procureur Général, ou du Fiſc.

## PRODIGE.

Prodige. *V.* Monſtre.

## PRODUCTION.

Production de piéces. *Litis authoritates, & inſtrumenta.*

*De edendo. D. 2. 13. ... C. 2. 1.* Ce Titre s'entend du Demandeur qui doit communiquer & produire les piéces juſtificatives de ſa demande ; mais les trois Titres ſuivans ſe doivent entendre du Défendeur, qui eſt obligé de repreſenter les choſes mobiliaires, ou les Titres qu'on lui demande.

*Ad exhibendum. D. 10. 4. ... C. 3. 42. ... I. 4. 17. §. 3. Eſt actio in rem mobilem exhibendam.*

*De tabulis exhibendis. D. 43. 5. ... C. 8. 7.*

*Teſtamenta quemadmodum aperiantur, inſpiciantur, & deſcribantur. D. 29. 3.*

*V.* Acte.

## PROFESSEUR.

Profeſſeur. *Profeſſor.*
*De Profeſſoribus & Medicis. C.* 10. 52... *C. Th.* 13. 3 Ils ſont éxemts
des charges publiques.
*De ſtudiis liberalibus urbis Romæ ; & Conſtantinopolitanæ. C.* 11.
18.... *C. Th.* 14. 9. Rêglement pour les Profeſſeurs des Sciences.
*De Profeſſoribus qui in urbe Conſtantinopolitana docentes, ex lege*
*meruerunt comitivam. C.* 12. 15..... *C. Th.* 6. 21.
*De ſcholaribus. Auth. Frid. Cod.* 4. *t.* 3. Privilege des Profeſſeurs.
*V.* Ecole.

## PROFIT.

Profit. *Lucrum. Quæſtus. Emolumentum. Vtilitas, &c.*
*De in rem verſo. D.* 15. 3... *C.* 4. 26.... *I.* 4. 7. *§.* 4. De ce qui a
tourné au profit de quelqu'un.
*Commoda debent ſequi incommoda. L.* 10. *D. de reg. jur.*
De celui qui demande pour profiter, *pro lucro captando. L.* 33.
*D. de reg. jur.*

## PROMESSE.

Promeſſe. Promeſſe de paier. *Chirographi cautio. Syngrapha, &c.*
*De pecunia conſtituta. D.* 1. 5... *I.* 4. 6. *§.* 9.
*De conſtituta pecunia. C.* 4. 18.... *N.* 115. *c.* 6. Promeſſe ou engagement fait par quelqu'un de paier ce qu'il doit déja, ou
ce qu'un autre doit. *Conſtituere pecuniam, eſt, conſtituere*
*vel promittere ſe ſoluturum pecuniam jam à ſe, vel ab alio de-*
*bitam ſine ſtipulatione. Hic pecunia, pro omni re mobili.*
*De pollicitationibus. D.* 50. 12. Promeſſe ou engagement de faire
quelque choſe. Le pacte, eſt une convention de deux perſones : la pollicitation eſt la promeſſe ou l'offre d'une ſeule perſone. La pollicitation ſe fait en faveur du public, d'une
Ville, &c.
*V.* Obligation.

## PROPRIE'TE'.

Proprieté, *Dominium*. Propriétaire, *Dominus*.
*De acquirendo rerum Dominio. D. 41. 1.*
*De rerum divisione , & acquirendo ipsarum Dominio. I. 2. 1.*
*De Dominiis , & acquisitionibus rerum. Ulp. 19.*
*De acquirenda vel amittenda possessione. D. 41. 2... C. 7. 32.* La possession est un moien d'acquerir la propriété.
La propriété ne se transmet que par le fait du Proprietaire. *L. 11. D. de reg. jur.*

## PRO-TUTEUR.

Pro-Tuteur. Pro-Curateur : qui a administré comme Tuteur, ou comme Curateur.
*De eo qui pro Tutore , próve Curatore negotia gessit. D. 27. 5. ... C. 5. 45. V.* Tuteur.

## PROVINCE.

Des Provinces en général, & en particulier.
*Lex de Alexandrinis & Ægyptiacis Provinciis. Edict. Just. 13.* Rêglement pour ces Provinces.
*De Armeniis. N. 21.* Que les Armeniens suivront les Loix Romaines.
*De descriptione quatuor Præsidum Armeniæ. N. 31.*
*De Armeniorum successione. Edict. Just. 3.* Ils suivront le Droit Romain pour les successions.
*De successoribus eorum qui in Africa degunt. N. 36. & 37.* Qu'ils suivent les Loix Romaines.
*Ut de cætero , nullam licentiam habeat Dux aut Biocolyta Lydiæ & Lycaoniæ in Phrigiam utramque & Pisidiam advenire. N. 145. Dux & Biocolyta ,* Officier qui regissoit ces Provinces, le Gouverneur.

## PROVISION.

Provision de bouche , ou de ménage. *Cibaria annona. Penus. Fruges , &c.*

*De tritico , vino , vel oleo legato.* **D.** 33. 6.

*De penu legata.* **D.** 33. 9.

*De alimentis , vel cibaris legatis.* **D.** 34. 1.

*De lege Julia , de Annona.* **D.** 48. 12. Des abus commis en la police des vivres : comme amas , monopole , &c.

*De annonis, & capitu administrantium, &c.* **C.** 1. 52. Les salaires des Juges & des Officiers, étoient fournis par le public , & consistoient en Provisions de bouche , pour eux , & pour leur suite ou équipage. *Annonæ*, sont les Provisions, & la nourriture des Officiers. *Capita* , sont la nourriture de leurs chevaux & bêtes de voiture : Les fourrages. *Verbum , Capitu , in hoc tit. genitum est à verbo, Capitum , è Græco, Καπνῖὸν , quod est Pabulum equorum. Capitu , in genitivo , sonabat , Capitou , Hellenicè.*

*De canone frumentario.* **C.** 11. 22... **C. Th.** 14. 15. Des Provisions ou denrées que les Provinces étoient obligées de contribuër , & d'envoier à Rome.

*De frumento urbis Constantinopolitanæ.* **C.** 11. 23.... **C. Th.** 14. 16. Défense de donner au peuple , du blé au lieu du pain.

*De Annonis civilibus.* **C.** 11. 24.... **C. Th.** 14. 7.

Des Provisions, denrées, & revenus : en Latin , *Fruges.* **L.** 77. **D.** *de verb. sign.*

Provisions de Guerre , ou Munitions. *Vide Veget. Lib.* 4. *c.* 7.

## PROXE´NETE.

Proxénete. *V.* Entremetteur.

## PUBERTE´.

Puberté. *V.* Age. Impubere.

## PUBLIC.

Public. Bien public. Chose publique.

Ce qu'on entend par, Chose Publique. *L.* 15 *& 17.* **D.** *de verb. sign.*

En Public , *Palam.* **L.** 33. **D.** *de verb. sign.... Coram.* **L.** 209. *eod.*

*De locis & itineribus publicis.* **D.** 43. 7.

*Ne quid in loco publico , vel itinere fiat.* **D.** 43. 8.

*De loco Publico fruendo.* **D.** 43. 9. Interdit , ou défense de troubler

le Fermier ou le Locataire de chose apartenant au Public , ou
au Prince.

*De via publica , & si quid in ea factum esse dicatur. D.43.10.* Ce
Titre s'entend seulement des ruës de la Ville : au lieu que les
Titres 7. 8. & 11. parlent des chemins de la campagne.

*De popularibus actionibus. D.47.23.* Des actions populaires ou publiques , qu'il estoit permis à chacun d'intenter , contre un crime ou délit qui interesse le Public.

*De jure Reipublicæ. C. 11.30.* Le Public est toûjours mineur.

*De administratione rerum Publicarum. C.11.31.* Les Administrateurs sont comme des Curateurs.

*De administratione rerum ad civitates pertinentium. D.50.8.*

*De operibus Publicis. D.50.10... C.8.12.... C.Th.15.1.*

*De diversis prædiis urbanis & rusticis templorum & civitatem , &*
*omni reditu civili. C.11.69.*

*De locatione prædiorum civilium vel fiscalium , sive templorum , sive*
*rei privatæ , vel dominicæ. C.11.70.... C.Th.10.3.*

*De pœna ejus qui rem aliquam publicam vendiderit. Leon. N 62.*

## PUISSANCE.

Puissance. *Potestas.*
Divers sens de ce mot , *Potestas. L. 215. D. de verb. sign.*
Puissance paternelle.

*De patria potestate. Inst. 1.9. & seqq... C.8.47. & seqq.*

*De his qui sui , vel alieni juris sunt. I.1.8.... D.1.6.*

*De his qui in potestate sunt. Ulp. 5.*

*Quibus modis jus patriæ potestatis solvitur. I.1.12.*

*De adoptionibus , & emancipationibus , & aliis modis quibus potestas*
*solvitur. I.1.11... D.1.7.... C.8.48. & 49.*

*Constitutio quæ , dignitatibus & Episcopatu , filium liberat patriâ po-*
*testate. N.81.*

V. Châtiment .

## PUPILLE.

Pupille. *Pupillus.*
Sens & définition de ce mot. *L. 161. & 239. D. de verb. sign.*
Pupille peut contracter sous l'autorité du Tuteur. *L. 5. L. 110.*
*S. 2. L. 189. D. de reg. jur.*

De

*De Pupillis* **L.** 110. §. 2. & **L.** 111. **D.** *de reg. jur.*
*Ubi pupillus educari vel morari debeat ; & de alimentis ei præstan-*
*dis.* **D.** 27. 2.
*Ubi Pupilli educari debeant.* **C.** 5. 49.
*De alimentis Pupillo præstandis.* **C.** 5. 50.
*Quando Imperator inter Pupillos , vel viduas , vel miserabiles per-*
*sonas cognoscat ; & ne exhibeantur.* **C.** 3. 14.
*V.* Alimens. Deniers pupillaires. Impubere. Mineur. Tuteur.

## PURGATION.

Purgation vulgaire & Canonique. *V.* Justification.

# Q

## QUALITE'

Qualité des persones. *Status. Conditio. V.* Etat.

## QUARTE.

Quarte falcidie. *V.* Falcidie.
Quarte Trébellianique. *V.* Fidéi-commis. Trébellianique.

## QUELQU'UN.

Quelqu'un , Quelqu'une. *Quis, Aliquis.*
Quelqu'un , *Quis*, signifie aussi Quelqu'une. *L.* 1. *D. de verb. sign.*

## QUESTEUR.

Questeur. *Quæstor.*
La dignité de Questeur repondoit en quelque sorte à celle de nos
   Intendans, Receveurs, & Tréforiers Generaux des Finances : mais ce nom, *Quæstor*, convenoit à plusieurs Officiers
   dont les fonctions étoient fort différentes; comme on le verra
   par les Titres suivans.

*De officio Quæstoris.* **D. 1. 13.... C. 1. 30.** *V.* Chancelier.

*De Quæstoribus, & magistris officiorum, & comitibus sacrarum largitionum, & rei privatæ.* **C. 12. 6.** Ce Titre parle des acclamations que le Peuple devoit faire à ces Officiers.

*De Quæstoribus, id est, Præfectis insularum.* **N. 41. & 50.**

*De Quæstore.* **N. 80.** Cette Novelle traite des fonctions de l'Officier qui doit prendre garde aux Mendians valides, aux Faineans, Vagabons, gens sans aveu, & semblables. Ainsi le le mot de *Quæstor*, en ce sens, peut repondre a nos Lieutenans Généraux de Police, pour les Villes; & aux Prevôts des Maréchaux, pour la campagne.

*Ut divinæ jussiones subscriptionem habeant glorißimi quæstoris.* **N. 114.** En ce sens, *Quæstor*, repond à nôtre Chancelier, aussi bien que dans la Novelle 35. Article suivant.

*De adjutoribus Quæstoris.* **N. 35.** Officiers de la Chancellerie : Secretaires du Roi.

*De Magistris Scriniorum.* **C. 12. 9.... C. Th. 6. 11.** *Scrinium, propriè,* Coffret, Cassette. Ici ce mot signifie Porte-feuille, ou Regître. *Erant quatuor scrinia palatina : nempe scrinia memoriæ, epistolarum, libellorum, & dispositionum.* V. *notit. imper.* & *Jac. Gotofr. ad Cod. Th.* Ainsi, *Magistri Scriniorum*, étoient comme font en France les quatre Secretaires d'Etat, & les Secretaires du Cabinet.

*De proximis sacrorum Scriniorum, cæterisque qui in sacris Scriniis militant.* **C. 12. 19. C. Th. 6. 26.** Des Officiers de la Chancellerie, & du Conseil.

*De referendariis Palatij.* **N. 10. 113.** & **124.** Ces Officiers raportoient au Prince les Requêtes des particuliers, & notifioient aux Juges les Ordonnances du Prince. *Cassiod. 6. var. 7.* Comme nos Maîtres des Requêtes.

## QUESTION.

Question, Torture. *Quæstio. Tormenta.*

*De Quæstionibus.* **D. 48. 18.... C. 9. 41.... C. Th. 9. 35....** *Valer. Max. 8. 4.*

*De Quæstionibus habendis.* **Paul. 5. 12.** & **13. §. ult.**

*De servorum Quæstionibus.* **Paul. 5. 14.**

*V.* Peine.

# QUITANCE.

Quitance. *Apocha.*

*De Apochis publicis, & de descriptionibus curialibus, & de distribu-tionibus civilibus. C.* 10. 22. Des Quitances publiques, passées pour le paiement des Tributs & Impositions.

*De quadrimenstruis Brevibus. C. Th.* 11. 25. *Breves quadrimenstrui,* sont les Quitances qu'on donoit à ceux qui paioient les impo-sitions à chaque quartier : & les quartiers étoient de quatre en quatre mois.

*De fide instrumentorum, & amissione eorum, & de Apochis, & Anta-pochis faciendis, & de his qua sine scriptura fieri possunt. C.* 4. 21. *Apocha,* est la Quitance. *Antapocha,* étoit une reconnoissan-ce que le Débiteur faisoit à son Créancier, de lui avoir paié les arrérages, ou les interêts qu'il lui devoit ; afin que le Créan-cier pût se servir de cette reconnoissance, pour empêcher la Prescription de trente ans, que le Débiteur auroit pû lui op-poser. *Cujas.*

On peut mettre l'acceptilation, au rang des Quitances, parce-qu'elle est une espece de Quitance, ou reconnoissance d'un paiement imaginaire. *L.* 15. §. 1. *ff. de acceptil.*

*V.* Acceptilation. Paiement.

# R

## RAPPEL.

Rappel de Ban. *Remeatus.*
*De fententiam paſſis & reſtitutis.* D. 48. 23.... *C.*9. 51. *ult.* ...
*C. Th.* 9. 43. Des Lettres de Rappel de Ban, ou de Galeres,
felon nôtre ufage. *V.* Bannir.

## RAPPORT.

Rapport de Biens. *Bonorum collatio.*
Les Enfans émancipez qui demandent part en la fucceſſion pa-
ternelle, doivent raporter ce qu'ils ont reçû.
*De collatione bonorum.* D. 37. 6.... *Paul.* 5. 8. §. 4.
*De collationibus.* C. 6. 20.
*De collatione Dotis.* D. 37. 7... N. 97. *c.* 6.
*Vnde liberi.* C. Th. 4. 2. Ce Titre parle du Raport de biens, quand
la fille dotée revient à la fucceſſion Paternelle.
Raport d'Experts. *V.* Expert. Eftimation.
Raport que les Juges faifoient quelquefois d'un procez, au Prin-
ce, avant ou aprés le Jugement : *Relatio.* C'eft ainſi que les In-
tendans des Provinces, & les autres Commiſſaires donnent
leurs avis au Confeil.
*De Relationibus.* C. 7. 61.... C. Th. 11. 29.... D. 49. 1. *Hoc genus*
*Relationis fublatum eft Novellâ* 125. *V.* Appel. Renvoi.

## RAPT.

Rapt. Ravir. Raviſſeur. *Raptus. Rapere. Raptor.*
*De Raptoribus.* D. Gr. 27. q. 2. c. 33. & 34.... *Causâ* 36. *integra.*
*De Rapooribus, incendiariis, & violatoribus Eccleſiarum. Extr.* 5. 17.
*De Raptoris virginis, eorumque qui in raptu adfuerunt, pœna. Leon.*
N. 35.
*De raptu virginum, vel viduarum, vel fanctimonialium.* C. 9. 13...
C. Th. 24. & 25... N. 123. C. 43.
*De muliere raptum paſſa. N.* 143.

*De ea quæ raptori suo nubit. N. 150.*

*Ad legem Juliam , de vi publica , vel privata. C. 9. 12... D. 48. 6.
& 7. Nota in hoc tit. 6. ff. de vi publ. Legem 5. §. 2. Ubi de Raptu
mulieris.*

*De vi bonorum Raptorum. D. 47. 8.... C. 9. 33... I. 4. 2.*

*De effractoribus , & expilatoribus. D. 47. 18.* Contre ceux qui volent avec violence, qui pillent, & qui Raviſſent.

*De servo corrupto. D. 11. 3.* Ce Titre , & les deux Titres ſuivans
peuvent s'appliquer aux perſonnes qui raviſſent les Fils ou Filles de famille.

*De furtis , & servo corrupto. C. 6. 2.... I. 4. 1. §. 8.*

*De fugitivis. D. 11. 4..... C. 6. 1.*

*De pæna Raptoris equi. Conſt. Imp. Theoph. 5.* Injuſtice & punition
d'un Capitaine qui avoit pris par force un beau cheval à un
de ſes Soldats.

## RATIFICATION.

Ratification. *Approbatio , Ratihabitio.*

*Ratam rem haberi , & de Ratihabitionibus. D. 46. 8.* La premiere
partie de ce Titre parle de la caution que le Procureur inten-
tant une action , étoit obligé de doner , que celui au nom duquel il agiſſoit , ratifieroit ſes pourſuites.

*Si major factus ratum habuerit. C. 2. 46.*

*Si major factus , alienationem factam ſine decreto , ratam habuerit.
C. 5. 74.*

*Ratihabitio mandato comparatur. L. 152. §. 2. D. de reg. jur.*

*De donationibus inter virum & uxorem.... & de Ratihabitione. C. 5.
16... Ratihabitio , hîc pro confirmatione.*

## RATION.

Ration. *V.* Soldat.

## REBELLE.

Rebelle. Rebellion , Revolte. *Rebellis , Rebellio , & Rebellatio.*

*Qui ſint Rebelles. Extrav. Henr. ſept. tit. 1. vel 20.*

*Reſciſio ſententiarum à Principe latarum contra Rebelles. Lib. de pa-
ce conſtantiæ. c. 3.* Amniſtie.

Rebellion à Juftice.

*Si quis jus dicenti non obtemperaverit. D. 2. 3.*

## R E C E L E R.

Receler. Receleur. *Recipere & occultare. Receptator, Receptor, & Sufceptor.*

*De Receptatoribus. D. 48. 16. ... Paul. 5. 3. §. 4.*

*De his qui latrones, vel aliis criminibus reos occultaverint.* Contre ceux qui recelent, ou qui recourent les voleurs, & les autres criminels.

*De actione rerum amotarum. D. 25. 2 ... C. 5. 21.* C'eft une action civile qui eft donée au Mari & a la Femme, pour les effets volez ou détournez par l'un d'eux.

*De Tutelæ actione, & rationibus diftrahendis. D. 27. 3.* Action contre le Tuteur qui a fouftrait & recelé les effets de fon Mineur.

*De fervo corrupto. D. 11. 3.* Contre ceux qui receloient ou retiroient les Efclaves d'autrui.

*De fugitivis. D. 11. 4.* De même.

*De furtis & fervo corrupto. C. 6. 2 ... Inft. 4. 1. §. 8.*

## R E C E V E U R.

Receveur des Finances, des Tailles, des Deniers publics. *V.* Deniers publics. Taille.

## R E C H E R C H E.

Recherche. *Inquifitio. Inveftigatio.*

Recherche de chofe volée, comment fe doit faire dans la maifon d'autrui. *L. 2. §. 2. L. 3. ff. de fugit ... Inft. 4. 1. §. conceptum. 4 ... Lex 12 tabb. tit. 24. L. 6. De furto per lancem & licium concepto.*

*V.* Vol.

## R E C O N V E N T I O N.

Reconvention. *Relatio actionis. Adverfa vel mutua petitio.*

*De mutuis petitionibus. D. Gr. 3. q. 8. c. 1. §. cujus. ... Extr. 2. 4 ... Inft. L. 3. 9.* De la demande en reconvention.

*De his qui conveniuntur , & reconveniuntur. N. 96. c. 2.*
*De quibus rebus ad eundem judicem eatur. D. 11. 2.* La Reconvention se poursuit devant le Juge de la demande principale.

## R'ECRÉANCE.

Récréance. *Vindiciæ. Vindiciarum præjudicium. Fiduciaria pos-*
*sessio.*
Autrefois on se servoit du mot de Récréance, pour signifier la
jouïssance donnée par provision, d'un Immeuble, ou d'une
chose mobiliaire, pendant la contestation sur le petitoire.
Aujourdhui Récréance ne se dit que de la jouïssance des fruits
d'un Bénéfice, acordez à l'une des parties pendant la contestation.
*V.* Jouïssance. Possession. Possessoire.

## RECRIMINATION.

Recrimination.. *Translatio criminis in accusatorem.*
*De his qui accusare non possunt. C. 9. 1. L. 1.... V.* Plainte.

## RECUSATION.

Recusation de Juges. *Judicum rejectio. Recusatio.*
*De appellationibus , recusationibus , & relationibus. Extr. 2. 28.*
*V.* Appel.
*Apud eum , à quo appellatur, aliam causam agere compellendum.*
*D.* 49. 12. Ce n'est pas un moien de Recusation contre un Juge,
d'avoir appelé d'une de ses Sentences.
*Ut reo induciæ dentur ad refutandum judicem. N. 53. c. 3. Vide Nov.*
81. *& 86.*
*V.* Juge.

## REDDITION DE COMPTE.

Reddition de Compte. *V.* Compte.

## REDHIBITION.

Redhibition. *Redhibitio.*
*De adilitio Edicto , & Redhibitione , & quanti minoris , & adilitiis*

*Actionibus.* **D.** 21. 1... **C.** 4. 58.... **C. Th.** 3. 4. Contre les ventes frauduleufes , particulierement des animaux ; foit pour quelque vice de la chofe venduë , auquel cas il y a lieu a la Redhibition ; foit par l'excez du prix , & en ce cas le vendeur rend la moins-valuë. *V.* Vente. Eftimation.

## R E G L E.

Règles du Droit.
*De diverfis regulis juris antiqui.* **D.** 50. 17. *ult.*
*De regulis juris. Extr.* 5. 41. *ult.* ... **S.** 5. 12. *poft. c.* 5.
Définition de la Règle. **L.** 1. **D.** *de reg. jur.*
On ne s'eft pas contenté de mettre ici les Titres *De Regulis juris* , & *De verborum fignificatione* ; mais comme les Loix contenuës dans ces Titres font générales , & fe raportent à toutes les matieres du Droit, on les a inferées dans le prefent Recueil fous les noms particuliers qui défignent les matieres de chacune des Loix de ces deux Titres.

## RE'INTEGRANDE.

Réintegrande. *V.* Complainte.

## RELE'GATION.

Relégation. Releguer. *De interdictis, & Relegatis , & deportatis.* **D.** 48. 22.
*V.* Bannir.

## RELIEF.

Relief d'appel.
*De libellis dimifforiis , qui Apoftoli dicuntur.* **D.** 49. 6. ... *Paul.* 5. 33... **L.** 106. **D.** *de verb. fign.* **V.** Appel.

## RELIGIEUX.

Religieux, Religieufe. *V.* Moine.

RELIGION

## RELIGION.

**Religion.** *Chriſtiana Religio.*

Il eſt traité de la Religion Catholique, de l'Egliſe, des perſones Ecléſiaſtiques, & autres matieres ſemblables, dans les
treize premiers Titres du premier Livre du Code Juſtinien :
& dans le ſeizieme Livre du Code Théodoſien.

*De ſumma Trinitate, & fide Catholica. D. Gr. diſt. 23. c. 2.... De
conſecr. diſt. 3. c. fin.... diſt. 5. c. 39. & 40.... Extr. 1. 1... S. 1.
1... Clem. 1. 1.*

*De ſumma Trinitate, & fide Catholica; & ut nemo de ea publicè
contendere audeat. C. 1. 1... C. Th. 16. 1.*

*De fide. Conſt. 1. Heracl. 1.*

*Nemini licere ſignum ſalvatoris Chriſti, humi vel in ſilice, vel mar-
more ſculpere aut pingere. C. 1. 8.*

*De Religione. C. Th. 16. 9.*

*De his qui ſuper Religione contendunt. C. Th. 16. 4.*

*Ut ſacras Scripturas Latinè vel Græcè, vel aliâ linguâ, ſecundùm
traditam legem, Hebræis legere liceat : & ut de locis ſuis expel-
lantur non credentes judicium, vel reſurrectionem, aut dicentes
angelos ſubſiſtere creaturam Dei. N. 146.*

*De quatuor ſanctis Conciliis. N. 131. c. 1.*

*Ut in privatis domibus ſacra miſteria non fiant. N. 58.... N. 131. c. 8.*

*De cultu divino. Lex 12 tabb.*

V. Egliſe. Prêtre. Hérétique.

## RENDRE.

**Rendre.** *Reddere.*

Signification de ce mot. *L. 94. D. de verb. ſign.*

## RENTE.

**Rente.** *Penſio. Annuus reditus.*

*Exemplum ſacræ pragmaticæ formæ, de uſuris. N. 160.* Des Rentes
annuelles des Villes & Communautez.

*De his qui denuntiant ne civiles annona, vel penſiones ſolvantur.
N. 88. c. 2.* Saiſie des Rentes ou revenus, entre les mains des
Fermiers, Locataires, & Débiteurs.

Hh

*Ne prælati vices suas vel Eclesias sub annuo censu concedant.*
*Extr.* 5. 4.

## RENVOI.

Renvoi. *Dimissio ad alium judicem.*
Les Renvois que les Juges inferieurs font quelquefois au Juge su-
perieur, ou au Prince, ont du raport avec les Relations ou
Raports, *Relationes,* qui étoient autrefois en usage, & qui ont
été abrogées par la Novelle 125.
*De relationibus. C. 7. 61 .... C. Th. 11. 29. ... N. 125.*
*De appellationibus & relationibus. D. 49. 1 .... Extr. 2. 28.*

## REPARATION.

Réparation de maison. *Ædium sarta tecta. Refectio. Impensæ.*
Definition & division de ce mot, *Impensæ. L. 79. D. de verb. sign.*
*De impensis in res dotales factis. D. 25. 1.*
*De refectione domûs. L. 6. D. de reg. jur.*
   *V.* Dépense. Maison.

## REPE'TITION.

Répétition. Action pour redemander ce que l'on a avancé ou
   paié de trop. *Condictio.*
⎰ *De rebus creditis, si certum petatur, & de Condictione. D. 12. 1.*
⎱ *Si certum petatur. C. 4. 2.* Ces deux Titres parlent de la Répétition de ce qu'on a prêté, soit argent, soit autre chose : *Con-*
   *dictio ex mutuo.*
⎰ *De Condictione, causà datâ, causâ non secutâ. D. 12. 4.*
⎱ *De Condictione ob causam datorum. C. 4. 6.* Ces deux Titres parlent de la demande ou Répétition d'une chose donnée à condition de faire telle chose qui n'a pas été faite.
⎰ *De Condictione obturpem vel injustam causam. D. 12. 5.*
⎱ *De Condictione obturpem causam. C. 4. 7. & 9.* Ces deux Titres sont
   pour la Répétition de ce qui a été donné pour faire une chose illicite ou injuste.
*De Condictione indebiti. D. 12. 6. ... C. 4. 5. ... L. 53. D. de reg. jur. ...*
   *I. 3. 15. §. 1. ... I. 3. 28. §. 6. & 7.* Répétition de ce qui a été
   paié par erreur, sans être dû.

{ *De Condictione sine causa.* **D. 12. 7.** Répetition de la chose promise ou donée sans cause.
{ *De Condictione ex lege, & sine causa, vel injusta causa* **C. 4. 9.**
*De Condictione ex lege.* **D. 13. 2.** De l'action particuliere qui naît de
  la Loi même, quand elle ne prescrit point d'action générale.
*De Condictione triticaria.* **D. 13. 3.** De l'action pour répéter toutes
  les choses prêtées, autres que de l'argent. *Triticaria, à Triti-*
  *co :* parceque le premier à qui cette action fut permise, agissoit
  pour du blé.
*De Condictione furtiva.* **D. 13. 1.... C. 4. 8.** Revendication de la
  chose qui nous a été volée. *V.* Vol.
*V.* Revendication.

## R E P L I Q U E.

Replique. *Responsum. Replicatio. Iterata responsio. Contradic-*
*tio, &c.*
*De Replicationibus. Inst. 4. 14. V.* Exception.

## R E'P O N D A N T.

Répondant. Répondre pour quelqu'un : ce qui est une espe-
  ce de cautionnement. *Mandator. Præs. Constitutor.*
*De fidejussoribus & Mandatoribus.* **D. 46. 1.... C. 8. 41.... N. 4.**
  *Mandator, est qui vel fidejussorem fidejubere, vel creditorem alij*
  *credere rogat. V.* Caution.
*Ne fidejussores, vel Mandatores dotium dentur.* **C. 5. 20.** Le Mari &
  le Beau-Pere ne doivent doner caution ni Répondant a la
  Femme pour la sûreté, ou pour la restitution de la Dot.
*De pecunia constituta.* **D. 13. 5... C. 4. 18.... I. 4. 6. §. 9....N. 115.**
  *c. 6. ult.* Ces Titres parlent des Répondans, *Constitutores, quia*
  *se constituunt, vel pro se, vel pro aliis debitoribus.* C'est une sorte
  de cautionement quand quelqu'un répond & s'engage de paier
  pour soi, ou pour un autre, ce qu'il doit déja d'ailleurs. *Consti-*
  *tuere pecuniam, est constituere vel promittere, se soluturum pecu-*
  *niam, jam à se, vel ab alio debitam, sine stipulatione. Hîc pecu-*
  *nia, pro omni re mobili. V.* Promesse.
*V.* Caution.

# REPONDRE.

Répondre. Réponſes perſonelles , ſur faits & articles. *V.* Interroger.

## REPRE'SAILLES.

Repréſailles. Priſe faite ſur ceux qui ont pris ſur les autres. *Clarigatio. Repræſalia.*

Le droit de Repréſailles, s'appelle auſſi , droit de marque, & d'Arrêt : *quia eſt jus tranſeundi in alterius principis Marchas , ſeu limites , & bona eorum occupare , qui noſtra uſurparunt.*

Le Roi acorde des Lettres de Repreſailles & de Marque , ſelon les formes preſcrites par le Titre 10. du Livre 3. de l'Ordonnance de la Marine.

*Vt non fiant pignorationes pro aliis perſonis. N.* 52.... *N.*134. *c.* 7. *Pignoratio,* ſignifie la ſaiſie ou l'arrêt que l'on fait par Repréſailles : *Jus alium pro alio retinendi.*

*Vt nullus ex vicaneis , pro alienis vicaneorum debitis teneatur. C.* 11. 56. On ne peut pas uſer de Repréſailles , ni exercer la ſolidité contre le Concitoien de ſon Débiteur.

*De Repreſaliis. In Sexto Decret. Lib.* 5. *tit.* 8... *D. Grat.* 23. *q.* 2. *c. Dominus.*

*V.* Solidité Tiers.

## REPRE'SENTATION.

Repréſentation. Repréſenter. *Exhibitio. Exhibere.*

Définition & ſens de ces mots. *L.* 22. *&* 246. *D. de verb. ſign.*

*Ad exhibendum. D.* 10. 4... *C.* 3. 42.... *l.* 4. 17. *§.* 3. *Eſt actio ad rem mobilem exhibendam.* Repréſentation d'Actes ou Titres , & autres choſes mobiliaires contenticuſes.

*De tabulis exhibendis. D.*43. 5.... *C.* 8. 7. Repréſentation du Teſtament à ceux qui y ont quelque interêt. *V.* Acte.

*De homine libero exhibendo. D.* 43. 29. Contre ceux qui refuſent de repréſenter un homme libre.

*De liberis exhibendis , item ducendis. D.* 43 30. Action pour contraindre ceux qui retiennent les enfans d'autrui, à les repréſenter.

*De liberis exhibendis, seu deducendis ; & de libero homine exhibendo. C. 8. 8.*

## REPUDIATION.

Ce mot se dit en deux sens : le premier, au sujet d'une Femme que son mari renvoie ; le second, d'une succession à laquelle un héritier renonce.

Repudiation de Femme : *Repudium.*

Définition & sens de ce mot, *Repudium. L.* 101. *§.* 1. *D. de verb. sign.*

Sa difference avec Divorce. *L.* 101. *§.* 1. *& L.* 191. *eod. tit.*

*De divortiis & Repudiis. D.* 24. 2.... *C. Th.* 3. 16... *Lex* 12 *tabb.*

*De Repudiis ; & de judicio de moribus sublato. C.* 5. 17.

*Nov.* 22. *de nuptiis, ubi de Repudiis, passim.*

*Ut quæ mulier mariti odio abortat, repudiari ab illo possit. Leon. N.* 31.

*De muliere, quæ, vivo marito, alios compellat de matrimonio. Leon. N.* 30. C'étoit une cause de Repudiation.

*V.* Divorce. Dissolution de mariage.

Répudiation d'hoirie.

*De repudianda bonorum possessione. C.* 6. 19.

*De repudianda vel abstinenda hereditate. C.* 6. 31.

*De eo qui transfert hereditatem. L.* 6. *D. de reg. jur.*

*V.* Succession.

## REQUETE.

Requête. *Libellus supplex.*

Ce qui ne se peut faire par une simple Requête. *L.* 71. *D. de reg. jur.*

*De precibus imperatori offerendis, & de quibus de rebus supplicare liceat. C.* 1. 19.

*Quando libellus Principi datus, litis contestationem facit. C.* 1. 20.

*Ut lite pendente.... nulli liceat Imperatori supplicare. C.* 1. 21.

*V.* Demande. Placet. Lettres Roiaux.

Requête civile. *Retractatio.*

*De Retractationibus sententiarum Præfecti Prætorio. N.* 119. *c.* 5... *N.* 82. *c.* 12... *L.* 5. *C. de precib. imper. offer.*

## RESCISION.

Rescision, & Restitution en entier. *Rescisio , & Restitutio in integrum.*

La matiere des Restitutions en entier, est traitée dans le second Livre du Code, depuis le Titre 20. jusqu'au 54.

*De in integrum restitutionibus.* D. 4. 1... *Paul.* 1. 7... C. *Th.* 2. 16... *Dec. Gr.* 7. q. 1. & 2.... 35. q. 9.... *Extr.* 1. 41.... *S.* 1. 21.... *Cl.* 11. 1... *I. Lanc.* 3. 18.

*De rescindenda venditione , & quando liceat ab emptione discedere.* D. 18. 5... C. 4. 44. 45. & 46.... *Conft. I. Romani Sen.* 2. & 3.

{ *Quod metûs causâ gestum erit.* D. 4. 2. Premiere cause de Rescision.
{ *De his quæ vi , metûs-ve causâ gesta sunt.* C. 2. 20. *V.* Violence.

{ *De dolo malo.* D. 4. 3.... C. 2. 21... *Paul.* 1. 16.... C. *Th.* 2. 15.
{ Second moien de Restitution. *V.* Dol.
( *De doli mali & metûs exceptione.* D. 44. 4.

*De minoribus viginti-quinque annis.* D. 4. 4. Minorité : troisiéme moien de Restitution.

*De in integum restitutione minorum viginti-quinque annis.* C. 2. 22.

*Si in communi eademque causa , in integrum Restitutio postuletur.* C. 2. 26. Si le Mineur releve le Majeur.

*Si adversus rem judicatam Restitutio postuletur.* C. 2. 27. Cela s'entend d'un Mineur.

*Si adversus venditionem.* C. 2. 28. Ce Titre & les Titres suivans se doivent entendre des Mineurs.

*Si adversus venditionem pignorum.* C. 2. 29.

*Si adversus donationem.* C. 2. 30.

*Si adversus libertatem.* C. 2. 31. *Scilicet , si minor temerè manumiserit.*

*Si adversus transactionem , vel divisionem , in integrum minor restitui velit.* C. 2. 32.

*Si adversus solutionem à tutore vel à se factam.* C. 2. 33.

*Si adversus dotem.* C. 2. 34. D'une femme Mineure , qui a donné toute sa dot.

*Si adversus delictum.* C. 2. 25. Pour être relevé d'une faute commise par ignorance du Mineur.

*Si adversus usucapionem.* C. 2. 36.

*Si adverſus fiſcum.* **C. 2. 37.**

*Si adverſus creditorem.* **C. 2. 38.**

*Si ut minor ab hereditate ſe abſtineat.* **C. 2. 39.... N. 119. c. 6.** Le Mineur eſt reſtitué quand il s'eſt porté pour héritier, mal-à-propos.

*Si ut omiſſam hereditatem, vel bonorum poſſeſſionem, vel quid aliud adquirat.* **C. 2. 40.** Le Mineur eſt reſtitué quand il a négligé d'accepter une ſucceſſion, dans le tems preſcrit.

*In quibus cauſis reſtitutio in integrum neceſſaria non eſt.* **C. 2. 41.**

*Qui, & adverſus quos in integrum reſtitui non poſſunt.* **C. 2. 42.** Ce Titre, & les Titres ſuivans expliquent les cas auſquels les Mineurs ne ſont pas reſtituez.

*Si minor ſe majorem dixerit, vel probatus fuerit.* **C. 2. 43.**

*Si ſæpius in integrum Reſtitutio poſtuletur.* **C. 2. 44.**

*De his qui veniam ætatis impetraverunt.* **C. 2. 45. C. Th. 2. 17.** Les Mineurs ne ſont pas relevez de ce qu'ils ont fait touchant la ſimple joüiſſance de leurs biens, quand ils ont obtenu des Lettres d'émancipation, ou de Bénéfice d'âge.

*Si major factus ratum habuerit.* **C. 2. 46... Idem. 5. 74.** Les Mineurs ne ſont pas reſtituez contre les Actes qu'ils ont ratifiés en majorité.

*Vbi & apud quem cognitio Reſtitutionis agitanda ſit.* **C. 2. 47.**

*De reputationibus quæ fiunt in judicio in integrum Reſtitutionis.* **C. 2. 48.** Des imputations, & compenſations que l'on peut demander contre le Mineur qui demande a être relevé.

*Etiam per procuratorem, cauſam in integrum Reſtitutionis agi poſſe.* **C. 2. 49.**

*In integrum reſtitutione poſtulatâ, ne quid novi fiat.* **C. 2. 50.** Toutes choſes doivent demeurer en état pendant l'Inſtance de Reſciſion. Ce Titre eſt le dernier de ceux qui traitent de la Reſtitution des Mineurs.

*De reſtitutionibus militum, & eorum qui reip. cauſa abſunt.* **C. 2. 51.**

*De uxoribus militum, & eorum qui reip. causâ abſunt.* **C. 2. 52.** Les Femmes qui ont ſuivi leurs Maris à la guerre, ou dans les voiages faits pour la république, ſont relevées du dommage que l'abſence leur a pû cauſer, & pour recouvrer le profit qu'elles ont manqué de faire.

*De temporibus in integrum reſtitutionis, tam minorum & aliarum*

*personarum quæ restitui possunt , quàm heredum eorum.* **C. 2. 53.**
Nôtre usage est different de celui qui est prescrit par Justinien
dans lu Loi derniere de ce Titre , pour le tems auquel il faut
demander la Restitution en entier.
*Quibus ex causis majores in integrum restituuntur.* **C. 2. 54.**...
**D. 4. 6.**

## R E S C R I T.

Rescrit du Prince. *Rescriptum Principis.*
*De diversis Rescriptis , & pragmaticis sanctionibus.* **C. 1. 23.**...**C.
Th. 1. 2.**
*De Rescriptis.* **D. Gr. 25. q. 1. & 2**...**Extr. 1. 3.**...**S. 1. 3.**...**Cl. 1. 2.**
*V.* Lettres Royaux.

## R E S I D E N C E.

Résidence dans un Bénéfice. *V.* Bénéfice.

## R E S I D U S.

Résidus , ou Restes. *V.* Péculat.

## R E S T E S.

Restes ou Residus. *V.* Péculat.

## R E S T I T U T I O N.

Restitution. Restituer. Rendre. *Restituere.*
Définition , & sens de ce mot. **L. 22. 35. 73. 75**...**94. & 246. §. 1.
D.** *de verb. sign.*
Restitution emporte les fruits. **L. 173. §. 1. D.** *de reg. iuris.*
Restitution en entier. *Restitutio in integrum. V.* Rescision.

## R E T A B L I R.

Rétablir. Rétablissement.
*De sententiam passis & Restitutis.* **D. 48. 23.**...**C. 9. 51.** *ult.* Ce Titre regarde le Rétablissement des Condamnez , & par-
ticulierement

ticulierement le rappel des Bannis. *V.* Bannir.
Rétablir un Ouvrage. *L.* 81. *D. de verb. fign.*

## RETARDEMENT.

Retardement. *Mora.*
*De ufuris , & fructibus , & caufis , & omnibus acceffionibus , & Mo-*
*râ. D.* 22. 1. Retardement qui produit des interêts. *V.* Interêts.
Retardement vicieux. *L.* 63. *D. de reg. jur.*
Nul Retardement fans demande. *L.* 88. *D. de reg. jur.*

## R E T O U R.

Droit de Retour , fe dit de deux chofes bien differentes.
I. Il fignifie le Droit que les Peres & Meres ont de reprendre ,
après la mort de leurs Enfans , ce qu'ils leur ont donné en les
mariant : & ce droit s'appelle auffi , droit de reverfion : *jus re-*
*verfionis.*
II. Il fignifie le Retour ou le rétabliffement de ceux qui ont été
Captis ou Prifoniers de Guerre : *jus poftliminij.*
Droit de retour, ou de reverfion.
*Soluto matrimonio, dos quemadmodum petatur. D.* 24. 3.... *C.* 5. 18.
*Si dos, conftante matrimonio, foluta fuerit. C.* 5. 19.
*De rei uxoriæ actione. C.* 5. 13. Des actions pour la répetition de
la Dot.
*Lex* 6. *D. de jure Dot. Mornac. ad hanc. L. & ad L.* 15. *D. de inoff.*
*teftam.*
*V.* Dot.
Retour des Captifs & Prifoniers , *Poftliminium.*
*De Captivis , & de Poftliminio , & redemptis ab hoftibus. D.* 49.
15.... *C.* 8. 51.
*De Poftliminio , id eft , poft captivitatem reverfis. C. Th.* 5. 5... *l.* 1.
12. §. 5.
*De Poftliminij tempore. Conft. Juftiniani.* 1. *c.* 3. 4. & 6.
*V.* Captif.

## R E T R A I T.

Retrait. *Retractus.*

*De Prælatione. Conſt. Imp. Rom. Senior. 3.... Niceph. Ph. 3.... Michael. 1....* Préférence des Parens pour le Retrait linager.

## REVENDICATION.

Revendication. Revendiquer. *Rei-vindicatio.*

La Revendication, eſt l'action par laquelle on demande la reſtitution d'une choſe qui nous apartient, & qu'un autre retient injuſtement. La Revendication ſe dit des choſes mobiliaires; & l'éviction ſe dit des immeubles.

*De rei vindicatione. D. 6. 1.... C. 3. 32.... C. Th. 2. 23.*

*De Publiciana in rem actione. D. 6. 2.... I. 4. 6. §. 4.* Ce Titre parle d'une autre eſpece de Revendication qui apartient au poſſeſſeur ou a l'acheteur, pour recouvrer la choſe qu'il poſſedoit de bonne foi : *Poſſeſſor pro Domino habetur. Publiciana in rem actio, ſic dicta, à Publicio Prætore, qui primus eam in edicto propoſuit.*

*Vbi in rem actio exerceri debeat. C. 3. 19.*

*De petitione hereditatis. D. 5. 3.... C. 3. 31.... C. Th. 2. 22.* Revendication, ou Eviction de l'hérédité.

*Ad exhibendum. D. 10. 4.... C. 3. 42.... I. 4. 17. §. 3.* Avant la Revendication d'un Meuble on demande qu'il ſoit repreſenté. *V.* Repréſentation.

*De exceptione rei venditæ & traditæ. D. 21. 3.* Contre le Vendeur qui veut revendiquer la choſe qu'il a venduë.

*V.* Eviction. Repétition.

## REVENU.

Revenus & fruits. *V.* Fruit. Uſufruit. Rente.

## REVERSION.

Droit de Reverſion. *V.* Retour.

## REVISION.

Reviſion de Procez. *V.* Requête civile.

# R I V A G E.

Rivage. *Littus.*
Définition de ce mot. *L. 96. & 112. D. de verb. sign.*
*De ripa munienda. D. 43. 15.*
*V.* L'Article qui suit.

# R I V I E R E.

Riviere. *Fluvius. Flumen.*
*De fluminibus : ne quid in flumina publico , ripâve ejus fiat , quo pejus navigetur. D. 43. 12.*
*Ne quid in flumine publico fiat , quo aliter aqua fluat , atque uti priore æstate fluxit. D. 43. 13.*
*Ut in flumine publico navigare liceat.* **D. 43. 14.**
*De classicis.* **C. 11. 12.... C. Th. 10. 23.** Soldats prépofez pour veiller à la commodité de la navigation.
*De ripa munienda. D. 43. 15.*
*De alluvionibus & paludibus.* **C. 7. 41.** Des accroiffemens faits à un champ par une Riviere.
*De Nili aggeribus non rumpendis.* **C. 9. 38.** Ceux qui rompoient les Remparts ou Chauffées du Nil , étoient condamnez au feu.
*V.* Eau. Ruiffeau.

# R O U T E.

Route des Soldats. *V.* Soldat.

# R U E.

Ruë. *Vicus. Via.*
*De via publica , & si quid in ea factum effe dicatur. D. 43. 10.* Ce Titre s'entend des Ruës de la Ville : il y a d'autres Titres qui traitent des chemins de la campagne. *V.* Chemin public.

# R U I S S E A U.

Ruiffeau. *Rivus.*
*De Rivis.* **D. 43. 21.** Ce Titre s'entend des Ruiffeaux ou Canaux que l'on fait pour détourner l'eau d'une Riviere. *V.* Eau. Riviere.

Ii ij

# S

## SACREMENT.

Sacrement. *Sacramentum.*
*De Sacramentis in genere, & in specie. Inst. Lanc. 2. 2. & seqq.*

## SACRILEGE.

Sacrilége. Vol de choses Sacrées. *Sacrilegium. Homo sacri-
legus.*
*De Sacrilegio. Lex 12 tabb.*
*De crimine sacrilegij. C. 9. 29.*
*De Sacrilegiis. Paul. 5. 16.*
*Ad legem Juliam peculatus, & de Sacrilegiis, & de residuis.
D. 48. 13.*
*De sortilegis, maledicis, & Sacrilegis. Inst. Lanc. 4 5.*

## SAGE-FEMME.

Sage-Femme. Accoucheuse. *Obstetrix.*
*De inspiciendo ventre, custodiendóque partu. D. 25. 4.* Visite faite
par des Matrones & Sage-Femmes, pour reconoître si une
Femme est grosse. *V.* Grossesse.

## SAISIE.

Saisie, Saisir, chose Saisie. *Bonorum pigneratio, traditio sub
custodiam. Manum regiam injicere. Res, vel bona publice pos-
sessa, &c.*
*Quæ res pignori obligari possunt, vel non; & qualiter pignus contra-
hitur. C. 8. 17.* Des choses qui ne peuvent pas être Saisies. *Pignus,
& Pignerari*, signifient Saisie, & Saisir : La chose saisie est le
gage de la Justice.

*De pigneribus. C. Th. 2. 30.* Ce Titre parle encore des choses qu'on ne peut saisir.

*De capiendis & distrahendis pignoribus , tributorum causa. C. 10. 21.... C. Th. 11. 9.* De la vente des choses saisies pour les impositions publiques. Voiez le Titre 46. du Livre 4. du Code.

*De deposito , & denuntiatione inquilinis facta , & de suspendenda administratione panum , vel pensionum. N. 88.* Saisie du dépot, des loiers & revenus, & des pensions ou rentes. *Denuntiatio*, Saisie.

*Qui potiores in pignore habeantur. C. 8. 18.... D. 20. 4.* De la préference entre plusieurs Saisissans.

*Si in causa judicati pignus captum sit. C. 8. 23.* De la saisie faite en éxécution de jugement.

Saisie réelle.

*Ut nemo privatus titulos prædiis suis , vel alienis imponat , vel vela regia suspendat. C. 2. 16.... N. 17. c. 15.... N. 164. c. 1.* Ce Titre & le suivant parlent des Brandons & Panonceaux que l'on mettoit aux héritages , pour marquer qu'ils étoient saisis réellement. *V.* Brandon.

*Ut nemini liceat , sine judicis authoritate , signa imponere rebus alienis. C. 2. 17.*

*V.* Decret. Hipoteque.


## S A L A I R E.

Salaire. *Merces. Pretium.*

*De variis & extraordinariis cognitionibus ; & si judex literm suam fecisse dicatur. D. 50. 13.* Dans ce Titre il est particulierement traité des salaires de ceux que l'on a emploiez , comme Professeurs , Medecins , Ouvriers , Artisans, & auttes : & de l'honoraire des Avocats.

*De Proxeneticis. D. 50. 14.* Salaires des entremetteurs ou Courtiers. *V.* Entremetteur.

*De præbendo salario. C. 10. 36.... C. Th. 12. 2.* Défenses d'augmenter les gages & salaires des Officiers de Ville , sans permission du Prince.

*De lucris Officiorum. C. Th. 8. 9.* Salaires des Officiers.

*De annonis & capitu administrantium , & eorum adsessorum , &c.*

*C. 1. 52.* Les falaires des Officiers étoient paiez aux depens du public, & confistoient en provisions de bouche. *V.* Provision, pour l'explication de ce Titre.

## S A N G.

Sang. *Sanguis.*
*Ne ex sanguine cibus conficiatur. Lecu. N. 58.... Ita Levit. c. 17. & Act. Apost. 15. v. 19.*

## S A U F - C O N D U I T.

Sauf-conduit, Sauve-garde. *Fides, securitas publica. Commeatus.*
*De fide publica, aut securitate non passim danda. N. 17. c. 6.*
*Ne præsides, in fiscalibus causis, fidem publicam dent. Ed. Just. 2.*
*De his qui potentiorum nomine, titulos prædiis adfigunt, vel ecrum nomina in lite prætendunt. C. 2. 15...N. 17. c. 15...N. 164.* Défenses d'apliquer les Armoiries d'une persone puissante, pour servir de Sauve-garde.
*Ut nemo privatus, titulos prædiis suis, vel alienis imponat; vel vela regia suspendat. C. 2. 16.*

## S A U V E - G A R D E.

Sauve-garde. *V.* L'article précedent, Sauf-conduit.

## S C O L A R I T E'.

Scolarité: Privilege des Ecoliers. *V.* Ecolier.

## S C R U T I N.

Scrutin : L'action de recueillir les suffrages de ceux qui font une élection. *Scrutinium. Suffragiorum collectio.*
*De Scrutinio in ordine faciendo. Dec. Gr. dist. 23. c. 2.... dist. 24.... dist. 51. c. 5.... Extr. 1. 12.*

## S E C O N D E S   N O C E S.

Secondes Noces. *Secundæ, tertiæ, & ulteriores Nuptiæ.*

*De secundis nuptiis. C. 5. 9... C. Th. 3. 8... N. 22. c. 22.*

*Dec. Gr. 2. q. 3. c. 7. §. hinc tollitur... 31. q. 1. in mult. can... 34.*
  *q. 1. & 2... Extr. 4. 21.*

*De secundis nuptiis intrà annum luctûs contractis, & earum pœnâ.*
  *N. 22. c. 22. & 40.*

*De secundis nuptiis, post annum luctûs contractis, & earum pœnis*
  *quindecim. N. 22. à cap. 22. ad finem.... N. 2. integra.*

*De favore viduitati attributo. N. 22. c. 20.... N. 127. c. 3.*

*De muliere quæ parit undecimo mense post mariti mortem. N. 39. c. 2.*

*Si secundò nupserit mulier cui maritus usumfructum reliquit. C. 5.*
  *10.... C. Th. 3. 9... N. 22. c. 32.*

*De administratione donationis propter nuptias, si mulier ad secundas*
  *nuptias transierit. N. 2. c. 4.... N. 68. V.* Augment.

*Si maritus ita reliquerit uxori, si ad secundas nuptias non transeat.*
  *N. 22. c. 43. & 44.*

*Ut qui tertium matrimonium contrahunt, sacri canonis pœnæ obnoxij*
  *sint. Leon. N. 90.* Contre les secondes & troisiémes noces.

*De polygamis. Const. Imp. Constant. Porph. 2.* Contre les secondes,
  troisiémes, & quatriémes noces.

*V.* Veuve.

## · S E C R E T A I R E.

### Secretaire d'Etat.

*De magistris sacrorum scriniorum. C. 12. 9... C. Th. 6. 11. Magistri*
  *scriniorum,* representent nos Secretaires d'Etat, & les Secretaires du Cabinet. *Scrinium, propriè* signifie, Coffret, Cassette.
  Ici ce mot signifie Porte-feuille, Registre. *Erant quatuor scri-*
  *nia Palatina : scil. scrinia memoriæ, Epistolarum, libellorum, &*
  *dispositionum. Vide Cujacium. & Notit. Imper.... & Jac. Gotofr. ad*
  *Cod. Th.*

*De proximis sacrorum scriniorum, cæterisque qui in sacris scriniis mi-*
  *litant. C. 12. 19... C. Th. 6. 26.* Des Officiers du Conseil, & des
  Commis, &c.

### Secretaire du Roi.

*De Primicerio, & Secundicerio, & Notariis. C. 12. 7... C. Th. 6. 10.*
  Du Doien, & des Secretaires du Prince. *De Secundicerio, ni-*
  *hil hîc.*

## S E D I T I O N.

Sédition. Séditieux. *Seditio. Seditiosus.*
*De Seditiosis , & de his qui plebem contra Rempublicam audent col-*
*ligere. C. 9. 30... C. Th. 9. 33... Paul. 5. 19.... Lex 12 tabb.*
*t. 27. c. 2.*

## S E N A T E U R.

Sénateur. Sénat. *Senator. Senatus.*
*De Senatoribus. D. 1. 9... C. Th. 6. 2.*
*De Senatoribus , & eorum ordine. N. 62.*
*Ubi Senatores , vel Clariſsimi , civiliter vel criminaliter convenian-*
*tur. C. 3. 24. Senatores , erant Senatores ſine dignitate : Clariſsimi ,*
*Senatores cum dignitate.*
*De dignitatibus. C. 12. 1.*
*De prædiis Senatorum. C. Th. 6. 3.*
*Abregatio legis qua Senatui Prætores , Decurionibus verò Præfectos*
*conſtituere concedebat. Leon. N. 47.* Anciennement le Sénat
nommoit les Préteurs : *L. 2. C. de off. Præt.*

## S E N A T U S-C O N S U L T E.

Senatus consulte. *Senatus-conſultum.*
*Ne amplius Senatus-conſulta fiant. Leon. N. 78.*

## S E N E C H A L.

Senéchal. Senéchauſſée. *Seneſcallus. Seneſcalli tribunal.*
La dignité & les fonctions des Senéchaux , répond en quelque
sorte à celles des Proconsuls de l'Empire Romain , lesquels
avoient des Lieutenans , *Legatos* , qui sont repréſentez par les
Lieutenans Genéraux des Senéchaux. *V.* Proconsul. Préteur.

## S E N T E N C E.

Sentence. *Sententia. Judicium.*
*Quæ sententiæ ſine appellatione reſcindantur. D. 48. 8.* Des Sentences qui sont nulles d'elles-mêmes. Ce Titre & le suivant ne
sont pas en usage, parce que les voies de nullité n'ont pas lieu
en

en France, & il faut toûjours que le Juge Superieur prononce
sur la nullité.

*Quando provocare non est necesse. C. 7. 64.* De même que l'article
précedent.

*Ne liceat in una eademque causa, tertiò provocare; vel post duas sen-
tentias judicum, quas definitio præfectorum roboraverit, eas re-
tractare. C. 7. 70.* Deux Sentences conformes excluent l'appel.

*De sententiis, &c. V.* Jugement.

Sentence arbitrale. *V.* Arbitre.

## SÉPARATION.

Séparation de biens entre Mari & Femme. *V.* Femme séparée
de biens. Dissolution de Mariage, au mot, Mariage. Divorce.

Séparation des biens du Défunt, & de ceux de l'Héritier.

*De separationibus. D. 42. 6.... Inst. 2. 19. §. 1. de hered. qual. &
differ.*

*De bonis auctoritate judicis possidendis seu venundandis : & de sepa-
rationibus bonorum. C. 7. 72.*

## SEPULCRE.

Sepulcre. Sepulture. *Sepulchrum. Humatio, Sepultura.*

*De sepulchris. Valent. N. t. 5... Lex 12 tabb.*

*De sepulturis. D. Gr. 13. q. 1...Extr. 3. 28... S. 3. 12... Cl. 3. 7....
Extr. co. 3. 6... I. Lanc. 2. 24.*

*De religiosis, & sumptibus funerum, & ut funus ducere liceat. C. 3.
44... D. 11. 7. Religiosis, id est, locis religiosis, quæ destinata sunt
sepulturæ.*

*De mortuo inferendo, & sepulchro ædificando. D. 11. 8.*

*De locis religiosis. I. 2. 1. §. 9. de rer. divis.*

*De sepulchro violato. D. 47. 12.... C. 9. 19.... C. Th. 9. 17.... Leon.
N. 96.*

*De sepulchris & lugendis. Paul. 1. ult.* Des Sepulcres & du Deuil.

*De cadaveribus punitorum. D. 48. 24. ult.* De la sepulture des criminels.

*V.* Enterrer.

K k

## SEQUESTRE.

Sequeſtre. Sequeſtrer. *Sequeſter. Sequeſtro , vel ſequeſtri dare.*
Définition & étimologie du mot, *Sequeſter. L.* 110. *D. de verb.*
*ſign.*
*De prohibita ſequeſtratione pecuniæ. C.* 4. 4. ... *C. Th.* 2. 28. *Pecunia ,*
*pro quantitate certa.*
*De ſequeſtratione poſſeſſionum & fructuum. D. Gr.* 2. *q.* 6. *c.* 26. ...
*Extr.* 2. 17. ... *Cl.* 2. 6.
*Poſt provocationem quid obſervandum ſit. Paul.* 5. 35. Ce Titre parle
du ſequeſtre des fruits pendant l'appel.

## SERF.

Serf, Serve. Condition ſerve ou ſervile. *V.* Eſclave. Main-
morte.

## SERMENT.

Serment. *Jusjurandum. Juramentum. Sacramentum.*
*De jurejurando. D. Gr.* 15. *q.* 6. ... 22. *q.* 1. 2. 4. *& ſ.* ... 36. *q.* 6. ...
*Extr.* 2. 24. ... *S.* 2. 11. ... *Cl.* 2. 9.
*De vi & vinculo jurisjurandi. L.* 12 *tabb. t.* 5. *c.* 4.
*De jurejurando , ſive voluntario , ſive neceſſario , ſive judiciali.*
*D.* 12. 2.
*De rebus creditis , & jurejurando. C.* 4. 1. Ce Titre ne parle point *de*
*rebus creditis,* mais ſeulement du ſerment. *Idem tit. apud Paul.* 2.
*ſent.* 1.
*De in litem jurando. D.* 12. 30. ... *C.* 5. 53. Ce Titre parle du ſerment déferé par le Juge au Demandeur , qui affirme la valeur
de la choſe conteſtée, quand le Défendeur refuſe par dol, de
la repreſenter. *Lis , pro re litigioſa. Jurare in litem , eſt cum jura-*
*mento æſtimare rem litigioſam.*
*Quarum rerum actio non datur , & de exceptionibus jurisjurandi.*
*D.* 44. 5. Ce Titre propoſe pluſieurs exceptions pour ſe défendre d'une demande ; & entre autres, l'exception du ſerment
par lequel le Défendeur a affirmé qu'il ne devoit rien. *Vide Inſt.*
*§.* 11. *de action...* & *§.* 4. *De exception.*

*Scenicas, etsi fidejussores præstent, & jusjurandum dent , posse discedere. N. 51.* Le serment n'est pas obligatoire pour les choses illicites : ainsi les Comédiens peuvent se retirer quoique engagez par serment.

*De jurejurando à moriente præstito propter mensuram suæ substantiæ. N. 48.* Inventaire de biens affirmé par le Défunt, fait Loi aux Héritiers, & non pas aux Créanciers.

*Jusjurandum quod præstatur ab his qui administrationes accipiunt. N. 8. tit. 3.* Forme du serment que prêtent ceux qui entrent en charge. *Vide eand. Nov. tit. 2. c. 7. & 14.... Const. Frid. 1. c. 6.*

*De juramento per capillos Dei , aut aliquid hujusmodi : neque blasphemetur in Deum. N. 77.*

*Ut litigantes jurent in exordio litis quia neque promiserunt dare judicibus , neque dabunt. N. 124.*

*Ut in contestatione litis , & magistratuum initio juretur. Leon. N. 97.*

*Ut qui jusjurandum defert, prior de calumnia juret. Leon. N. 99.*

*De jurejurando propter calumniam dando. C. 2. 59.* C'est le serment de calomnie.

*De perjurio. Lex 12 tabb.*

Serment de fidelité. *Liber de pace Constant. c. 2.*

Serment de calomnie. *V* Calomnie.

## SERVANTE.

Servante. *Ancilla , Famula.*

*Si quis ex Ancilla sua liberos habuerit. N. 78. c. 4.*

## SERVIS.

Servis. *V.* Cens & Servis.

## SERVITUDE.

Servitude. *Servitus.* Droit qui assujettit un fonds à quelque service, pour l'usage d'un autre fonds.

*De servitutibus. D. 8. 1... L. 86. D. de verb. sign... Paul. 1. 25... Caj. 2. 1. §. 3... Lex 12 tabb.*

*De servitutibus prædiorum. Inst. 2. 3.*

*De servitutibus prædiorum rusticorum. D. 8. 3.*

*De servitutibus , & aqua. C. 3. 34.*

*De itinere actúque privato.* **D. 43. 19.** Interdit pour être maintenu en la possession d'un chemin, ou passage.

*De aqua quotidiana & æstiva.* **D. 43. 20.** Interdit pour être maintenu en la possession de l'eau.

*De rivis.* **D. 43. 21.** Ce Titre regarde encore le droit de prise d'eau.

*De fonte.* **D. 43. 22.** Droit de prendre & puiser l'eau. *V.* Eau.

*De cloacis.* **D. 43. 23.** Le droit de cloaque ou d'égout, est aussi une servitude.

*De servitute legata.* **D. 13. 3.**

Maison donée avec ses servitudes. **L. 90. D.** *de verb. sign.*

*Si servitus vindicetur, vel ad alium pertinere negetur.* **D. 8. 5.** Ce Titre parle des actions pour demander en Justice, & pour défendre les servitudes : *Actio confessoria & negatoria, de quibus,* **Inst. 4. 6. §. 2.** *de action.*

*De operis novi nuntiatione.* **D. 39. 1... Extr. 5. 32.** Celui qui a un droit de servitude, peut s'opposer à une construction qui est contraire à son droit, comme aux vûës, égouts, &c.

*De novi operis nuntiatione maritimi aspectus.* **N. 63.** Contre ceux qui bâtissoient pour empêcher la vûë de la Mer. *V.* Jours & vûes.

*Communia prædiorum tam urbanorum, quàm rusticorum.* **D. 8. 4.**

*Quemadmodum servitutes amittantur.* **D. 8. 6.**

## SIGNATURE.

Signature. Signer. *Chirographus. Chirographum apponere. Subscribere.*

Définition de ce mot, *Subsignare.* **L. 39. D.** *de verb. sign.*

*Si quis prolatam manum suam negaverit.* **N. 18. c. 8. & 9.** Contre ceux qui desavoüent leur signature.

## SIGNIFIER.

Signifier. Signification. *Denuntiare. Denuntiatio.*

Définition de ces mots. **L. 39. §. 2. L. 40. D.** *de verb. sign.*

## SIMONIE.

Simonie. *Simonia.*

*De simonia , & ne aliquid pro spiritualibus exigatur , vel promitta-tur. D. Gr. causa 1. omn. quæst... 6. q. 1. c. 22. & 23 §. porrò.... 7. q. 1. c. 3. & 33.... 15. q. 3. c. 4.... Extr. 5. 3... Extr. co. 5. 1.... Inst. Lanc. 4. 3.*

*De lege Julia ambitûs. D. 48. 14.... C. 9. 26... &c. Crimini Ambi-tûs affinis est Ecclesiasticorum simonia;* parce que dans l'un on achete une dignité ; & dans l'autre on achete un Bénéfice , ou une chose spirituelle : c'est pourquoi Papon dans son Notaire , 1. 7. joint ces deux crimes sous un même titre d'Ambition & Simonie.

## SIMULATION.

Simulation. *V.* Acte simulé. Contre-lettre.

## SINDIC.

Sindic , celui qui est chargé des affaires d'une communauté. *Syndicus.*

*De Syndico. Extr. 1. 39.*

*Quod cujusque universitatis nomine , vel contra eam agatur. D. 3. 4.* Ce Titre parle des Sindics.

## SOCIE'TE'.

Société. *Societas.*

*De Societate. Inst. 3. 26.*

*Pro socio. D. 17. 2... C. 4. 37.... Paul. 2. 16. Titulus est , Pro socio : id est , Actio pro socio , quæ ex utroque latere est directa. Nominis & tituli ratio desumitur ex formula : Quod pro socio , communitérve gestum est. L. 65. §. si post. hoc tit.*

*De societate prædiorum maritimorum , ad piscatorias remoras consti-tuendas , etiam ab invitis ineunda. Leon. N. 102. & 103.* Socié-té force , pour la pesche de la Marée. Au commencement de la Novele 102. l'Empereur Leon fait l'éloge du contrat de So-ciété.

Societé ou communauté d'interêts, qui se trouve en plusieurs rencontres. *Leon. N.* 70.
*V.* Associé. Consort.

## S O D O M I E.

*Edictum de his qui luxuriantur contra naturam.* N. 77... N. 141.
*Vide notas Gotofredi.*

## S O I E.

Soie. Habits de soie. *V.* Luxe.

## S O L D A T.

Soldat. *Miles.*

*De re Militari.* D. 49. 16.... *C.* 12. 36.... *C. Th.* 7. 1. Des Soldats, de leurs priviléges, fonctions, paies, pécule, crimes, peines, &c. Des Officiers d'armée, & de l'Art militaire.

*Qui militare possunt, vel non possunt : & de servis ad militam vel dignitatem aspirantibus : & ut nemo duplici militia, vel dignitate & militia simul utatur.* C. 12. 34.

*Quid probare debeant ad quancumque militiam venientes.* C. Th. 7. 1.

*Negotiatores ne militent.* C. 12. 35.

*De castrensi peculio militum & præfectianorum.* D. 49. 17... C. 12. 37. *Præfectiani erant apparitores Præfecti Prætorio.*

*De bonis militum.* C. Th. 5. 4.

*De testamento militis.* N. 2 . 1. *&c. V.* Testament militaire.

*De veteranorum & militum successione.* D. 38. 12.

*De veteranis.* D. 49. 8. *ult...* C. 12. 47.... C. Th. 7. 20. Veteran, est un Soldat qui a son congé aprés avoir servi vingt-ans. Privileges des veterans.

*De captivis, & postliminio reversis, & redemptis ab hostibus.* D. 49. 15.

*De his qui, non impletis stipendiis, sacramento soluti sunt.* C. 10. 54. Ce Titre parle de l'exemtion que les Soldats congédiez, ont des charges publiques, en certains cas.

*Quibus muneribus excusentur hi qui, post impletam militiam vel ad-*

*vocationem, per Provincias, suis commodis vacantes, commoran-*
*tur ; & de privilegiis eorum ; & de conductoribus vectigalium fis-*
*ci. C.* 10. 55. Exemtions & privileges des Soldats anciens.

*De Officio Magistri militum. C.* 1. 29.... *C.* 12. 3. *& 4. Magister mi-*
*litum* étoit, a peu-prés, le même Officier que le Conêtable en
France. *V.* Conêtable.

*De apparitoribus Magistrorum militum, & privilegiis eorum. C.* 12.
55.... *C. Th.* 8. 3. *Hi Apparitores censentur milites.*

*De comitibus rei militaris. C.* 12. 12.

*De restitutionibus militum, & eorum qui reipublicæ causa absunt.*
*C.* 12. 51.

*De uxoribus militum, & eorum qui reipublicæ causa absunt. C.* 2. 52.
Par ce Titre & le précedent, ceux qui font à la Guerre ou dans
un voiage fait pour le service du public ; & leurs femmes qui
les ont suivis : sont relevez du domage que l'absence leur a pû
causer, & pour recouvrer le profit qu'ils ont manqué de
faire.

*In quibus causis militantes fori præscriptione uti non possunt. C.* 3. 25.
*Militantes*, dans ce Titre, ne signifient pas les Soldats ; mais
des Officiers de la Maison du Prince, qui ne joüiffoient pas du
droit de *Committimus* en de certaines affaires.

*Quando liceat unicuique, sine judice, se vindicare, vel publicam*
*devotionem. C.* 3. 27. Ce Titre parle des Soldats deserteurs. *Pu-*
*blica devotio, est Militia : quia Milites sunt publicè devoti.* De
sorte que, *vindicare publicam devotionem*, signifie, arrêter
un Soldat deserteur, qui blesse *publicam devotionem*, son engagement.

*Quibus militantibus, ad urbem non liceat accedere. C. Th.* 14. 11.

*De Classicis. C.* 11. 12.... *C. Th.* 10. 23. Soldats destinez à nettoier
les batteaux, & veiller à la commodité de la navigation.

*De fundis limitrophis, & terris, & paludibus, & pascuis, & li-*
*mitaneis, vel castellorum. C.* 11. 59. Défense aux particuliers
de posseder les fonds destinez à l'entretien des Soldats qui gardoient les frontieres.

*De erogatione militaris annonæ, & quis militaris cibus esse debeat.*
*C.* 12. 37.... *C. Th.* 7. 4. Des rations & étapes.

*De excoctione & translatione militarium annonarum. C.* 12. 39....
*C. Th.* 7. 5.

*De tractatoriis & stativis.* **C. 12. 52.... C. Th. 8. 6.** Des routes, étapes & séjours.

*De Primipilo.* **C. 12. 63.... C. Th. 8. 4.** *Primipilus est Decurio primæ cohortis. Est etiam annona quæ debatur Primipili centurionibus, ut inter milites distribueretur :* Les rations.

*De militari veste.* **C. 12. 40.... C. Th. 7. 6.**

*De metatis, & epidemeticis.* **C. 12. 41.... C. Th. 7. 8.** *Metata,* Les logemens des gens de Guerre : *unde Metatores,* Maréchaux des logis qui marquent les logemens. *Epidemetica,* est l'argent qu'on donoit pour être dispensé du logement.

*De salgamo hospitibus non præstando.* **C. 12. 42.... C. Th. 7. 9.** *Salgamum* signifie ici ce que nous appelons l'Utencile des Soldats. Ce Titre leur défend d'exiger l'Utencile de ceux chez qui ils logent. *V.* Utencile.

*De commeatu.* **C. 12. 43.... C. Th. 7. 12.** Congé donné aux Soldats pour un certain tems.

*De Tyronibus.* **C. 12. 44... C. Th. 7. 13.** Ce Titre s'entend de ceux qui s'enrolent pour la Guerre, aussi bien que des autres Apren‑ tis : Des soldats de Milice, ou de Recruës.

*Qui à præbitione Tyronum & equorum excusentur.* **C. Th. 11. 18.**

*De Burgariis.* **C. Th. 7. 14.** Défense d'enroler ceux qui étoient destinez à garder les Bourgs, les Châteaux, ou les Forts, placez sur les frontieres de l'Empire.

*De desertoribus, & occultatoribus eorum.* **C. 12. 46... C. Th. 7. 18.** *& 19.* Des Deserteurs.

*Ut neque miles, neque fœderatus observetur domui privatæ, aut possessioni alicuius.* **N. 116** Défense aux Soldats de demeurer & de s'occuper ailleurs que dans leurs quartiers : & aux Particuliers, de leur doner retraite.

*Quomodo oporteat milites transitum in civitatibus facere, & de introitu.* **N. 130.**

*De testimoniali ex tribunis & protectoribus.* **C. Th. 7. 21.** Contre les attestations ou congez par écrit, donnez par faveur, aux Soldats qui ne les ont pas méritez.

*V.* Milice, Militaire, Officiers de Guerre. Veteran.


SOLIDITE'.

## S O L I D I T E'

Solidité. Solidaire. Solidairement, *In folidum.*

*Si plures unâ fententiâ condemnati funt.* C. 7. 55. La condamnation n'eft pas folidaire contre les Condamnez, fi la folidité n'eft
pas exprimée.

*De duobus reis ftipulandi , & promittendi.* J. 3. 17... *D.* 45. 2... *C.* 8.
40.... *N.* 99. De deux Créanciers , ou deux Debiteurs folidaires.

*Ut non fiant pignorationes pro aliis perfonis, &c. N.* 52... *N.* 134. *c.* 7.
*Pignoratio,* eft la faifie qu'on fait fur une perfone pour un autre
Debiteur : *jus alium pro alio retinendi.*

*Ut nullus ex vicaneis , pro alienis vicaneorum debitis teneatur.* C. 11.
56. On ne peut pas exercer la folidité contre le Concitoien de
fon Débiteur.

*V.* Confort. Coobligé. Débiteur. Divifion.

## S O L L I C I T A T I O N.

Sollicitation. Solliciter fes Juges. *Jus fuum apud judices &*
*cognitores perfequi.*

*De lege Julia ambitûs. D.* 48. 14. Ce Titre n'a qu'une Loi , dont
le §. 4. défend aux Accufateurs & aux accufez , d'entrer dans
la maifon de leurs Juges pour les folliciter.

## S O N   D E   T R O M P E.

Publier , ou ajourner à fon de Trompe. *V.* Cri-public.

## S O R C I E R.

Sorcier. *V.* Magicien.

## S O U R D.

Sourd. *Surdus.*

*De bonorum poffeffione furiofo , infanti , muto , furdo , &c. competente.*
*D.* 37. 3. Les Sourds , & autres , peuvent être admis à l'héredité.

## SPECTACLE.

Spectacle. *V.* Jeux publics.

## SPOLIATION.

Spoliation d'hoirie. *Expilatæ hereditatis crimen.*
*De actione rerum amotarum. D.* 25. 2. .. *C.* 5. 21. Action de recelé,
     qui est donée au Mari & à la Femme, pour les effets souftraits
     & enlevez. *V.* Recelé.
*De crimine expilatæ hereditatis. C.* 9. 32. ..
*Expilatæ hereditatis. D.* 47. 19.
*Si is, qui testamento liber esse jussus erit, post mortem domini, ante*
     *aditam hereditatem, subripuisse aut corrupisse quid dicetur. D.* 47.
     4. Contre l'Esclave inftitué héritier avec la liberté, qui a fpo-
     lié l'hoirie.

## STATUE.

Statuë. *Signum. Statua.*
*De statuis & imaginibus. C.* 1. 24.
*De imaginibus Imperialibus. C. Th.* 15. 4.
*De his qui ad statuas confugiunt. C.* 1. 25. .. *C. Th.* 9. 44.

## STELLIONAT.

Stellionat. *Stellionatus, à Stellione, specie lacerti stellati.*
Le Stellionat eft un nom général que l'on donoit dans le Droit
     Romain, à toutes les tromperies, fraudes, impoftures, qui
     n'avoient pas de nom propre. Mais le Stellionat eft propre-
     ment le crime de ceux qui aiant engagé une chofe à une per-
     fone, la vendent à un autre, lui diffimulant à deffein, & par
     dol, cet engagement.
*De crimine Stellionatus. C.* 9. 34. .. *D.* 47. 20.

## STIPULATION.

Stipulation. *V.* Obligation.

Stupre. *Stuprum.*
Le mot de Stupre n'eſt pas en uſage, mais on eſt obligé de s'en
    ſervir à l'imitation du Latin, pour exprimer la défloration d'u-
    ne Fille, & l'habitude avec une Veuve vivant honêtement.
Définition de ce mot, *Stuprum. L.* 101. *D. de verb. ſign.*
*De adulteriis & Stupro. D. Gr.*36. *q.* 1. *c.*2.*& 3. §. cùm ergo... Extr.*5.
    6. *Hîc Stuprum dicitur etiam de adulterio.*
*Ad legem Juliam de adulteriis & Stupro. C.*9. 9.... *D.* 48. 5.
*Si quis eam, cujus tutor fuerit, corruperit. C.*9. 10.... *C. Th.*9. 8.
*De mulieribus quæ ſe ſervis propriis junxerunt. C.*9. 11... *C. Th.*9. 9.
*V.* Luxure.

## SUBHASTATION.

Subhaſtation. *V.* Adjudication. Decret. Enchere. Vente.

## SUBORDINATION.

Subordination. *Rerum, vel perſonarum ordo, ordinatio.*
*De majoritate & obedientia. D. Gr.* 21. *& 22... diſt.* 23. *c.* 6... *diſt.*
    74. *c.* 5.... *diſt.* 81. *c. fin... diſt.* 93. 96. *& 99....* 2. *q.* 6. *c.* 12. *&*
    14.... *q.* 7. *c.* 57.... 8. *q.* 4.... 9. *q.* 3. *c.* 9. *&* 10. *uſq. ad fin.*
    *q....* 11. *q.* 3. *c.* 11. 12. 13. *& 14.... c.* 53. *c.* 101. *§. cùm er-*
    *go....* 22. *q.* 3. *& 5. c.* 18.... 23. *q.* 4. *c.* 5.... *De conſecr. diſt.* 5.
    *c.* 34.... *Extr.* 1. 33... *S.* 1. 17... *Ex. Jo.* 2... *Ex. co.* 1. 8.

## SUBREPTION.

Subreption. Subrepiice. *V.* Obreption. Privilége. Exemtion.

## SUBROGATION.

Subrogation. *Subrogatio. Subſtitutio: ita Paulus Juriſc.*
*De his qui in priorum creditorum locum ſuccedunt. C.* 8. 19.
*Qui potiores in pignore vel hipoteca habentur ; & de his qui in prio-*
    *rum creditorum locum ſuccedunt. D.* 20. 4.
*De prætorio pignore, & ut in actionibus debitorum, miſſio Prætorij*
    *pignoris procedat. C.* 8. 22. *Prætorium pignus*, étoit un droit
                                                    LI ij

que le Préteur donoit à un Créancier, d'exercer les actions de
son Débiteur : ce qui étoit une espece de Subrogation.

## SUBSIDES.

Subsides. *V.* Impôt. Taille.

## SUBSTITUTION.

Substitution. *Substitutio.*
*De vulgari & pupillari substitutione.* **D.** 28. 6.... *Inst.* 2. 15. *& 16.*
*De impuberum , & aliis substitutionibus.* **C.** 6. 26.
*De institutionibus , & substitutionibus , seu restitutionibus sub condi-
tione factis.* **C.** 6. 25. Ce Titre parle des conditions apposées
aux Institutions & aux Substitutions.
*De substitutionibus , & de faciendis secundis tabulis. Cajus.* 2. 4.
*Vt restitutiones fideicommissi usque ad unum gradum consistant.* **N.** 159.
Des Substitutions , & à quel degré elles s'étendent.
*V.* Fidéi-commis universel.

## SUCCESSION.

Succession. Succeder. *Successio. Hereditas. Bonorum possessio.*
La matiere des Successions & des Testamens , est fort étenduë.
Elle est particulierement traitée dans le Digeste , depuis le
commencement du **XXVIII.** Livre , jusqu'à la fin du
**XXXVIII.**
Dans le Code , elle comprend tout le sixiéme Livre , excepté les
huit premiers Titres.
Dans les Institutes , elle commence au Titre X. du Livre second,
& finit avec le Titre XIII. du troisiéme Livre.
Et dans le Jurisconsulte Paulus , elle contient le troisiéme & le
quatriéme Livre de ses Sentences.
Définition de Succession. *Hereditas , Bonorum possessio.* **L.** 24. 119.
138. 151. 178. **§.** 1. *D. de verb. sign.*
Succession testamentaire , en quel sens est appelée Succession lé-
gitime. **L.** 130. *D. de verb. sign.*
*De acquirenda vel omittenda hereditate.* **D.** 29. 2. *Acquirere , hîc
pro , adire.*

*De jure deliberandi, & de adeunda vel acquirenda hereditate.* **C. 6. 30.**

*De repudianda vel abstinenda hereditate.* **C. 6. 31.**

*De eo qui transfert hereditatem. L. 6. D. de reg. jur.*

*De crimine expilatæ hereditatis.* **C. 9. 32.... D. 47. 19.** *V.* Spoliation.

*De fideicommissariis hereditatibus. Inst. 2. 23. V.* Fidéi-commis.

*De hereditatis petitione.* **D. 5. 3... C. 3. 31.** Demande de la Succession contre celui qui s'en est emparé injustement.

*Si pars hereditatis petatur.* **D. 5. 4.**

*De possessoria hereditatis petitione.* **D. 5. 5.**

*De fideicommissaria hereditatis petitione.* **D. 5. 6.** De la succession donnée par Fidéi-commis.

*De hereditate, vel actione vendita.* **D. 18. 4.... C. 4. 39.** Vente de droits successifs.

*De bonorum possessionibus.* **D. 37. 1.... Inst. 3. 10.** *Bonorum possessio, est jus persequendi, retinendive patrimonii, sive rei quæ cujusque, cum moritur, fuit.* C'est la Succession même, ou l'hérédité. *V.* Possession de biens.

*Quorum bonorum.* **D. 43. 2.... C. 8. 2.... C. Th. 4. 19... Inst. de interd. §. 3.** Ce Titre parle d'une sorte d'interdit, par lequel l'Héritier, ou *Bonorum possessor*, étoit mis en possession de tous les biens du Défunt.

*De possessionibus dandis. Ulp. 28.*

*Si tabulæ testamenti extabunt.* **D. 37. 2.** Quand il y a eu un Testament, qui est perdu, ou corrompu, il y a lieu *Bonorum possessioni.*

*Qui admitti ad bonorum possessionem possunt, & intra quod tempus.* **C. 6. 9.** *Vide tit.* 16.

*De bonorum possessione, furioso, infanti, muto, surdo, cæco, competente.* **D. 37. 3.**

*De bonorum possessione contra tabulas, quam prætor liberis pollicetur.* **C. 6. 12.... D. 37. 4.** *Liberis, in hoc titulo, intellige emancipatis & præteritis.*

*De conjungendis cum emancipato liberis ejus.* **D. 37. 8.** Comment les Enfans d'un Pere emancipé, succedent avec lui à leur aieul. Ce Titre est abrogé par la Novelle 118. qui appelle également aux successions, les Enfans émancipez, & ceux qui ne

le font pas. Ainſi le Pere, comme plus proche de l'aieul, ex-
clut le Fils.

*De ventre in poſſeſſionem mittendo, & curatore ejus.* **D. 37. 9.** Du droit
de ſucceder qui apartient a l'Enfant qui n'eſt pas encore né.

*De bonorum poſſeſſionibus ſecundùm tabulas. D. 37. 11... C. 6. 11.*

*Si a parente quis manumiſſus ſit. D. 37. 12. Manumiſſus, id eſt,
Emancipatus.* Que les Aſcendans ſuccedent aux Enfans qu'ils
ont émancipez.

*De bonorum poſſeſſione ex teſtamento militis. D. 37. 13.*

*De bonorum poſſeſſione contra tabulas liberti , quæ patronis vel liberis
eorum datur. C. 6. 13.*

*De bonis & ſucceſſione libertorum.* ***V.*** Affranchi.

*Quibus non competit bonorum poſſeſſio. 38. 13.*

*Ut ex legibus , ſenatúſque conſultis bonorum poſſeſſio detur.* **D. 38. 14.**

*Qui ordo in poſſeſſionibus ſervetur. D. 38. 15.*

*De repudianda bonorum poſſeſſione. C. 6. 19.*

*De his qui ante apertas tabulas , hereditatem tranſmittunt.* **C. 6. 52.**
Les Héritiers du Teſtateur tranſmettent la ſucceſſion a leurs
Héritiers , même avant l'adition. *L. 6. D. de reg. jur.*

*De hereditatibus quæ abinteſtato deferuntur. Inſt. 3. 1.... Lex 12
tabb. t. 20.*

*De inteſtatorum ſucceſſione. Paul. 4. 8.... Caj. 2. 7.*

*De legitima agnatorum ſucceſſione. Inſt. 3. 2.*

*De ſucceſſione cognatorum. Inſt. 3. 5.*

*Si quis , omiſſâ causâ teſtamenti, ab inteſtato , vel alio modo poſſi-
deat hereditatem. D. 29. 4.*

*Si omiſſa ſit cauſa teſtamenti.* **C. 6. 39.** Ce Titre & le précedent
ordonnent , que ſi l'Héritier teſtamentaire renonce au Teſtament, pour prendre la ſucceſſion qui lui peut apartenir par
le droit du ſang ; en ce cas les legs & les autres diſpoſitions
ne ſoient pas caduques.

*De legitimis hereditatibus. C. Th. 5. 1.*

*Si tabulæ teſtamenti nullæ extabunt : unde liberi.* **D. 38. 6.** C'eſt-à-
dire : *Liberi ſuccedunt ab inteſtato.*

*Unde liberi. C. 6. 14... C. Th. 4. 2. Sic intellige hunc titulum : Pars
edicti , unde liberi ab inteſtato vocantur ad ſucceſſionem parentum ; & eſt primus gradus ſucceſſionis ab inteſtato.*

*Unde legitimi , & unde cognati. C. 6. 15.... D. 38. 7. & 8... Inſt. 3.
titt. 2. 5. & 8.*

*De suis & legitimis liberis , & ex filia nepotibus ab intestato venien-*
*tibus. C. 6. 55.*

*De successorio edicto.* **D. 38. 9 .... C. 6. 16.** Cet Edit régloit le tems
dans lequel les Héritiers devoient demander l'hérédité , *bo-*
*norum possessionem.* Les Enfans & les Peres avoient un an ; &
les autres avoient cent jours.

*Unde vir & uxor. D. 38. 11 .... C. 6. 18.*

*De veteranorum & militum successione. D. 38. 12.* Des successions ab-
intestat des gens de Guerre, & des Veterans.

*De hereditatibus decurionum , naviculariorum , cohortalium mili-*
*tum , & fabricensium. C. 6. 61.*

Succession d'un Captif, ou prisonier de Guerre. *L. 3. D. de verb.*
*sign.*

*Quis ordo in successionibus servetur. D. 38. 15. Hic titulus parùm dif-*
*fert a titulo 9. De successorio edicto.*

*De heredibus ab intestato venientibus , & de agnatorum jure sublato.*
**N. 118.** Ordre de toutes les successions ab-intestat.

*Ut fratrum filij succedant pariter , ad imitationem fratrum , etiam*
*ascendentibus extantibus. N. 127. c. 1.*

*De consanguineis & uterinis fratribus. N. 84.* Partage de succession
entre Freres de divers lits.

*De actionibus hereditariis. C. 4. 16.*

*Communia de successionibus. C. 6. 59.* Ce Titre ne se doit pas entendre des Successions testamentaires , & ab-intestat : il ne concerne que les Successions ab-intestat , *quæ deferuntur jure civi-*
*li , vel jure Prætorio.*

*De Armeniorum successione. Edict. Just. 3.*

Succession des Meres, & comment elles succedent à leurs Enfans,
*V.* Mere.

*De successionibus sublatis, quæ fiebant per bonorum venditiones , & ex*
*Senatus-consulto Claudiano. Inst. 3. 13.*

*V.* Héritier. Institution. Legs. Substitution. Testament.

Succéder au fait d'autrui. *V.* Fait d'autrui.

## SUFFRAGANT.

Suffragant. *Suffraganeus. V.* Evêque.

## SUFFRAGE.

Suffrage. *Suffragium.*
*De suffragiis , & creatione Magistratum. Lex 12 tabb.*
*De suffragio. C.* 4. 3. Demande de ce qui a été promis pour avoir
　　une dignité ; car on pouvoit vendre son suffrage , & acheter
　　celui d'autrui : ce qui fut ensuite , défendu par Tibere le
　　Jeune , dans sa Novelle 161.
*Si certum petatur de suffragiis. C. Th.* 2. 29.
*De lege Julia Ambitûs D.* 48. 14.... *C. Th.* 9. 26... *C. Th.* 9. 26....
　　*I.* 4. *ult. §. ult.* Contre ceux qui achetoient les suffrages du Peu-
　　ple , pour les Charges & Dignitez.
*V.* Dignité.

## SUPERFICIE.

Superficie. *V.* Surface.

## SUPPLICE.

Supplice. *V.* Peine. Question. Châtiment.

## SUPPLIQUE.

Supplique. *V.* Requête.

## SURFACE.

Surface. *Superficies.*
*De superficiebus. D.* 43. 18. *Superficies , hîc dicitur , ædificium in alie-*
　　*no solo positum , Domino consentiente ; ex causâ conductionis , vel*
　　*emptionis ; in perpetuum , vel ad tempus.* En ce sens , *superficies ,*
　　est la même chose qu'Emphitéose , si ce n'est que , *Superficies*
　　*est tantum in prædiis urbanis , at Emphyteusis constat etiam in*
　　*rusticis.*
*Quando superficies solo cedit , & vicissim. I.* 2. 1. *§.* 29. *& seqq.*

## SUSPENSION.

Suspension, ou Suspense. *V.* Censure.

**TAILLE.**

# T

## TAILLE.

Taille. *Tributum. Annona. Publica penſitatio. Cenſus. Capita-*
*tio , &c.*

*De annonis & tributis.* **C.** 10. 16... **C. Th.** 11. 1.

*De tributis , ſtipendiis , cenſibus & prædiis Juris Italici. Ulp.* 19. *de*
*domin. & acquis. rer.*

*De indiEtionibus.* **C.** 10. 17.... **C. Th.** 11. 5. *IndiEtiones ſunt annonæ*
*& tributa , vel potius , impoſitiones tributorum.*

*De ſuper-indiEto.* **C.** 10. 18.... **C. Th.** 11. 6. *Id eſt , indiEtionis aug-*
*mento :* Impoſition nouvelle & extraordinaire ; Taillon &
Crûe.

*De exaEtoribus tributorum.* **C.** 10. 19... **C. Th.** 11. 7. Des Collecteurs des Tailles & Tributs.

*De executoribus & exaEtoribus.* **C.** 12. 61.... **C. Th.** 8. 8.

*Tributa in ipſis ſpeciebus inferri.* **C. Th.** 11. 2.

*De ſuper-exaEtionibus.* **C.** 10. 20... **C. Th.** 11. 8...

*Tributorum exaEtores, ſi plus quàm debeant, exegerint, qua pœna*
*afficiendi ſint. Leon. N.* 61.

*De canone largitionalium titulorum.* **C.** 10. 23. Des Receveurs des
Tailles, qui doivent les remettre aux Receveurs Generaux.
*Canon , eſt annua penſitatio.*

*De capiendis & diſtrahendis pignoribus , tributorum cauſa.* **C.** 10.
21... **C. Th.** 11. 9.

*Si propter publicas penſitationes venditio fuerit celebrata.* **C.** 4. 46.
Reſciſion de la vente des héritages faite à vil prix , ou ſans les
formalitez requiſes, pour le paiement des Tributs qui étoient
réels.

*De cenſitus.* **D.** 50. 15. *Cenſus ,* étoit un état ou terrier public,
contenant la deſcription , les confins , & l'eſtimation des
fonds de chaque particulier , pour faire une juſte impoſition des Tributs , que nous appelons Tailles , en France : Les
Rolles des Tailles.

M m

*Si curialis , relicta civitate , rus habitare maluerit. C.* 10. 37.....
*C. Th.* 12. 18. Ce Titre parle des Décurions , mais il peut s'é-
tendre aux Bourgeois des Villes , qui peuvent être impofez a
la Taille , quand ils demeurent à la Campagne.

*Ut nemo ad fuum patrocinium fufcipiat rufticanos , vel vicos eorum.*
*C.* 11. 53..... *C. Th.* 11. 24. Contre les donations & ventes fimu-
lées , faites en fraude de la Taille , a une perfone éxemte.

*Non licere habitatoribus Metrocomiæ loca fua ad extraneum transfer-*
*re. C.* 11. 55. *Metrocomia* , étoit un Bourg principal , qui tenoit,
entre plufieurs autres Villages , le même rang qu'une Metropole tenoit entre les Villes. Ce Titre defend aux Habitans de
ces Métrocomes , de vendre leurs fonds aux Habitans des autres Bourgs , à caufe de l'éxemtion des Tailles.

*De reliquis publicis non exigendis , & de difcuffione diverfarum actio-*
*num. N.* 147. Décharge , ou remife du paiement des Tributs
qui étoient dûs en refte ; c'eft-à-dire , des Arrérages échus.
De cette remife font exceptés les Tributs qui étoient deftinez
à l'entretien des Villes , & des Soldats : ce qui eft exprimé par
ces mots , *de difcuffione diverfarum actionum.* Les Empereurs ce-
doient quelquefois à leurs Peuples , ces fortes d'arrérages.
Loüis XII. Roi de France , remit à fes fujets le préfent du
couronnement , la troifiéme partie des impôts , & la dixiéme
des Tailles. Il remit enfuite la moitié de fon revenu, & mérita
le nom de Pere du Peuple. Le Roi Henri le Grand remit auffi
tout ce qu'on lui devoit en refte des Tailles & fubfides , depuis
fept ans & plus , en 1599.

*De indulgentia Reliquorum publicorum. N.* 148.... *N. Juftini.* 1....
*C. Th.* 11. 28. *Indulgentia dicitur de præteritis tributis* , des arrérages échus : *Relevatio , de futuris.*

*De indulgentiis debitorum. C. Th.* 11. 28.

*De relevatione publicorum tributorum. N.* 163... *Conft. Juftin. Juft.* 9.
& 10.... *Conft. Imp. Niceph. Bot.* 2.

*De prædiorum fterilium ad fertilia impofitione. N.* 166.

*De hominibus qui eidem domino fubjecta prædia poffident. N.* 168. *ult.*

*De collatoribus , & aliis capitulis. N.* 128. De l'impofition des Tributs : le temps , la maniere , la forme des impofitions , de l'é-
xaction & du paiement : ce qui a du raport a l'impofition , a la
collecte & a la recepte de nos Tailles.

M m  ij

*De Hellesponto. Ed. Justin.* 12. Défense de lever aucuns Tributs, Impots, ou deniers, dans les Provinces de l'Empire, sans l'attache du Gouverneur, outre les Lettres du Prince : ce qui est en usage en France pour les Intendans de Provinces.

*Ne Monasteriorum prædia describantur. Const. Imp. Alex. Comn.* 2. Exemtion des Monasteres.

*Ne conlatio per logographos celebretur. C. Th.* 11. 4. Les Impositions ou Taxes ne doivent pas être faites par ceux qui dressent les Rolles ou Regiftres. *Conlatio , id est , collatio. Logographi ,* étoient ceux *qui rationes tributorum conficiebant.*

*De equorum conlatione. C. Th.* 11. 17. De ceux qui étoient obligez de fournir des chevaux à l'Empereur.

*Ne conlationis translatio postuletur. C. Th.* 11. 22. Défenses de faire transporter les Taxes des contribuables aux Tributs , des Rolles d'une Ville ou d'une Province , en ceux d'une autre. En France on permet aux Taillables qui ont des fonds dans deux Parroisses , de faire transporter leur Taxe ou Imposition , aux Rolles d'une seule Parroisse.

*De Protostasia. C. Th.* 11. 23. Ce mot est Grec , & signifie en general , Primauté, *Principatus.* En cet endroit il signifie proprement la charge de lever les Tributs, comme font parmi nous les Consuls & Collecteurs des Tailles.

Touchant la voiture & le transport des Tributs publics , circonstances & dépendances , Voiez Voiturier.

*V.* Capitation. Cens. Deniers publics. Don gratuit. Impôt. Exempt.

## TALION.

Talion , Peine égale & semblable au crime commis. *Talio.*

*De pœna Talionis. Lex* 12 *tabb. t.* 5. *c.* 3. *& t.* 25. *c.* 2.

*Quod quisque juris in alterum statuerit , ut ipse eodem jure utatur. D.* 2. 2.

*De pœna ejus qui aliquem , debitâ operâ, excæcavit. Leon. N.* 92. Peine du Talion.

## TEINTURIER.

Teinturier. Teinture. *Infector. Tinctura.*

*De vestibus holoberis & auratis ; & de intinctione sacri muricis.*

*C.* 11. 8..... *C.Th.* 10. 21. Teinture de la Pourpre, & défense d'en porter. *V.* Luxe. Pourpre.

## TÉMOIN.

Témoin. Témoignage. *Testis. Testimonium.*

*De Testibus. D.* 22. 5.... *C.* 4. 20.... *N.* 90. *Paul.* 5. 13.... *Lex* 12 *tabb. t.* 7. *c.* 4. *& t.* 16.

*De Testibus & attestationibus. D. Gr.* 2. *q.* 1. *c.* 7. *& q.* 4.... 3. *q.* 5. *& 9.*... 4. *q.* 2. *& 3.*... 6. *q.* 1. *c.* 17.... 11. *q.* 3. *c.* 80.... 14 *q.* 2... 35. *q.* 6.

*Extr.* 2. 20. 5. 2. 10... *Cl.* 2. 8.

*De Testibus cogendis, vel non. D. Gr.* 2. *q.* 6. *c.* 3. 8.... *Extr.* 2. 21.

*De fide Testium & instrumentorum. C. Th.* 11. 39.

*Si litterarum fides à voce Testium discrepet. N.* 73. *c.* 3.

*De Testibus & benedictione matrimonij servorum. Const. I. Alex. Comn.* 9.

*Ut in civitatibus quinque, in itineribus verò & agris, tres Testes ad testamentorum fidem sufficiant. Leon. N.* 41.

*Ut sufficiens numerus Testium testamentum ratum faciat, tametsi id neque illorum subscriptiones, neque signacula habeat. Leon. N.* 42.

*Ut per scribendi ignaros testamenta etiam confirmentur. Leon. N.* 43. Il n'est pas nécessaire que les Témoins sachent signer.

*Ne mulieres in contractibus testimonium præbeant. Leon. N.* 48.

*Ne servi ad dicendum testimonium admittantur. Leon. N.* 49.

*Si ex falsis instrumentis, vel testimoniis, judicatum sit. C.* 7. 58.

*Quot testes sunt necessarij ad probandam feudi ingratitudinem. F.* 2. 57.

*Ut lite non contestata, non procedatur ad Testium receptionem, vel ad sententiam definitivam. Extr.* 2. 6.

*Ut non liberentur curiali fortuna Judæi, Hæretici, &c. Posse verò eos contra Orthodoxos... Testimonium perhibere, ut qui & pro orthodoxa politia testimonium perhibent. N.* 45. Les Hérétiques peuvent porter témoignage.

Faux Témoin.

*De pœna falsum testimonium dicentium Sacerdotum. Leon. N.* 76.

*Quibus pœnis subjiciantur Clerici qui falsum tulerint testimonium.*
  *N. 123. c. 20.*
*De falsariorum pœna. Leon. N. 77.*

## TEMS.

Du tems passé, présent, & à venir. *L. 123. D. de verb. sign.*

## TERME.

Terme de paier. *Dies pecuniæ.*
*Diem cedere : Diem venire : quid sit. L. 213. D. de verb. sign.* Le ter-
  me est courant, & le terme est échû.
*Quando dies legatorum vel fideicommissorum cedat.* **D.** 36. 2....
  *C. 6.* ) 3.
Terme de paier. *L.* 12. *in f. D. de verb. sign.. L.* 32. 82. 117. 125.
  *& L.* 186. *D. de reg. jur.*
Quand le terme de paier n'est pas spécifié, l'on doit actuellement.
  *L.* 14. *D. de reg. jur.*
En faveur de qui, est le terme, dans un Testament & dans une
  Obligation. *L.* 17. *D. de reg. jur.*
L'Héritier a neuf jours de terme, ou de delay, aprés la mort de
  son prédécesseur. *N.* 115. *c.* 5.... *N.* 60.
*V.* Débiteur. Créancier. Paiement.
Termes du Droit.
*De verborum significatione.* **D.** 50. 16.... *Extr.* 5. 40.... *S.* 5. 12....
  *Cl.* 5. 11.... *Extr. Jo.* 12. Comme le Titre *de verborum significatione,* est géneral pour toutes les matieres du Droit, on a cité
  toutes les Loix de ce Titre, sous les noms des matieres qui y
  répondent : afin que ces Loix puissent servir d'explication, ou
  de définition à la plûpart des Termes ou Articles qui composent ce Livre.
*De verborum & rerum significatione. C.* 6. 38. Ce Titre regarde proprement la matiere des legs & des fidéicommis, pour l'explication des Termes, sous lesquels ils sont laissez dans un Testament.

## TERRIER.

Terrier. *Census. Codex agrorum, vectigalium indicem continens.*
  *V.* Cens.

## TERRITOIRE.

Territoire. *V.* Banlieu.

## TESTAMENT.

La matiere des Teſtamens, & des Succeſſions, eſt fort ample dans le Droit. Elle eſt particulierement traitée, dans le Digeſte, depuis le commencement du XXVIII. Livre, juſqu'a la fin du XXXVIII. Dans le Code, elle contient tout le ſixiéme Livre, excepté les huit premiers Titres. Dans les Inſtitutes, elle commence au Titre X. du Livre ſecond, & finit avec le Titre XIII. du troiſiéme Livre. Et dans Paulus, cette matiere comprend les troiſiéme & quatriéme Livres de ſes Sentences.

Des Teſtamens en général.

*De Teſtamentis. Lex 12 tabb. tit. 19. & 20... Caj. lib. 2. t. 2... Paul. 3. 4. Vlp. 21.*

*De Teſtamentis, & ultimis voluntatibus. Dec. Gr. 12. q. 2. c. 46. ... q. 3. & 5... 13. q. 2. c. 7. à §. ſed illud. uſque ad c. 11. ... 19. q. 3. c. 7. uſque ad fin. quæſt. ... Extr. 3. 26... Sext. 3. 11... Cl. 3. 6.*

*De Teſtamentis, & quemadmodum Teſtamenta ordinentur. Inſt. 2. 10... C. 6. 23... C. Th. 4. 4.*

*Qui Teſtamenta facere poſſunt, & quemadmodum Teſtamenta fiant. D. 28. 1.*

*Qui Teſtamenta facere poſſunt, vel non. C. 6. 22.*

*Quibus non eſt permiſſum facere Teſtamentum. Inſt. 2. 12.*

*Vt monachus de acquiſitis teſtori poſſit. Leon. N. 5.*

*Vt domini teſtamento manumiſſus, ſi illum deceſſiſſe, aditamque ejus hereditatem eſſe ignoret, teſtari poſſit. Leon. N. 54.*

*Si quis aliquem teſtari prohibuerit, vel coegerit. D. 29. 6. ... C. 6. 34.*

*Vt Imperatoris ſervi, de rebus ſuis, quomodo velint, ſtatuere poſſint. Leon. N. 38.*

*Vt prodigus, quæ ex re ipſius ſunt, facere poſſit. Leon. N. 39.*

*Vt Captivi Teſtamenti factionem habeant. Leon. N. 40.*

*Cæcos, ſecretò teſtamentum facere poſſe. Leon. N. 69.*

*Vt in civitatibus, quinque; in itineribus verò & agris, tres teſtes ad*

*Testamentorum fidem sufficiant. Leon. N. 41.*

*Ut sufficiens numerus testium Testamentum ratum faciat, tametsi id neque illorum subscriptiones, neque signacula habeat. Leon. N. 42.*

*Ut per scribendi ignaros Testamenta etiam confirmentur. Leon. N. 43.* Ceux qui ne savent pas signer, peuvent être témoins dans un Testament.

*A quibus obsignari Testamenta oporteat. Leon. N. 44.* Par quel Magistrat les Testamens doivent être enregistrés ou insinués. On en peut voir la formule dans Marculphe. *L. 2. c. 37.*

*Nemo testatus & intestatus decedit. L. 7. D. de reg. juris.* La volonté du Testateur s'interprete favorablement. *L. 12. D. de reg. juris.*

De quelques formalités des Testamens. *N. 66. c. 1. §. 4.... N. 119. c. 9... N. 107.*

*De executoribus Testamentariis. Const. Imp. Manuel. Comn. 1.*

Vices du Testament.

*De injusto, rupto, & irrito Testamento. D. 28. 3.*

*De Testamentis imperfectis, à parentibus in filios factis. N. 107.*

*Quibus modis Testamenta infirmentur. Iast. 2. 17.*

*Quemadmodum Testamenta rumpuntur. Ulp. 24.*

*De his quæ in Testamento delentur, inducuntur, vel inscribuntur. D. 28. 4.*

*Ad legem Corneliam Testamentariam. Paul. 5. 23.* Ce Titre parle des Testamens falsifiez ou alterez; & de quelques autres sortes de faussetez.

*De lege Cornelia de falsis; & de Senatus-consulto Liboniano. D. 48. 10.* Le Senatus-consulte Libonien soumettoit à la peine de faux, celui qui écrivant un Testament, *sibi aliquid adscribebat.*

*De his qui sibi adscribunt in Testamento. C. 9. 23.* Ce Titre concerne encore le Senatus-consulte Libonien.

*De falso Testamento. L. 221. D. de verb. sign.*

*De inofficioso Testamento. Inst. 2. 18... D. 5. 2.. C. 3. 28... C. Th. 2. 19.*

*De inofficiosi querela. Paul. 4. 5.*

*De Testamento resignato. Leon. N. 82.* Si les Cachets des Témoins ont été alterez par hazard, le Testament n'est pas nul.

Ouverture du Testament.

*Testamenta quemadmodum aperiantur, inspiciantur, & describantur. D. 29. 3.... C. 6. 32.*

*De*

*De tabulis exhibendis. D.* 43. 5... *C.* 8. 7. Repréfentation du Teftament à ceux qui y ont quelque intérêt.

*De vicefima. Paul.* 4. 6. Sous ce Titre, le Jurifconfulte traite de l'ouverture des Teftamens. Par le mot de *Vicefima*, il faut entendre la vingtiéme partie de l'hérédité. L'Empereur Augufte avoit établi une Loi qui ordonnoit que la vingtiéme partie des fucceffions déferées aux étrangers, apartiendroit au fifc. Cette Loi s'appelloit *lex vicefima*, *& lex Julia de vicefima.*

*Si tabulæ Teftamenti extabunt. D.* 37. 2. *Hîc agitur de bonorum poffef-fionibus. V.* Succeffion.

*De Senatus-confulto Silaniano*, *& Claudiano : quorum Teftamenta ne aperiantur. D.* 29. 5. Le Sénatus-confulte Silanien introduit par Silanus, au tems d'Augufte, & confirmé par le Sénatus-confulte Claudien, fous Néron; portoit que fi le Teftateur avoit été tué par fes Efclaves, fon Teftament ne pouvoit être ouvert, qu'aprés que l'Héritier auroit fait punir les coupables.

*Ad Senatus-confultum Silanianum. Paul.* 3. 7.

*De his quibus, ut indignis, hereditates auferuntur : & ad Senatus-confultum Silanianum. C.* 6. 35.

## Teftament Militaire.

*De Teftamento militis. D.* 29. 1.... *C.* 6. 21.

*De militari Teftamento. Inft.* 2. 11.

*V.* Codicile. Héritier. Inftitution. Subftitution. Legs. Succeffion.

## TIERS.

Tiers, Tierce perfone. *Extraneus. Alius*, *&c.*

*Quibus res judicata non nocet. C.* 7. 56. Ce qui eft fait entre quelques perfones, ne préjudicie point à un Tiers.

*Inter alios afta, vel judicata, aliis non nocere. C.* 7. 60... *L.* 73. *in fine. L.* 74. *D. de reg. jur.* C'eft une règle du Droit, rappelée en divers lieux.

*Ne uxor pro marito, vel maritus pro uxore, vel mater pro filio conveniatur. C.* 4. 12.

*Ne filius pro patre, vel pater pro filio emancipato : vel libertus pro patrono : vel fervus pro domino, conveniatur. C.* 4. 13. *Vide Lib.* 10. *tit.* 60.... *N.* 134. *c.* 7.

*Ut non fiant pignorationes pro aliis perfonis. N.* 52.

*Vt nullus ex vicaneis , pro alienis vicaneorum debitis , teneatur.*
*C.* 11. 57.

## T I R A N.

Tiran. *Tyrannus.*
*De infirmandis his quæ sub Tyrannis , aut Barbaris gesta sunt. C. Th.*
15. 14.

## T I T R E.

Titres & Papiers.. *Instrumenta , Tabulæ. V.* Acte.
Titre lucratif : Titre onéreux. *Causa lucrativa , & onerosa. Jus ,*
*lucri , vel oneris causâ , quæsitum.*
*De imponenda lucrativa ( vel lucrativis ) descriptione. C.* 10. 35...
*C. Th.* 12. 4. Héritages donez à titre lucratif , en certains cas
par ceux qui étoient appelez , *Curiales ,* à ceux qui ne l'étoient
pas : ces héritages étoient sujets à des droits envers les Décurions.

## T O M B E A U.

Tombeau. *V.* Sépulchre.

## T O R T U R E.

Torture. *V.* Question.

## T R A N S A C T I O N.

Transaction. Transiger. *Transactio. Transactione componere.*
Explication de ces mots. *L.* 229. *& * 230. *D. de verb. sign.*
*De Transactionibus. D.* 2. 15... *C.* 2. 4. ... *Extr.* 1. 36... *Inst. L.* 3. 3.
*De pactis & Transactionibus. C. Th.* 2. 9.
*Si adversus Transactionem , vel divisionem minor restitui velit.*
*C.* 2. 31.
*De usucapione pro emptore , vel pro Transactione. C.* 7. 26. Celui qui
possede en vertu d'une Transaction , peut prescrire.
*Ne judex aliquos ad transigendum compellat. N.* 124. *c.* 4.
*V.* Convention. Pacte.

## T R A N S F U G E.

Transfuge. *Transfuga.*
*De his qui ad hostes transeunt , suáque sponte revertuntur. Leon.*
*N. 67. V.* Soldat.

## T R A N S P O R T.

Transport , ou cession de droit. *Delegatio , Cessio , Tran-*
*scriptio.*
*De novationibus & Delegationibus. D. 46. 2.... C. 8. 42. Delegatio ,*
Transport fait par un Débiteur à son Créancier , sur un autre
Débiteur.
*De Translatione juris. L. 54. D. de reg. jur.*
*De alienatione , judicii mutandi causâ , factâ. D. 4. 7.... C. 2. 55...*
*Dec. Gr. 11. q. 1. c. fin.... Extr. 1. 42.* Contre les Transports ou
cessions faites à persones privilégiées.
*Ne liceat potentioribus , patrocinium litigantibus præstare , vel actio-*
*nes in se transferre. C. 2. 14.*
*De actionibus ad potentes translatis. C. Th. 2. 13.*
*De his qui potentiorum nomina in lite prætendunt , aut titulos prædiis*
*affigunt. C. Th. 2. 14.*
*V.* Cession. Prêter son nom.
Transport de marchandises. *Exportatio.*
*Quæ res exportari non debeant. C. 4. 41.*
*De pæna illorum qui res vetitas ad hostes transvehunt. Leon. N. 63.*
*De servis exportandis : vel si ita mancipium venierit , ut manumitta-*
*tur , vel contra. D. 18. 7.* Des Esclaves vendus à condition qu'ils
seront , ou ne seront pas transportez dans un autre lieu.
*V.* Marchandise.

## T R E'B E L L I A N I Q U E.

La Quarte Trébellienne ou Trébellianique se distrait sur la succession que l'Héritier Fidéicommissaire est chargé de rendre. *Dicta à Trebelliano Maximo , Consule , cum Annæo Sene-*
*ca , sub Nerone. V.* Fidéicommis.

## T R E'S O R.

Trésor. *Thesaurus.*
*De Thesauris. C.* 10. 15.... *C. Th.* 10. 18.... *I.* 2. 1. §. 40.
*De invento Thesauro , cujus esse debeat. Leon. N.* 51.
Trésor Royal. *Ærarium.*
*De canone largitionalium titulorum. C.* 10. 23. De quelle maniere
　　les deniers des Tailles & Impositions doivent être aportez au
　　Trésor public.
*De his qui cum dispensatore contraxerunt. C. Th.* 10. 24. Defenses
　　aux Officiers du Trésor , de prêter ; & aux particuliers d'em-
　　prunter des deniers du Prince.
*V.* Deniers publics.

## T R I B U T.

Tribut. *Tributum. Vectigal.*
Le Tribut étoit une Imposition faite sur les héritages , laquelle se
　　paioit chaque année en denrées ou especes , ou en argent. En
　　France , les sujets paient la Taille en argent seulement. Tous
　　les Titres qui traitent du Tribut , sont renvoiez ici sous le mot,
　　Taille.

## T R O M P E R I E.

Tromperie. *V.* Dol. Fraude.

## T R O U B L E.

Trouble. Troubler. *Vim ferre, Perturbare, &c.*
*Ne vis fiat ei qui in possessionem missus est. D.* 43. 4. Interdit , ou dé-
　　fense de troubler.
*Unde vi. C.* 8. 4... *C. Th.* 4. 22.
*Si per vim , vel alio modo absentis perturbata sit possessio. C.* 8. 5....
　　*Inst. de interd.* §. 6.
*Ubi de possessione agi oporteat. C.* 3. 16. Pardevant qui il faut se pour-
　　voir en trouble.
*V.* Complainte. Force. Possession. Possessoire.

## T R O U P E.

**Troupe. Gens atroupez.** *Turba.*

*De his quæ per Turbam fiunt. Paul.* **5.** 3. Crime , ou dommage fait par une Troupe de gens.

*De vi bonorum raptorum, & de Turba. D.* 47. 8. Des gens atroupez.

*Si familia furtum fecisse dicatur. D.* 47. 6. *Familia , est turba vel cœtus servorum.*

*Ad legem Juliam , de vi publica , & privata. C.* 9. 12.... *D.* 48. 6. *& 7.*

*V.* Force. Violence.

## T R O U V E R.

Partage de ce qui est trouvé par plusieurs ensemble. *Leon. N.* 70. *in princ.*

## T U E R.

Tuër. *V.* Homicide.

## T U T E L L E.

Tutelle. Tuteur. *Tutela. Tutor.* Tutrice. *V.* Mere Tutrice.

Il est traité des Tutelles , des Tuteurs , & des Curateurs, dans le Digeste, Livres X X.V I. & X X V I I. Dans le Code , Livre V. depuis le Titre 28. jusqu'à la fin.

Dans les Institutes, Livre I. depuis le Titre XIII. jusqu'à la fin.

Des Tutelles & des Tuteurs , en général.

*De Tutelis. D.* 26. 1... *Inst.* 1. 13.... *Lex* 12 *tabb. t.* 18.... *Caj.* 1. *t.* 7. *& 8... Ulp.* 12. *& 13. Paul.* 2. *tit.* 28. 29. 30. *& 31.*

*De Tutoribus & Curatoribus. C. Th.* 3. 17.... *Theod. N. tit.* 5.

*De falso Tutore. L.* 221. *D. de verb. sign.*

Tutelle Testamentaire.

*De testamentaria Tutela. D.* 26. 2... *C.* 5. 28.... *Inst.* 1. 14.

*De confirmando tutore vel curatore. D.* 26. 3.... *C.* 5. 29.

*Si contra matris voluntatem tutor datus sit. C.* 5. 47. Il ne faut pas doner au Pupille le Tuteur prohibé par le Testament de la Mere.

Tutelle légitime.

*De legitimis tutoribus. D. 26. 4.*

*De legitima tutela. C. 5. 30.... N. 118. c. 5.*

*De legitima tutela adgnatorum. Inst. 1. 15.... Patronorum. 17....
Parentum. 18.*

*De fiduciaria tutela. Inst. 1. 19.*

Tutelle dative, & nomination des Tuteurs.

*De Attiliano Tutore, & eo qui ex lege Julia & Titia dabatur. Inst. 1.
10.* De la Tutelle dative, aux Mineurs qui n'ont point de Tuteur. Les Tuteurs étoient nommez à Rome par les Tribuns, suivant la Loi *Attilia* : & dans les Provinces, par les Présidens, ou Proconsuls & Gouverneurs ; suivant la Loi *Julia* & *Titia.*

*De Tutoribus & Curatoribus datis ab his qui jus dandi habent : & qui, & in quibus causis specialiter dari possunt. D. 26. 5.* De ceux qui ont droit de nommer les Tuteurs, & de ceux qui peuvent l'être.

*De Tutoribus & Curatoribus creandis. C. Th. 3. 17.*

*Ubi petantur Tutores vel Curatores. C. 5. 32.*

*Qui petant Tutores vel Curatores, & ubi petantur. D. 26. 6.... C. 5.
31... C. Th. 3. 18.*

*De Tutoribus & Curatoribus illustrium vel clarissimarum personarum.
C. 5. 33.*

*Qui dare Tutores vel Curatores, & qui dari non possunt. C. 5. 34....
L. 73. D. de reg. jur.*

*De potioribus nominandis. C. 10. 65.... Paul. 2. 29.*

*Qui potiores nominare non possint. Paul. 2. 30.* V. ci-dessous, Excuses du Tuteur.

*Qui Tutores vel Curatores Pupillo vel adolescenti esse non possunt.
N. 72.* Les Créanciers ou les Débiteurs d'un Mineur, ne doivent pas être Tuteurs.

*Si post creationem quis decesserit. C. 10. 68.* La nomination d'une Tutelle ne passe pas aux Héritiers du Tuteur nommé.

*Quando mulier tutelæ officio fungi potest. C. 5. 35... N. 22. c. 40....
N. 94. & N. 118. c. 5.*

*In quibus casibus, Tutorem vel Curatorem habenti, Tutor vel Curator
dari potest. C. 5. 36.*

*De in litem dando Tutore vel Curatore. C. 5. 44.* Des Curateurs à plaids, & à Conseil.

*De Magistratibus conveniendis. D. 27. 8.... C. 5. 75.... I. 1. 24.*

**§.*ult*.** Quand le Juge eſt reſponſable de la nomination d'un Tuteur, *ex Senatus-conſulto , ſeu oratione Trajani.*

### Excuſes du Tuteur.

*De excuſatoribus. D. 27. 1.*

*De excuſationibus Tutorum vel curatorum. Inſt. 1. 25... Paul. 2. 28. & ſeqq.*

*De excuſationibus, & temporibus earum. C. 5. 62.* Le temps pour propoſer les excuſes, étoit cinquante jours.

*Si Tutor vel Curator falſis allegationibus excuſatus ſit. C. 5. 63.*

*Si Tutor vel Curator , reipublicæ causâ aberit. C. 5. 64. ... Inſt. 1. 25. §. 2.*

*De excuſationibus veteranorum. C. 5. 65.*

*Qui numero liberorum ſe excuſant. C. 5. 66. Inſt. 1. 25. in princ.* Trois Enfans vivans , dans la Ville de Rome ; quatre Enfans dans l'Italie , & cinq dans les Provinces.

*Qui morbo ſe excuſant. C. 5. 67... I. 1. 25. §. 7.*

*Qui ætate ſe excuſant. C. 5. 68. ... I. 1. 25. §. 13.* Ceux qui ont moins de 25. ans ; & ceux qui en ont plus de ſoixante & dix.

*Qui numero Tutelarum. C. 5. 69.* Trois Tutelles exercées au même tems.

*Si Tutor , vel Curator , vel Magiſtratus creatus appellaverit. D. 49. 10.* Le Tuteur appelant de ſa nomination , doit adminiſtrer pendant l'appel.

*De vacatione & excuſatione munerum. D. 50. 5... . C. 10. 45. & alibi. V.* Exemtion.

*De potioribus ad munera nominandis. C. 10. 65.... Paul. 2. 29. & 30.* Excuſe & moien d'appel , pour un Tuteur nommé , quand quelqu'un eſt plus proche que lui.

*Si propter inimicitias creatio facta ſit. C. 10. 66.... Inſt. 1. 25. §. 11.* Autre Excuſe de Tutelle.

*De ſumptuum recuperatione. C. 10. 67.* Celui qui eſt nommé nonobſtant une excuſe évidente & légitime , gagne ſes dépens contre le nominateur.

*Ut Monachi & Clerici Tutores eſſe poſſint ; ſed ab adminiſtratione ac pupillorum rectione arceantur. Leon. N. 68.*

*Epiſcopi & Clerici immunes à Tutela & cura. Lege 52. C. de Epiſc. ... D. Gr. 16. q. 1. c. generaliter.... Can. Apoſt. 6. & 80.*

*Clericis permittitur cognationis jure , Tutelam vel curam accipere. N. 123. c. 5. & 6.*

Cautions & engagemens du Tuteur.

*De satisdatione Tutorum vel Curatorum. Inst.* 1. 24.

*Rem Pupilli vel adolescentis , salvam fore.* **D.** 46. 6. Caution que le Tuteur , & le Curateur légitime , & nommé *sine inquisitione,* devoit doner devant le Préteur.

*De fidejussoribus , & nominatoribus , & heredibus Tutorum & Curatorum.* **D.** 27. 7.

*De fidejussoribus Tutorum vel Curatorum.* **C.** 5. 57.

*De heredibus Tutorum vel Curatorum.* **C.** 5. 54.

*De Tutore vel Curatore qui satis non dedit.* **C.** 5. 42.

Administration & autorité du Tuteur.

*De administratione & periculo Tutorum & Curatorum qui gesserint , vel non ; & de agentibus vel conveniendis , uno vel pluribus.* **D.** 26. 7.

*De administratione Tutorum & Curatorum, & de pecunia pupillari fœneranda , vel deponenda.* **C.** 5. 37.... **C.** *Th.* 3. 19.... **N.** 72. *c.* 6. 7. & 8. *V.* Deniers pupillaires.

*De periculo Tutorum & Curatorum.* **C.** 5. 38.... **N.** 118. *c.* 5. *in fine.*

*Si ex pluribus Tutoribus vel Curatoribus , omnes, vel unus , agere pro minore , vel conveniri possint.* **C.** 5. 40.

*Quando ex facto Tutoris vel Curatoris , minores agere vel conveniri possunt.* **D.** 26. 9.... **C.** 5. 39.

*Ut causæ , post pubertatem , adsit Tutor.* **C.** 5. 48.... Le Tuteur doit soutenir le procez qu'il a commencé , jusqu'à ce qu'il ait rendu son compte , & les pieces du procez.

*Dolus Tutoris.* **L.** 198. **D.** *de reg. jur.*

*De authoritate & consensu Tutorum & Curatorum.* **D.** 26. 8.... *Inst.* 1. 21... *Ulp.* 12. §. 24.

*De authoritate præstanda.* **C.** 5. 59.

*Si Tutor vel Curator intervenerit.* **C.** 2. 24. Intervention du Tuteur, au Contrat de vente passé par son Mineur.

Actions Tutélaires , & reddition de compte.

*De Tutela , & rationibus distrahendis , & utili, curationis causa, actione.* **D.** 27. 3... *Inst.* 1. 20. §. *ult.* De la reddition de compte & de la soustraction des effets pupillaires.

*Arbitrium Tutelæ.* **C.** 5. 51. De l'action Tutelaire qui apartient au Mineur. Elle est appelée *Arbitrium* , parce qu'elle dépend de l'arbitrage du Juge.

*De*

*De contraria Tutelæ, & utili actione.* **D. 27. 4.** De l'action qui aparr~
tient au Tuteur & au Curateur.

*De contrario judicio Tutelæ.* **C. 4. 58.**

*De dividenda Tutela, & pro qua parte quisque Tutorum conveniatur.*
**C. 5. 52.**

*De eo qui pro Tutore, próve Curatore negotia gessit.* **D.** 27. 5....
**C. 5. 45.**

*Quod, falso Tutore auctore, gestum esse dicatur.* **D. 27. 6.** Action
contre le Tuteur supposé.

*Ut Matres etiam Tutelæ rationibus obnoxiæ sint.* **N. 155. V.** Mere
Tutrice. Compte.

## Choses défenduës au Tuteur.

*Ne Tutor vel Curator vectigalia conducat.* **C. 5. 41.** Défense aux
Tuteurs d'entrer dans les Fermes du Prince.

*Si quis eam, cujus Tutor fuerit, corruperit.* **C. 9. 10... C. Th. 9. 8.**

*De Tutore qui Pupillam suam vitiat.* **Leon. N. 34.**

*De interdicto matrimonio inter Pupillam & Tutorem, seu Curatorem,
liberósque eorum.* **C. 5. 6.**

*Ut Curatores nullo modo suscipiant cessiones adversùs minores.* **N. 72.**
**c. 5.**

*Rem alienam gerentibus non interdici rerum suarum alienationem.*
**C. 4. 53.**

## Fin de la Tutelle.

*Quibus modis Tutela finitur.* **Inst. 1. 22.**

*Quando Tutores vel Curatores esse desinant.* **C. 5. 60.**

*De actore, à Tutore seu Curatore, dando.* **C. 5. 61.** La Tutelle ne finit pas par l'absence du Tuteur, mais il doit doner *Actorem*,
un homme qui agisse en sa place.

*De suspectis Tutoribus, vel Curatoribus.* **Inst. 1. 26. ult.**

# V

## VACATIONS.

Vacations & Féries. *V.* Féries.

## VAGABOND.

Vagabond. *Homo vagus. Erro.*
Definition de ce mot , *Erro. L.* 225. *D. de verb. sign.*
*De fugitivis. D.* 11. 4. Ce Titre parle des Esclaves fugitifs , & des Vagabonds.
*Si vagum petatur mancipium.* **C.** *Th.* 10. 12.
*De servis fugitivis , & libertis , mancipiisque civitatum , artificibus, & ad diversa opera deputatis , & ad rem privatam , vel dominicam pertinentibus. C.* 6. 1.
*De quæstore. N.* 80. Officier qui devoit veiller aux Vagabons , & Gens sans aveu. Ce soin regarde aujourdhui nos Officiers de Police , dans les Villes ; & les Prevôts des Maréchaux , à la Campagne.

## VALET.

Valet. *V.* Domestique. Esclave.

## VALEUR.

Valeur. *V.* Plus-valüe : Moins-valüe.

## VASSAL.

Vassal. *Possessor fundi inferioris , vel clientelaris. Beneficiarius cliens.*
*Quot testes sunt necessarij ad probandam feudi ingratitudinem. F.* 2. 57. Il faut cinq Témoins pour prouver l'ingratitude du Vassal.
*Si servus extero se emi mandaverit. C.* 4. 36. Ce Titre peut s'appliquer , selon nôtre usage , au Vassal qui reconnoît un autre

Seigneur direct, que le fien. Mornac, fur ce Titre, & fur la
Loi 54. *ff. Mandati.*
*V.* Emphitéote. Cens & fervis.

## VELLEIEN.

### Senatus-confulte Velleïen.

*Ad Senatus-confultum Velleïanum. D.* 16. 1.... *C.* 4. 29.... *N.* 134.
*c.* 8... *Paul.* 2. 11. Par le Sénatus-confulte Velleïen, les obligations des Femmes étoient nulles. Cette Loi a été abrogée en
France, par Déclarations de 1606. & de 1664. pour les Provinces de Lionnois & de Mâconois.

## VENTE.

### Vente. Vendre. Vendeur. Achat & vente.

*De Emptione & venditione. I.* 3. 24... *D. Gr.* 1. *q.* 1. *c.* 21... *q.* 2.
*& 3.... 33. q. 3. de pœnit.... Dift.* 5. *c.* 2.... *Extr.* 3. 17....
*Extr. co.* 3. 5.
*De contrahenda emptione & venditione. C.* 4. 38.... *C. Th.* 3. 1....
*Lex* 12 *tabb. t.* 13.
*De contrahenda emptione, & de pactis inter emptorem & vendito-
rem compofitis; & quæ res venire non poffunt. D.* 18. 1.
Vente imaginaire. *L.* 16. *D. de reg. juris.*
*De pactis inter emptorem & venditorem compofitis. C.* 4. 54.
*De in diem addictione. D.* 18. 2. *Addictio,* Adjudication. Ce Titre
parle de la vente faite fous cette condition, que fi dans un cer-
tain tems le vendeur trouve à vendre plus avantageufement,
la premiere vente fera nulle.
*De lege commifforia. D.* 18. 3. La Loi Commifforie eft une condition
appofée au contrat de vente, quand le Vendeur ftipule que
fi l'acheteur ne paie le prix dans un certain tems, la vente fera
nulle.
*De fervis exportandis : vel fi ita mancipium venierit, ut manumitta-
tur, vel contra. D.* 18. 7.
*Si fervus exportandus veneat. C.* 4. 55.
*Si mancipium ita venierit, ne proftituatur. C.* 4. 56.
*Si mancipium ita fuerit alienatum, ut manumittatur, vel contra.*
*C.* 4. 57.

*De exceptione rei venditæ & traditæ.* **D.** 21. 3. Contre le Vendeur qui veut revenir de la vente qu'il a faite.

*De usucapione pro emptore, vel pro transactione.* **C.** 7. 26... **D.** 41. 4. Celui qui a acheté de bonne foi, peut prescrire la chose par la possession.

*De fide & jure hastæ fiscalis, & de adjectionibus.* **C.** 10. 3... **C. Th.** 10. 17. Des subhastations, encheres, ventes & adjudications faites par decret.

*De venditione rerum fiscalium, cum privatis communium.* **C.** 10. 4.

*Ne fiscus, rem quam vendidit, evincat,* **C.** 10. 5.

*De prædiis curialium sine decreto non alienandis.* **C.** 10. 33... **C. Th.** 12. 3. Vente nulle par le defaut des formalités. Ce Titre peut être appliqué à la vente des Immeubles des Mineurs.

*De vendendis rebus civitatis.* **C.** 11. 31.

*De litigiosis.* **Dig.** *& cod.* Défense de vendre les choses litigieuses. *V.* Litige.

*V.* Alienation.

## V E N T R E.

Ventre. *Venter.*

Dans le Droit, ce mot, *Venter*, signifie, Femme grosse; & se prend tantôt pour la Femme, tantôt pour l'Enfant dont elle est enceinte.

*De inspiciendo ventre, custodiendóque partu.* **D.** 25. 4.

*Si ventris nomine, muliere in possessionem missâ, eadem possessio, dolo malo, ad alium translata esse dicatur.* **D.** 25. 5.

*Si mulier, ventris nomine, in possessione, calumniæ causâ, esse dicatur.* **D.** 25. 6. De la Femme mise en possession de l'hérédité, pour son fruit, quoi qu'elle ne soit pas enceinte.

*De ventre in possessionem mittendo, & Curatore ejus.* **D.** 37. 9.

*V.* Posthume.

## V E T E R A N.

Vétéran. *Veteranus : qui à militia dimissus est, honestâ missione.*

Vétéran, est un Soldat qui a son congé, aprés avoir servi pendant vingt-ans. Il joüit des mêmes priviléges que les Soldats qui sont actuellement au service. Le nom de Vétéran s'est étendu à tous ceux qui ont possedé une charge pendant vingt-ans.

*De Veteranis.* **D.** 49. 18. *ult.... * **C.** 12. 47.... **C.** *Th.* 7. 20. Priviléges des Vétérans.

*De filiis Militarium, & Veteranorum.* **C.** *Th.* 7. 22.... **C.** 12. 48.

*De Veteranorum & Militum successione.* **D.** 38. 12.

*De his qui, non impletis stipendiis, sacramento soluti sunt.* **C.** 10. 54. Ce Titre parle de l'éxemtion que les Vétérans ont des charges publiques.

*Quibus muneribus excusentur hi qui, post impletam militiam vel advocationem, per Provincias, suis commodis vacantes, commorantur; & de privilegiis eorum.* **C.** 10. 55.

*De primicerio & Notariis.* **C.** 12. 7. Du Doien & des Secretaires du Prince. Ce Titre parle des Vétérans.

*V.* Soldat.

V E U E.

Veüe. *V.* Vûë.

V E U V E.

Veuve. Veuf. Veuvage. *Viduus. Vidua. Viduitas.*

Sens particulier de ce mot, *Vidua.* **L.** 242. §. 3. **D.** *de verb. sign.*

*Quando Imperator inter Pupillos, vel Viduas, vel miserabiles personas cognoscat.* **C.** 3. 14.

*De raptu virginum, vel Viduarum, vel sanctimonialium.* **C.** 9. 13.

*De indicta viduitate, & de Lege Julia Miscella tollenda.* **C.** 6. 40. Des legs faits à condition de garder le veuvage. *Miscella* σύγενεις, *quia pertinet tam ad mares quàm ad fœminas. Vide Nov.* 22. *c.* 43. *& * 44.

*De favore viduitati attributo.* **N.** 22. *c.* 10.... **N.** 127. *c.* 3.

*De muliere quæ parit undecimo mense post mariti mortem.* **N.** 39. *c.* 2... *Lex* 12 *tabb. tit.* 2.

*Ut cum matrimonium est sine dote, & conjux superstes inops, mortui quartam partem accipiat.* **N.** 117. *c.* 5... *Leon.* **N.** 106. Veuf ou Veuve pauvre, sans dot.

*De infirmandis pœnis Cœlibatûs & viduitatis.* **C.** 8. 58. **C.** *Th.* 8. 16.

*V.* Secondes noces.

## V I C A I R E.

Vicaire. *V.* Ecléfiaftique. Evêque.

## V I C E.

Vice, défaut. Vicieux. *Vitium. Vitiofus.*
Ce qui eft vicieux dans fon origine , ne fe rectifie pas par le
temps. *L. 29. D. de reg. jur.*

## VICE-GERENT.

Vice-gerent. *Vicarius: qui vices alicujus gerit.*
*De officio ejus qui vicem alicujus judicis vel Præfidis obtinet. C. 1. 50.*
*De officio adfefforum. D. 1. 22.*
*De adfefforibus & Domefticis , & Cancellariis judicum. C. 1. 51.*
*Ut nulli judicum liceat mittere Vicarios. N. 8. c. 4.*
*V.* Juge. Lieutenant.

## V I L L E.

Ville. *Urbs. Civitas.*
Ce qu'on entend par le mot de Ville. *L. 2. D. de verb. fign. L. 15.*
*& 16. in fine. L. 87. 139. & 147. eod.*
*V.* Communauté. Municipal. Officiers de Ville. Public.

## V I N.

Vin. *Vinum.*
*De tritico , vino , vel oleo legato. D. 33. 6.*
*Vafa vinaria , quid. L. 206. D. de verb. fign.*
Vin de Meffager. *V.* Meffager.

## V I O L E N C E.

Violence. Force. Contrainte. *Vis.*
*Quid fit , facere Vi , aut clam. L. 73. §. 2. D. de reg. jur.*
*De Vi & metu. L. 116. D. de reg. juris.*
*De his quæ Vi , metúfve causâ , gefta funt. C. 2. 20... Dec. Gr. 15.*
*q. 1. c. 1. & q. 6.... 20. q. 3.... 23. q. 3. q. 5. & 6.... Extr. 1.*

40.... §. 1. 20. *V.* Crainte. Rescision.

*De Vi , & de vi armata.* **D. 43. 16.** .... *Paul.* **5. 6. §. 2. 5. 6.** *&c.*
Possesseur depossedé par force, ou à force armée, & par vio-
lence.

*Unde vi.* **C. 8. 4.** .... *I. 4. 15. de interd.* **§. 6.** .... *C. Th. 4. 22.* De
la réintegrande : Sorte d'interdit à celui qui a été dépossedé.

*Si per vim , vel alio modo , absentis possessio perturbata sit.* **C. 8. 5.**

*Ne vis fiat ei qui in possessionem missus est.* **D. 43. 4.**

*Quod vi aut clam.* **D. 43. 24.** Sorte d'interdit pour la démolition
d'un Ouvrage fait par force, ou en cachette, sur le fonds
d'autrui.

*De vi bonorum raptorum, & de turba.* **D. 47. 8.** .... **C. 9. 33.** .... *I. 4. 2.*
Du vol fait avec violence.

*Ad legem Juliam de vi publica , & privata.* **C. 9. 12.** ... **D. 48. 6.** *&*
**7.** .... *C. Th.* **9 10.** ... *Paul.* **5. 24.** .... *Inst. 4. ult.* **§. 8.** .. *L. 152.
D. de reg. jur. Vis publica , propriè fit cum hominibus armatis. Vis
privata , omnis alia vis , præsertim sine armis.*

*De pæna raptoris equi. Const. Imp. Theoph.* **5.** Récit de l'injustice
d'un Capitaine qui avoit pris par force un beau Cheval à un
Soldat ; & la punition du Capitaine.

## V I R I L E.

Virile : Portion de l'augment , ou de la succession. *Portio
virilis.*

*Ut mulieres non secundò nubentes , dominæ sint partis sponsalitiæ
largitatis quantùm pars facit unius filij.* **N. 127. c. 3.** .... *Leon.*
**N. 22.** La Veuve qui ne se remarie pas , a sa portion Virile
dans l'augment.

*Ut Patres , qui nuptias non iterant , unius liberorum portionem ca-
piant. Leon.* **N. 85.** Le même , pour les Peres qui ne se remarient pas.

Le Patron a aussi sa Virile dans la succession de son Affranchi,
**L. 145. D. de verb. sign.**

*V.* Augment.

VIVRES

Vivres. *Cibaria. Annona.*

*De Lege Julia de annona. D.* 48. 12.... *J.* 4. *ult.* §. *ult.* Des abus
commis en la police des Vivres : comme amas de blé , mono-
pole , &c.
*De pretio panis Ostiensis. C. Th.* 14. 19.
*De pretio piscis. C. Th.* 14. 20.
Vivres, pour signifier , l'entretien. *L.* 234. §. 2. *D. de verb. sign.*
*V.* Provision.

# V OE U.

Vœu. *Votum.*
*De Votis. Lex* 12 *tabb.*
*De Voto, & Voti redemptione. D. Gr.* 27. *q.* 1. *& 2.*.... 32. *q.* 8....
    *Extr.* 3. 34..... *S.* 3. 15.... *Extr. Jo.* 6.
*De pollicitationibus. D.* 50. 12. Dans ce Titre il est traité du Vœu ,
    *L.* 2. parce qu'il est une espece de Pollicitation , que l'on défi-
    nit, *Promissum solius offerentis.*
*De oblatione Votorum. C.* 12. 49.... *C. Th.* 7. 24. Au commence-
    ment de chaque année , les Villes faisoient des Vœux pour le
    Prince , & lui offroient une livre d'or.

# VOIE-DE-FAIT.

Voie - de - fait. Uscr de voie - de - fait. *Sibi jus dicere: seipsum
    ulcisci.*
*Quando liceat unicuique, sine judice, se vindicare, vel publicam de-
    votionem. C.* 3. 27. En quels cas il est permis de se defendre soi-
    même , & de se faire justice , par voie-de-fait. Ce Titre per-
    met aussi d'user de voie-de-fait envers les Soldats deserteurs ,
    & de les arrêter : *vindicare publicam devotionem. Milites publicè
    devoti sunt: igitur, qui ab ea devotione desciscunt, desertâ mili-
    tiâ, devotionem publicam ladunt.*

## VOIER.

Voier : Officier qui a le soin des chemins publics. *Viocurus.*
    *Viarum curator.*

La Police & la Voirie étoient éxercées en partie , par les Ediles
    à Rome.

*De locis & itineribus publicis.* D. 43. 7. Ce Titre , & les deux sui-
    vans concernent la Voirie pour les chemins de la Campagne.

*Ne quid in loco publico , vel itinere fiat.* D. 43. 8.

*De via publica , & itinere publico reficiendo.* D. 43. 11.

*De via publica , & si quid in ea factum esse dicatur.* D. 43. 10. Ce Ti-
    tre concerne la Voirie des ruës de la Ville.

*V.* Edile. Police.

## VOITURE.

Voiture. Voiturier par eau , ou par terre. *Vectura. Qui vectu-
    ram facit. Nauta. &c.*

*Nautæ , caupones , stabularij , ut recepta restituant.* D. 4. 9. Voitu-
    riers sont responsables du vol & du dommage fait par leurs
    gens ou Commis. *Inst.* 4. §. 3.

*Furti , adversus nautas , caupones , stabularios.* D. 47. 5.

*De exercitoria & institoria actione , & de institoribus , &c. V.* Com-
    mis.

*De naviculariis , seu naucleris , publicas species transportantibus.*
    *C.* 11. 1.... *C. Th.* 13. 5. Les biens des Voituriers sont garans
    de leurs fonctions.

*De navibus non excusandis. C.* 11. 3.... *C. Th.* 13. 7. Aucun vais-
    seau n'est dispensé de voiturer les Tributs publics.

*Ne quid oneri publico imponatur. C.* 11. 4.... *C. Th.* 13. 8. Defense
    aux particuliers de rien mettre sur les vaisseaux qui portent les
    Tributs publics.

*De Murilegulis.... & Bastagariis. C.* 11. 7.... *C. Th.* 10. 20.
    *Bastagarij,* étoient les Voituriers des choses portées *in ærarium :*
    ἀπὸ τῶ βαςάσειν , porter.

*De cursu publico , & Angariis , & parangariis. C.* 12. 51.... *C. Th.* 8.
    5. *V.* Poste

## VOLEUR.

Vol. Voleur. Voler, Derober. *Furtum. Latro. Furari.*
Voleur & vol. *L.* 174. *D. de verb. sign.*
Chose volée, chose qui manque : *res quæ abest. L.* 13. *§.* 1. 2. *& 3.*
  *L.* 14. *D. de verb. sign.*
*De furtis. D.* 47. 2.... *Paul.* 2. 31.... *Lex* 12 *tabb. t.* 24. *Extr.* 5.
  18... *Extr. co.* 5. 5.... *Inst. Lanc.* 4. 6.
*De obligationibus quæ ex delicto nascuntur. Inst.* 4. 1. Ce Titre ne
  parle que du Vol.
*De vi bonorum raptorum. Inst.* 4. 2... *D.* 47. 8.... *C.* 9. 33.
*De pœna furti. F.* 2. 27. *§.* 6. 7. *& 8.*
*De furtis & servo corrupto. C.* 6. 2.... *D.* 11. 3. Ceux qui débau-
  choient les Esclaves d'autrui, commettoient une espece de Vol.
*De fugitivis. D.* 11. 4. Ce Titre parle des Esclaves qui se sauvoient
  de chez leurs Maîtres : ce qui étoit un vol ou larcin de leur
  propre persone. *Nota L.* 1. *§.* 2. *& L.* 3. *hoc tit.* qui prescrivent
  comment se doit faire la recherche de la chose volée. Voiez
  aussi la Loi des 12 tables, tit. 24. *L.* 6. & les Inst. 4. 1. *§.* 4.
*De fugitivorum furtis. Papin.* 17.
*De servis fugitivis, & libertis mancipiisque civitatum, &c. C.* 6. 1.
*De condictione furtiva.* 13. 1... *C.* 4. 8. Revendication de la chose
  volée.
*De tigno juncto. D.* 47. 3... *Lex* 12 *tabb. t.* 24. *L.* 7. Action de vol,
  contre celui qui a pris des materiaux servans à bâtir, ou des
  échalas de vigne, & autres choses semblables. *Tignum, hic,
  pro omni materia, ex qua ædificium constat, sicut & pertica seu
  pedamenta vinearum.*
*De actione rerum amotarum. D.* 25. 2.... *C.* 5. 21. L'enlevement
  d'effets, la spoliation, & le recelé, par le Mari & par la Femme, sont effectivement un vol ; mais on lui donne le nom de
  choses enlevées, *rerum amotarum,* pour adoucir l'expression.
*De tutelæ actione, & rationibus distrahendis. D.* 27. 3. Contre la
  soustraction & l'enlevement des effets Pupillaires, par le Tuteur : ce qui est aussi une espece de vol.
*Si is, qui testamento liber esse jussus erit, post mortem domini, ante
  aditam hereditatem, subripuisse aut corrupisse quid dicetur. D.* 47.

4. Contre l'Esclave inftitué héritier, avec la liberté, qui a fpolié l'hoirie.

*Furti, adverfus nautas, caupones, ftabularios.* **D.** 47.5.... **D.** 4.9. Les Voituriers, Cabaretiers, & autres, font refponfables du vol & du dommage fait chez eux, par leurs Gens ou Commis. *V.* Cabaretier. Voiturier.

*Si familia furtum feciffe dicatur.* **D.** 47. 6. *Familia*, eft un nom collectif comprenant tous les Efclaves qui apartiennent à un Maître.

*De his quæ per turbam fiunt. Paul.* 5. 3. Crime, vol, ou dommage fait par plufieurs perfones atroupées.

*De incendio, ruina, naufragio, rate, nave expugnata.* **D.** 47. 9. Vol ou enlevement fait pendant un incendie, naufrage, ou autre defordre & malheur public.

*De furibus balneariis.* **D.** 47. 17.

*De furibus nocturnis & diurnis, quando eos occidere liceat. Lex* 12 *tabb. t.* 24. Des Filoux & Voleurs de nuit. *V.* Guet.

*Quando liceat unicuique, fine judice, fe vindicare, &c.* **C.** 3. 27. Il eft permis de fe défendre contre les Voleurs.

*De receptatoribus.* **D.** 47. 16.... *Paul.* 5. 3. *§.* 4. Des Receleurs.

*De his qui latrones, vel aliis criminibus reos occultaverint.* **C.** 9. 39.... *C. Th.* 9. 29. Contre ceux qui recelent les Voleurs.

*De effractoribus, & expilatoribus.* **D.** 47. 18. Vol avec fracture, & avec violence : Pillage.

*De graffatoribus. Leon. N.* 70. Voleurs de grand chemin.

*De pæna raptoris equi. Conft. Imp. Theoph.* 5. Injuftice & punition d'un Capitaine qui avoit pris par force un beau Cheval a unde fes Soldats.

*Quibus equorum ufus conceffus eft, aut denegatus.* **C. Th.** 9. 30. Defenfes à certaines perfones d'avoir des Chevaux, à caufe des vols fréquens aufquels ces Chevaux fervoient.

*De abigeis.* **D.** 48. 14.... **C.** 9. 37... *Paul.* 5. 18. Des Voleurs de bétail, *qui abigunt pecora.*

Voleurs, quand ne font pas fujets à la peine de mort. *Leon. N.* 64.

## VOLONTE'

Volonté. Intention. *Mens, Voluntas.*

On a plus d'égard à la volonté , qu'aux paroles. *L.* 116. *D. de
verb. sign.*

Volonté d'un furieux , est nulle. *L.* 40. *D. de reg. jur.*

## U S A G E.

**U**sage : Le droit & la maniere de se servir de quelque chose.
*Usus.*

*De usu & habitatione. Inst. 2. 5.... D. 7. 8.*

*De usufructu , & habitatione ; & ministerio servorum. C. 3. 33.*

*De usu , & usufructu , & reditu , & habitatione , & operis , per lega-
tum vel fideicommissum datis. D. 33. 2.*

*De operis servorum. D. 7. 7.* C'est le droit de se servir des Esclaves,
& de les faire travailler , *veluti jumenta.*

*Quid sit usus servorum :* Le service , & l'usage. *L.* 203. *D. de verb.
sign.*

*De usufructu earum rerum quæ consumuntur , vel minuuntur. D.* 7. 5.

*Quibus modis ususfructus , vel usus amittitur. D.* 7. 4.

*V.* L'article suivant.

## U S U F R U I T.

**U**sufruit. *Ususfructus.*

*De usufructu. Inst. 2. 4.*

*De usufructu , & quemadmodum quis utatur-fruatur. D.* 7. 1.

*De usufructu , & habitatione , & ministerio servorum. C.* 3. 33.

*De usufructu accrescendo. D.* 7. 2.

*Quando dies ususfructûs legati cedat. D.* 7. 3. Quand commence l'u-
sufruit legué.

*Quibus modis ususfructus vel usus amittitur. D.* 7. 4.

*De usufructu earum rerum quæ usu consumuntur , vel minuuntur.
D.* 7. 5.

*Si ususfructus petatur , vel ad alium pertinere negetur. D.* 7. 6. Ce
Titre parle des actions pour demander , & pour défendre l'u-
sufruit : *actio confessoria & negatoria , de quibus. Vide tit.* 6. §. 2.
*Inst. lib.* 4.

*Ususfructuarius quemadmodum caveat. D.* 7. 9.

*De usu & habitatione. D.* 7. 8.... *Inst.* 2. 5. L'usage & l'habitation
approchent de l'usufruit.

*De usu, & usufructu, & reditu, & habitatione, & operis per legatum vel fideicommissum datis. D. 33. 2.*

*Si secundò nupserit mulier, cui maritus usumfructum reliquit. C. 5. 10.... C. Th. 3. 9... N. 22. c. 32.*

*V.* L'article précedent., Usage.

## U S U R E.

Usure. *Fœnus. Usura.*

*De Usuris. D. Gr. dist. 47. c. 1. 2. 4. & 5.... Dist. 88. c. 11.... Causa 14. q. 4. 5. & 6... Extr. 5. 19.... S. 5. 5.... Cl. 5. 5.... Inst. L. 4. 7.*

*Cod. 4. 32.... Paul. 2. 14... L. 12. tabb. t. 15.*

*De Usuris & fructibus, & causis, & omnibus accessionibus, & morâ. D. 22. 1.*

*De nautico fœnore. D. 22. 2.... C. 4. 33.... Const. Imp. Niceph. 2.* Usures Maritimes.

*V.* Interêt.

## U T E N C I L E.

Utencile pour les Soldats.

*De Salgamo hospitibus non præstando. C. 12. 42... C. Th. 7. 9. Salgamum,* signifie proprement, *Esculenta, quæ ad condiendum valent* ; mais la signification de ce mot s'étend aux choses que l'on fournissoit aux Soldats dans leur logement : nous appelons l'Utencile. Ce Titre défend aux Soldats, & autres, d'éxiger l'Utencile de ceux chez qui ils logeoient.

## V U E.

Vûë. *Prospectus. Lumen. V.* Jours & vûës.

## F I N.

# TABLE
# ALPHABETIQUE,
## DES TITRES DU DROIT
# CIVIL.

## A
### D E

BIGEIS D. 47. 14. C. 9. 37. *Voyez Bétail. Voleur.*

Abolitionibus. C. 9. 42... *V. Abolition. Desistement.*

Abrogatio legis quæ hominem liberum vendere se permittit. L. N. 59. *V. Liberté.*

Abrogatio legis quæ Senatui Prætores , Decurionibus verò præfectos constituere concedebat. L. N. 47. *V. Préteur. Sénat.*

Abrogatio quarundam de Curiis, & Decurionibus latarum legum. L. N. 46. *V. Décurion.*

Acceptilatione. D. 46. 4. *V. Acceptilation. Quitance.*

Acceptilationibus. C. 8. 44. *V. Acceptilation.*

Accusationibus & inscriptionibus. D. 48. 2. C. 9. 2. *V. Plainte. Dénonciation.*

Actione rerum amotarum. D. 25. 2. *V. Spoliation. Recelé. Vol.*

Actionibus. I. 4. 6. *V. Action.*

Actionibus empti & venditi. D. 19. 1. C. 4. 49. *V. Vente.*

Actore à Tutore seu Curatore dando. C. 5. 61. *V. Tutelle.*

Ad exhibendum. D. 10. 4. C. 3. 42. *V. Acte. Exhiber. Production.*
Ad legem Aquiliam. D. 9. 2. *V. Dommage.*
Ad legem Corneliam, de falsis. C. 9. 22. *V. Faux.*
Ad legem Corneliam, de Sicariis. C. 9. 16. *V. Assassin. Homicide.*
Ad legem Corneliam, de Sicariis, & venefic. D 48. 8. *V. Assassin. Poison.*
Ad legem fabiam, de Plagiariis. C. 9. 20. *V. Plagiaire.*
Ad legem falcidiam. D. 35. 2. C. 6. 50. *V. Falcidie.*
Ad legem Juliam, de Adulter. coërcend. D. 48. 5. *V. Adultere.*
Ad legem Juliam, de Adulter. & stupro. C. 9. 9. *V. Adultere.*
Ad legem Juliam, de Ambitu. C. 9. 26. *V. Ambition. Brigue.*
Ad legem Juliam, de vi Privata. D. 48. 7. *V. Violence.*
Ad legem Juliam, de vi Publica. D. 48. 6. *V. Violence.*
Ad legem Juliam, de vi Publica vel privata. 9. 12. *V. Violence.*
Ad legem Juliam Majestatis. D. 48. 4. C. 9. 8. *V. Leze-Majesté.*
Ad legem Juliam Peculatûs, &c. D. 48. 13. *V. Peculat.*
Ad legem Juliam repetundarum. C. 9. 27. *V. Concussion.*
Ad legem Viselliam. C. 9. 21. *V. Affranchi.*
Ad Municipalem, & de Incolis. D. 50. 1. *V. Bourgeois. Municipal.*
Ad Senatus-consultum Macedonianum. C. 4. 28. *V. Fils-de-Famille. Macédonien.*
Ad Senatus-consultum Orphitianum. C. 6. 57. *V. Mere. Succession.*
Ad Senatus-consultum Tertillianum. C. 6. 56. *V. Mere. Succession.*
Ad Senatus-consultum Tertillianum & Orphitianum. D. 3 8. 17. *V. Mere. Succession.*
Ad Senatus-consultum Trebellianum. D. 36. 1. C. 6. 49. *V. Fidéicommis. Trebellianique.*
Ad Senatus-consultum Turpillianum, &c. D. 48. 16... C. 9. 45. *V. Abolition. Calomnie. Desistement.*
Ad Senatus-consultum Velleïanum. D. 16. 1. C. 4. 29. *V. Femme. Velleïen.*
Ademptione legatorum. I. 2. 21. *V. Legs.*
Ademptione libertatis. D. 40. 6. *V. Legs. Liberté.*
Adjectionibus, id est, de Prædiorum sterilium, ad fertiles impositionibus. N. 166. *V. Taille.*
Adimendis vel transferendis legatis, &c. D. 34. 4. *V. Legs.*
Adjutoribus quæstoris. N. 35. *V. Questeur.*
Administrantibus officia in sacris, &c. N. 20. *V. Appel. Huissier.*
Administratione rerum ad civ. pert. D. 50. 8. *V. Administrateur.*

Admini-

Adminiſtratione rerum publicarum. C. 11. 30. *V. Adminiſtrateur.*
Adminiſtratione Tutorum , vel Cur. C. 5. 37. *V. Tutelle.*
Adminiſtratione & periculo Tutorum. D. 26. 7. *V. Tutelle.*
Adminiſtratoribus. N. 7. 7. 95 *V. Adminiſtrateur.*
Adoptionibus. I. 1. 11. C. 8. 48. *V. Adoption.*
Adoptionibus , & emancipationibus , &c. D. 1. 7. *V. Adoption.*
   *Emancipation.*
Adquirenda vel omittenda Poſſeſſione. D. 41. 2. *V. Acquerir.*
   *Poſſeſſion.*
Adquirenda vel omittenda hereditate. D. 29. 2. *V. Succeſſion.*
Adquirenda & retinenda Poſſeſſione. C. 7. 32. *V. Poſſeſſeur.*
Adquirendo rerum dominio. D. 41. 1. *V. Acquerir. Choſe.*
Adquiſitione per arrogationem. I. 3. 11. *V. Adoption.*
Adſcriptitiis & colonis. Conſt. Juſt. J. 2. quæ eſt 28. *V. Main-morte.*
Adſertione tollenda. C. 7. 17. *V. Liberté.*
Adſeſſoribus , & domeſticis. C. 1. 51. *V. Aſſeſſeur.*
Adſignandis libertis. D. 38. 4. *V. Affranchi.*
Adſignatione libertorum. I. 3. 9. *V. Affranchi.*
Adulteris manifeſtò deprehenſis. L. N. 32. *V. Adultere.*
Advocatis diverſorum judiciorum. C. 2. 7. *V. Avocat.*
Advocatis diverſorum judicum. C. 2. 8. *V. Avocat.*
Advocatis fiſci. C. 2. 9. *V. Avocat.*
Ædificiis privatis. C. 8. 10. *V. Edifice. Maiſon.*
Ædilitiis actionibus. C. 4. 58. *V. Eſtimation. Redhibition. Vente.*
Ædilitio edicto. D. 21. 1. *V. Eſtimation , &c.*
Æqualitate dotis , &c. N. 97. *V. Augment. Dot.*
Æſtimatoria actione. D. 19. 3. *V. Eſtimation. Vente.*
Ætate ineuntium officia. C. I. Alex. Comnen. 1. *V. Dignité.*
Agentibus in rebus. C. 12. 20. *V. Agent.*
Agnoſcendis & alendis liberis , &c. D. 25. 3. *V. Alimens. Enfant.*
Agricolis , & cenſitis , & colonis. C. 11. 47. *V. Agriculture. Main-*
   *morte.*
Agricolis , & mancipiis dominicis. C. 11. 67. *V. Agriculture , &c.*
Albo ſcribendo. D. 50. 3. *V. Matricule.*
Aleatoribus. D. 11. 5. *V. Jeu.*
Aleatoribus , & alearum luſu. C. 3. 43. *V. Jeu.*
Alendis liberis ac Parentibus. C. 5. 25. *V. Alimens.*
Alexandriæ Primatibus. C. 11. 28. *V. Corps-des-Métiers.*
Alienatione feudi. F. 1. 13. & 73. in fragm.

Alienatione judicij mut. caufa, &c. D.4.7. C. 2. 55. *V. Action. Alie-nation. Cefsion.*

Alienatione Paterni feudi. F. 2. 39. *V. Aliénation.*

Alienatione & Emphiteufi. N. 120. *V. Biens d'Eglife.*

Alimentis Pupillo præftandis. C. 5. 50. *V. Alimens. Pupille.*

Alimentis vel cibariis legatis. D. 34. 1. *V. Alimens.*

Allelengio, &c. C. J. 2. Bafilij Porphirogen.

Allodiis. F. 2. 54.

Alluvionibus, & Paludibus, &c. 7. 41. *V. Alluvion. Marais.*

An agnatus vel filius defuncti poffit retinere feudum repudiata hereditate. F. 2. 45.

An apud judicem vel curiam domini quæftio feudi debeat termi-nari. F. 2. 46.

An ille qui interfecit fratrem domini fui , feudum amitt. F. 2. 37.

An maritus fuccedat uxori in beneficio. F. 1. 15.

An mutus, vel aliàs imperfectus feudum retineat. F. 2. 38.

An per alium caufæ appellationum reddi poffunt. D. 49. 9. *V. Ap-pel. Griefs.*

An præfcriptione feudum adquiratur. F. 87 .n fragm.

An removeri debeant teftes , &c. F. 2. 19.

An fervus pro fuo facto poft manumiffionem teneatur. C. 4. 14. *V. Affranchi. Obligation.*

Annali exceptione italici contractus. C. 7. 40. *V. Prefcription.*

Annonis civilibus. C. 11. 24. *V. Provifion.*

Annonis & capitatione , &c. C. 1. 52. *V. Provifion. Salaire.*

Annonis & tributis. C. 10. 16. *V. Capitation. Taille.*

Annuis legatis & fidei - commiffis. D. 33. 1. *V. Legs.*

Apochis publicis, &c. C. 10. 22. *V. Quitance.*

Apoftatis. C. 1. 7. .. *V. Apoftat.*

Apparitoribus comitis orientis. C. 12. 57. *V. Huifsier.*

Apparitoribus Magiftrorum milit. &c. C. 12. 55. *V. Huifsier.*

Apparitoribus Præfecti annonæ. C. 12. 59. *V. Huifsier.*

Apparitoribus Præfecti urbis. C. 12. 54. *V. Huifsier.*

Apparitoribus Præfectorum Prætorio. C. 12. 53. *V. Huifsier.*

Apparitoribus Prefidum. Ed. 10. *V. Gouverneur. Huifsier.*

Apparitoribus Proconfulis & Legati. C. 12. 56. *V. Ambaffadeur. Huifsier.*

Appellationibus. 7. 5. 93. *V. Appel.*

# B

### D E

# C

D E

Clerico, qui inveſtituram facit. F. 2. 35.
Cloacis. D. 43. 23. *V. Egout. Servitude.*
Codicillis. I. 2. 25. C. 6. 36. *V. Codicille.*
Cæcos ſecretò teſtam. facere poſſe. L. N. 69. *V. Aveugle. Teſtament.*
Cohortalibus, Principibus, Corniculariis, &c. C. 12. 58. *V. Officiers*
    *de la Maiſon du Prince.*
Collatione. D. 37. 6. *V. Rapport.*
Collatione æris. C. 10. 29. *V. Taille.*
Collatione donatorum, vel relevatorum, &c. C. 10. 28. *V. Taille.*
Collatione fundorum fiſcalium, &c. 11. 73. *V. Domaine.*
Collatione fundorum patrimonial. &c. 11. 64. *V. Domaine.*
Collationibus. C. 6. 20. *V. Raport.*
Collatoribus, & aliis capitulis. N. 128. *V. Taille.*
Collegiatis, & chartopratis, &c. C. 11. 17. *V. Corps des Métiers.*
Collegiis & corporibus, D. 47. 22. *V. Corps des Métiers.*
Colluſione detegenda. D. 40. 16. C. 7. 20. *V. Colluſion.*
Colonis illiricanis. C. 11. 52. *V. Cultivateur. Main-morte.*
Colonis Paleſtinis. C. 11. 50. *V. Cultivateur. Main-morte.*
Colonis Thracenſibus. C. 11. 51. *V. Cultivateur. Main-morte.*
Comite iſauriæ. N. 27. *V. Gouverneur.*
Comitibus conſiſtorianis. C. 12. 10. *V. Conſeiller.*
Comitibus, qui Provincias regunt. C. 12. 14. *V. Gouverneur.*
Comitibus rei militaris. C. 12. 12. *V. Officiers de Guerre. Soldat.*
Comtribus, & archiatris, &c. C. 12. 43. *V. Medecin.*
Comitibus & tribunis Scholarum. C. 12. 11. *V. Ecole. Agent.*
Commeatu. C. 12. 43. *V. Congé. Soldat.*
Commerciis & Mercatoribus. C. 4. 63. *V. Marchand.*
Comminationes, Epiſtolas, programmata, ſubſcriptiones, au-
    thoritatem rei judicatæ non habere. C. 7. 57. *V. Jugement.*
Commodati, vel contra. D. 13. 6. *V. Prêt.*
Commodato. C. 4. 23. *V. Prêt.*
Communi dividundo. D. 10. 3. c. 3. 37. *V. Partage.*
Communi ſervo manumiſſo. C. 7. 7. *V. Commun.*
Communia de legatis & fidei-commiſſ. G. 6. 43. *V. Legs.*
Communia de manumiſſionibus. C. 7. 15. *V. Affranchi.*
Communia de ſucceſſionibus. C. 6. 59. *V. Succeſſion.*
Communia de uſucapionibus. C. 7. 30. *V. Preſcription.*
Communia Prædiorum, tam urbanorum quàm ruſticorum. D. 8.
    4. *V. Servitude.*

Communia utriufque judicij , tam familiæ hercifcundæ , quàm
communi dividundo. C. 3. 38. *V. Partage.*
Communium rerum alienatione. C. 4. 52. *V. Alienation. Commun.*
Compenfationibus. D. 16. 2. C. 4. 31. *V. Compenfation.*
Concubinis. D. 25. 7. C. 5. 26. *V. Concubine.*
Concuffione. D. 47. 13. *V. Concuffion.*
Condictione causâ data , causâ non fecutâ. D. 12. 4. *V. Caufe. Repétition.*
Condictione ex lege , &c. D. 13. 2. C. 4. 9. *V. Caufe. Repétition.*
condictione furtivâ. D. 13. 1. C. 4. 8. *V. Repétition. Vol.*
condictione indebiti. D. 12. 6. c. 4. 5. *V. Repetition.*
condictione ob caufam datorum. c. 4. 6. *V. Caufe. Repétition.*
condictione ob turpem caufam , &c. D. 12. 5. c. 4. 7. *V. Caufe. Repétition.*
conditione fine caufa. D. 12. 7. *V. Caufe. Repétition.*
condictione triticaria. D. 13. 3. *V. Repétition.*
conditione feudi non impleta. F. 75. in fragm.
conditionem tacitè feudum fequi. F. 89. in fragm.
conditionibus infertis tam legatis , quàm fidei-commiffis. c. 6.
46. *V. Condition. Legs.*
conditionibus inftitutionum. D. 28. 7. *V. Condition.*
conditionibus, & demonftrationibus, &c. D. 35. 1. *V. Caufe. Condition.*
conditis in publicis horreis. c. 10. 26. *V. Blé.*
conductoribus & procuratoribus. c. 11. 71. *V. Loüage.*
confeffis. D. 42. 2. c. 7. 59. *V. Avoüer.*
confirmando Tutore vel curatore. D. 26. 3. c. 5. 29. *V. Tutelle.*
conjungendis cum emancipato liberis ejus. D. 37. 8. *V. Emancipé.
Succeffion.*
connubio Perfarum , &c. Conft. Imp. Theoph. 3. *V. Mariage.*
confanguineis, & uterinis fratribus. N. 84. *V. Succeßion.*
confortibus ejufdem litis. c. 3. 40. *V. Confort.*
conftituta pecunia. c. 4. 18. *V. Débiteur. Promeffe.*
conftitutio ad bonum quæftorem , &c. N. 50. *V. Appel.*
conftitutionem, quæ ex adfcriptitio , &c. N. 54. *V. Liberté.*
conftitutiones feudales , &c. F. 1. 19.
conftitutionibus principum. D. 1. 4. *V. Edits. Loi.*
confuetudine recti feudi , F. 2. 33. *V. Coutume.*
confultationibus. N. 62. *V. Appel.*

# D

## D E

Damno infecto, & de fuggrundis, &c. D. 39. 2. *V. Domma-ge. Maison.*
Debitâ impenfa in exequiis defunct. N. 59. *V. Frais funéraires.*
Debitorem, venditionem pignoris, &c. c. 8. 29. *V. Gage.*
Debitoribus civitatum. c. 11. 32. *V. Communauté. Debiteur.*
Decifione Sifinnij, de nuptiis duorum fratrum, &c. c. I. 4. Manuël. Comnen. *V. Mariage.*
Decanis. c. 12. 27. *V. Doien. Officiers du Prince.*
Decretis ab ordine faciendis. D. 50. 9. *V. Décurion.*
Decretis Decurionum, &c. c. 10. 46. *V. Décurion.*
Decurialibus urbis Romæ. c. 11. 13. *V. Décurion.*
Decurionibus, & filiis eorum, &c. D. 50. 2. c. 10. 31. N. 38. *V. Decurion.*
Deditia libertate tollenda. c. 7. 5. *V. Affranchi.*
Deffenforibus civitatum. c. 1. 55. N. 15. *V. Echevin.*
Delatoribus. c. 10. 11. *V. Dénonciateur.*
Depofitione Anthimij, &c. N. 42. *V. Evêque.*
Depofiti, vel contra. D. 13. 3. c. 4. 34. *V. Dépoſt.*
Depofito, & denunciationibus. N. 88. *V. Dépoſt. Saifie.*
Defcriptione quatuor præfidum Armeniæ. N. 31. *V. Gouverneur.*
Defertoribus, & occultatoribus corum. c. 12. 46. *V. Soldat.*
Dignitatibus. c. 12. 1. *V. Dignité.*
Dilationibus. c. 3. 11. *V. Délay.*
Difcufforibus. c. 10. 30. *V. Taille.*
Diftractione pignorum, &c. D. 20. 5. c. 8. 28. *V. Gage.*
Diverfis officiis, &c. c. 12. 60. *V. Officier.*
Diverfis Prædiis Urbanis, &c. c. 11. 69. *V. Communauté.*
Diverfis regulis juris antiqui. D. 50. 17. *V. Règle.*
Diverfis refcriptis, & Pragmaticis fanctionibus. c. 1. 23. *V. Re-fcrit.*
Diverfis temporal. præfcript. &c. D. 44. 3. *V. Prefcription.*
Dividendâ tutela, & pro qua parte, &c. c. 5. 52. *V. Tutele.*

# E

## D E

Ea quæ raptori suo nubit. N. 150. *V. Rapt.*
Eclesiam fidelitatem non facere. F. 101. in fragm.
Eclesiasticarum rerum alienat. &c. N. 46. *V. Eglise.*
Eclesiasticis titulis, &c. N. 131. *V. Eglise.*
Eclesiasticorum aleâ ludentium pœnâ. L. N. 87. *V. Eclésiastique.*
    *Jeu.*
Eclesiis constitutis in Africa. N. 37. *V. Eglise.*
Edendo. D. 2. 13. C. 2. 1. *V. Acte. Production.*
Edicto divi Adriani tollendo. C. 6. 33. *V. Héritier. Possesseur.*
Edictum de his qui luxuriantur, &c. N. 141. *V. Impudique.*
Edictum pientissimi. D. N. Justiniani, de formula artificum. N.
    122. Edict. 6. *V. Ouvrier.*
Effractoribus & expilatoribus. D. 47. 18. *V. Bris. Pillage.*
Electis ad orientales Eclesias. C. 1. Alex comn. 7. *V. Eglise.*
Emancipatione, constitutio quæ dignitatibus, &c. N. 81. *V. Puis-*
    *sance paternelle.*
Emancipatione, & dotis restitut. L. N. 25. *V. Dot. Emancipation.*
Emancipationibus liberorum. C. 8. 49. *V. Emancipation.*
Emendatione Cod. D. Justianiani. C. Procem. 3.
Emendatione propinquorum. C. 9. 15. *V. Châtiment. Enfant.*
Emendatione Servorum. C. 9. 14. *V. Châtiment. Esclave.*
Emptione & venditione. I. 3. 24. *V. Vente.*
Eo, cui libertatis causâ, bona addicuntur. I. 3. 12. *V. Liberté.*
Eo per quem factum erit quominus quis in judicio sistat. D. 2. 10.
    *V. Ajournement.*
Eo, qui ad primam denuntiationem judicio se non sistit. L. N. 108.
    *V. Ajournement. Défaut.*
Eo, qui finem fecit agnato, de feudo paterno. F. 2. 49.
Eo qui pro Tutore negotia gessit. C. 5. 45. *V. Pro-Tuteur.*
Eo qui pro Tutore vel Curatore negotia gessit. D. 27. 5. *V. Pro-*
    *Tuteur.*
Eo qui sibi vel heredibus suis investituram accepit. F. 2. 17.

Executoribus Testamentorum. C. I. Man. Comn. 1. *V. Exécution.*

Executoribus, & de his qui conveniuntur. N. 96. *V. Demande.*
  *Reconvention.*

Executoribus & exactoribus. C. 12. 61. *V. Taille.*

Exemplum Sacræ formæ, de appellationibus. N. 126. *V. Appel.*

Exemplum sacræ pragmaticæ formæ, de usuris. N. 160. *V. Interêt.*
  *Rente.*

Exercitoria actione. D. 14. 1. *V. Commis.*

Exheredatione liberorum. I. 2. 13. *V. Desheriter.*

Exhibendis & introducendis reis, &c. N. 53. *V. Ajournement.*

Exhibendis & transmittendis reis. C. 9. 3. *V. Accusation. Accusé.*
  *Prison.*

Expensis ludorum publicorum. C. 11. 41. *V. Jeu.*

Expilatæ hereditatis. D. 47. 19. *V. Spoliation.*

Expulsione Monachorum. C. J. 2. Theophili. *V. Moine.*

Extraordinariis cognitionibus, &c. D. 50. 13. *V. Action.*

Extraordinariis criminibus. D. 47. 11. *V. Crime.*

# F

## D E

Fabricensibus. C. 11. 9. *V. Armes.*

Factum fratris, fratri in feudo paterno non nocere. F. 93. in
  fragm.

Falsâ causâ adjecta legato. C. 6. 44. *V. Cause. Condition. Legs.*

Falsâ Monetâ. C. 9. 24. *V. Monnoie.*

Falsariorum pœnâ. L. N. 77. *V. Faux.*

Familiæ erciscundæ. D. 10. 2. C. 3. 36. *V. Partage.*

Famosis libellis. C. 9. 36. *V. Injure. Libelle.*

Feriis. C. 3. 12. C. I. Man. Comn. 2. *V. Féries.*

Feriis & dilationibus, &c. D. 2. 12. *V. Délai. Féries.*

Feudi cognitione. F. 2. 1.

Feudis datis minimis valvasoribus, &c. F. 1. 16.

Feudis fructiferorum. F. 74. in fragm.

Feudis habitationum. F. 105. in fragm.

Feudis impropriis, &c. F. 81. in fragm.

Feudis non alienandis. F. 5. 5.

Formulis & impetrationibus actionum fublatis. C. 2. 58. *V. Action.*
Foro clericorum, &c. C. I. 11. Alex. Comnen. *V. Jurifdiction Eclé-fiaftiqne.*
Foro competenti Epifcop. &c. C. I. 3. heraclij. *V. Jurifdiction Eclé-fiaftique.*
Foro judæorum. C. I. 14. Man. Comn. *V. Hérétique.*
Fratrem fratri in feudo novo non fuccedere. F. 90. in fragm.
Fructibus feudi. F. 86. in fragm.
Fructibus , & litium expenfis. C. 7. 51. *V. Dépens. Fruits.*
Frumento Alexandrino. C. 11. 27. *V. Blé.*
Frumento urb. Conftantinop. &c. C. 11. 23. *V. Blé.*
Fugitivis. D. 11. 4. *V. Fugitif. Vol.*
Fugitivis colonis, &c. C. 11. 63. *V. Domaine du Prince. Main-morte.*
Fundis limitrophis, &c. C. 11. 59. *V. Frontiere.*
Fundis patrimonialibus, &c. C. 11. 61. *V. Domaine du Prince.*
Fundis rei privatæ , &c. C. 11. 65. *V. Bois. Domaine du Prince.*
Fundis & faltibus, &c. C. 11. 66. *V. Bois. Domaine du Prince.*
Fundo dotali. D. 23. 5. C. 5. 23. *V. Dot.*
Furibus balneariis. D. 47. 17. *V. Vol.*
Furti adverfus nautas, &c. D. 47. 5. *V. Cabaretier. Voiture. Vol.*
Furtis. D. 47. 2. *V. Vol.*
Furtis , & fervo corrupto. C. 6. 2. *V. Corrompre. Débaucher. Vol.*

# G

## D E

Generali abolitione. C. 9. 43... *V. Abolition.*
Generalis forma de poffeffione, quomodo oporteat mitti in eam. N. 167. *V. Poffeffeur.*
Generalis forma de profpectu in mare. N. 165. *V. Jours & vûes. Mer.*
Gladiatoribus penitus tollendis. C. 11. 43. *V. Gladiateur.*
Glande legendâ. D. 43. 28. *V. Arbre. Fruit.*
Gradibus cognationum. I. 3. 6. *V. Parenté.*
Gradibus, & affinibus & nominibus eorum. D. 38. 10. *V. Parenté.*
Graffationibus. L. N. 70. *V. Voleur.*
Grege dominico. C. 11. 75. *V. Cheval. Domaine du Prince.*

# H

Hæc conſtitutio innovat conſtitutionem , quæ præſcriptio-
 nem 100. ann. veneralibus locis dederat. N. 111. *V. Egliſe.*
 *Preſcription.*
Hæc conſtitutio interpretatur Priorem , de his qui ingrediuntur
 monaſterium. N. 76. *V. Moine.*
Heredibus. N. 164. Conſt. Tib. 2. *V. Héritier.*
Heredibus ab inteſtato, &c. N. 118. *V. Héritier.*
Heredibus inſtituendis. I. 2. 14. D. 28. 5. *V. Héritier.*
Heredibus inſtit. & quæ perſonæ, &c. C. 6. 24. *V. Héritier.*
Heredibus Tutorum vel Curatorum. 5. 54. *V. Héritier. Tutelle.*
Heredibus & falcidia. N. 1. *V. Héritier. Falcidie.*
Hereditariis actionibus. C. 4. 16. *V. Héritier.*
Hereditate , vel actione vendita. D. 18. 4. C. 4. 39. *V. Action. Suc-*
 *ceſſion.*
Hereditatibus decurionum , &c. C. 6. 62. *V. Décurion.*
Hereditatibus quæ ab inteſtato, &c. I. 3. 1. *V. Succeſſion.*
Hereditatis petitione. D. 5. 3. *V. Succeſſion.*
Heredum qualitate & differentiâ. I. 2. 19. *V. Héritier.*
Hæreticis, & Manichæis, &c. 1. 5. *V. Hérétique.*
Hebræis, & Montanis. C. 1. 1. Leon. Iconomachi. *V. Hérctique.*
Helleſponto. Ed. 12. *V. Gouverneur. Taille.*
Hic finitur lex, deinde conſuetudines regni incipiunt. F. 2. 28.
His, quæ ex publica collatione illata ſunt, non uſurpandis. C. 10.
 73. *V. Deniers publics. Péculat.*
His, quæ in Teſtamento delentur, &c. D. 28. 4. *V. Teſtament.*
His, quæ pœnæ causâ relinquuntur. D. 34. 6. *V. Legs.*
His, quæ pœnæ nomine in Teſtam. &c. C. 6. 41. *V. Legs.*
His, quæ pro non ſcriptis habentur. D. 34. 8. *V. Clauſe.*
His, quæ ſub modo legata , vel fidei-comm. &c. C. 6. 45. *V. Legs.*
His, quæ vi metûsve causâ , geſta ſunt. C. 2. 20. *V. Crainte. Vio-*
 *lence. Reſciſion.*
His, quæ ut indignis auferuntur. D. 34. 9. *V. Indigne.*

His,

His, quia non domino manumiſſi ſunt. C. 7. 10. *V. Affranchi.*
His, qui à principe vacationem, &c. C. 10. 44. *V. Charge. Exemption.*
His, qui accuſare non poſſunt. C. 9. 1. *V. Plainte.*
His, qui ad Ecleſiam confugiunt, &c. C. 1. 12. *V. Aſile. Egliſe.*
His, qui ad ſtatuas confugiunt. C. 1. 25. *V. Aſile. Statue.*
His, qui ante apertas tabulas, &c. C. 6. 52. *V. Succeſſion.*
His, qui effuderint, vel dejecerint. D. 9. 3. *V. Dommage.*
His, qui Eunuchos faciunt. N. 142. *V. Chatré. Eunuque.*
His, qui ex officio quod adminiſtrarunt, conveniuntur. C. 11. 38. *V. Charge. Deniers publics.*
His, qui ex publicis rationibus, &c. C. 10. 6. *V. Deniers publics. Prêter.*
His, qui feudum dare poſſunt, &c. F. 1. 1.
His, qui in Ecleſiis manumittuntur. C. 1. 13. *V. Affranchi.*
His, qui in exilium dati, &c. C. 10. 59. *V. Bannir. Charge.*
His, qui in Oſdroena, &c. N. 154. *V. Mariage.*
His, qui in priorum creditorum, &c. C. 8. 19. *V. Subrogation.*
His, qui ingrediuntur ad appellationem, &c. N. 49. *V. Appel. Preuve par écrit. Serment de Calomnie.*
His, qui ingrediuntur Monaſterium. N. 76. *V. Moine.*
His, qui latrones, vel aliis criminibus reos, occultaverint. C. 9. 39. *V. Receler. Voleur.*
His, qui mutuum dant agricolis. 33. *V. prêt.*
His, qui non impletis ſtipendiis, &c. C. 10. 54. *V. Soldat.*
His, qui notantur infamiâ. D. 3. 2. *V. Infamie.*
His, qui numero liberorum, &c. C. 10. 51. *V. Exemtion. Tutelle.*
His, qui Parentes vel liberos occiderunt. C. 9. 17. *V. Parricide.*
His, qui per metum judicis non appellarunt. C. 7. 67. *V. Appel. Crainte.*
His, qui potentiorum nomine titulos prædiis affligunt, &c. C. 2. 15. *V. Armoiries. Sauf-conduit.*
His, qui ſe deferunt. C. 10. 13. *V. Dénonciateur.*
His, qui ſibi adſcribunt in teſtamento. C. 9. 23. *V. Faux. Legs. Teſtament.*
His, qui ſponte publica munera ſubeunt. C. 10. 43. *V. Charge.*
His, qui ſui vel alieni juris ſunt, I. 1. 8. D. 1. 6. *V. Etat des perſones.*
His, qui veniam ætatis impetraverunt. C. 2. 45. *V. Bénéfice d'âge.*

S ſ

# I

## D E

In litem dando Tutore vel Curatore. C. 5. 44. *V. Curateur. Tutelle.*

In litem jurando. D. 12. 3. c. 5. 53. *V. Estimation. Serment.*

In medio litis non fieri sacras formas , &c. N. 113. *V. Appel. Lettres.*

In quibus casibus Tutorem , vel Curatorem habenti , Tutor vel Curator dari potest. C. 5. 36. *V. Tutelle.*

In quibus causis cessat longi tempor. præscriptio. c.7.34. *V. Præscr.*

In quibus causis coloni censiti, dominos accusare possint. C.11.49. *V. Main-morte.*

In quibus causis feud. amitt. F. 2. 23.

In quibus causis , in integrum restitut. necess. non sit. G. 2. 41. *V. Rescision.*

In quibus causis , militantes fori præscriptione uti non possunt. C. 3. 25. *V. Commitimus. Officiers du Prince. Soldat.*

In quibus causis pignus, vel hipoteca tacitè contrahitur. D. 20. 2. C. 8. 15. *V. Hipoteque.*

In rem verso. D. 15. 3. *V. Profit.*

Incantatorum pœnâ. L. N. 65. *V. Magicien.*

Incendiariis, & pacis violatoribus. F. 5. 10. *V. Incendie.*

Incendio , ruinâ , naufragio , &c. D. 47. 9. *V. Incendie. Naufrage. Vol.*

Incertis personis. C. 6.48. *V. Douteux Legs.*

Incertis & inutilibus nuptiis , C. 5. 5. *V. Mariage.*

Incestis & nefariis nuptiis; N. 2.7. 12. *V. Batard. Mariage.*

Incolis, & ubi quis domicilium , &c. C. 10. 39. *V. Bourgeois. Domicile.*

Indictâ viduitate , &c. C. 6. 40. *V. Veuve.*

Indictionibus. C. 10. 17. *V. Impôt. Taille.*

Indotatis mulieribus, &c. L. N. 106. *V. Veuve.*

Indulgentiâ illicitè contractarum nuptiarum. N. 139. *V. Mariage.*

Indulgentiâ reliquorum publicorum. N.148. *V. Taille.*

Indulgentiâ tributariorum reliquorum. N. J. 1. *V. Taille.*

Infamibus. C. 10. 57. *V. Infamie.*

Infantibus expositis, &c. C. 8. 52. N. 153. *V. Enfant.*

Infirmandis pœnis cœlibatûs, &c. C. 8. 58. *V. Célibat.*

Ingenuis. I. 1.4. *V. Liberté.*

Ingenuis manumissis. C. 7. 14. *V. Liberté.*

Ingratis liberis. C. 8. 50. *V. Donation. Ingrat.*

Judiciis , & ubi quifque agere , vel conveniri debeat. D. 5. 1.
    *V. Compétence. Jugement.*
Jure aureorum annulorum. **D.** 40. 10. *V. Affranchi.*
Jure aureorum annulorum , &c. **C.** 6. 8. *V. Affranchi.*
Jure Codicillorum. **D.** 29. 7. *V. Codicille.*
Jure deliberandi. **D.** 28. 8. *V. Déliberer. Inventaire.*
Jure deliberandi , & de adeundâ &c. **C.** 6. 30. *V. Déliberer. Suc-*
    *ceſſion.*
Jure dominii impetrando. **C.** 8. 34. *V. Adjudication. Créancier.*
    *Gage. &c.*
Jure dotium. **D.** 23. 3. **C.** 5. 12. *V. Dot.*
Jure Emphyteutico. **C.** 4. 66. *V. Emphitéoſe.*
Jure Fiſci. **D.** 49. 14. **C.** 10. 1. **F.** 5. 8. *V. Fiſc.*
Jure immunitatis. **D.** 50. 6. *V. Exemtion.*
Jure liberorum. **C.** 8. 59. *V. Enfant.*
Jure naturali , gentium , & Civili. **I.** 1. 2. *V. Droit.*
Jure Patronatûs. **D.** 37. 14. *V. Patron.*
Jure perſonarum. **I.** 1. 3. *V. Etat des perſones.*
Jure προτιμήσεως, vel retractûs. **F.** 5. 13. & ſequentib.
Jure reipublicæ. **C.** 11. 29. *V. Adminiſtrateur.*
Jure-jurando à moriente præſtito , &c. **N.** 48. *V. Inventaire.*
Jure-jurando propter calumniam dando. **C.** 2. 59. *V. Calomnie.*
Jure-jurando , ſive voluntario , ſive , &c. **D.** 12. 2. *V. Serment.*
Juris & facti ignorantiâ. **D.** 22. 6. **C.** 1. 18. *V. Ignorance.*
Juriſdictione. **D.** 2. 1. *V. Compétence. Juriſdiction.*
Juriſdictione omnium judicum , &c. **C.** 3. 13. *V. Compétence. Juriſ-*
    *diction.*
Jus-jurandum quod præſtatur ab iis qui adminiſtrationem acci-
    piunt. **N.** 8. tit. 3. *V. Adminiſtrateur. Serment.*
Juſtinianeo Codice confirmando. **C.** Procem. 2.
Juſtitiâ & Jure. **I.** 1. 1. **D.** 1. 1. *V. Droit.*
Juſto Errore excuſari &c. **F.** 91. in Fragm. *V. Erreur.*

# L

### D E

Liberali causâ. D. 40. 12. C. 7. 16. *V. Liberté.*
Liberatione legatâ. D. 34. 3. *V. Legs.*
Liberis exhibendis, vel &c. D. 43. 30. C. 8. 8. *V. Represen-tation.*
Liberis Præteritis, vel exheredandis. C. 6. 28. *V. Deshériter.*
Liberis, & Posthumis heredibus &c. D. 28. 2. *V. Héritier.*
Libertinis. I. 1. 5. C. 10. 56. *V. Affranchi.*
Libertis Universitatum. D. 38. 3. *V. Affranchi. Communauté.*
Libertis, & eorum liberis. C. 6. 7. *V. Affranchi.*
Litigiosis. D. 44. 6. C. 8. 37. *V. Cession. Litige.*
Litigiosis, & de decimâ Parte litis &c. N. 112. *V. Caution.*
Litis Contestatione. C. 3. 9. *V. Contestation.*
Litterarum obligationibus ; I. 3. 22. *V. Obligation.*
Littorum & itinerum custodiâ. C. 12. 45. *V. Chemin.*
Locati conducti. D. 19. 2. *V. Loüage.*
Locatione Prædiorum civilium &c. C. 11. 70. *V. Emphitéote. Fermier.*
Locatione & conductione. I. 3. 25. *V. Loüage.*
Locato & conducto. C. 4. 65. *V. Loüage.*
Locis & itineribus publicis. D. 43. 7. *V. Chemin.*
Loco publico fruendo. D. 43. 9. *V. Public.*
Longi temporis Præscriptione &c. C. 7. 22. *V. Prescription.*
Lucris advocatorum &c. C. 12. 62. *V. Avocat.*
Luitione Pignoris. C. 8. 31. *V. Gage.*

# M

### D E

Magistratibus conveniendis, &c. D. 27. 8. C. 5. 75. *V. Juge. Tuteur.*
Magistratibus municipalibus. C. I. 56. *V. Municipal.*
Magistratibus non vendendis. C. I. 1. Zoæ. *V. Dignité.*
Magistratu Phœniciæ, &c. Ed. 4. *V. Gouverneur.*
Magistris sacrorum scriniorum. C. 12. 9. *V. Maître des Requêtes.*
Majumâ. C. 11. 45. *V. Jeu. Fête.*
Maleficis, & Mathematicis, &c. C. 9. 18. *V. Magicien. Poison.*
Mancipiis & colonis, &c. C. 11. 62. *V. Main-morte.*

Mandati , vel contra. D. 17. 1. C. 4. 35. *V. Procureur.*
Mandatis principum. C. 1. 15. N. 3. 4. 17. *V. Edit.*
Mandato. I. 3. 27. *V. Procureur.*
Manumiffionibus. D. 40. 1. *V. Affranchi.*
Manumiffionibus , quæ fervis ad univerfit. pertinentib. impon.
   D. 40. 3. *V. Affranchi.*
Manumiffis Teftamento. D. 40. 4. *V. Affranchi.*
Manumiffis vindictâ. D. 40. 2. *V. Affranchi.*
Mendicantibus validis. C. 11. 25. *V. Mendiant.*
Menforibus. C. 12. 28. *V. Logement de gens de Guerre. Officiers du*
   *Prince.*
Menfurâ ordinandorum Clericorum. N. 16. *V. Ecléfiaftique.*
Metallariis, & metallis, &c. C. 11. 6. *V. Métal.*
Metalis , & Epidemeticis. C. 12. 41. *V. Logement de gens de Guerre.*
   *Soldat.*
Metropoli Beryto. C. 11. 21. *V. Métropole.*
Metropolitanis revoc. &c. C. I. Izaaci Angeli. 1. *V. Métropole.*
Migrando. D. 43. 32. *V. Loüage. Meuble.*
Militari Teftamento. I. 2. 11. *V. Teftament.*
Militari vefte. C. 12. 40. *V. Soldat.*
Milite Vaffallo , qui contumax eft. F. 2. 22.
Militiâ inopum , &c. C. I. Niceph. 1. *V. Soldat.*
Minoribus viginti-quinque annis. D. 4. 4. *V. Mineur.*
Moderatore Arabiæ. N. 8. 3. 102. *V. Gouverneur.*
Moderatore hellefponti. N. 4. 7. 28. *V. Gouverneur.*
Modo mulctarum quæ judicibus infliguntur. C. 1. 54. *V. Amende.*
Monachis. N. 1. 5. 5. *V. Moine.*
Monopoliis, & Conventu, &c. C. 4. 59. *V. Monopole.*
Mortis causâ donat. Curial. N. 87. *V. Donation. Décurion.*
Mortis causâ donationibus , &c. D 39. 6. *V. Donation.*
Mortuo inferendo , &c. D. 11. 8. *V. Enterrement.*
Muliere , quæ vivo marito alios de Matrimonio compellat. L.
   N. 30. *V. Adultere. Répudiation.*
Muliere raptum pafsâ. N. 143. *V. Adultere. Rapt.*
Mulieribus, quæ fe propriis fervis junxerunt. C. 9. 11. *V. Mariage.*
Mulieribus , & in quo loco munera fexui congrua, &c. C. 10. 62.
   *V. Charge. Femme.*
Muneribus patrimoniorum. C. 10. 41. *V. Charge.*
Muneribus & honoribus. D. 50. 4. *V. Charge. Dignité.*

Muneribus

Muneribus & honoribus non continuandis inter Patrem & Filium, &c. C. 10. 40. *V. Charge. Dignité.*
Municipibus, & originariis. C. 10. 38. *V. Bourgeois. Municipal.*
Murilegulis, & Gynæciariis, &c. C. 11. 7. *V. Officier du Prince. Pourpre.*
Mutatione nominis. C. 9. 25. *V. Nom.*

# N

## D E

Natalibus restituendis. D. 40. 11. *V. Affranchi.*
Naturâ feudi. F. 1. 7.
Naturâ successionis feudi. F. 2. 50.
Naturalibus liberis, & Matribus eorum. C. 5. 27. *V. Bâtard.*
Naufragiis. C. 11. 5. *V. Naufrage.*
Navibus non excusandis. C. 11. 3. *V. Voiture.*
Naviculariis, naucleris, publicas species transportantibus, &c. C. 11. 1. *V. Voiture.*
Nautæ, Caupones, stabularij, &c. D. 4. 9. *V. Cabaretier. Voiturier.*
Nauticisusuris. N. 8. 11. 110. *V. Interêt. Usure.*
Nautico fœnore. D. 22. 2. C. 4. 33. *V. Interêt. Usure.*
Nautis Tiberinis. c. 11. 26. *V. Marinier.*
Ne amplius Senatus-consulta fiant. L. N. 58. *V. Senatus-consuite.*
Ne ante legitimum matrimonij tempus futuris conjugibus benedicatur. L. N. 74. *V. Mariage.*
Ne captivorum uxoribus aliis nubere liceat. L. N. 33. *V. Captif. Mariage.*
Ne Christianum mancipium hæreticus, vel, &c. c. 1. 10. *V. Esclave. Hérétique.*
Ne Clericus denuò prophanus fiat. L. N. 7. *V. Ecclésiastique.*
Ne de novo construatur Monasterium, &c. c. I. 5. Niceph. Phocæ. *V. Eglise.*
Ne de statu defunctorum post quinquennium quæratur. D. 40. 15. c. 7. 21. *V. Etat des persones. Liberté. Prescription.*

Ne decurio , aut cohortalis perducatur injus ,&c. N. 151. *V. Ajour-*
*nement.*

Ne Ecclesiæ prædiis locupletentur , &c. C. I. Niceph. Phocæ. 4.
*V. Eglise.*

Ne ex auro, & pretiosis lapillis,&c. L. N. 81. *V. Luxe.*

Ne ex sanguine cibus conficiatur. L. N. 58. *V. Sang.*

Ne fide-jussores , vel mandatores dotium dentur. c. 5. 20. *V. Cau-*
*tion. Dot.*

Ne filij naturales cum adoptivis matrimon. contrah. L. N. 24.
*V. Adoption. Bâtard. Mariage.*

Ne filius pro Patre , vel Pater , &c. c. 4. 13. *V. Fils. Obligation.*

Ne Fiscus, rem quam vendidit , evincat. c. 10. 5. *V. Eviction. Fisc.*

Ne Fiscus , vel res publica procurationem alicui, &c. c. 2. 18.
*V. Fait & cause. Fisc.*

Ne intra septimum ætatis annum sponsalia ineantur , &c. L. N.
100. *V. Fiançailles.*

Ne liceat in una eademque causa tertiò Provocare , &c. c. 7. 70.
*V. Appel.*

Ne liceat potentioribus patrocinium, &c. c. 2. 14. *V. Action. Alié-*
*nation. Cession.*

Ne matrimonia citra sacram, &c. L. N. 89. *V. Mariage.*

Ne monasteriorum prædia describantur. C. I. 1. Alex. comn.
Secund. *V. Moine.*

Ne morientium Episcoporum diripiantur bona ab Exactoribus.
C. I 7. Manu. Comn. *V. Evêque.*

Ne mulieres in contractibus testimonium præbeant. L. N. 48.
*V. Femme. Témoin.*

Ne operæ à collatoribus exigantur. C. 10. 24. *V. Corvée.*

Ne præsides , in fiscalibus causis , fidem publicam dent. Ed. 2.
*V. Fisc. Sauf-conduit.*

Ne præsides in Provinciis suis domestica sponsalia contrahant.
L. N. 23. *V. Gouverneur. Fiançailles. Mariage.*

Ne pro dote mulieris bona quondam mariti addicantur, &c. c. 5.
22. *V. Dot.*

Ne quid in flumine publico fiat &c. D. 43. 13. *V. Riviere.*

Ne quid in loco sacro fiat. D. 43. 6. *V. Construction.*

Ne quid in loco publico, vel itinere, &c. D. 43. 8. *V. Chemin.*
*Public.*

Ne quid oneri Puplico imponatur. **C. 11. 4.** *V. Voiture.*

Ne quis cogatur bonis cedere, N. 135. *V. Ceßion.*
Ne quis eum qui in jus vocabitur, vi eximat. D. 2.7. *V. Ajour-nement.*
Ne quis in sua causa judicet, &c. c. 3. 5. *V. Juge.*
Ne quis liber invitus actum Reipub. gerere cogatur. c. 11. 36.
Ne quis mutuum dans agricolæ, terram ejus teneat, &c. N. 32. *V. Paysan. Prêt.*
Ne quis, quod agricolæ mutuam pecun. dedit terram, &c. N. 34. *V. Paysan. Prêt.*
Ne rei dominicæ, vel Templorum, vindicatio temporis Præ-scriptione submoveatur. C. 7. 38. *Domaine. Prescription.*
Ne rei militaris comitibus, vel tribunis, lavacra præstentur. C. 1. 47. *V. Officier de Guerre.*
Ne rusticani ad ullum obsequium devocentur. C. 11. 54. *V. Paysan.*
Ne sacræ formæ, quæ de causis procedunt publicis, &c. N. 152. *V. Edit.*
Ne sanctum Baptisma iteretur. C. 1. 6. *V. Hérétique.*
Ne servi ad dicendum testimonium admittantur. L. N. 49.
Ne sine jussu Principis, certis judicibus liceat confiscare. c. 9. 48. *V. Confiscation.*
Ne Tutor vel Curator vectigalia conducat. C. 5. 41. *V. Fermier. Tutelle.*
Ne vis fiat ei qui in possessionem missus erit. D. 43. 4. *V. Possesseur. Violence.*
Ne uxor pro marito, vel maritus pro uxore, vel mater pro filio conveniatur. C. 4. 12. *V. Obligation. Tiers.*
Necessariis servis hered. &c. C. 6. 27. *V. Héritier.*
Negotiatores ne militent. C. 12. 35. *V. Marchand.*
Negotiis gestis. D. 3. 5. C. 2. 19. *V. Procureur.*
Nemini licere signum Salvatoris Christi, &c. C. 1. 8. *V. Religion.*
Nemini noceat in captivitate amissio instrumentoru. Const. Justin. Just. 3. & 4. *V. Acte.*
Neque virum quod ex dote est, neque mulierem, &c. N. 98. *V. Augment.*
Ne quibus, postquam Monasticæ vitæ, &c. L. N. 5. *V. Moine.*
Nihil innovari Appellatione, &c. D. 49. 7. *V. Appel.*
Nili aggeribus non rumpendis. C. 9. 38. *V. Chaussée.*
Non alienandis, aut permutandis rebus Ecclesiasticis, &c. N. 7. *V. Eglise.*

# O

### D E

Officio magiſtri militum. C. 1. 29. *V. Officiers de Guerre.*
Officio magiſtri officiorum. C. 1. 31. *V. Officiers du Prince.*
Officio militarium judicum. C. 1. 46. *V. Officiers de Guerre.*
Officio præfecti annonæ. C. 1. 44 *V. Blé. Police.*
Officio præfecti auguſtalis. D. 1. 17. C. 1. 37. *V. Gouverneur.*
Officio præfecti prætorio. D. 1. 11. *V. Præfet.*
Officio præfecti prætorio Africæ, &c. C. 1. 27. *V. Préfet.*
Officio præfecti prætorio Orientis, &c. C. 1. 26. *V. Préfet.*
Officio præfecti vigilum. D. 1. 15 C. 1. 43. *V. Guet.*
Officio præfecti urbi. D. 1. 12. C. 1. 28. *Préfet. Gouverneur.*
Officio præſidis. D. 1. 18. *V. Gouverneur. Préſident.*
Officio prætorum. D. 1. 14. C. 1. 39. *V. Préteur.*
Officio Proconſulis, & legati. D. 1. 16. C. 1. 35. *V. Proconſul.*
Officio Procuratoris Cæſaris, &c. D. 1. 19. *V. Procureur du Roi.*
Officio Quæſtoris. D. 1. 13. C. 1. 30. *V. Queſteur.*
Officio Rectoris Provinciæ. C. 1. 40. *V. Gouverneur.*
Officio Vicarij. C. 1. 38. *V. Lieutenant.*
Omni agro deſerto, &c. C. 11. 58. *V. Fonds.*
Operibus publicis. D. 50. 10. C. 8. 12. *V. Bâtiment. Public.*
Operibus libertorum. D. 38. 1. C. 6. 3. *V. Affranchi. Corvée.*
Operis novi nuntiatione. D. 39. 1. *V. Bâtiment. Conſtruction.*
Operis ſervorum. D. 7. 7. *V. Eſclave.*
Optione, vel electione legata. D. 33. 5. *V. Option.*
Ordinatione Epiſcoporum & Clericorum. N. 137. *V. Ecléſiaſti-*
    *que.*
Ordine cognitionum. C. 7. 19. *V. Action.*
Ordine judiciorum. C. 3. 8. *V. Action.*
Ordine Senatorum, &c. N. 5. 17. 62. *V. Sénateur.*
Origine juris, & omnium Magiſtratuum. D. 1. 2. *Droit. Magi-*
    *ſtrat.*
Oris maritimis. L. N. 56. *V. Eaux & Forêts. Mer.*

# P

## D E

Pace componenda , & retinenda , &c. F. 5. 11. *V. Paix.*
Pace conftantiæ. F. 5. 12. *V. Paix.*
Pace conftantiæ compofita , &c. Ex. titul. 3. *V. Paix.*
Pace tenenda. F. 5. 9. *V. Paix.*
Pace tenenda inter fubditos , &c. F. 2. 53. *V. Paix.*
Pace tenenda , & ejus violatoribus. F. 2. 27. *V. Paix.*
Pactis. D. 2. 14. C. 2. 3. *V. Pacte.*
Pactis conventis tam fuper dote , &c. C. 5. 14. *V. Augment. Pacte.*
Pactis dotalibus. D. 23. 4. *V. Dot. Pacte.*
Pactis inter emptorem & venditorem , &c. 4. 54. *V. Pacte. Vente.*
Pactis pignorum , & lege commifloria , &c. C. 8. 35. *V. Gage. Loi commiffoire.*
Pacto paterno , ex æquo heredem futurum filium. L. N. 19. *V. Héritier. Pacte.*
Paganis , & Sacrificiis , & Templis. C. 1. 11. *V. Hérêtique.*
Palatiis , & domibus dominicis. C. 11. 76. *V. Maifon Roiale.*
Palatinis facrarum largitionum. C. 12. 14. *V. Officier du Prince.*
Partu pignoris , & omni causâ. C. 8. 25. *V. Fruit. Gage.*
Pafcuis publicis , & privatis. C. 11. 60 *V. Paturage.*
Patrem in feud. filior. non fucced. F. 84. in fragm.
Patriâ poteftate. I. 1. 9. C. 8. 47. *V. Puiffance.*
Patribus , qui filios fuos diftraxerunt. C. 4. 43. *V. Pere.*
Patrimoniis Templorum , &c. C. I. 2. Leonis Iconom. *V. Eglife.*
Peculio, D. 15. 1. *V. Pécule.*
Peculio ejus , qui libertatem meruit , c. 7. 23. *V. Pécule.*
Peculio legato. D. 33. 8. *V. Pécule.*
Pecuniâ conftitutâ. D. 13. 5. *V. Caution. Promeffe. Répondant.*
Pedaneis Judicibus. C. 3. 3. *V. Juge.*
Penu legata. D. 33. 9. *V. Legs. Provifion.*
Per quas perfonas cuique adquititur. I. 2. 9. *V. Acquerir.*
Per quas perfonas nobis adquiritur. C. 4. 27. *V. Acquerir.*

Pœnâ

Prætore Lycaoniæ. N. 25. *V. Gouverneur.*
Prætore Paphlagoniæ. N. 29. *V. Gouverneur.*
Prætore Siciliæ. N. 104. *V. Gouverneur.*
Prætore Thraciæ. N. 26. *V. Gouverneur.*
Prætoribus populi. N. 13. *V. Préteur.*
Prætoribus, & honore præturæ, &c. c. 12. 2. *V. Préteur.*
Prætorio pignore, &c. c. 8. 22. *V. Action. Gage.*
Prævaricatione. D. 47. 15. *V. Prévarication.*
Precario. D. 43. 26. *V. Précaire.*
Precario, & Salviano interdicto. C. 8. 9. *V. Précaire.*
Precibus Imperatori offerendis, &c. C. 1. 19. *V. Placet. Requête.*
Primatu, & appellatione, &c. C. I. Michael. Palæolog. 1. *V. Pape.*
Primicerio, & secundicerio, &c. 12. 7. *V. Doien.*
Primipilo. C. 12. 63. *V. Soldat.*
Principibus agentium in rebus. C. 12. 22. *V. Agent.*
Privatis Carceribus inhibendis. C. 9. 5. *V. Prison.*
Privatis delictis. D. 47. 1. *V. Délit.*
Privilegiis Archiepiscopi, &c. N. 11. *V. Evêque.*
Privilegiis corporatorum urbis Romæ C. 11. 14. *V. Corps des Métiers.*
Privilegiis domûs augustæ, &c. C. 11. 74 *V. Domaine.*
Privilegiis dotis, hæreticis mulieribus non præstandis. N. 109. *V. Dot. Hérétique.*
Privilegiis eorum, qui in Sacro Palatio Militant. C. 12. 29. *V. Officier du Prince.*
Privilegiis Scholarum. C. 12. 30. *V. Ecôle. Officiers du Princes.*
privilegiis urbis Constantinopolitanæ C. 11. 20. *V. Privilége.*
Privilegio dotis. C. 7. 74. *V. Dot.*
Privilegio fisci. C. 7. 73. *V. Fisc.*
Prius possessionem restituendam esse, quàm de principali, &c. F. 82. in fragm.
Pro derelicto. D. 41. 7... *V. Abandonner.*
Pro donato ; D. 41. 6. *V. Donation. Prescription.*
Pro dote. D. 41. 9. *V. Dot. Prescription.*
Pro emptore. D. 41. 4. *V. Prescription.*
Pro herede, vel pro possessore. D. 41. 5. *V. Prescription.*
Pro legato. D. 41. 8. *V. Legs. Prescription.*
Pro quibus causis servi pro præmio libertatem accipiunt. C. 7. 13. *V. Liberté.*

# Q

## D E

Qua pœna caſtratores affici debeant. L. N. 60. *V. Châtré.*

Quadriennij præſcriptione. C. 7. 37. *V. Preſcription.*

Quadrimenſtruis brevibus. C. 1. 42. *V. Quitance.*

Quæ fuit prima cauſa beneficii amittendi. F. 2. 24.

Quæ in fraudem creditorum, &c. D. 42. 8. *V. Créancier. Fraude.*

Quæ res exportari non debeant. C. 4. 41. *V. Marchand.. Tranſport.*

Quæ res pignori obligari poſſunt , &c. C. 8. 17. *V. Gage.*

Qua res pignori vel hipotecæ, &c. D. 20. 3. *V. Gage. Hipoteque..*

Quæ res venire non poſſunt , &c. C. 4. 40. *V. Vent.*

Quæ ſententiæ ſine appellat. &c. D. 49. 8. *V. Appel.*

Quæ ſint regaliæ, F. 2. 56.

Quæ ſit longa conſuetudo. C. 8. 53. *V. Coutume.*

Quæſtionibus. D. 48. 18. c. 9. 41. *V. Queſtion.*

Quæſtore. N. 6. 9. 80. *V. Queſteur.*

Quæſtoribus id eſt præfectis inſularum. N. 41. *V. Queſteur. Gouverneur.*

Quæſtoribus & Magiſtris officiorum , &c. c. 12. 6. *V. Queſteur.*

Qualiter Dominus proprietate feudi privetur. F. 2. 47.

Qualiter jurare debeat vaſſallus domino fidelitatem. F. 2. 5.

Qualiter olim poterat feudum alienari. F. 2. 9.

Quando appellandum ſit , &c. D. 49. 4. *V. Appel.*

Quando Civilis actio criminali præjudicet , &c. C. 9. 31. *V. Action.*

Quando de peculio actio annalis eſt. D. 15. 2. *V. Action. Pecule.*

Quando decreto opus non eſt. c. 5. 72. *V. Mineur.*

Quando dies legati vel Fidei-commiſſi cedat. c. 6. 52. *V. Legs. Fidéicommis.*

Quando dies legatorum vel Fideic. cedat. D. 36. 2. *V. Legs. Fidéicommis.*

Quando dies uſus fructus legati cedat. D. 7. 3. *V. Legs. Uſufruit.*

Quando ex facto Tutoris vel Curatoris minores agere, &c. D. 26. 9. C. 5. 39. *V. Tutelle.*

Quando fiscus vel privatus debitoris sui debitores convenire, &c. c. 4. 15. *V. Créancier.*

Quando Imperator inter pupillos, viduas, vel alias miserabiles personas cognoscat, &c. c. 3. 14. *V. Pauvre. Veuve.*

Quando libellus Principi datus litis contestationem faciat. c. 1. 20. *V. Contestation. Placet.*

Quando liceat ab emptione discedere. c. 4. 45. *V. Vente.*

Quando liceat unicuique, sine judice, se vindicare, &c. c. 3. 27. *V. Défendre. Soldat.*

Quando mulier tutelæ officio, &c. c. 5. 35. *V. Mere. Tutelle.*

Quando non petentium partes petentibus adcrescant. c. 6. 10. *V. Accroissement.*

Quando provocare non est necesse c. 7. 64. *V. Appel.*

Quando Tutores vel Curatores esse desinant. c. 5. 60. *V. Tutelle.*

Quando & quibus quarta pars debetur ex bonis decurionum, &c. c. 10. 34. *V. Décurion.*

Quantum in piscatibus remoræ piscatoriæ inter se distare debeant. L. N. 57. *V. Eaux & Forêts.*

Quarum rerum actio non datur. D. 44. 5. *V. Action.*

Quemadmodum civilia munera indicuntur. c. 10. 42. *V. Charge.*

Quemadmodum feudum ad filiam pertineat. F. 1. 24.

Quemadmodum servitutes amittuntur. D. 8. 6. *V. Servitude.*

Quemadmodum testamenta aperiantur, & c. c. 6. 32. *V. Testament.*

Qui admitti ad bonorum possessionem possunt, &c. c. 6. 9. *V. Succession.*

Qui ætate vel professione se excusant. c. 5. 68. c. 10. 49. *V. Tutelle.*

Qui bonis cedere possunt. c. 7. 71. *V. Cession.*

Qui dare Tutores vel Curatores, &c. c. 5. 34. *V. Tutelle.*

Qui legitimam personam standi, &c. c. 3. 6. *V. Mineur.*

Qui manumittere non possunt, &c. c. 7. 11. *V. Affranchi.*

Qui militare possunt, vel, &c. c. 12. 34. *V. Soldat.*

Qui morbo se excusant. c. 5. 67. c. 10. 50. *V. Tutelle.*

Qui non possunt ad libertatem pervenire. c. 7. 12. *V. Affranchi.*

Qui numero liberorum se excusant. c. 5. 66. *V. Tutelle.*

Qui numero Tutelarum. c. 5. 69. *V. Tutelle.*

Qui petant Tutores vel Curatores, & ubi petantur. D. 26. 6. c. 5. 31. *V. Tutelle.*

Qui potiores in pignore habeantur. C. 8. 18. *V. Gage.*
Qui pro sua jurisdictione judices dare darive possunt. C. 3. 4.
*V. Juge.*
Qui satis dare cogantur, &c. D. 2. 8. *V. Ajournement. Caution.*
Qui sine manumiss. ad libertatem, &c. D. 40. 8. *V. Affranchi.*
Qui sint rebelles Ex. 2. tit. 2. vel 20. *V. Rebelle.*
Qui successores feudum dare teneantur. F. 1. 3.
Qui successores teneantur. F. 1. 9.
Qui testamenta facere possunt, &c. D. 28. 1. C. 6. 22. *V. Testa-*
*ment.*
Qui testamento Tutores dari possunt. I. 1. 14. *V. Tutelle.*
Qui testes sunt necessarij, &c. F. 2. 32.
Qui & à quibus manumissi, &c. D. 40. 9. *V. Affranchi.*
Qui & adversus quos, in integrum, &c. C. 2. 42. *V. Rescision.*
Quibus ad conductionem prædiorum, &c. C. 11. 72. *V. Domaine.*
Quibus ad libertatem proclamare non licet. D. 40. 13. C. 7. 18.
*V. Affranchi. Esclave.*
Quibus alienare licet vel non. I. 2. 8. *V. Alienation.*
Quibus ex causis in possessionem eatur. D. 42. 4. *V. Possesseur.*
Quibus ex causis majores in integrum, &c. C. 2. 54. *V. Rescision.*
Quibus ex causis manumittere non licet. I. 1. 6. *V. Affranchi.*
Quibus modis feudum amittatur. F. 1 5. & 17.
Quibus modis feudum constitui potest. F. 1. 25.
Quibus modis jus patriæ potestatis solvitur. I. 1. 12. *V. Puissance.*
Quibus modis naturales effic. sui, &c. N. 89. *V. Bâtard. Légiti-*
*mation.*
Quibus modis naturales filij efficiantur legitimi, &c. N. 74. *V. Bâ-*
*tard. Légitimation.*
Quibus modis pignus vel hypotecha solvitur. D. 20. 6. *V. Gage.*
*Hipoteque.*
Quibus modis re contrahitur obligatio. I. 3. 15. *V. Obligation.*
Quibus modis testamenta infirmentur. I. 2. 17. *V. Testament.*
Quibus modis tollitur obligatio. I. 3. 30. *V. Obligation.*
Quibus modis tutela finitur. I. 1. 22. *V. Tutélle.*
Quibus modis ususfructus vel usus amittitur. D. 7. 4. *V. Usufruit.*
*Usage.*
Quibus muneribus excusantur hi, &c. C. 10. 55. *V. Avocat.*
*Exemtion.*
Quibus muneribus vel præstationibus nemini liceat se excusare.
C. 10. 48. *V. Exemtion.*

Quibus non competit bonorum poffeffio. D. 38. 13. *V. Succeffion.*

Quibus non eft permiffum facere Teftamentum. I. 2. 12. *V. Tefta-ment.*

Quibus non obijcitur longi temporis præfcriptio. C. 7. 35. *V. Pre-fcription.*

Quibus rebus ad eundem judicem eatur. D. 12. 2. *V. Conſors.*

Quibus res judicata non nocet. C. 7. 56. *V. Tiers.*

Quid juris, fi poft alienationem feudi vaffallus id recuperavit. F. 2. 44.

Quid præcedere debeat, an inveftitutura, vel fidelitas. F. 2. 4.

Quid fit inveftitura. F. 2. 2.

Quis dicatur dux, Marchio, &c. F. 2. 10.

Qui ordo in poffeffionibus fervetur. D 38. 15. *V. Succeffion.*

Quis, & à quo appelletur. D. 49. 3. *V. Appel.*

Quo quifque ordine conveniatur. c. 11. 35. *V. Débiteur. Difcuffion.*

Quo tempore miles inveftituram petere debeat. F. 1. 22.

Quo tempore, & à quibus rerum fuarum adminiftratio, &c. L. N. 28. *V. Bénéfice d'âge.*

Quod ante ineundum Sacerdotium, &c. L. N. 3. *V. Célibat.*

Quod cujufque Univerfitatis nomine, &c. D. 3. 4. *V. Commu-nauté.*

Quod cum eo qui in aliena poteftate eft, &c. I. 4. 7. D. 14. 5. C. 4 26. *V. Fils-de-Famille.*

Quod, falfo tutore authore, &c. D. 27. 6. *V. Tutelle.*

Quod juffu. D. 15. 4. *V. Ordre.*

Quod legatorum. D. 43. 3. *V. Legs.*

Quod metus causâ geftum erit. D. 4. 2. *V. Crainte. Refcifion.*

Quod quifque juris in alterum ftatuerit, ut ipfe eodem jure uta-tur. D. 2. 2. *V. Talion.*

Quod vi aut clam. D. 43. 24. *V. Clandeftin. Violence.*

Quod unum quemque qui Judicandi prerogativam acceperit, &c. L. N. 1.

Quomodo in læfæ majeftatis, &c. ext. tit. 1. vel 19. *V. Leze. Ma-jefté.*

Quomodo oporteat Epifcopos & reliquos Clericos ad ordinatio-nem, &c. N 6. *V. Ecléfiaftique. Evêque.*

Quomodo oporteat milites tranfitum in civitatibus facere, &c. N. 130. *V. Soldat.*

Quomodo oporteat Monachos vivere. N. 133. *V. Moine.*

Quomodo & quando judex sententiam proferre , &c. C. 7. 43.
   V. Juge.
Quorum appellationes non recipiuntur. C. 7. 65. V. Appel.
Quorum bonorum. D. 43. 2. C. 8. 2. V. Possesseur. Succession.
Quorum legatorum. C. 8. 3. V. Legs.
Quot testes sunt necessarij , &c. F. 2. 57. V. Témoin.


# R

## D E

Raptoris virginis, eorumque, qui in Raptu adfuerunt, pœnâ.
   L. N. 35. V. Rapt.
Raptu virginis seu viduæ , &c. C. 9. 13. V. Rapt.
Ratam rem haberi , &c. D. 46. 8. V. Ratification.
Ratiociniis operum publicorum , &c. C. 8. 13. V. Compte. Public.
Re judicata. C. 7. 52. V. Jugement.
Re judicata & de effectu , &c. D. 42. 1. V. Jugement.
Re militari. D. 49. 16. C. 12. 36. V. Guerre. Milice.
Rebellibus , &c. C. 1. Constant. Porphir. 1. V. Rebelle,
Rebus alienis non alienandis , &c. C. 4. 51. V. Aliénation.
Rebus, authoritate judicis possidendis , seu vendendis. D. 42. 5.
   V. Decret.
Rebus corporalibus & incorporalibus. I. 2. 2. V. Chose.
Rebuscreditis, si certum petatur , &c. D. 12. 1. V. Créancier. Prê-
   ter.
Rebus creditis , & jure jurando. C. 4. 1. V. Serment.
Rebus dubiis. D. 34. 5. V. Clause. Douteux.
Rebus eorum qui sub tutela , &c. D. 27. 9. V. Mineur.
Receptatoribus. D. 47. 16. V. Receler.
Receptis arbitris. C. 2. 56. V. Arbitre.
Receptis , qui arbitrium receperunt, ut sententiam dicant. D. 4.
   8. V. Arbitre.
Reditu magnæ Eclesiæ , &c. C. I. Rom. Argyr. 1. V. Eglise.
Referendariis sacri Palatij. N. 10. V. Maître des Requêtes.
Regula catoniana. D. 34. 7. V. Caduc. Legs.

Rei

# S

### D E

Sacra forma tranfmiffa, &c. N.162. *V. Donation entre mari & femme. Main-morte.*

Sacro-fanctis Eclefiis, &c. C. 1. 2. *V. Eglife.*

Sacrum pragmaticum , &c. De filiis colonorum & liberarum. Conft. Imp. Tiber. ult. *V. Main-morte.*

Salgamo hofpitibus non præftando. C. 12. 42. *V. Soldat. Utenfile.*

Salviano interdicto. D. 43. 33. *V. Cultivateur. Fermier. Meuble.*

Samaritanis N. 144. N. J. 5. *V. Hérétique.*

Samaritis N. 129. *V. Hérétique.*

Sanctiffimis Epifcopis , &c. N. 123. *V. Evêque.*

Satifdando. C. 2. 57. *V. Caution.*

Satifdatione Tutorum vel Curatorum. I. 1. 24. *V. Caution. Tutelle.*

Satifdationibus. I. 4. 11. *V. Caution.*

Scenicas, non folùm fi fidejuffores præftent , &c. N. 51. *V. Caution. Comédien.*

Secundis nuptiis. C. 5. 9. *V. Secondes noces.*

Seditiofis , & de his qui , &c. C. 9. 30. *V. Sédition.*

Senatoribus. D. 1. 9. *V. Sénateur.*

Senatus-Confultis. C. 1. 16. *V. Loi.*

Senatus - Confulto Claudiano tollendo. C. 7. 24. *V. Efclaves. Femme.*

Senatus-Confulto Macedoniano. D. 14. 6. *V. Macédonien.*

Senatus-Confulto Orphitiano. I. 3. 4. *V. Mere. Succeffion.*

Senatus - Confulto Silaniano & Claudiano , &c. D. 29. 5. *V. Teftament.*

Senatus-Confulto Tertulliano. I. 3. 3. *V. Mere. Succeffion.*

Sententia, quæ, fine certa quantitate , profertur. c. 7. 46. *V. Jugement.*

Sententiam paffis , & reftitutis. D. 48. 23. c. 9. 51. *V. Abolition. Bannir.*

Sententiam refcindi non poffe. c. 7. 50. *V. Jugement.*

Si adverfus delictum. c. 2. 35. *V. Délit. Refcifion.*

Si adverfus donationem. c. 2. 30. *V. Donation. Refcifion.*

Si adverfus dotem. c. 2. 34. *V. Dot. Refcifion.*

Si adverfus fifcum, &c. c. 2. 37. *V. Fifc. Refcifion.*

Si adverfus libertatem. c. 2. 31. *V. Liberté. Refcifion.*

Si adverfus rem judicatam, &c. c. 2. 27. *V. Mineur. Refcifion.*

Si adverfus folutionem, &c. c. 2. 33. *V. Refcifion.*

Si adverfus tranfactionem, &c. c. 2. 32. *V. Refcifion. Tranfaction.*

Si adverfus venditionem. c. 2. 28. *V. Refcifion. Vente.*

Si adverfus venditionem pignoris. c. 2. 29. *V. Refcifion.*

Si adverfus ufucapionem. c. 2. 36. *V. Refcifion.*

Si ager vectigalis, id eft, Emphyteuticarius petatur. *D.* 6. 3. *V. Emphytéofe. Revendication.*

Si aliena res pignori data fit. c. 8. 16. *V. Gage.*

Si antiquior creditor pignus vendiderit. c. 8. 20. *V. Gage. Hipoteque.*

Si certum petatur. &c. *D.* 12. 1. c. 4. 2. *V. Créancier. Prêt.*

Si communis res pignori data fit. c. 8. 21. *V. Commun. Gage, &c.*

Si contra jus vel utilitatem publicam, &c. c. 1. 22. *V. Lettres. Privilége, &c.*

Si contra matris voluntatem Tutor datus fit. c. 5. 47. *V. Tutelle.*

Si cui, plufquàm per legem falcidiam licuerit, legatum effe dicetur. *D.* 35. 3. *V. Caution. Falcidie. &c.*

Si curialis, relicta civitate, &c. c. 10. 37. *V. Bourgeois.*

Si de feudo defuncti controverfia fit, &c. *F.* 2. 26.

Si de feudo vaffallus ab aliquo interpellatus fuerit, &c. *F.* 2. 25.

Si de inveftitura feudi controverfia fuerit. *F.* 1. 4.

Si de inveftitura, inter dominum & vaffallum, lis oriatur. *F.* 1. 26

Si de momentanea poffeffione, &c. c. 7. 69. *V. Appel. Poffeffoire.*

Si dos, conftante matrimonio, foluta fuerit. c. 5. 19. *V. Dot.*

Si, ex falfis inftrumentis vel teftimoniis, judicatum fuerit. c. 7. 58. *V. Faux. Jugement.*

Si ex noxali caufa agatur, &c. *D.* 2. 9. *V. Ajournement. Caution, &c.*

Si ex pluribus Tutoribus, vel Curatoribus, &c. c. 5. 40. *V. Tutelle.*

Si familia furtum feciffe dicatur. *D.* 47. 6. *V. Vol.*

Si in caufa judicati, pignus, &c. c. 8. 23. *V. Saifie.*

Si in communi eademque caufa , &c. C. 2. 26. *V. Refcifion.*

Si in fraudem patroni à libertis alienatio facta fit. C. 6. 5. *V. Fraude. Patron.*

Si ingenuus effe dicatur. D. 40. 14. *V. Liberté.*

Si is qui teftamento liber effe, &c. D. 47. 4. *V. Spoliation.*

Si liberalitatis imperialis focius , &c. C. 10. 14. *V. Accroiffement. Don.*

Si Magiftratus aliquis res fifcales furatus effe deprehenfus fit. L. N. 105. *V. Péculat.*

Si major factus alienationem , &c. C. 5. 74. *V. Mineur. Ratification.*

Si major factus ratum habuerit. C. 2. 46. *V. Mineur. Ratification.*

Si mancipium ita fuerit alienatum , &c. C. 4. 57. *V. Efclave.*

Si mancipium ita venierit, &c. C. 4. 56. *V. Efclave.*

Si mater indemnitatem promifit. C. 5. 46. *V. Mere Tutrice;*

Si menfor falfum modum dixerit. D. 11. 6. *V. Arpenteur. Expert.*

Si minor ab hereditate fe abftineat. C. 2. 39. *V. Refcifion.*

Si minor majorem fe dixerit , &c. C. 2. 43. *V. Mineur. Refcifion.*

Si mulier , ventris nomine , in poffeffione. D. 25. 6. *V. Poffeffeur , &c.*

Si nuptiæ ex refcripto petantur. C. 5. 8. *V. Mariage.*

Si obmiffa fit caufa teftamenti. C. 6. 39. *V. Succeffion.*

Si pars hereditatis petatur. D. 5. 4. *V. Succeffion.*

Si , pendente appellatione , mors intervenerit. D. 49. 13. C. 7. 66. *V. Appel.*

Si per vim , vel alio modo, abfentis perturbata fit poffeffio. C. 8. 5. *V. Poffeffeur. Violence.*

Si pignoris conventionem numeratio pecuniæ fecuta non fuerit. C. 8. 33. *V. Numeration.*

Si pignus pignori datum fit. C. 8. 24. *V. Gage.*

Si plures fint domini vel vaffalli , an plures fidelitates, &c. F. 77. in fragm.

Si plures una fententia condemnati fint. C. 7. 55. *V. Divifion. Jugement.*

Si poft creationem quis decefferit. C. 10. 68. *V. Charge. Héritier. Tutelle.*

Si propter inimicitias creatio facta fit. C. 10. 66. *V. Charge. Tutelle.*

Si propter publicas penfitationes , &c. C. 4. 46. *V. Taille.*

Si quacumque præditus potestate , &c. C. 5. 7. *V. Mariage.*

Si quadrupes pauperiem , &c. I. 4. 9. D. 9. 1. *V. Bétail. Dommage.*

Si quid in fraudem patroni , &c. D. 38. 5. *V. Affranchi. Fraude. Patron.*

Si quis aliquem testari prohibuerit, vel coëgerit. D. 29. 6. C. 6. 34. *V. Testament.*

Si quis alteri, vel sibi sub alterius nomine , vel aliena pecunia emerit. C. 4. 50. *V. Election en-ami. Vente.*

Si quis cautionibus in judicio sistendi causa factis non obtemperaverit. D. 2. 11. *V. Ajournement. Caution. Défaut.*

Si quis eam cujus tutor fuerit, corruperit. C. 9. 10. *V. Tutelle.*

Si quis ignorans rem minoris esse , sine decreto comparaverit. C. 5. 73. *V. Mineur.*

Si quis Imperatori maledixerit. C. 9. 7. *V. Injure. Leze-Majesté.*

Si quis in jus vocatus non ierit, &c. D. 2. 5. *V. Ajournement.*

Si quis jus dicenti non obtemperaverit. D. 2. 3. *V. Jugement.*

Si quis , omissâ causâ testamenti, ab intestato vel alio modo possideat hereditatem. D. 29. 4. *V. Succession.*

Si rector Provinciæ , vel ad eum pertinentes, sponsalia dederint. C. 5. 2. *V. Gouverneur. Fiançailles.*

Si reus vel accusator mortuus fuerit. C. 9. 6. *V. Accusation.*

Si sæpius in integrum restitutio postuletur. C. 2. 44. *V. Rescision.*

Si secundò nupserit mulier , &c. C. 5. 10. *V. Secondes noces. Usufruit.*

Si servitus vindicetur , &c. D. 8. 5. *V. Servitude.*

Si servus aut libertus ad decurionatum aspiraverit. C. 10. 32. *V. Décurion.*

Si servus exportandus veneat. C. 4. 55. *V. Esclave.*

Si servus extero se emi mandaverit. C. 4. 36. *V. Affranchi. Esclave. Vassal.*

Si tabulæ testamenti extabunt. D. 37. 2. *V. Testament. Succession.*

Si tabulæ testamenti nullæ , &c. D. 38. 6. *V. Testament. Succession.*

Si Tutor vel Curator falsis, &c. C. 5. 63. *V. Tutelle.*

Si Tutor vel Curator intervenerit. C. 2. 25. *V. Tutelle.*

Si Tutor , vel Curator , vel Magistratus , &c. D. 49. 10. *V. Appel. Tutelle.*

Si Tutor vel Curator non gesserit. C. 5. 55. *V. Tutelle.*

Si Tutor vel Curator reip. causa abierit. C. 5. 64. *V. Absent. Tutelle.*

Si vaſſallus feudo privetur, &c. F. 2. 31.

Si vendito pignore agatur. C. 8. 30. *V. Gage.*

Si ventris nomine , muliere in poſſeſſionem miſſa , &c. D. 25. 5.
*V. Poſſeſſeur. Ventre.*

Si unus ex fratribus dederit ſuam partem fratri , &c. F. 83. in
fragm.

Si unus ex pluribus appellaverit. C. 7. 68. *V. Appel. Diviſion.*

Si unus ex pluribus heredibus creditoris & debitoris , partem.
ſuam, &c. C. 8. 32. *V. Diviſion.*

Si uſusfructus petatur , &c. D. 7. 6. *V. Uſufruit.*

Si ut hereditate ſe abſtineat. C. 2. 38. *V. Reſciſion.*

Si ut omiſſam hereditatem , vel bonorum poſſeſſionem , vel quid
aliud adquirat. C. 2. 40. *V. Reſciſion.*

Silentiariis , & decurionibus eorum. C. 2. 16. *V. Officiers du
Prince.*

Sine cenſu vel reliquis fundum comparari non poſſe. C. 4. 47.
*V. Cens. Charge.*

Singulis rebus per Fidei-commiſſum relictis. I. 2. 24. *V. Fidei-
commis.*

Societate. I. 3. 26. *V. Societé.*

Solutione matrimonij, &c. C. I. Niceph. Boton. 1. *V. Mariage.*

Solutione ſponſalium. C. I. Alex. Comn. 4. *V. Fiançailles.*

Solutionibus & liberationibus. D. 46. 3. C. 8. 43. *V. Paiement.*

Solutionibus & liberationibus debitorum , &c. C. 11. 39. *V. Paiement.*

Soluto matrimonio, &c. D. 24. 3. C. 5. 18. *V. Dot.*

Spectaculis & Scenicis , &c. C. 11. 40. *V. Comédien. Jeux publics.
Maquereau.*

Sponſalibus. C. I. Alex. Comn. 3. *V. Fiançailles.*

Sponſalibus & arrhis ſponſalitiis. D. 23. 1. C. 5. 1. *V. Fiançailles.*

Sportulis, & ſumptibus, &c. C. 3. 2. *V. Dépens. Epices.*

Statu hominum. D. 1. 5. *V. Etat des perſones.*

Statuis & imaginibus. C. 1. 24. *V. Statuë.*

Statu liberis. D. 40. 7. *V. Liberté.*

Stellionatus. D. 47. 20. *V. Stellionat.*

Stipulatione ſervorum. I. 3. 18. D. 45. 3. *V. Eſclave. Obligation.*

Stipulationibus prætoriis. D. 46. 5. *V. Obligation.*

Stratoribus. C. 12. 25. *V. Cheval. Ecuïer.*

Studiis liberalibus, &c. C. 11. 18. *V. Ecole.*

# T

## D E

# V. U.

## D E

Voluntariis homicidiis , &c. C. I. Conſt. Porphir. 2. *V. Homi-cide.*

Uſu mediolanenſium , &c. F. 1.28.

Uſu & habitatione. I. 2. 5. D. 7. 8. *V. Uſage.*

Uſu & uſufructu , & reditu , &c. D. 33. 2. *V. Uſage. Uſufruit.*

Uſucapione pro donato. c. 7. 27. *V. Donation. Preſcription.*

Uſucapione pro dote. c. 7. 28. *V. Dot. Preſcription.*

Uſucapione pro emptore , &c. c. 7. 26. *V. Preſcription.*

Uſucapione pro herede. c. 7. 29. *V. Preſcription.*

Uſucapione transformanda , &c. c. 7, 31. *V. Preſcription.*

Uſucapionibus , & longi temporis præſcriptionibus. J. 2. 6. *V. Pre-ſcription.*

Uſufructu. I. 2. 4. *V. Uſufruit.*

Uſufructu adcreſcendo. D. 7. 2. *V. Accroiſſement. Uſufruit.*

Uſufructu earum rerum quæ uſu conſumuntur vel minuuntur. D. 7. 5. *V. Uſufruit.*

Uſufructu & habitatione , &c. c. 3. 33. *V. Habitation. Uſufruit.*

Uſufructu , & quemadmodum quis utatur fruatur. D. 7. 1. *V. Uſu-fruit.*

Uſufructuarius quemadmodum caveat. D. 7. 9. *V. Caution. Uſufruit.*

Uſura. C. I. Nicephori. 2. *V. Interêt.*

Uſuris. c. 4. 32. *V. Interêt. Uſure.*

Uſuriis nauticis. N. 106. *V. Interêt. Uſure.*

Uſuris pupillaribus. c. 5. 56. *V. Deniers pupillaires. Interêt.*

Uſuris rei judicatæ. c. 7. 54. *V. Interêt.*

Uſuris ſupra duplum , &c. N. 138. *V. Interêt.*

Uſuris & fructibus legatorum , &c. c. 6. 47. *V. Interêt. Legs.*

Uſuris , & fructibus, & cauſis , &c. D. 22. 1. *V. Fruits. Interêt.*

Uſurpationibus & uſucapionibus. D. 41. 3. *V. Preſcription.*

Ut ab illuſtribus , & qui ſuper eam dignitatem ſunt , &c. N. 71. *V. Procureur.*

Ut actiones & ab heredibus, & contra heredes incipiant. c. 4. 11. *V. Héritier.*

Ut actor ante litis conteſtationem , &c. L. N. 107. *V. Calomnie.*

Ut ad trientes uſuras pecunia licitè mutuetur. L. N. 83. *V. Interêt.*

Ut ancillarum partus apud alium editus , ad ipſius dominum ſe-quatur. L. N. 29. *V. Eſclave.*

Ut armorum uſus , inſcio principe , interdictus ſit. c. 11. 46. *V. Armes.*

Y y iij

Ut Eunuchi adoptare possint. L. N. 26. *V. Adoption. Eunuque.*

Ut ex auro & pretiosis lapillis , &c. L. N. 81. *V. Luxe.*

Ut ex legibus senatúsve-Consultis , &c. D. 38. 14. *V. Loi.*

Ut exactione instante dotis , &c. N. 91. *V. Dot.*

Ut factæ novæ constitut. &c. N. 66. *V. Légitime. Testament.*

Ut fratrum filii succedant , &c. N. 127. *V. Succession.*

Ut hi qui obligatas se habere perhibent res minorum, &c. N. 72. *V. Tutelle.*

Ut immobilia ante-nuptialis donationis , &c. N. 6. *V. Augment.*

Ut Imperatoris servi de rebus &c. L. N. 38. *V. Esclave. Testament.*

Ut in civitatibus quinque , in itineribus verò , & agris , tres testes ad testamentorum fidem sufficiant. L. N. 41. *V. Témoin. Testament.*

Ut in contestatione litis & magistratuum initio juretur. L. N. 97. *V. Calomnie.*

Ut in flumine publico navigare liceat. D. 43. 14. *V. Riviere.*

Ut in possessionem , legatorum, &c. D. 36. 4. c. 6. 54. *V. Caution. Legs.*

Ut in privatis domibus sacra , &c. N. 58. *V. Chapelle.*

Ut in sponsalibus constituta pecunia exigatur. L. N. 18. *V. Fiançailles .*

Ut instrumenta irrita revocentur. Const. Justin. Just. 7. *V. Acte.*

Ut ingratitudo vassalli probetur , &c. F. 5. 4.

Ut intra certum tempus criminalis quæstio terminetur. c. 9. 44. *V. Action.*

Ut judæi secundum Christ. &c. L. N. 55. *V. Hérétique.*

Ut judices non expectent sacras jussiones , sed &c. N. 125. *V. Juge.*

Ut judices sine quoquo suffragio fiant. N. 8. *V. Juge.*

Ut legatorum seu fideicommissorum servandorum causa caveatur. D. 36. 3. *V. Caution. Legs.*

Ut liberti de cæterò , aureo, &c. N. 78. *V. Affranchi.*

Ut liceat hebræis secundum traditam legem &c. N. 146. *Hérétique.*

Ut liceat matri & aviæ , &c. N. 117. *V. Légitime.*

Ut lite pendente , vel post , &c. C. 1. 21. *V. Appel.*

Ut litigantes jurent in exordio , &c. N. 124. *V. Calomnie.*

Ut matres etiam tutelæ , &c. N. 155. *V. Mere tutrice.*

Ut Monachi & clerici tutores , &c. L. N. 58. *V. Tutelle.*

Ut monachus de acquisitis testari possit. **L. N.** 5. *V. Moine.*

Ut mulier quæ matrimonium non iterat, &c. **L. N.** 22. *V. Augment. Virile.*

Ut mulier, soluto matrimonio, dotem suam, &c. **L. N.** 110. *V. Augment. Dot.*

Ut ne maritus, quemadmodum uxor illa præmoriente, &c. **L. N.** 20. *V. Augment.*

Ut negotiari, edifficare, &c. **L. N.** 84. *V. Echevin.*

Ut nemini liceat in emptione specierum se excusare, &c. **c.** 10. 27. *V. Blé.*

Ut nemini liceat sine judicis authoritate, signa rebus suis imponere. **c.** 2. 17. *V. Brandon. Sauve-garde.*

Ut nemo ad suum patrocinium, &c. **c.** 11. 53. *V. Acte simulé. Taille.*

Ut nemo cum mulieribus, &c. **L. N.** 73. *V. Eglise.*

Ut nemo invitus agere vel accusare cogatur. **c.** 3. 7. *V. Accusation. Action. Agir. en Justice.*

Ut nemo privatus titulos prædiis suis, &c. **c.** 2. 16. *V. Armoiries. Brandon.*

Ut neque miles, neque fœderatus, observetur, &c. **N.** 116. *V. Soldat.*

Ut non fiant pignorationes, &c. **N.** 52. *V. Solidité.*

Ut non liberentur curiali fortuna judæi, &c. **N.** 45. *V. Charge. Hérétique.*

Ut non luxurientur homines. &c. **N.** 7. *V. Impudique.*

Ut non modo universalis Eclesiæ Sacerdotes, verùm, &c. **L N.** 4. *V. Eglise.*

Ut nulli judicum liceat habere domi servatorem, &c. **N.** 134. *V. Sauvegarde.*

Ut nulli, patriæ suæ administratio, &c. **C.** 1. 41. *V. Gouverneur.*

Ut nullus ex vicaneis pro aliis, &c. **C.** 11. 56. *V. Division.*

Ut nullus fabricet oratorii, &c. **N.** 67. *V. Chapelle. Eglise.*

Ut omnes Judices tam civiles quam militares post administrationem, &c. **C.** 1. 49. *V. Juge.*

Ut omnes obediant judicibus, &c. **N.** 69. *V. Juge.*

Ut ordinariæ præfecturæ, &c. **N.** 70. *V. Préfet.*

Ut Pacta, etiam non constitutâ pœnâ, valeant. **L. N.** 72. *V. Pacte.*

Ut pariter omnibus adoptare liceat. **L. N.** 27. *V. Adoption.*

Ut particulares usurarum solutiones , &c. N. 121. *V. Interêt. Usure.*

Ut patres qui nuptias non iterant , &c. L. N. 85. *V. Augment. Virile.*

Ut per scribendi ignaros testamenta etiam confirmentur. L. N. 43. *V. Testament.*

Ut ponderatores & monetarii , &c. Ed. 11. *V. Monoie.*

Ut præponatur nomen Imperatoris , &c. N. 47. *V. Acte.*

Ut prodigus , quæ ex re ipsius sunt, facere possit. L. N. 39.

Ut purpuræ segmenta , &c. L. N. 80. *V. Pourpre.*

Ut quæ desunt advocatis partium , judex suppleat. C. 2. 11. *V. Avocat.*

Ut quæ mulier mariti odio , &c. L. N. 31. *V. Avortement.*

Ut quemadmodum in aliis structuris lege cautum est , &c. L. N. 113. *V. Distance.*

Ut qui alioqui principe sacerdotio dignus est, &c. L. N. 2.

Ut qui cætera secundum sacros. *Ibid.*

Ut qui jusjurandum defert , &c. L. N. 99. *V. Calomnie.*

Ut qui rejicere venerandum , &c. L. N. 8. *V. Moine.*

Ut qui sacerdotes creandi , &c. L. N. 3. *V. Ecclesiastique.*

Ut qui tertium matrimonium contrahunt sacri canonis pœnæ obnoxii sint. L. N. 90. *V. Secondes noces.*

Ut qui viginti annorum est , hypodiaconus creari possit. L. N. 16. & 75. *V. Eclésiastique.*

Ut quotiescumque à clericorum habitu , &c. L. N. 7. *V. Eclésiastique.*

Ut ratio vassalli priusquam domini discutiatur. F. 79. in fragm.

Ut restitutiones fideicommissi usque ad unum gradum consistant. N. 159. *V. Substitution.*

Ut salutarem Baptismum , &c. L. N. 15.

Ut sententiam judices in litteras referant , &c. L. N. 45. *V. Jugement.*

Ut si maritus, per matrimonii tempus , in furorem incidat , &c. L. N. 112. *V. Mariage. Dissolution de mariage.*

Ut si sponsa ex alio gravida deprehendatur , sponsalia rescindi possint. L. N. 93. *V. Fiançailles.*

Ut si uxor mente capiatur, &c. L. N. 111. *V. Dissolution de mariage.*

Ut sine prohibitione matres debitrices & creditrices tutelam, &c. N. 94. *V. Mere Tutrice.*

Ut

*F I N I S.*


*A  LYON ,*

De l'Imprimerie, DE FRANÇOIS SARRAZIN, Imprimeur
de Monseigneur le Gouverneur.